LA RESPONSABILITÉ DU PROFESSIONNEL DE LA SANTÉ EN CONTEXTE AFRICAIN

Étude de droit malien

Collection Etudes Eurafricaines
Dirigée par André Julien Mbem

Le Sahara et la Méditerranée, frontières entre l'Afrique et l'Europe, sont aussi des passerelles par lesquelles, depuis des siècles, au-delà des tragédies et des drames, se rapprochent et se remodèlent ces deux ensembles géographiques et leurs civilisations. La collection « Etudes Eurafricaines » encourage la diffusion d'études historiques et prospectives sur les symbioses dont cette partie du monde est l'antique théâtre.

Déjà parus

BERTE Oumar, *La CEDEAO face aux changements anticonstitutionnels de pouvoir en Afrique de l'Ouest*, 2022.

MATABISHI NAMASHUNJU Samuel, *Education au développement durable en République démocratique du Congo. Cadre théorique et approches historique et linguistique*, 2022.

DEMOUSSA Eugénie, *Evolution de la formation des enseignants en Afrique subsaharienne. Etude comparative entre le Sénégal et la France*, 2022.

ADOUM-BAKHIT HAGGAR Hassan, *La Communauté économique et monétaire des Etats de l'Afrique Centrale (CEMAC). Les obstacles à l'intégration en zone CEMAC*, 2022.

Jérémie POGOROWA, *Retours à Ouagadougou d'étudiants burkinabè de Côte d'Ivoire. Projets migratoires et stratégies d'inscription sociale*, 2022.

Guy-Fabrice HOLO, *Les régimes de transition en Afrique subsaharienne francophone. Volume II*, 2022.

Guy-Fabrice HOLO, *Les régimes de transition en Afrique subsaharienne francophone. Volume I*, 2022.

AMBOMO Myriam Sylvie, *L'agir infirmier et la dignité humaine. De la conception à l'opérationnalisation. Cas des hôpitaux camerounais*, 2022.

NTSAME MINTSA Pauline Vanessa, *L'impact du droit français sur les droits de la défense en matière pénale au Gabon*, 2022.

MOUPEBELE MAKADJOKA Chislain, *Le Gabon, la France et la Banque des Etats de l'Afrique Centrale (1959-1992). De la décolonisation à l'internationalisation des relations monétaires et financières*, 2022.

OVOUNDAGA Marcy Delsione (dir.), *Les moyens de communication au Gabon. Mutations sociopolitiques et enjeux de gouvernance*, 2021.

ADOUM-BAKHIT HAGGAR Hassan, *Le pipeline Tchad-Cameroun : histoire d'une grande infrastructure africaine*, 2021.

DITENGOU ROCKAYA Nielle, *L'usage des technologies de l'information et de la communication en Afrique centrale. L'exemple du Gabon*, 2021.

AMABIAMINA Flora, NJOH KOME Ferdinand (dir.), *Les métamorphoses africaines et leurs langages. Analyse de discours politiques, médiatiques et littéraires contemporains*, 2021.

Mariam MAIGA

LA RESPONSABILITÉ DU PROFESSIONNEL DE LA SANTÉ EN CONTEXTE AFRICAIN

Étude de droit malien

Préface de Lasseni KONATE

L'Harmattan

5-7, rue de l'École-Polytechnique, 75005 Paris

http://www.editions-harmattan.fr

ISBN : 978-2-343-25553-8
EAN : 9782343255538

DÉDICACE

À la mémoire de mon père, Mamadou MAIGA qui nous a brutalement quitté à la suite d'une intervention chirurgicale le 24 juillet 2018 ; à la mémoire de toutes les victimes de la médecine.

REMERCIEMENTS

J'exprime ma profonde reconnaissance et gratitude au Professeur Samba TRAORE, pour son engagement constant à soutenir la recherche au Mali et un peu partout en Afrique.

Aux Professeurs Mamadou BADJI et David HIEZ, qui ont accepté de me faire profiter de leur immense savoir, merci pour leur esprit critique.

Je remercie particulièrement le Professeur Bakary CAMARA, pour son accompagnement permanent des enseignants-chercheurs et son dévouement pour la cause de la recherche scientifique au Mali.

Mes remerciements à l'Ambassade de France au Mali, qui à travers sa bourse de mobilité, a facilité les recherches de terrain et a contribué à l'amélioration de la qualité de ce travail ;

Au Programme de Formation des Formateurs (PFF) de l'Université des Sciences Juridiques et Politiques de Bamako (USJPB), qui a appuyé matériellement et financièrement la réalisation de ce travail ;

A tout le personnel de l'Hôpital Gabriel Touré, notamment le Professeur Mounkoro (gynécologue) dont le sens du devoir et du partage est exceptionnellement impressionnant.

Je remercie messieurs les docteurs Lanseni KONATE, Lassana FOFANA, et tous les professionnels de la santé du Mali, de la Côte d'Ivoire et du Sénégal pour leur contribution à la réalisation de ce travail.

Je remercie les magistrats des juridictions civiles et administratives, notamment Koke COULIBALY, et les autres professionnels du droit, dont les concours ont été incommensurables dans ce travail.

Mes remerciements au personnel enseignant et administratif de l'Université des Sciences Juridiques et Politiques de Bamako (USJPB), notamment ceux qui ont contribué à l'amélioration de la qualité du présent travail.

Je remercie tout le personnel du Centre de Recherches Point sud « Muscler le savoir local ».

Enfin, je remercie les Professeurs Séraphin Nénè Bi, Jean K. Plo, Akoua Koffi ; au Dr. Aka Florent en République de Côte d'Ivoire.

Le malade de notre millénaire qui consulte un médecin ne voit plus un homme chargé d'un ministère relevant du sacré ni même du respect, (mais) fait appel à un professionnel, « ingénieur de la santé » dont il attend un service technique de professionnel compétent et éclairé

(Pierre Sargos, « Réflexion sur les accidents médicaux et la doctrine jurisprudentielle de la Cour de cassation en matière de responsabilité médicale ». D. 1996, chrono., 365, spéc. p. 366.)

PRÉFACE

Le présent ouvrage est le fruit des efforts soutenus, déployés pendant cinq années, par Mme Mariam MAIGA, épouse Coulibaly pour la rédaction d'une thèse en Droit privé sur « la responsabilité médico-hospitalière en contexte africain : étude de droit malien ».

L'auteure, juriste de son état, est enseignante à l'Université des Sciences Juridiques et Politiques de Bamako/ Faculté de Droit Privé. A ce titre, elle a longtemps observé le déroulement de la vie dans son entourage et particulièrement dans les établissements de santé, publics ou privés. Elle a été intriguée par des situations pratiques d'abus et d'atteintes aux droits de la personne et particulièrement au droit à la santé de citoyens, proches ou lointains. Ce qui ne peut laisser indifférent un professionnel du Droit.

De là vient sa réflexion sur la contribution qu'un professionnel du Droit peut apporter à la création de valeur ajoutée dans le système de production et de fourniture de soins de santé. Ceci est d'autant pertinent que la loi hospitalière dispose que la qualité de la prise en charge des patients constitue un objectif essentiel pour tout établissement hospitalier.

Conséquemment, les professionnels de la santé doivent fournir, de façon diligente, les meilleurs soins possibles dans un contexte de rareté de ressources, au profit du citoyen demandeur de soins. Et ce, d'autant que cette demande est faite parfois dans des circonstances extrêmes, voire en situation d'urgence médicale.

En effet, l'urgence médicale est définie par la loi hospitalière comme la situation où « les malades, les femmes enceintes ou les victimes d'accident dont la vie ou l'intégrité physique, y compris celle des enfants qu'elles portent, peuvent être remises en cause à bref délai ».

Dans cet esprit, la responsabilité du professionnel de la santé, producteur et fournisseur de soins, peut être vite engagée du fait de ce qu'il commet ou de ce qu'il omet de faire, sciemment ou non, ou du fait des personnes sous sa responsabilité ou encore du matériel utilisé.

En effet, la responsabilité, c'est l'obligation de réparer le dommage causé à autrui lors de l'accomplissement de son activité, éventuellement professionnelle.

Le présent ouvrage ouvre, pour les professionnels de la santé, une occasion de clarification de la notion de responsabilité, de leur responsabilité individuelle et/ou collective. Dans cette logique, sa lecture attentive permettra au lecteur de comprendre la notion de droit et particulièrement celle de responsabilité médicale. Elle lui permettra aussi de savoir com-ment faire juridiquement pour l'éviter ou la minimiser. En l'occurrence, il découvrira aussi bien la notion de responsabilité administrative pour les agents de l'Etat que la notion de responsabilité civile pour les autres. Il découvrira enfin, pour tous les professionnels de la santé, la notion de responsabilité disciplinaire et la notion de responsabilité pénale.

Logiquement, cette compréhension suscitera en lui de développer une conduite vertueuse fondée sur l'éthique ; la vertu entendue, d'après la pensée d'Ostad Elahi, comme « l'état de fonctionnement équilibré, sans excès ni défaut, d'un trait de caractère qui conduit à agir, automatiquement dans le sens du bien pour le meilleur intérêt du citoyen ».

Ainsi averti, le lecteur, surtout professionnel de la santé, saura fonder son activité sur la pensée d'Ostad Elahi et éviter les abus et les atteintes au droit constitutionnel du citoyen ; à avoir, dans la mesure du possible, un accès digne et diligent, en toutes circonstances, à des soins appropriés. Ces soins devraient faciliter pour lui, un état de santé compatible avec une activité économique susceptible de lui procurer des revenus.

Dans cette optique, le présent travail de recherche aidera le professionnel de la santé à soigner son comportement en le conformant au Droit et à l'Ethique.

Dr Lasseni KONATE

Ancien Inspecteur en chef de la Santé

INTRODUCTION

La décennie 2000-2010 est certainement celle qui a été la plus riche en procès en matière de responsabilité hospitalière et médicale au Mali. Avec un nombre, non pas spectaculaire (environ 3 procès), mais très significatif dans un pays où la saisine du juge pour apprécier l'acte du professionnel de la santé est encore rarissime.

Cette situation, loin d'être due à une absence de critique de la pratique de l'activité médicale, tire sa source de plusieurs autres facteurs à la fois socio-culturels et juridiques. La rareté du procès dans ce domaine n'est pas le propre du Mali seulement mais, de la plupart des pays africains. Ceux-ci ont généralement une même conception de l'activité du soignant. Donc, la survenance d'un incident malheureux quoi que douloureuse qu'elle puisse être est perçue selon d'autres critères d'appréciation. À travers des recherches menées en Côte d'Ivoire, au Sénégal et plus spécifiquement au Mali et suite à une analyse documentaire de certains travaux sur la question[1], il est ressorti une faiblesse remarquable du contentieux en matière médicale et hospitalière dans chacun des pays dont la législation a fait l'objet d'une étude[2]. Mme Koupko aborde également la faiblesse de ce contentieux lorsqu'elle note :

Dans les pays africains, la question de la responsabilité des acteurs de la santé est un sujet nouveau en droit, puisque très peu d'actions ont

---

[1] A titre d'exemple il y a la thèse de A. Thiam, *L'offre de soins et la responsabilité médicale : exemple du Sénégal*, 2010 ; M .Diakité, *Le médecin devant le juge (pénal et civil) en droits malien et français,* 2017 ; R. Sainhounde Koupko, *Le droit des produits de la santé en Afrique de l'ouest : le cas du Bénin et Sénégal,* 2012 *;* A. Issa, *La responsabilité médicale en droit public libanais et français,* 2012.

[2] Voir par exemple sur la Côte d'Ivoire, Le Rapport de recherche sur le droit à la santé : État des lieux, Rapport conjoint de Human Dignity, du mouvement ivoirien des droits humains et du programme Human Rights, Economic Development and Globalisation de la Clinique de l'École de Droit de Science Po Paris, 1er août 2017, p. 10-12.

été intentées devant les tribunaux. Au Bénin, de janvier 2001 au 30 décembre 2001, nous avions enregistré 13 cas ayant rapport à des infractions plus ou moins liées à des fautes médicales et paramédicales. Il s'agit pour la plupart de ces cas d'exercices illégaux de la fonction médicale : à savoir 6 cas d'avortement ; 1 cas d'homicide ; 3 cas d'administration de substances nuisibles à la santé 1 cas d'exercice illégal de pharmacie et 2 cas d'exercices illégaux d'activités sanitaires.[3]

M. Thiam pour le cas du Sénégal souligne :

Le droit de la responsabilité médicale connaît ces dernières décennies une évolution considérable, même si le volume des procès n'est pas important. En effet, au Sénégal, nous avons dénombré au total huit procès en responsabilité médicale pour la période allant de 1980 à 2008. Il s'agit respectivement de quatre procès en responsabilité civile, d'un procès en responsabilité administrative et de trois procès en responsabilité pénale. Aucun de ces procès ne relève de la responsabilité disciplinaire.[4]

Ainsi, même avec toute l'évolution et toute la reconnaissance dont l'activité du soignant fait l'objet dans la société africaine et plus particulièrement dans celle malienne, elle figure parmi les activités susceptibles de causer préjudice. Cela, quel que soit le secteur (privé ou public) dans lequel elle se réalise[5]. La réalisation du dommage conduit le plus souvent à la responsabilité de son auteur, avec un traitement différencié compte tenu de la nature de l'acte fautif. Un acte fautif qui découle de la prise en charge de la maladie, facteur de souffrance humaine.

---

[3] Rachel Sainhounde Koupko, Le droit des produits de la santé en Afrique de l'ouest : le cas du Bénin et du Sénégal, p.525.

[4] Alioune Thiam, L'offre de soins et la responsabilité médicale : l'exemple du Sénégal, Thèse de droit, Université Montpellier 1, 2010, p.10.

[5] La grève observée par les établissements publics de la santé en mars 2017 et les conséquences qui y sont rattachées soutiennent solidement cette affirmation. La grève des agents de la santé du Mali déclenchée sous le mot d'ordre du Syndicat national de la santé, de l'action sociale et de la promotion de la femme (SNS-AS-PF) et de la Fédération des syndicats de la santé et de l'action du Mali (FESYSAM) a duré 39 jours soit précisément du 9 mars au 16 avril 2017.

Les maladies et la mort ont soit une origine divine soit naturelle[6] à laquelle la science médicale, le développement de la science et de la technique ont toujours tenté d'apporter une réponse sans y parvenir à tous les coups. Ces tentatives de réponses ou ces réponses ne laissent pas la science juridique indifférente à telle enseigne qu'elle se fait pour rôle d'apprécier le cadre de survenance de la mort lorsque celle-ci ne semble pas naturelle ou divine[7], et les circonstances de la maladie pour une meilleure protection de l'homme. Dans cet esprit de protection, si la médecine tente de trouver une solution à toutes les maladies qu'elles soient d'origine divine, naturelle ou volontaire ou à tous les malaises, le droit de son côté, et cela de manière universelle, tente de trouver une solution à tous les maux de la société, y compris ceux que la médecine est susceptible de causer.

C'est justement cette vision de la médecine ou de la pratique médicale par le droit à laquelle s'intéresse cet ouvrage intitulé : « La responsabilité médico- hospitalière en contexte africain : étude de droit malien ». Pour y parvenir, il est judicieux de procéder à la définition de différents concepts (I) et de faire un état de la question de la responsabilité hospitalière et médicale (II).

I/ DÉFINITION DES CONCEPTS

Madeleine Grawitz citant Aristote de mémoire note que la définition est une phrase qui signifie « l'essence d'une chose »[8], or « la véritable définition fait appel aux propriétés du concept »[9]. Partageant cette

[6] Cette thèse a été affirmée pour la première fois par Hippocrate sans une réelle démonstration. Si la maladie a une origine naturelle et les remèdes l'éradiquant naturels aussi, la mort, ne surgira pas elle non plus du néant. Elles seront toutes les deux liées à l'espace (environnement) et au temps, qui restent des phénomènes partiellement maitrisés par l'homme, et sont tributaires de Dieu dans la pensée ou le subconscient de la plupart des humains.

[7] La divinité serait ce qui dépasse la compréhension ou la connaissance de l'humain. Elle est simplement insaisissable.

[8] Madeleine Grawitz, *Méthodes en sciences sociales*, 9e édition Précis-Dalloz, 1993, p. 18, n° 22.

[9] Ibidem.

affirmation, il est judicieux de se soumettre à cet exercice intellectuel en vue d'élucider des concepts comme : responsabilité, hospitalière, médicale, contexte africain, droit malien. Ils seront étayés à travers le regard porté sur la responsabilité hospitalière et médicale dans un contexte de gouvernance sanitaire fortement critiqué (A). Par ailleurs, il faudra procéder à l'appréhension d'un système de santé progressivement convoité par le droit (B).

A. La responsabilité médicale et la gouvernance sanitaire

En latin « *responsum* », issu du verbe « *respondere* », signifie le devoir de répondre, de se porter garant de ses actes ou de ceux d'autrui, dans l'intérêt de la personne qui a injustement souffert d'un acte illicite. Le Petit Larousse illustré de 2011 définit la responsabilité comme « le fait pour quelqu'un, quelque chose d'être, à l'origine d'un dommage ».[10] Se référant aux conséquences juridiques, le même dictionnaire précise qu'elle est « l'obligation de réparer une faute, de remplir une charge, un engagement ».[11] Le dommage et l'obligation de réparer évoqués ici sont des éléments importants qui caractérisent la responsabilité sous l'angle du droit. Juridiquement la responsabilité est « l'obligation de répondre d'un dommage devant la justice et d'en assumer les conséquences civiles, pénales, disciplinaires etc. soit envers la victime, soit envers la société, etc. ».[12] Cette définition qui ramène la responsabilité sur le terrain de la justice contient des classifications qui permettent de faire une distinction de ses régimes. Ainsi, ces ramifications de la responsabilité juridique distinguent la responsabilité délictuelle de la responsabilité contractuelle. L'articulation entre ces deux types de responsabilité donne la responsabilité civile qui se distingue à son tour de celle administrative et pénale. Selon le dictionnaire de l'Académie française pour lequel la responsabilité ne serait apparue que vers les années 1780 et adoptée réellement qu'en 1798[13], elle est : « une obligation légale de répondre de ses actions, d'être le garant de quelque

[10] *Le Petit Larousse illustré* de 2011, p.883, Responsabilité, n° 2.
[11] Idem, n° 3.
[12] Gérard Cornu *et al.*, *Vocabulaire juridique*, 8ème édition, PUF, « Quadrige », 2007, Voir Responsabilité, I (sens gén.).
[13] J. P. Lévy, A. Castaldo, *Histoire du droit civil*, Dalloz, Paris, 2002, p. 916.

chose ». Ce à quoi l'article 113 de la loi sur les obligations du Mali est conforme lorsqu'il prévoit : « La responsabilité emporte obligation de réparer le dommage résultant soit de l'inexécution d'une obligation contractuelle soit du devoir général de ne causer aucun dommage à autrui ».[14] Telle que définie par la loi sur les obligations de 1987, la responsabilité vaut une certaine mise en garde pour les parties au contrat au même titre que pour l'auteur d'un acte imprudent ou négligeant (acte délictuel). Cette inscription législative, marque le début de la prise en compte dans la littérature juridique malienne d'une notion aussi importante. Elle confronte deux personnes dans des positions juridiques différentes : la victime créancière d'un acte fautif et l'auteur de cette faute, débiteur de l'indemnisation du dommage causé. Comme cela ne se résume pas à une simple considération juridique, la responsabilité a également une dimension humaine.

Les responsabilités juridiques cohabitent avec d'autres mécanismes non juridiques qui reconnaissent la responsabilité, pas par rapport au fait générateur mais, par rapport au mécanisme de mise en jeu et aux conséquences qui en découlent. Il s'agit par exemple de :

- La responsabilité sociale qui a pour sanction un jugement de valeur porté par la société avec des conséquences variables ;
- La responsabilité morale qui est un jugement de la conscience personnelle ;
- La responsabilité disciplinaire qui est sanctionnée par les pairs poursuivant un même idéal ou exerçant la même profession que l'auteur.

Ainsi, la responsabilité ayant un caractère social voire religieux, raison pour laquelle le droit est reconnu comme un produit de la société. La société qui le met en place, le modifie en vue de l'adapter à ses exigences du moment ou le fait disparaître en cas de nécessité. Cette affirmation est étayée par le doyen Carbonnier qui note : « le droit n'est pas cet absolu dont nous rêvons. Le droit est droit, sans doute, mais les hommes le plient en tous sens, le ploient à leurs intérêts, à leurs fantaisies voire à leur sagesse. Flexible droit, droit sans rigueur. Faut-il, d'ailleurs, s'en lamenter ? Il peut être salutaire que le droit ne soit

---

[14] Loi n° 31-87 du 29 Août 1987 portant Régime général des obligations du Mali, *op. cit.*

pas cette massue, ce sceptre qu'on voudrait qu'il fût ».[15] Ainsi, le rattachement de la responsabilité à Dieu, à la religion, à la culture, etc. n'est pas propre à la société malienne ou à une société singulièrement déterminée.

Il permet de faire référence aussi aux modes alternatifs de règlement de conflits dont le rôle n'est pas négligeant dans la société africaine en général[16] et particulièrement en matière médicale. Ces modes résolvent beaucoup de conflits dans le domaine médical qui inclut un grand nombre de personnes reconnues ou qualifiées pour des soins de santé.

Ces personnes ou ce personnel de soins est assimilé au mot « médecin » dans ce travail. Il s'agit de tous ceux qui effectuent ou posent des actes curatifs, préventifs ou de diagnostics. Cela est conforté par la citation d'Adolphe Trébuchet en 1834, qui écrivait : « La responsabilité des médecins et nous confondons dans ce mot générique, toutes les branches de l'art médical...».[17] Le terme médical selon le dictionnaire Larousse est relatif aux mots médecin et médecine qui signifient respectivement un homme de science et de conscience exerçant un ministère au service de l'homme souffrant,[18] un ensemble de connaissances scientifiques et des moyens mis en œuvre pour la prévention, la guérison ou le soulagement des maladies, blessures ou infirmités.[19] Autrement dit le médecin serait toute personne, qui sur la

---

[15] Jean Carbonnier, *Flexible droit. Pour une sociologie du droit sans rigueur*, 10ème édition LGDJ, 2001, p. 379.

[16] Face aux différends médicaux, l'une des raisons qui dissuadent beaucoup de personnes à saisir l'autorité juridictionnelle au Mali serait aussi la crainte de l'éloignement à un climat d'apaisement pour être confronté aux critiques endogènes désapprouvant tout tiraillement entre soignant et soigné et à une situation de haine partagée par les deux protagonistes. C'est parfaitement ce qui renforce la capacité des modes alternatifs de règlement de conflits par rapport aux actions en justice pour la réparation de dommages médicaux.

[17] Adolphe Trébuchet, *Jurisprudence de la médecine, de la chirurgie et de la pharmacie en France*, emprunté de J. Careghi dans « La responsabilité médicale au crible de l'histoire », Les cahiers de droit de la santé du sud-est, Juridiques, Prospectifs et historiques, n° 7, édition PUAM 2007, p. 23.

[18] *Dictionnaire de droit de la santé et de la biomédecine*, coll. (dir.) J.P. Scarano, p. 300.

[19] *Dictionnaire*, *Le petit Larousse* 2009, p. 676.

base d'une connaissance acquise, et de conditions de travail adéquates, exerce une profession dans le but de procurer la santé et le bien- être au patient. En ce sens, il faut intégrer également le thérapeute traditionnel[20] ou tradipraticien[21] qui exerce des soins sur la base d'une connaissance donnée pour une finalité thérapeutique.[22] La réglementation malienne définit le thérapeute traditionnel comme « une personne reconnue par la collectivité dans laquelle elle vit comme compétente pour dispenser des soins en médecine traditionnelle ».[23] Egalement, celui du Congo de 2006 le définit comme « Toute personne connaissant et utilisant toutes les vertus des substances végétales, animales et minérales dont l'aptitude à diagnostiquer ou à dispenser des soins traditionnels est de notoriété publique ».[24] L'ensemble de ces personnes sera désigné dans le cadre de cette étude sous le vocable de « médecin, soignant ou professionnel de santé »[25], même si l'expression « médecin » pour le

[20] Le qualificatif « traditionnel » n'est pas propre à la médecine locale malienne ou africaine mais veut dire plutôt qu'elle n'est pas moderne. Même si l'art de guérir dans le contexte social malien est formulé sous l'expression « médecine traditionnelle ». La thérapie traditionnelle sollicitée pour sa renommée d'antan et ses nombreuses vertus est pratiquée par les guérisseurs traditionnels ou par les praticiens de la médecine traditionnelle sur la base de connaissances ou d'expériences dont les sources d'acquisition sont variées : héritage, djinns, divine, apprentissage coranique voire même apprentissage ou consolidation des acquis au niveau des institutions de médecine traditionnelle.

[21] Expression employée par la Fédération malienne des tradithérapeutes et herboristes (FEMATH). Ainsi entendu, la médecine traditionnelle n'est plus l'apanage des guérisseurs, mais bien plus des médecins et autres personnes instruites et intéressées par la connaissance ou la pratique de la thérapie.

[22] La considération des dispositifs légaux et règlementaires sur l'exercice et les conditions d'ouverture des cabinets privés de soins traditionnels, de la procédure d'obtention de l'agrément au niveau du département de médecine traditionnelle, de l'existence d'une fédération des thérapeutes traditionnels sont des éléments assez conséquents pour déterminer le professionnalisme du thérapeute traditionnel.

[23] Arrêté n°95-1319/Mss-pa/Sg du 22 juin 1995.

[24] Voir A. Leca, Le droit tradimédical, sous la dir., édition LEH, 2015, p. 271.

[25] Cela est dû au fait que les deux activités ont la même finalité. L'activité de la médecine dite traditionnelle est complémentaire à celle de la médecine moderne. Cependant, le choix privilégié de la médecine moderne n'est plus une option, mais une nécessité dû à son efficacité scientifiquement attestée et confortée par les avancées des inventions techniques et technologiques. Ce qui

tradipraticien peut paraître abusive. Ainsi, l'étude de la responsabilité hospitalière et médicale dans ce cadre s'intéresse à la fois aux maladresses de la médecine moderne et à celles de la médecine traditionnelle **dans un contexte de gouvernance sanitaire où autant de facteurs constituent un obstacle à son émergence**.

La gouvernance[26] étant à la fois question d'institutions et d'hommes, sa manifestation dépend de la volonté participative de chaque acteur. Sans oublier le poids du politique sur la réalisation des objectifs.

La santé autrefois espace individuel ou convergeaient patient et soignant a longtemps dépassé ce cadre pour embrasser tous les domaines sociaux. Elle a une dimension collective rassemblant politique, administrateur, économiste, géographe, anthropologue, société civile, que de spécialités dont qu'il ne faut pas se hasarder dans des énumérations exhaustives. Une interdépendance indispensable se crée entre ces institutions avec une forte implication du politique et de l'administratif.

En effet, comment parler de responsabilité médicale dans un contexte ou la remise en cause de la gouvernance est plus que palpable ? De là découle l'une des particularités de la responsabilité médicale au Mali et de manière générale en Afrique. Après les épreuves de la colonisation qui ont introduit un panorama moderne de la plupart des systèmes, de nombreux instruments et institutions ont été mis en place, sans une réelle construction juridique et jurisprudentielle des phénomènes sociaux pouvant se traduire devant la justice. Ces nouvelles institutions sont longtemps restées étrangères à la population qui ne cernait pas leurs rôles et leurs interactions avec elle. L'augmentation de règles juridiques et administratives en matière de santé, qualifiées souvent d'importées a peu influencé sur la perception sociale de certains phénomènes. Concomitamment à cela, au retrait des dirigeants blancs à

---

ne l'empêche pas pour autant de porter préjudice à ceux qui tirent profit de ses exploits, rendant ainsi le citoyen confus par rapport au choix du traitement qui, moderne ou traditionnel se ramène toujours à l'idée d'une possibilité de subir des dommages, le risque étant de surcroît inhérent à l'activité humaine.

[26] La gouvernance conçue comme un mode de gestion des affaires ou un art de bien gouverner est issue du latin *gubernare* qui signifie « diriger un navire ». L'influence de l'anglais *governance* dans la période contemporaine a débouché sur l'expression diriger ou gouverner.

l'aube des indépendances, la gouvernance du système de santé des colonies africaines a été confiée aux nouvelles élites africaines. Les réformes structurelles de la période d'après les indépendances verront très tôt leur limite, le départ du colon relayé par les nouvelles élites africaines qui seront confrontées à d'énormes difficultés de gestions.[27] La gouvernance sanitaire sera plus tard confrontée au dilemme de la constante progression de la couverture sanitaire[28] par rapport à la régression des pratiques et comportements des professionnels de la santé.[29] La prétention à une gouvernance sanitaire de qualité en Afrique

---

[27] Ces difficultés de gestion ont trait avec les legs coloniaux et les nouvelles institutions qui prenaient corps. En effet, la dévaluation du franc malien en 1967, le changement de régime (du socialisme au régime militaire) en 1968, ont beaucoup influencé sur le budget national de la santé qui chuta de 14,25% en 1965 à 6,70% en 1976, avec pour conséquence, le non payement des salariés de la santé, le difficile approvisionnement en produit de la santé, ou la privatisation informelle des maternités et dispensaires.

[28] Selon N. Kanté, si en 1960 il fallait parcourir 100km pour accéder à une formation sanitaire, en 2001 la couverture était de 41 % pour moins de 5 km, 66 % pour 15 km. Voir Nianguiry Kanté, *Systèmes et politique de santé maliens*, Processus historique de la participation communautaire entre 1959 et 2009, acte de colloque sur les Universités au temps de la globalisation, Université Paris 8, publié par Universités, Globalisation, Mondialisation, Compétition, Excellence, http ://www.univ-paris8.fr/ colloque-mai/ index.htm, mai 2009, p.25. Pour le même article, voir également Revue Africaine des Sciences sociales et de la santé publique, volume 15, Juillet-décembre 2007, p. 38-50.

Or pour rappel de l'organisation sanitaire actuelle du Mali, au sommet de la pyramide se place les hôpitaux de troisième référence (5) qui sont sous la tutelle du Ministère de la Santé, ensuite viennent les hôpitaux de seconde référence ou Centres de santé de référence (C.S.Rèf.) (6), et enfin les centres de santé de première référence composé en 60 districts sanitaires et 1060 (C.S.COMs) tous deux abrités par la Direction Nationale de la Santé. L'organisation actuelle des établissements désigne les directeurs généraux à la tête des hôpitaux et les médecins-chefs au niveau des C.S.Réf. et les directeurs techniques du centre comme dirigeant des CSCOMs.

[29] En réalité, une ressource humaine assez importante participe au fonctionnement de l'établissement de santé. À titre d'illustration, l'article 83 de la loi hospitalière de 2002 prévoit comme régime du personnel des EPH : les agents de la fonction publique ayant un statut hospitalo-universitaire ou un statut militaire (avec mis à disposition), les agents de la fonction publique en position de détachement, les agents contractuels à temps plein ou à temps

dépend donc d'un changement de comportement et de l'adhésion de tous aux mêmes valeurs de gouvernance institutionnelle[30]. À défaut, il faudra assister à un dysfonctionnement perpétuel des établissements de santé et une désorganisation tolérée des espaces de santé surtout ceux publics. Ce dysfonctionnement est souligné par le Professeur Yena[31], selon qui : *La désignation d'un leader inapproprié a des répercussions socio-économiques qui sont multiples, variées et graves. Une conséquence directe est le dysfonctionnement administratif dans les établissements hospitaliers en général... Par exemple, le fait seulement d'être un directeur ou un chef de service peut suffire pour prétendre faire tout ce qu'on veut et dans l'impunité.*[32]

S'il demeure indéniable qu'une bonne gouvernance s'illustre à travers l'application rigoureuse des règles, il serait inapproprié de penser que seuls les professionnels de la santé sont responsables des nombreuses défectuosités que connaît le système de santé.

Plusieurs facteurs à la fois endogènes et exogènes soutiennent l'absence, l'insuffisance ou la défaillance des conditions qui peut conduire à un dommage médical. C'est en ce sens que beaucoup de professionnels soutiennent qu'au Mali l'obligation de moyens du médecin demeure la seule hypothèse, puisque soit les conditions matérielles et environnementales de travail font défaut, soit elles ne sont pas à la hauteur. Et le rattachement à l'obligation de moyens explique qu'il est très facile pour nombre de professionnels de se dérober face à une éventuelle responsabilité.

Le témoignage de ce médecin interne en garde dans un centre de santé de Bamako est illustratif : *Les malades souvent arrivent dans un état*

---

partiel, le personnel vacataire, les agents mis à disposition dans le cadre d'accord de coopération. À la tête de l'ensemble de ce personnel se trouve un directeur chargé d'assurer le bon fonctionnement de l'établissement tant sur le plan matériel, humain, qu'organisationnel.

[30] Voir Y. Jaffré et J.-P Olivier de Sardan (dir.), *Une médecine inhospitalière, Les difficiles relations entre soignants et soignés dans cinq capitales d'Afrique de l'Ouest*, Paris, éditions APAD-Karthala, 2003, p. 235 et s.

[31] Le Professeur Sadio Yena est chirurgien thoracique et cardio-vasculaire au Mali.

[32] Sadio Yena, *Une main, Une philosophie, un combat - Une critique de mon métier*, éd. La Sahélienne, 2018, p. 121.

lamentable voire en phase finale, et nous n'avons pas, dans la plupart des cas, le plateau technique approprié pour assurer la prise en charge de ces malades, le temps de faire une référence et d'assurer à ce niveau aussi des soins qui ne sont pas toujours à la hauteur, coïncide avec le décès de la personne. [33]

Cela conduit à un problème de causalité dans l'identification de l'auteur et la détermination de la responsabilité. L'obligation du médecin est celle de moyens ; ce qui signifie que celui -ci agit avec la plus grande prudence et diligence dans tout acte de soins qu'il effectue. Ce principe jusque-là admis de manière universelle découle du fait que l'activité médicale est source d'aléa eu égard à l'objet sur lequel elle se pratique.

Le corps humain avec ses mystères et ses variations est un excellent moyen pour le médecin de justifier le caractère incertain du résultat escompté ; de surcroit lorsque surviennent des incidents malencontreux au cours d'une prise en charge.

La qualification d'obligation de moyens du médecin affecte l'équilibre du contrat médical de manière générale. Particulièrement au Mali, son estimation excessive par le corps médical et par la conscience collective influe la vigueur de la faute médicale. Les conditions de réalisation des soins excluent généralement la promesse d'un résultat certain, qu'une rétribution soit attendue ou pas de l'acte posé. Ainsi, l'obligation de soins qui pèse sur le médecin est en principe de moyens.[34] Cependant, un tel principe réduit la vigueur de la faute du médecin surtout dans le cadre de l'aléa thérapeutique. On peut admettre que tout acte médical est sujet à aléa, mais il y en a d'autres dont la prédisposition à l'aléa est plus marquée. Il faut évoquer par exemple les infections nosocomiales et les affections iatrogènes dont l'efflorescence serait favorisée par la modernisation accrue de la médecine.[35] Il est important de s'attarder

---

[33] Propos recueillis le 12 mai 2016 à 18 h avec un médecin interne d'un C.S. Réf. de Bamako qui a préféré garder l'anonymat.

[34] Voir. Yvaine BUFFELAN-LANORE et Virginie LARRIBAU-TERNEYRE, *Droit civil : les obligations*, 14ème édition. Paris, Sirey, 2014, n° 1315, p. 483.

[35] La révolution technique et industrielle a été d'un apport considérable à l'amélioration ou à la reconfiguration de l'activité médicale qui, de plus en plus, devient dépendant de l'accompagnement matériel. Mais cet accompagnement matériel (équipements, infrastructure, produits de santé etc.)

brièvement sur ces notions qui sont susceptibles de nuire à l'atteinte d'un résultat optimal de soins.

Le terme nosocomial est tout ce qui se contracte à hôpital.[36] Ainsi, contractées en cours d'hospitalisation, les infections nosocomiales sont absentes au moment de l'admission aux soins. De types endogènes et exogènes, elles sont encore appelées, infections associées aux soins (IAS) et peuvent être distinguées. Un patient est victime d'accident iatrogène lorsqu'il subit un dommage qui provient d'un traitement indiqué par un praticien.

Ces aléas liés aux soins ne sont pas étrangers de la pratique médicale au Mali, mais restent ignorés par la plupart des patients et écartés en faveur d'une considération accrue de l'obligation de moyens. Ils suscitent une fois de plus la pertinente question de la gouvernance sanitaire.

À l'évidence, les procès en responsabilité médicale sont d'une rareté extrême au Mali. Cela s'accentue au-delà de toutes les autres raisons évocables par la conviction de l'existence de la seule obligation de moyens à laquelle le médecin est tenu.[37] Une obligation de moyens qui,

---

que nécessite la pratique médicale aujourd'hui a pour corollaire l'exposition des patients à plus de risques qu'il n'en était lorsque la médecine était encore moins savante. Cette affirmation trouve un appui dans les propos de G. Viney : « la médecine est devenue plus efficace, mais elle est devenue également plus dangereuse et on peut même constater que ces risques supplémentaires sont la contrepartie normale de son efficacité croissante. Les produits pharmaceutiques les plus actifs sont en effet généralement aussi les plus agressifs, les appareils les plus performants sont également les plus sophistiqués et donc ceux dont le maniement est le plus délicat et peut être le plus souvent l'occasion d'accident. Voir G. Viney, « L'indemnisation des accidents médicaux », Rapport de synthèse, LGDJ, Bibl. de droit privé, Tome 289, 1997, spéc. p. 108.

[36] Voir Dictionnaire *Le petit Larousse illustré*, 2011, p.693.

[37] L'obligation de moyens est synonyme de tous les efforts consentis par le médecin par le biais d'une diligence et d'une prudence requises. Ces deux éléments ne sont pas que savoir-faire ou savoir être, mais le médecin a aussi le devoir de disposer de moyens matériels adéquats. L'insuffisance de moyens matériels[37], exprimée très largement donne une connotation toute déplacée de l'obligation de moyens dont la mention surtout par le corps médical a tendance à biffer ou à amoindrir la prudence et la diligence recherchées dans les capacités intellectuelles et professionnelles du médecin. L'esquive médicale

d'une part, demande incessamment au système de santé de se perfectionner et, d'autre part, au même moment, tait au mieux les fautes médicales sous le couvert l'absence de moyens.

B. Le système de santé dans le giron du droit

Il faut rappeler que la République du Mali est située dans la région ouest de l'Afrique, avec une superficie de 1 241 238 km^2 et une population[38] de 18 934 455 d'habitants en 2018.[39] En 1960, avec l'accession à l'indépendance, le Mali a procédé à une consécration progressive de nombre d'institutions qui s'engouffrent dans des systèmes en mutation constante. C'est dans ce contexte que les systèmes de santé et de droit se dresseront et tenteront de s'adapter aux réalités d'une société en pleine évolution.

Si l'existence de système de santé voire d'un système de droit au Mali est réelle depuis plus d'un demi-siècle, le bien- être de ces systèmes est souvent redouté par l'environnement dans lequel ils évoluent. L'un fonctionnant pas mieux que l'autre, même avec le rôle incontournable que ces systèmes jouent actuellement dans la société contemporaine malienne, les systèmes sanitaire et judiciaire ne sont pas exempts de critiques de la part des populations. Ces critiques sont formulées principalement à l'endroit des structures fonctionnelles de ces systèmes, c'est-à-dire les établissements de santé animés par les professionnels de la santé et les juridictions qui assurent la mise en œuvre des textes juridiques élaborés. Le système de santé malien n'étant pas le seul à subir des critiques, il peut être rappelé les affaires Awa Fadiga et Nadège Yaoua, qui ont contribué à mettre en lumière les

---

face à une défaillance dans les soins est ainsi soutenue et soignée par le concept d'obligation de moyens.

[38] Cette population se répartit entre 10 régions en plus du district de Bamako, suivant la réforme administrative de 2012 qui a créé de nouvelles régions notamment celles de Kita, San, Macina, Ménaka, Bougouni, Bandiagara, Nioro du Sahel, Dioila et Taoudéni. À ce jour, les nouvelles régions de Ménaka et Taoudéni sont opérationnelles.

[39] Selon les résultats définitifs du Recensement Général de la Population et de l'Habitat (RGPH) en 2009.

failles du système de santé ivoirien et l'insuffisance du cadre juridique pour la responsabilité du soignant.[40] Avec toute l'émeute qu'elles ont entraînée, seule la mort de la parturiente Nadège Yaoua a pu faire l'objet de procès auprès du tribunal d'Abidjan Plateau.

Cependant, aussi rares soient-ils, les juridictions ivoiriennes enregistrent quelques procès en responsabilité hospitalière et médicale. Il faut aussi mentionner le cas de la Société médicale de moyens et de gestion « SMMG » c / Akpa Akpro Jean Baptiste, où la CA dans sa décision du 19 mai 2000 avait condamné solidairement la clinique de Belvédère et son agent le Docteur Guedegbe Felix au paiement de dommages et intérêts pour le préjudice causé au fils de M Akpa Akpo.

La chambre civile de la Cour Suprême en son audience du 6 juillet 2006, a fini par mettre hors de cause la Clinique du Belvédère au motif qu'il n'y avait aucun lien de préposition entre l'agent et celle-ci et que la Clinique ne saurait répondre ni des faits ni de l'incompétence alléguée du docteur Guedegbe Félix qui n'y assurait que de simples vacations dans des conditions exclusives de tout pouvoir d'intervention ou d'organisation de la clinique.

Cela démontre l'importance de l'existence d'un système de droit ou d'instance juridictionnelle pour apprécier les dysfonctionnements du système de santé et les failles de la pratique médicale. Le droit joue effectivement un rôle considérable à cet effet.

Défini dans un sens objectif, le droit est l'ensemble des règles de conduite qui, dans une société organisée, gouvernent les rapports des hommes entre eux et s'imposent au besoin, par le moyen de la contrainte sociale.[41] Dans un sens subjectif, il est l'ensemble des prérogatives accordées à tout individu ou à tout groupe d'individus qui peuvent se prévaloir dans leurs rapports avec les autres hommes, sous la protection des pouvoirs publics[42] comme le droit de vote, le droit à la

[40] "Le droit à la santé en Côte d'Ivoire : État des lieux", Rapport de recherche, Rapport conjoint de Human Dignity, du mouvement ivoirien des droits humains et du programme Human Rights, Economic Development and Globalisation de la Clinique de l'Ecole de Droit de Science Po Paris, 1 août 2017, p.10.

[41] Alex Weill, *Introduction au droit civil*, éditions Précis Dalloz, p. 6.

[42] Ibid.

santé, le droit à la justice, etc. Quel que soit le contexte géographique[43] dans lequel il évolue, le droit a aussi comme vertu d'entretenir toujours des rapports avec d'autres sciences ou disciplines. C'est cette omniprésence dans toutes les activités humaines qui justifie son attachement progressif à la santé et au domaine médical en particulier. La relation soignant et soigné qui anime ce domaine est d'une complexité multiple et nécessite par conséquent un accompagnement juridique qui offre plus de clairvoyance à chacun des acteurs au soin.

En effet, si la cohabitation droit-santé était désespérée dans les siècles précédents, elle est ce qu'il y a de mieux indiquer actuellement.

Ce qui est soutenu par M. Bélanger lorsqu'il note : *La santé est aussi un champ disciplinaire juridique reconnu aujourd'hui, et les relations croisées professionnels de la santé/ juristes se sont multipliées.*[44]

En essayant de voir de près sa relation avec la santé ou avec la médecine, on se rend compte qu'au-delà de toute indépendance, ces domaines s'interférent considérablement. Autant la science du droit repose sur des principes, la santé et la médecine en tant que sciences en sont gouvernées également. Les interpénétrations entre elles ont conduit à la création de disciplines telles que le droit de la santé, la médecine légale, le droit médical. L'objectif de chacune d'elles étant la préservation ou la réalisation du droit fondamental à la santé et au soin de chaque individu, la violation d'un tel droit ramène à la notion de responsabilité. À s'en tenir au droit de la santé, selon M. Memeteau, il est défini par le Doyen Auby comme «l'ensemble des règles juridiques

[43] L'expression contexte géographique renvoie à l'environnement dans lequel prend vit ou évolue le droit. Il découle sur la consécration de système du droit propre à un espace géographique ou culturel donné. C'est dans ce contexte que l'étude des systèmes juridiques dans l'univers présente les systèmes : de droit comparé, romano-germanique, socialiste, des pays du *common law,* réligieux, les droits africain etc. Les droits africains méritent distinction entre les pays gouvernés par le droit musulman (Tchad, Mauritanie), les pays du *common law* (Afrique du sud) et les pays de l'Afrique subsaharienne ou dans la conception traditionnelle, l'approche droit est coutumière (pas dans le sens de la primitivité comme cela a été combattu par plusieurs auteurs notamment T. Olawale, mais dans le sens de la spécificité).

[44] Bélanger Michel, Introduction à un droit mondial de la santé, éditions des archives contemporaines, Paris, 2009, n° 14, p. 11.

applicables aux actions de santé ».[45] Il régule le domaine de la santé dans sa plus grande diversité. Certaines thèses le schématisent en trois grandes branches dont la première s'intéresse à la réglementation de police administrative ; la deuxième à l'organisation des professions de santé (exemple : la carte sanitaire, les autorisations d'équipements) et la troisième qui comporte les relations entre les individus intervenant dans le système de soins (contrat médical, contrat de soins, etc…).[46]

La responsabilité médicale intègre particulièrement cette troisième branche qui s'intéresse aux rapports des divers acteurs du système de soins. Mais en dehors de la relation contractuelle qui domine le secteur privé, une relation soignant-soigné se tisse également dans le secteur public avec des exigences juridiques déterminées. D'où la notion de responsabilité hospitalière. Elle a nécessité l'instauration d'autres régimes de responsabilité à l'instar de la responsabilité contractuelle médicale, qui depuis l'arrêt Mercier en France a connu des ères de gloire. La définition légale donnée par l'article 113 du RGO du Mali, distingue les origines contractuelles et extra contractuelles (ou délictuelles) de la responsabilité auxquelles le droit accorde des conséquences diverses. L'étude du droit malien, qui est mise en lumière dans ce travail mais, qui ne se démarque pas totalement de la généralité africaine permettra de déterminer : la nature de la relation médecin – patient, les obligations qui découlent de cette relation et les conditions de mise en œuvre d'une éventuelle responsabilité en cas d'acte fautif intervenu au cours d'un processus de soins.

Le droit malien dont il est question ici ne concerne pas un arsenal juridique qui existe seulement dans le but de dicter les droits et les devoirs aux différents acteurs de la santé, mais aussi, de celui qui offre des possibilités pour une réaction aux actes illégaux commis dans le cadre d'un acte de soins.

L'implication des modes judiciaire et extrajudiciaire de règlement de conflit vise la restauration de l'équilibre[47] entre les acteurs de la relation

---

[45] Gérard Memeteau, Abrégé de droit médical, édition Litec, Paris, 1986, p. 4.

[46] Barbara Michel Xiste, *Les relations juridiques entre les praticiens de santé, les cliniques privées et les patients,* Thèse soutenue en avril 2000, sous la dir. de G. Memeteau, p. 53.

[47] Cette explicitation peut sembler vaine, mais elle a tout son sens dans un contexte social ou la responsabilité hospitalière et médicale sont immergées

de soins ou même pour la prévention de l'abus d'exercice de certains professionnels et praticiens de la santé.

Comme pour la plupart des pays africains, les actes fautifs du médecin seront encadrés par le droit positif malien, après les années d'indépendance (point de départ de l'adhésion à une culture juridique légitimée) et plus précisément dans les années 1987 avec l'adoption d'un texte sur les obligations civiles et commerciales.[48] Mais avant, il faut signaler que, le droit colonial, les règles religieuses et les coutumes locales se chargeaient concomitamment d'encadrer les conduites et les relations humaines. Donc, pour prétendre à un droit de la responsabilité hospitalière et médicale, les textes et leur application doivent être conformes ou doivent répondre aux aspirations des populations. Ces aspirations, si elles ne peuvent avoir des satisfactions identiques au niveau de tous les États africains, se retrouvent tout de même autour de l'idéal de protection et de promotion de la santé prôné les divers instruments juridiques.

L'instauration d'un système de santé au Mali après le retrait du colon a été soutenue par l'adoption de multiples textes juridiques. Afin de bâtir un système à l'image des attentes de la société malienne et conforme aux normes internationales souscrites, un corps de règles juridiques en matière de santé a été systématiquement élaboré. Ces textes feront progressivement l'objet d'amélioration et d'innovation, sans qu'on ne puisse effectivement tenir compte de la responsabilité hospitalière et médicale dans tous ses aspects encore moins se concentrer sur une réparation intégrale des dommages issus de l'activité de soins. Le système sanitaire, bien qu'il prétende offrir une santé ou des soins susceptibles de demeurer fidèles aux exigences communautaires et internationales[49] subit parfois une désapprobation de la société, malgré

---

par le souci du maintien de l'équilibre, donc souffre de l'absence d'une relation équitable entre professionnels de la santé et patients. C'est précisément dans ce tiraillement entre relation apaisée et relation équitable que la responsabilité médicale tente de se mouvoir.

[48] Loi n° 87-31 AN-RM du 29 aout 1987 portant régime général des obligations en République du Mali. Elle consacre, l'obligation de répondre de ses actes fautifs.

[49] À titre d'exemple, on peut se référer au préambule et à l'article 1 de la Constitution de l'Organisation mondiale de la Santé (OMS) adoptée par la Conférence internationale de la Santé, tenue à New York du 19 juin au 22

les efforts d'encadrement tant bien que mal consentis dans le secteur de la santé et des soins par l'État du Mali. Le système de santé est mal apprécié surtout à travers l'établissement public hospitalier connu sous le nom de *Dôgôtôrô So.*[50] Les pratiques qui y sont exercées sont décriées à défaut d'une poursuite judiciaire. Il faut lui accorder une attention, car la responsabilité administrative de l'hôpital et plus largement de l'établissement public de santé occupe une place centrale dans le droit de la responsabilité. Parfois assimilable à la responsabilité médicale qui est un vocable général, la responsabilité de l'hôpital est précisément connue sous le nom de responsabilité hospitalière et constitue une composante de la responsabilité de la puissance publique. Le mot « hospitalière » étant relatif à l'hôpital[51], signifie tout ce qui s'exerce, concerne, provient ou se réalise au sein d'un établissement public de santé.

Ainsi entendue, **la responsabilité hospitalière serait l'obligation qui pèse sur tout établissement public de santé de répondre ou sinon de réparer un dommage résultant de son activité de prévention, de diagnostic et de soins.** Stricto sensu, elle est considérée comme la responsabilité civile de l'hôpital à l'égard des patients.[52] Elle connaît une lente évolution dans le contexte malien à l'instar de la responsabilité médicale prise dans son sens strict.

L'idée d'une responsabilité hospitalière et médicale au Mali se concilie fortement avec l'association d'une trilogie de droit qui occupe une place irréversible dans la prétention à des systèmes de santé et de droit de qualité. Il s'agit du droit à la santé, du droit à la justice et du droit à la réparation du dommage.

La quête de la qualité dans deux systèmes diamétralement opposés par leur pratique mais commun par leur finalité sociale, est ce qui donne un sens à l'existence de ces types de responsabilité. Ces droits font l'objet

---

juillet 1946, signée par les représentants de 61 États le 22 juillet 1946 et entrée en vigueur le 7 avril 1948.

[50] L'hôpital se traduit également en Bambara sous l'appellation : la maison du médecin. Il est l'établissement de santé privilégié où tous les malades convergent, notamment ceux qui sont dotés d'un faible revenu.

[51] Voir Thèse Abdoulaye Koné, L'hôpital public au Mali, UCAD, 2019, p.17.

[52] *Responsabilité hospitalière*, vol. 15, n° 2 des *Cahiers de droit*, Québec, Presse de l'Université Laval, 1974, p. 217 à 528.

d'une consécration autant par les textes internationaux[53] que nationaux.[54] La réparation du dommage issue de l'activité de soins traduit la volonté de l'État de mettre à la disposition des victimes et d'assurer une concrétisation pour les citoyens en général des droits fondamentaux à la santé et à la justice. Il constitue une mesure juridique ou coutumière en faveur de la victime dans le but de restituer une situation antérieure, de compenser un dommage causé.

Le droit à la réparation a une appartenance multiple qui le place dans ce contexte précis à la frontière du droit à la santé et du droit à la justice. La réparation du dommage, consécutive à une violation du droit à la santé ou du droit à la santé de qualité est une nécessité pour la prétention à un système de responsabilité et d'indemnisation efficace. Ainsi, l'application des règles de la responsabilité à un domaine aussi sensible et complexe qu'est celui de la pratique des soins de santé au Mali, demande une revue de l'état de la question pour plus d'orientation.

II/ ÉTAT DE LA QUESTION

Largement débattue surtout par la doctrine française du XXe siècle[55], la responsabilité du professionnel de la santé a su marquer toutes les

---

[53] Voir par exemple les articles 1, 3, 8, 10, 22 et 25 etc. de la Déclaration universelle des droits de l'homme de 1948 , l'articles 9 du Pacte international des droits civiques et politique de 1966 et les article 4, 6, 7, 16, etc. de la Charte africaine des droits de l'homme et des peuples.

[54] Voir par exemple : les articles 1, 9 et 17 de la Constitution du Mali de 1992 et l'article 1 de la Loi d'orientation et de la Loi hospitalière, les articles 1 et 2 du Code de procédure pénale.

[55] Voir à ce sujet par exemple, D. Tripez, « Contrat médical et responsabilité civile des médecins », Thèse Lille 1934 ; J. Mazen, « Essai sur la responsabilité civile des médecins », thèse Grenoble 1934, spéc. p. 32 et s ; A. Brun, « Rapports et domaines des responsabilités contractuelle et délictuelle », Thèse Lyon 3, 1931, n° 240 et 245 ; H. Lalou, « Les fondements de la responsabilité civile des médecins », *Gaz. Trib.* 1919, numéro du 4 novembre ; « Comportant pour l'une des parties l'obligation de rendre le contrat sain et sauf », D.H. 1931, p.37, P. Durand., « Des conventions d'irresponsabilité », Thèse, Paris, 1931, n° 56 ; Demogue, *Traité des obligations en général,* édition Rousseau, Paris, 1925, tome VI, n° 181.

époques, au-delà du caractère diversifié de sa manifestation dans les différentes sociétés. Cette affirmation mérite d'être soutenue à travers un développement sur la responsabilité hospitalière et médicale à différentes époques et dans certaines sociétés (A). Un tel développement tiendra nécessairement compte de la construction de la responsabilité du soignant au Mali (B).

A. Aperçu historique de la responsabilité hospitalière et médicale

Les concepts de médecine, santé, obligations du médecin, contrat, responsabilité etc. ont été créés et ont évolué avec le temps au point d'en dégager une doctrine. Ainsi, l'activité de soins et les dommages qui peuvent en résulter ont toujours attiré l'attention de l'humain au point qu'ils ont bénéficié d'une quantité importante d'ancres dans les siècles passés.

Le survol de l'histoire de la responsabilité médicale offre un développement protéiforme du concept en fonction des sociétés, mais tous présentant une finalité commune de rétablissement des droits de la victime. Ces sociétés, si distinctes soient-elles en fonction des époques et des appartenances culturelles, sont unanimes sur la sanction de l'acte médical illicite.

Elles se reconnaissent toutes dans des fois séculaires.[56] Cela conforte la prédisposition de l'être humain à se soumettre à des lois divines, sociales ou juridiques. Ce qui sous-entend qu'à l'instar des principes universels adoptés, des règles parcellaires ont été édictées conformément aux réalités des différentes sociétés.

La réalité de la société malienne, comme déjà signalée, fera l'objet d'un développement à part. L'universalité des règles relatives aux soins et à la conduite des soignants tire quelque part son origine des prescriptions faites par Hippocrate dans l'antiquité grecque. À cette époque déjà, il attira l'attention des médecins sur la lourde tâche qui leur incombait et des conséquences susceptibles de s'y rattacher. Les prescriptions contenues dans le serment qui porte son nom correspondaient ainsi à

[56] Il faut comprendre par-là les règles religieuses et coutumières qui ont servi ou servent de mécanisme de répression du pêché humain.

une mise en garde contre le revers[57] que peut offrir la conduite désapprouvée du médecin.

Plus qu'un texte religieux[58] au contenu intangible, le serment d'Hippocrate a su résister à toutes les époques et constitue, à la hauteur des textes modernes, le parfait instrument de prédiction du comportement médical estimé.

Le code d'Hammourabi, vieux de 1750 ans avant J.C, à Babylone, plus précisément au Da Qing lui Mandchou attribuait au manquement à l'art médical, l'amputation de la main du médecin dont l'acte d'incision d'un abcès avait conduit à la perte du patient ou de l'œil de ce dernier.[59] Les 282 articles de ce code étaient repartis entre sanctions indemnitaires et sanctions pénales dont la rigueur conduisait à une atteinte également à l'intégrité physique de la personne du praticien.

Sa sévérité trouvait un répondant dans la *lex aquilia* à Rome ou la mort causée sans motif valable constituait une faute lourde infligeant une réparation financière à son auteur.[60] La finesse de la plume de ses jurisconsultes classe Rome parmi les sociétés qui établissaient formellement la responsabilité du médecin. Un peu proche, l'Égypte pharaonique attribuait la pratique de l'art médical aux fonctionnaires et

---

[57] Il faut au passage souligner que le serment d'Hippocrate a dicté les soubassements d'une médecine loyale, dont la transgression se traduisait par une correction morale ou disciplinaire exempte de toute réglementation légale et en harmonie avec les valeurs sociétales de l'époque. D'ailleurs, la consistance intemporelle des dictons d'Hippocrate reflète sa vigueur saisissable par tout esprit bienveillant même dans les sociétés contemporaines.

[58] Il s'agit ici au coran dans l'islam, à la bible dans le christianisme ou à n'importe quelle autre référence religieuse.

[59] Article 218 du code d'Hammourabi, vieux de deux mille ans avant l'ère chrétienne. *Cf.* J.C. Careghi, *La responsabilité médicale au crible de l'histoire*, p. 15.

[60]Loi Aquilia, 285 av. J.-C. et Loi Cornelia, 84 av. J.-C. relative aux coups et blessures ont été promulguées sous la République et sont enregistrées dans la compilation justinienne à l'époque byzantine.
Les exigences de la preuve de la faute du médecin, et de la gravité de ladite faute à cette époque était source de difficulté de la reconnaissance d'un principe de la responsabilité du médecin. Le malade ne disposant absolument pas de moyens de démontrer les dérives de la médecine.

aux hommes de culte qui étaient tenus de se conformer aux prescriptions édictées et suivies de génération en génération sous peine de subir une condamnation à mort.[61]

La Grèce antique également adhérait à la responsabilité du médecin qui ne prenait pas tous les soins nécessaires en vue d'être conforme aux règles de l'art. Contrairement à la société grecque dans laquelle la répression s'exerçait en l'absence de dispositifs légaux dûment établis, celle romaine a pris le soin de ne considérer la responsabilité du médecin que sur la base des normes soigneusement prévues.

L'abandon de la communauté par le thérapeute inhabile avait son équivalent dans le moyen âge israélien ou le décès d'un serf dû à l'impéritie du soignant était réprimandé par le payement de la valeur du serf et l'obligation de quitter la ville. Lorsque la victime est un homme libre la sanction est plus dure. Si celui-ci est estropié, le médecin ne reçoit pas d'honoraires et a le poing droit coupé ; en revanche si les mauvais soins ont occasionné la mort, le médecin était condamné à être pendu (après avoir été promené à travers la ville pour servir d'exemple à ses confrères) et ses biens étaient confisqués au profit des parents de la victime. Au Moyen Âge, le clergé avait le privilège de l'exercice de la médecine, ce qui relégua la réussite des soins à la volonté divine. L'impunité qui régnait, réduisait les efforts antiquement forgés pour la construction d'une responsabilité médicale. Cela se justifiait par une croyance aveuglée à l'accompagnement divin des actes posés par l'homme. Leur échec, par conséquent, ne pouvait qu'être supposé comme prédestiné et il était toléré par la conscience collective. Parallèlement au monopole de l'église, la laïcisation de la médecine éveilla une sorte de balbutiement pendant la période médiévale.

À la fin du XIIe siècle, une série de responsabilités était imputée au médecin pour dol, crime ou pour toute intention de nuire à la personne du patient sans qu'il y ait une réelle unanimité sur les règles de la responsabilité médicale. Ces règles oscillaient entre le caractère civil ou pénal de la poursuite. Le scepticisme de l'hypothèse d'une responsabilité médicale perdurera jusqu'après le moyen âge ou principalement l'attachement au principe paternaliste convainquait

---

[61] J.C. Careghi, *La responsabilité médicale au crible de l'histoire*, op. cit. p. 16.

certains médecins de la seule responsabilité divine dans la réussite des soins.[62] « *Je le pansay, Dieu le guarist* » prononcé par Ambroise Paré (1510-1590) illustre à bon escient le monopole de soin du médecin et le pouvoir de guérison de Dieu.

Au XIIIe siècle, lors d'une assemblée des sages et des érudits du Mandé, ancienne appellation du Mali, a été élaborée la charte de kouroukanfouga.[63] Cet instrument séculaire inscrit au patrimoine culturel national, également soutenait depuis l'idée de justice et d'équilibre sociale. Au XVIIe siècle, Domat préconisait à juste titre l'obligation pour toute personne s'étant rendu coupable d'un acte

---

[62] Voir A. Dorsner-Dolivet, Idem, . J.C. Careghi, La responsabilité médicale au crible de l'histoire, cahier n° 7, *op. cit.*., p. 15-25.

[63] Connue sous le nom de Charte de la fédération du Mandé ou Charte du Kouroukanfouga, elle est le premier instrument juridique rassemblant tous les principes fondamentaux du Mandé. De 1236 aux indépendances, aucun texte du Mandé n'avait pu amasser autant de valeurs sociales. Il faut citer entre autre la succession, la propriété, la vente, le mariage, le travail, les liens sociaux, le respect de l'autre, le règlement des différends, le pouvoir et la santé. Autant de principes sur lesquels reposent les orientations de nos sociétés modernes. Élaguée et édictée par l'administration malienne, la version de 1978 dont le découpage paraît le plus représentatif est composé de 130 articles. Les articles 63 et 64 consacrés à la protection de la santé et de la vie humaine s'appuient surtout sur l'aspect pénal de la sanction accordée à ceux qui transgressent ces édits. Une peine dont le degré s'élevait à la mort du coupable. Cette disposition est assez impressionnante de par sa capacité à égaler les sanctions établies contre le médecin maladroit dans les sociétés antiques, et à servir de référence aux codes pénaux maliens des temps modernes. Particulièrement, celui en vigueur depuis 2001 (Loi n° 01-079 du 20 août 2001 portant Code pénal au Mali, modifié par la loi n° 05-045 du 15-08-2005) prévoit des sanctions dont le degré suprême s'élève à la réclusion à perpétuité. Il protège au même titre que la charte du Mandé l'intégrité physique et la santé humaine, dans des dispositions générales que dans celles visant singulièrement les professionnels de la santé. Par exemple, l'article 4 de l'actuel code pénal énonce que : « les peines criminelles sont : la mort, la réclusion à perpétuité, la réclusion de cinq à vingt ans ». Cette disposition d'ordre général s'adresse à tout auteur d'une infraction criminelle. L'article 166 sur l'usurpation de titre, les articles 211-212 sur l'interdiction de l'avortement, l'article 2013 sur les pratiques nuisibles à la santé humaine témoignent de l'encadrement des actes illégaux vis-à-vis de la santé.

imprudent ou négligeant d'y réparer dans l'intérêt de la victime et dans celui général de toute la société. L'intérêt de justice pour l'équilibre des relations humaines subira diverses mutations dans la construction des systèmes juridiques modernes. Il en fut le cas bien de siècles avant cette célébrissime affirmation convenable à n'importe quelle activité humaine qui expose l'autre à une quelconque menace. Il émet plus particulièrement son opinion sur les abus médicaux après qu'il ait rappelé le principe de responsabilité et les sanctions qui y sont attachées : « Mais quoique les médecins eussent été approuvés, ils ne cessaient pas de répondre des fautes qu'ils pouvaient commettre contre les règles de leurs professions ; car quoiqu'il soit vrai qu'on ne doive pas imputer aux médecins la mort de leurs malades, ils doivent répondre des maux qu'ils causent par leur ignorance ; et le prétexte de faiblesse humaine ne doit pas empêcher qu'on punisse ceux qui trompent les hommes dans un tel péril qu'est celui de leur vie ».[64]

La période de la renaissance redora la configuration de la responsabilité de manière générale de par sa réceptivité par certaines institutions comme l'académie française qui, avant les années 1780-1798, méconnaissait le terme « responsabilité ».[65]

Cela n'eut pas grand impact sur la logique du bloc médical conservant sa position sur l'irresponsabilité du médecin plusieurs décennies après : *Le médecin, en dehors de Dieu, ne reconnaît pour juge, que ses pairs et n'accepte point d'autres responsabilités que celle, toute morale, de sa conscience.*[66]

Soutenue par certains auteurs du XVIIe siècle, l'impunité du corps médical fut illustrée aussi par Molière[67] dans son théâtre « le médecin malgré lui »[68]où Sganarelle avouait : « Non, vous dis-je : ils m'ont fait

---

[64] Jean Domat, *Les quatre livres du Droit public,* T. II., L. I ; Des Universités, p. 320- 321.

[65] J.P. Lévy, A. Castaldo, *Histoire du droit civil*, Dalloz, Paris, 2002, p. 916.
[66] Académie nationale de Médecine, dans un avis du 15 février 1834, cf. J.-O. Vioux et V. Sahuc, « Évolution de la notion de responsabilité médicale », *R.F. domm. corp.*, 1989, p. 287.
[67] Jean-Baptiste Poquelin, dit Molière (1622-1673), est un dramaturge français du XVIIe siècle.
[68] Molière, Le médecin malgré lui, p. 60.

médecin malgré mes dents. (…). Je suis d'avis de m'en tenir, toute ma vie, à la médecine. Je trouve que c'est le métier le meilleur de tous ; car soit qu'on en fasse bien ou soit qu'on en fasse mal, on est toujours payé de même sorte : la méchante besogne ne tombe jamais sur nos dos ; et nous taillons comme il nous plaît sur l'étoffe ou nous travaillons…. Cette impunité était motivée par le caractère d'art conjoncturel de la médecine ».

L'élaboration des codes civil et pénal respectivement en 1804 et 1810 dota les juges d'instruments appropriés susceptibles d'apprécier ou de faire une nette distinction entre les responsabilités délictuelle et contractuelle, notamment avec la précision des infractions pouvant engager la responsabilité pénale du médecin.

À ce niveau, il importe de préciser que l'établissement des voies procédurales avec une différenciation de celle civile et pénale eut une influence notable sur la construction institutionnelle des règles de responsabilité.[69]

Ces nouvelles institutions jouèrent un rôle dans la rupture avec les pratiques anachroniques de réparation du dommage, notamment la manifestation de la responsabilité pénale par des actes de vengeance accordait à un moment donné plus de poids à la responsabilité civile qui disposait de nombreuses subtilités.

Mais il fut reconnu que si le système traditionnel de réparation exonérait l'auteur, celui qui lui emboita le pas était tout aussi déséquilibré. Cela, en ce sens que bien qu'en faveur de la victime il profitait tout de même à l'auteur qui n'était nullement inquiété et constituait le déclic vers le

---

[69] Par référence à la responsabilité aquilienne en droit commun de B. Winiger, on peut constater l'existence de deux grandes formes de responsabilité civiles qui ont évolué de l'antiquité à nos jours : Celle contractuelle trouva sa manifestation dans le cas où le traitement administré par un obstétricien de ses mains était la cause de la mort de la patiente, Labeo accordait l'a*ctio legis Aquilia* malgré le rapport contractuel qui liait les parties (Ulpien, Dig. 9, 2, 9 pr). Par contre si le médicament remis par le médecin avait été administré par le patient personnellement, une *actio in factum* était engagée, suite à l'action indirecte du médecin (responsabilité délictuelle). Ainsi, parallèlement au fait délictuel, les lois anciennes étaient favorables à la reconnaissance d'un lien contractuel entre médecins malades.

déclin de la responsabilité individuelle[70] au profit de la socialisation des risques. En effet le vœu de faire supporter les risques d'une activité par un collectif social ou un établissement investi à cette fin défigurait la représentation durement acquise de la responsabilité. D'où un balbutiement de la responsabilité civile qui obtient un nouveau sort au XXIe siècle avec l'apparition de la responsabilité sans faute. Celle-ci manifestera un envol particulier dans le droit de la responsabilité médicale avec l'arrêt Bianchi du Conseil d'État français en 1993.[71]

Cet arrêt loin d'être le premier, s'inscrit dans le lot des arrêts qui ont contribué considérablement à l'instauration du droit de la responsabilité médicale en France. Les ramifications jurisprudentielles seront appuyées par le code civil napoléonien qui joua une part importante dans l'abandon de l'immunité civile du médecin.

Au-delà du rôle imminent dans la reconnaissance théorique, il participera également à la construction jurisprudentielle de la responsabilité délictuelle qui se bâtit concrètement à travers l'arrêt Thouret Noroy C/ Guigne, où dans le considérant de principe duquel était prévu que « du moment que les faits reprochés aux médecins sortent de la classe de ceux qui, par nature, sont exclusivement réservés au doute et aux discussions de la science. Du moment qu'ils se compliquent de la négligence, de la légèreté ou d'ignorance des choses que l'on devait nécessairement savoir, la responsabilité est de droit ».[72]

La nature délictuelle de l'acte du médecin a fait un siècle de règne avant le chamboulement spectaculaire qui a été apporté par l'arrêt Mercier de 1936.[73] Partagé entre la recherche infertile d'une responsabilité délictuelle, eu égard à la prescription triennale établie et l'innovation d'une responsabilité contractuelle offrant plus de chance aux époux victimes du docteur Mercier, la seconde alternative a dû l'emporter.

---

[70] Viney Geneviève, Le déclin de la responsabilité individuelle, Thèse de droit soutenue à Paris en 1963, édition LGDJ, Anthologie du droit, 2013, p. 9 à 299.
[71] C'est cet arrêt du conseil d'État français qui reconnaitra pour la première fois la responsabilité administrative de l'établissement public de santé.

[72] Cass. req., 18 juin 1835, Thouret-Noroy, S. 1835, 1, p. 399, Concl. Proc. Gén. Dupin.
[73] Cass. civ. 1ère, 20 mai 1936, Dr. Nicolas c/ Mercier, *D.P.* 1936, 1, p. 88, concl. P. Matter, rap. Josserand.

Cette décision de la Cour de cassation française transformait une fois de plus et profondément l'appréciation judiciaire de la responsabilité médicale. Elle a été le passage de la responsabilité délictuelle pure à la responsabilité contractuelle reposant sur l'obligation de moyens dont dispose le médecin d'apporter des soins non pas quelconques mais attentifs, consciencieux et en harmonie avec les prévisions de la science. À la suite d'une telle reconnaissance, toute violation même involontaire de l'obligation contractuelle liant le médecin à son malade subira une responsabilité similaire à celle de la nature de l'obligation.

Cependant, il faut noter qu'il n'en est rien de tel et cela pour une période assez longue pour l'Afrique noire ou le médecin (guérisseur) avait la noble tâche de pourchasser les esprits malveillants d'une personne possédée ou frappée par la rédemption. Le mental du médecin occidental jusqu'à la fin du XIXe siècle trouva son semblable en Afrique ou l'activité de soins et les résultats qui en découlaient, dépassaient profondément la volonté et la compétence de l'humain. Ainsi, il semble incontournable de s'intéresser à la construction d'une responsabilité juridique du soignant au Mali. Toute chose qui est intimement liée à la naissance de la médecine moderne en Afrique de manière générale.

B. La construction de la responsabilité du soignant au Mali

Certes la santé est l'un des meilleurs profits, en particulier pour les colonies de l'Afrique Occidentale Française devenues indépendantes pour la plupart dans les années 1960.

Cependant, la responsabilité hospitalière et médicale, un maillon essentiel des questions de mauvaises pratiques de la santé, tardera à animer la scène judiciaire dans ces contrées et cela, compte tenu de beaucoup de facteurs qu'elles ont en commun.

Il serait permis d'avancer que la justice médicale en Afrique de l'Ouest, sous peine d'une généralisation inappropriée, répondait à une concertation d'autorités coutumières (sages ou de conseillers) chargées de discuter ou de décider du sort réservé au praticien de la santé qui appliquait maladroitement son art. Pour suivre les affirmations de certains historiens[74], le guérisseur[75] était exceptionnellement sanctionné par le conseil du village en cas d'acte flagrant nuisible à la santé ou à la vie du malade.

La sanction la plus courante était l'exclusion dudit guérisseur de la communauté et en cas d'erreur de traitement ayant conduit à la mort du Roi, le guérisseur était enseveli avec ce dernier.[76]

Pour mieux reproduire la justice dans les traditions africaines qui était d'ailleurs organisée de manière collégiale[77], rappelons l'organisation de la justice sous la Dina de Cheickou Amadou[78] dans l'empire peul du Macina : *Le grand conseil était composé de quarante membres, dont trente-huit siégeaient dans la salle aux sept portes et deux dans la propre maison de Cheickou Amadou. Nul ne pouvait être admis au sein du grand conseil à moins d'avoir quarante ans accomplis, d'être marié, de pouvoir justifier d'une bonne culture et d'une vie irréprochable. En cas de décès d'un grand conseiller, le remplaçant était choisi par Cheichou Amadou parmi soixante marabouts appelés « Arbitres ». Les grands conseillers choisissaient ensuite un nouvel arbitre parmi les marabouts réputés de Hamdallay ou du pays. Aucun d'eux ne pouvait s'éloigner à plus d'une journée de marche sans avoir averti au préalable ses collègues et avoir obtenu le consentement de ceux-ci. Un membre du conseil qui s'absentait se faisait remplacer par un marabout de son choix désigné parmi les arbitres. Les conseillers étaient entretenus par le beytelml.*[79]

---

[74] Notamment le Professeur Bakari Kamian, agrégé de l'Université, Professeur d'histoire à l'École Normale Supérieure du Mali, avec lequel un entretien a été tenu le 4 février 2016 à 17 h.

[75] Celui-ci était la plupart du temps un forgeron ou un chasseur.

[76] Extrait de l'entretien effectué le 04 février 2016 au domicile du Professeur Kamian.

[77] La collégialité conférerait le pouvoir de juger au conseil de village sous la tutelle de son chef. De manière décomposée, le conseil rassemblait entre autres les sages, le griot, les chefs de culte.

[78] Ckeickou Amadou a dirigé l'empire peul du Macina (1818-1853). À son époque, il établissait une organisation administrative, religieuse et judiciaire dont l'autorité était confiée au grand conseil appelé » Batu Mawdo ».

[79] Selon les auteurs, cela a pour sens littéralement en arabe « le trésor public ».

Les arbitres pouvaient résider n'importe où ; ceux qui étaient fixés à Hamdallay jouissaient de prérogatives à peu près égales à celle de grands conseillers. Le grand conseil était chargé de la direction du pays et avait la haute autorité sur tout.

Mais le conseil privé de Cheickou Amadou pouvait demander et même exiger que le grand conseil révise une position prise. En cas de conflit entre le conseil privé et le grand conseil, Cheickou Amadou faisait urwa (tirage au sort avec des brins de paille de diverses longueurs) et désignait quarante marabouts parmi les soixante arbitres. La décision de ces quarante était souveraine.[80]

L'appréciation de la responsabilité sous l'angle du droit positif, tout comme la pratique de la médecine moderne est certainement liée à la venue du colon sur les territoires africains il y a environ quatre siècles. Ce qui justifie le survol de l'avènement du droit de la santé en Afrique de manière générale, également rattaché à celui de la médecine moderne pour une meilleure compréhension des prémisses de la responsabilité hospitalière et médicale dans les contrées africaines. Comme le dit un proverbe wolof « si l'on ne sait pas d'où on vient, on ne saura pas où est-ce qu'on veut aller ».

En effet, en Afrique les rites d'initiation et autres recettes[81] étaient exemptes d'un traçage littéral puisque le continent était dominé par l'oralité. Cela s'inscrivait dans le cadre d'une tradition africaine de conservation sacrale des valeurs protectrices de l'être humain et du savoir. Cette conservation sacrale puisait sa force dans la culture de l'oralité et de la transmission circonscrite des préceptes. Le domaine des soins ou de la santé n'a pas échappé à cette situation. Perçue comme une bénédiction divine, elle n'était pas soumise à un ordre juridique cohérent transcendant les forces mystiques. Cependant l'Afrique des temps anciens (bien avant la période de la colonisation) dépourvue des lois modernes que connaissent les sociétés contemporaines n'est pas étrangère à l'exercice règlementé des soins de santé. À titre d'exemple,

[80] Zeini Moulaye et autres, Gouvernance de la justice au Mali, Bamako, Friedricht Ebert Stiftung, 2007, p. 66.

[81] Celles-ci encadraient la mise en œuvre de certaines habitudes telles les pratiques de soins, de célébration d'union, d'adhésion à une confrérie ou de changement de statut social.

le respect strict des préceptes médicaux en Égypte pharaonique[82] est l'un des témoins historiques de l'existence d'une réglementation des pratiques sanitaires en Afrique.

En effet, la prise en compte de la santé par le droit est héritée des nombreuses évolutions qu'a connues l'activité médicale dans des sociétés aux aspirations égalant ou dépassant le rythme du progrès scientifique et technique. La santé comme facteur qui stimule l'expansion des multiples secteurs sociaux est à la fois un bien collectif et une quête individuelle dont la réalisation nécessite la réunion des moyens économiques, humains et matériels colossaux. C'est surtout son appartenance collective[83], prônée par les systèmes juridiques modernes (eux-mêmes appuyés par une politique étatique dûment organisée), qui mobilise autant de dynamismes autour de la santé. Comme privilège individuel, elle s'est forgé une place parmi les droits fondamentaux inhérents à la dignité et au respect de la personne humaine. De plus, la dimension individuelle de la santé ressort dans le préambule de la constitution de l'Organisation mondiale de la Santé (OMS) qui la définit comme étant « un état de complet bien-être physique, mental et social, et ne consiste pas seulement en une absence de maladie ou d'infirmité.[84] La possession du meilleur état de santé que l'homme est capable d'atteindre constitue l'un des droits fondamentaux de tout être humain, quelles que soient sa race, sa religion, ses opinions politiques, sa condition économique ou sociale ». Dans la même perspective, l'article 25 alinéa 1 de la déclaration Universelle des Droits de l'Homme prévoit que « toute personne a droit à un niveau de vie suffisant pour assurer sa santé, son bien-être et ceux de sa famille, notamment pour l'alimentation, l'habillement, le logement, les soins

---

[82] Tel que rapporté par J.C. Careghi, « chez les Égyptiens, des règles générales qui résultaient d'observations médicales recueillies dans une sorte de code qu'Hérodote appela le *Livre sacré*, s'imposaient quasiment au praticien et toute innovation qui entraînait la mort du patient était punie par la peine capitale ». J.*C. Careghi*, la responsabilité médicale au crible de l'histoire, *op. cit.*, p. 16.

[83] Le caractère collectif s'explique à travers la compassion ou la préoccupation collective manifestée pour l'état d'un malade, la prolifération des épidémies et maladies contagieuses qui demandent une prise en charge de masse et aussi la participation de la population aux dépenses et aux actions de santé.

[84] Préambule de la charte de l'OMS, *op. cit.*.

médicaux… ».[85] Le plus récent de ces textes internationaux en 1978 s'appuiera sur la dimension sociale de la santé en invitant tous les États et les populations à s'investir dans l'accession des sujets à l'état de santé le plus élevé possible.[86] Quelques siècles avant ces textes, en 1236 la loi fondamentale du Mandé communément appelée « Charte du Kouroukanfouga » prévoyait en ses articles 63 et 64[87] la protection de la vie humaine et de la santé qu'elle reconnaissait « sacrée ».[88]

L'évolution de la santé en Afrique dans les entrailles d'une structuration et d'une restructuration de son système sanitaire sera accompagnée particulièrement d'une immixtion juridique conçue sur la base du modèle français auquel les États héritiers resteront longtemps fidèles. Fidélité qui, pour autant, ne favorise pas une construction solide de la

---

[85] Déclaration Universelle des droits de l'homme, *op. cit.*.
[86] Déclaration d'Alma-Ata du 6 au 12 septembre 1978 pour la promotion des soins de santé primaires et l'accès de tous à un niveau de santé acceptable.

[87] Les articles 63, 64 de la charte élaborée en 1236 par les sages de la société manding prévoient respectivement « l'interdiction des coups et blessures, l'homicide et le sacrifice humain sur toute l'étendue du Manding. Cet interdit s'adresse à tous les Chefs Mandings en général et singulièrement aux charlatans, aux divins, aux directeurs des messes funèbres et aux féticheurs. », « Toute atteinte à l'intégrité humaine peut valoir la peine capitale à son auteur suivant la gravité du délit. ». Ils (articles) sont l'expression dans l'ancienne société africaine de l'encadrement de la santé et de la vie humaine sous peine pour l'auteur de leur transgression de sanctions s'étendant à la peine capitale.

[88] La marque dans cette charte de la garantie de la santé individuelle est significative d'une reconnaissance normative dans la société africaine ancestrale du droit à la santé. Cependant, s'il semble difficile de tracer les frontières temporelles du passage du droit de la santé comme bien collectif (en perpétuelle croissance) au droit à la santé comme prérogative individuelle (universellement protégé) ou vice versa, il demeure tout de même constant que l'avènement d'un droit de la santé en Afrique est d'une part le fruit d'une reconnaissance cosmopolite du bien-être général des populations comme source de développement et d'autre part lié à l'intrusion de la médecine moderne dont la notoriété et l'acceptation passeront par plusieurs péripéties. Ainsi la légitimité de la médecine moderne vaut la conception actuelle de la santé en Afrique, même si le siècle de la colonisation offre un imbroglio et une résistance envers une médecine transportée dont les prouesses finiront par dévaloriser les pratiques de soins locales.

justice positiviste en matière de responsabilité médicale, mais plutôt aide les États dans la production de règles de droit fixant l'organisation et le fonctionnement des services de santé ou déterminant les fondements de l'activité de soins.

C'est cela qui explique quelque part, l'apparition tardive du concept de responsabilité médicale au Mali. Elle serait plutôt liée à l'étatisation du secteur de la santé 25 ans encore après l'accession à l'indépendance, c'est-à-dire en 1985 où la libéralisation économique a permis la privatisation de ce secteur. Cet état de fait ne pouvait qu'entretenir l'inaction des patients pour les demandes en réparation.

En effet, comment intenter une action en justice contre l'État, cet État qui se déploie inlassablement pour améliorer l'offre publique de santé. Par ailleurs, les régimes politiques par lesquels l'État malien est passé avant de basculer dans la démocratie en 1991 ne pouvaient que renforcer le silence du patient qui subissait un dommage de la part de l'établissement public de santé.

Ainsi, la responsabilité médicale censée être assumée par le seul secteur public, 24 ans après les indépendances, était quasi inexistante de par le vide juridique qui existait, l'inaction des patients et le regard du législateur tourné vers d'autres priorités sanitaires. Elle n'apparaitra réellement qu'après les années 1985[89] avec la privatisation du secteur de la santé, l'autonomisation des hôpitaux publics qui conduit à la fixation d'un coût pour les soins, la naissance de l'assurance maladie couverte par l'État et par les organismes privés.[90] Ainsi, la responsabilité médicale dont il est question dans cette étude est une

[89] Il faut signaler que les premières véritables lois d'après les indépendances se réaliseront en 1985 avec la loi sur la privatisation : loi n° 85-41 du 22 juin 1985 et la loi n° 86-36/AN-RM du 12 avril 1986 portant institution de l'Ordre national des pharmaciens, la loi n° 86-35 du 12 avril 1986 AN-RM portant institution de l'Ordre national des médecins.

[90] L'adoption d'une législation sur le droit commun des obligations vient ainsi à point nommé pour réguler les relations client et établissement privé de santé. Autres facteurs favorisant, serait la croissance du taux d'alphabétisation permettant une certaine ouverture et une connaissance progressive des concepts de qualité et de sécurité dans les soins. Ce qui renvoie à une appréhension systématique des droits et devoirs.

conception surtout contemporaine[91]qui naissait approximativement au même moment où l'Afrique de manière générale, était sous le joug des conquêtes et de la domination coloniale des pays[92] dans lesquels elle a pris de l'envol. Dépourvues de système juridique cohérent, la plupart des sociétés africaines[93] ne se verront doter d'appareils juridictionnels au sens moderne du terme qu'après la période des indépendances. Le revirement institutionnel opéré ne signifiera pas non plus une flexibilité des mentalités vers une saisine des organes juridictionnels nouvellement institués ; de surcroît dans un domaine aussi sensible que celui des relations de soins.

Réservé au pouvoir divin pour certains, et limité à la résignation pour ceux pour qui la justice ou l'administration n'est qu'un lieu d'exposition et d'appauvrissement sans attente ne serait-ce qu'une onde de justice, la responsabilité médicale subi un balbutiement constant.

Affaiblie par les pratiques sociales qui font preuve de l'instauration d'un semblant de stabilité, ce balbutiement également l'empêche de prétendre à une construction législative et jurisprudentielle. Il l'empêche aussi de renforcer sa capacité à régir surtout les aspects spécifiques liés aux dommages médicaux.

Le dommage médical est un champ très vaste et diversifié qui prend en compte chacun des domaines de compétence de la médecine voire de la santé. Par conséquent les cas de responsabilités qui peuvent être engagés dans le domaine médical sont assez variés. Il peut s'agir de la responsabilité proprement dite du médecin, de celle du chirurgien, du pharmacien, de la sage-femme, de l'aide-soignant, bref de tous ceux qui sont au service des soins de santé.

---

[91]L'expression contemporaine fait allusion à la reconnaissance jurisprudentielle et législative de la responsabilité, précisément au XXe siècle, en France avec les arrêts retentissants « Thouret Noroy de 1835 et Mercier de 1936 ».

[92] Il faut citer entre autre la France, l'Allemagne, l'Angleterre, la Belgique, etc.

[93] Monique Van Dormael, « *Médecine coloniale ou la tradition exogène de la médecine moderne dans le tiers monde.* », *op. cit.*, p. 2. Selon cet auteur, les sociétés africaines d'avant les indépendances sont qualifiés de « quasi inexistantes si ce n'est sous la forme d'apologie de l'œuvre civilisatrice de la colonisation ».

Dans le cadre de ce travail de recherche, la responsabilité hospitalière et médicale concerne la responsabilité, d'une part, des établissements publics et des établissements privés de santé et, d'autre part, de celle des praticiens qui exercent au sein de ces établissements. Ce qui ne s'éloigne pas de l'acception large de la responsabilité du médecin qui est significative de la responsabilité de l'ensemble des acteurs aux soins de santé. Autrement dit, l'étude de la responsabilité du soignant au Mali est envisagée autour de deux catégories principales de responsabilité : la responsabilité hospitalière qui est celle puisée de l'activité des établissements publics de santé et la responsabilité civile médicale, qui s'intéresse aux établissements privés de santé et aux praticiens de la santé. C'est à cette dernière catégorie que le générique de responsabilité médicale est généralement attribué.

Cependant, il y a lieu de préciser que ce travail ne saurait être étendu à l'ensemble des acteurs de la santé ; c'est-à-dire à l'administrateur de la santé, aux politiques, aux fabricants et aux conservateurs de produits et médicaments de santé, etc. La complexité du lot des acteurs de la santé avec des rôles assez diversifiés pouvant conduire à un débordement du cadre prévu, il a été jugé opportun de consacrer ce travail de recherche aux professionnels de la santé[94] et aux établissements dans lesquels ceux-ci exercent l'activité de soins de santé.

L'aspect juridique sur lequel la réflexion est fondée, s'intéresse en plus des catégories de responsabilité évoquées à la responsabilité disciplinaire. La responsabilité pénale du professionnel de la santé sera sommairement abordée, même si le juge pénal est encore très faiblement sollicité pour la résolution des litiges médicaux au Mali. L'effectivité recherchée doit nécessairement tenir compte des modes alternatifs ou techniques sociojuridiques de règlement des conflits médicaux qui occupent une place primordiale. Par conséquent, il sied de leur accorder une attention particulière. En toute objectivité, cette approche de la responsabilité hospitalière et médicale au Mali, ne saurait être entièrement juridique, puisque même avec l'existence d'instruments juridiques (droit commun et textes spécifiques),

[94] La santé sous cet angle n'a pas une consonance institutionnelle ou politique, mais se résume surtout à l'état de bien-être ou de guérison, appelé en bambara *Keneya ou keneman.*

l'ignorance de la réalité sociale par rapport à certains aspects de la question comme « le contrat » sera un énorme manquement. Il préjudiciera surtout à l'appréhension contextuelle des concepts qui sont juridiquement ancrés.

Ainsi, une réflexion autour de la responsabilité hospitalière et médicale au Mali doit porter sur l'analyse de l'ensemble des normes juridiques, des pratiques juridictionnelles et sociales des préoccupations relatives aux conséquences fâcheuses de l'exercice de la médecine. Le processus de production normative par le législateur, entrepris après l'accession du Mali à l'indépendance a privilégié le droit positif comme droit reconnu par l'État.

Il a continué et a abouti à la mise en place d'un véritable droit de la responsabilité propre au Mali à travers la loi n° 87-31 du 29 août 1987 portant régime général des obligations.

Ceci devrait favoriser l'abandon des règles du droit coutumier qui ne riment pas avec le droit positif admis à la faveur de la colonisation. À défaut d'un abandon total, une conciliation devrait être organisée en vue d'une application efficiente des règles.

Ces règles coutumières de règlement de conflit tant bien que mal résistent particulièrement dans le domaine de la santé à l'instar du droit commun de la responsabilité et de la grande disparité des textes du droit positif.

Cependant, face à cette multiplicité de règles et de pratiques qui régissent la responsabilité du professionnel de la santé, la problématique qui met au défi est celle de l'application effective et efficiente des textes dans un contexte où la perception sociale est en déphasage avec le cadre juridique établi.

Cet état de fait, rappelle incessamment cette formule « Nul n'est censé ignorer la loi ». Elle prévaut pour toute société qui aspire à l'existence d'un droit légal et légitime.

De cette problématique, il est judicieux de retenir la question centrale suivante :

- Dans quelle mesure le cadre juridique et juridictionnel assure le règlement des litiges médicaux ?

Les questions secondaires ci-dessous découleront de cette préoccupation fondamentale :

- Quels sont les fondements de la responsabilité hospitalière et médicale ?

- Les textes normatifs ou jurisprudentiels existants actuellement au Mali permettent-ils l'émergence d'un véritable droit de la responsabilité hospitalière et médicale ?

- L'élaboration d'un code de la santé publique pourrait-elle prendre en compte la réparation du dommage médical au-delà de l'unification et de l'harmonisation des textes sur la santé et sur la responsabilité des acteurs aux soins de santé y compris le thérapeute traditionnel ?

La réponse à ces interrogations devrait être à la hauteur de l'intérêt accordé à cette étude. Son importance est non négligeable quand on sait la place que l'activité médicale et hospitalière occupe dans toute société en l'occurrence dans la nôtre.

Pour ce faire, une telle étude suscite à la fois des intérêts pratiques et théoriques qu'il faut présenter. Les intérêts théoriques ont trait avec la contribution à la construction d'une doctrine nationale voire sous régionale en droit de la responsabilité hospitalière et médicale. Ce droit est à ce jour régi sur la base de dispositions parsemées et parfois incohérentes. Cet outil de travail pourra être au service de divers professionnels du droit notamment, des universitaires et autres enseignements sur : le droit de la santé, la responsabilité médicale, les relations de soins, le risque sanitaire, l'indemnisation des dommages médicaux ; des professionnels de la santé et d'autres acteurs tels que les bénéficiaires des soins qui s'imprègneront de manière approfondie de leurs droits et devoirs.[95]

[95] Certes la réforme de 2002 ayant mis en place la loi n » » » » »° 02-50 du 22 juillet 2002 portant loi hospitalière et l'arrêté 08-2716 du 6 octobre 2008 portant charte des malades dans les établissements hospitaliers fixent les droits et devoirs des acteurs aux soins de santé avec un passage accordé à la responsabilité ou plutôt aux possibilités de poursuites. En cas de non satisfaction de la réclamation faite auprès de la direction de l'établissement de santé (article 27 de la charte du malade). Mais ces dispositions devront être appuyées par des actions de sensibilisations et d'informations qui demandent

Les intérêts pratiques de cette étude se rattachent à l'éclaircissement de certains comportements inadéquats qui continuent de sévir le milieu médical et hospitalier sans que les auteurs en soient inquiétés. Le juge pourra s'impliquer davantage, puisque son appréciation au-delà de l'aspect procès, est celle qui dévoile le mieux les dénonciations des victimes et permet de faire ressortir l'évolution de la responsabilité hospitalière et médicale. Loin de vouloir dénoncer ou cibler une institution quelconque, cette étude aspire de faire des propositions pour une amélioration du droit de la responsabilité et de la réparation des dommages médicaux.

Ce travail vise à susciter la réflexion d'un grand nombre d'acteurs sur les enjeux de la judiciarisation de la responsabilité du soignant. Également, il vise à démontrer la nécessité de la réparation du dommage issu des soins et la pertinence de la mise en place d'un document unique qui réunit l'ensemble des textes sur la santé et la pratique médicale. Ce qui devra impacter tant le système juridictionnel que sur celui sanitaire, qui sont aujourd'hui interdépendants avec une plus grande influence du droit sur le système de santé. Pour répondre à la problématique dégagée, une démarche méthodologique basée sur l'analyse empirique et rationnelle a été utilisée. Celle-ci s'est appuyée sur des pratiques et sur des théories qui renferment différents régimes de responsabilité.

Aussi, dans le cadre de cette étude les sources de la doctrine et les décisions de justice issues des juridictions maliennes et étrangères ont été exploitées. Pour une exploitation facile de l'ensemble des données, la terminologie bamanan a été utilisée pour certains concepts.

En termes de difficultés, l'une des plus grandes a été la faible connaissance de la matière par beaucoup de personnes qui ont été rapprochées, et aussi l'accès difficile aux décisions de justice ou aux instances juridictionnelles. L'absence de répertoire (physique et numérique) dans les juridictions qui peuvent fournir une information cohérente et exacte sur les affaires a aussi été constatée. Ces difficultés décrites, soulignent les imperfections et les limites de cette étude, malgré le recours aux réalités de certains pays étrangers, notamment le Canada, la Suisse et la France en vue d'une proposition d'amélioration

---

le concours d'autres personnes, notamment la société civile, les doctrinaires, les médias etc. D'ailleurs, à ce sujet, l'article 5 de la charte précise que la seule codification des droits et devoirs est insuffisante.

surtout du système d'indemnisation malien. Ainsi, la mise en exergue des insuffisances juridico-judiciaires de la question à travers la confrontation des textes existants aux différentes réalités a permis de dégager des propositions pour une meilleure construction du système de la responsabilité et de la réparation du dommage médical au Mali et probablement en Afrique.

Deux grandes parties orientent cette analyse. La première partie s'intéresse au cadre juridique et aux autres institutions qui se chargent de la responsabilité hospitalière et médicale au Mali. La seconde partie concerne la mise en œuvre de cette responsabilité.

PREMIÈRE PARTIE

L'ENCADREMENT JURIDIQUE ET INSTITUTIONNEL DE LA RESPONSABILITÉ HOSPITALIÈRE ET MÉDICALE AU MALI

La responsabilité hospitalière et médicale comme réponse aux dommages causés au patient mérite un encadrement qui sert de base solide pour son existence et son efficience.

L'institutionnalisation de la santé est le corollaire de l'encadrement juridique des manquements issus de l'activité médicale au Mali. Les actes législatifs et réglementaires qui renvoient à la responsabilité des professionnels de la santé sont de natures diverses.

De même, ceux qui les posent ont un statut diversifié qui dépend du secteur dans lequel ils évoluent. Principalement, deux types de secteurs de la santé au Mali peuvent être distingués: le **secteur public** et le **secteur privé**.

Le statut du professionnel variant ou étant relatif au secteur dans lequel il exerce l'activité médicale, le secteur public aura trait aux établissements publics hospitaliers (EPH) et tous les autres établissements de santé qui sont sous le contrôle de l'État.

Quant au secteur privé, il suppose l'exercice libéral de la profession médicale. À ce niveau, il est nécessaire d'évoquer également la thérapie ou la médecine traditionnelle dont le monopole revient au cadre libéral et informel.

Cette catégorisation en secteur public et secteur privé de la santé influe sur les fondements de la responsabilité qui découle de l'activité de soins.

Les dispositions en lien avec les agissements désapprouvés en matière de soins de santé sont en général présents dans des instruments différents à l'instar de celui consacré au droit commun de la responsabilité civile.[96] La législation pénale comme instrument de droit commun prévoit également des incriminations à l'endroit des professionnels qui se soustraient au respect des dispositions y édictées. Une étude analytique de l'ensemble de ces normes conduira à faire ressortir les fondements de la responsabilité hospitalière et médicale au Mali (Titre I). Cette distinction opérée dans les fondements des deux principales branches de responsabilité (hospitalière et médicale) est nécessaire pour la détermination de la nature des obligations qui incombent aux établissements hospitaliers et médicaux (Titre II).

[96] Loi n° 87-31 du 29 aout 1987 portant régime général des obligations du Mali, *op. cit.*.

TITRE I

LES FONDEMENTS DE LA RESPONSABILITÉ HOSPITALIÈRE ET MÉDICALE

Hormis le droit commun de la responsabilité, les dispositions qui régissent l'activité de soins de santé constituent l'ossature juridique du droit de la responsabilité hospitalière et médicale au Mali. Ces dispositions émanent d'autorités différentes et diversifiées, qui jouent un rôle non négligeable dans l'édifice d'un droit aussi énonciateur des droits que de devoirs. Mais, ces droits sont aussi énonciateurs des conséquences qui peuvent découler des attitudes qui sont contraires à la pratique médicale.

La responsabilité est consécutive à un fait dommageable qui touche à l'intérêt privé d'une personne et mérite réparation quel que soit le secteur dans lequel elle s'exerce. L'établissement d'un lien causal entre le fait et le dommage, selon une conception classique, était indispensable pour imputer la responsabilité à l'auteur des faits. Là, il s'agit bien de la responsabilité au sens juridique.

Son aspect social est plus ressenti dans ses effets que dans les éléments qui conditionnent son existence, car dans l'appréhension sociale, l'auteur des faits n'est pas forcément tenu pour l'auteur du dommage.[97]

La consécration législative et réglementaire fournit un ensemble de renseignements dont l'élucidation est nécessaire pour la compréhension des fondements textuels de la responsabilité hospitalière et médicale au Mali (Chapitre I). Cet effort d'élucidation tiendra compte des fondements contractuels et extracontractuels (Chapitre II).

---

[97] L'auteur du dommage est résolument la divinité ou la fatalité qui font partie des secrets de Dieu et auxquelles la société malienne continue à croire même s'il y a une atténuation de l'intensité d'une telle croyance.

CHAPITRE I

LES FONDEMENTS TEXTUELS DE LA RESPONSABILITÉ HOSPITALIÈRE ET MÉDICALE

La responsabilité hospitalière et médicale repose fondamentalement sur un arsenal de textes dont les sources d'élaboration sont diverses. Cet ensemble de textes, si disparate qu'il se présente à ce jour, a le privilège de constituer le patrimoine[98] malien en matière de cadre juridique de la santé et de la responsabilité de ses acteurs.

La constance de la fidélité législative et règlementaire vis-à-vis du droit français, infléchit de plus en plus sans qu'il n'y ait une réelle fondation du droit de la responsabilité médicale, c'est-à-dire une fondation théorique et pratique inspirée d'une réflexion locale, eu égard à la considération de la manière d'être, de vivre quotidienne des Maliens.

Cet état de fait est dû probablement à un point de départ juridique anticipé ou détourné qui a manqué de maturation pendant ce demi-siècle d'indépendance tenu par des prérogatives et de priorités dans tous les domaines de la vie sociale et pas seulement en matière de santé.

Ce qui est conforme à l'affirmation d'Étienne Le Roy : « Il s'agit pour les Africains, exerçant enfin pleinement la souveraineté qu'ils ont théoriquement retrouvée il y a quarante ans, d'assumer un travail analogue à celui que les juristes français du siècle des Lumières avaient

[98] Les textes qui encadrent la responsabilité hospitalière et médicale au Mali ont beaucoup en commun avec le passé colonial du pays qui forge véritablement les premières dispositions règlementaires dans tous les secteurs y compris celui de la santé. Ils sont le reflet d'un emprunt quasi total des règles juridiques qui régissent le système de responsabilité du pays colonisateur dont le droit de la santé et de la responsabilité qui s'est bâti vigoureusement entre les XIXe et XXe siècles. Une transposition théorique suscite un décalage entre les exploits juridiques en matière de santé et de responsabilité du pays colonisateur et ceux du Mali n'ayant pas su à présent adapter sa réalité sociale aux contenus des textes destinés à encadrer les comportements illégaux des acteurs aux soins de santé.

réalisé pour passer du droit commun coutumier à la codification. L'Afrique du XXIe siècle, à la fois inscrite dans la mondialisation et toujours marquée par des modes communautaires de règlement des conflits, doit innover et trouver ses propres marques tant vis-à-vis de son passé que du contexte international ».[99]

Or s'agissant des textes uniquement à caractère règlementaire au moment de l'accession à la souveraineté, l'Assemblée Nationale du Mali (ANM) de sa création en 1960 à nos jours, a abattu une œuvre législative énorme qui encadre à la fois le secteur de la santé et les relations professionnelles qui lient les établissements et les praticiens aux bénéficiaires de la santé. Ce cadre législatif intègre bien évidemment le lot des dispositifs internationaux ratifiés par le Mali.

Un regard sur l'encadrement juridique de la mission étatique de prestation du service public de santé (Section I), est d'autant plus nécessaire du moment qu'elle permet de faire une analyse plus approfondie des fondements généraux de la responsabilité des établissements publics de santé (Section II).

Section I : L'encadrement juridique de la mission étatique de prestation du service public de santé

La Constitution du Mali du 25 février 1992 pérennise l'esprit de celles[100] auxquelles elle succède et reste fidèle à la volonté du droit international de faire de la santé un bien commun à toutes les

---

[99] Étienne Le Roy, "*De la modernité de la Justice contemporaine en Afrique francophone*". Revue Droit et Société, 2002, N° 51-52, Éditions juridiques associées, p. 297-301.

[100] Le droit à la santé ne faisait pas l'objet d'une inscription expresse dans les constitutions précédentes (Constitution du Mali du 22 septembre 1960 et Constitution du 2 juin 1974), mais celles-ci réaffirmant les droits et les libertés reconnus par la déclaration universelle des Droits de l'Homme du 10 décembre 1948, on peut avancer qu'elles reconnaissaient le droit à la santé inscrit à l'article 25 de ladite Déclaration. Seul le droit au travail et le droit de grève étaient formellement mentionnés dans le préambule de la Constitution de 1960.

populations. Avec ce texte fondamental comme assise, le travail de construction législative et règlementaire est largement réalisé en matière de santé. A travers l'analyse de la consécration du droit à la santé par le constituant malien (Paragraphe I), il faudra cerner le cadre légal de l'activité médicale et de toutes les conséquences qui peuvent en découler (Paragraphe II).

Paragraphe I : Le cadre constitutionnel du droit à la santé et de l'activité médicale au Mali

Jean Jaurès disait : « Quel que soit l'être de chair et de sang qui vient à la vie, s'il a figure d'homme, il porte en lui le droit humain ».[101] Et la santé semble être la meilleure manifestation de ce droit que les constituants, de manière universelle, ont pris en compte. Effectivement, la constitution du Mali de 1992 confère le droit à la santé à tous les individus. Cette consécration constitutionnelle renforce les dispositifs internationaux élaborés en vue d'offrir aux populations du monde entier un cadre de santé épanoui.

La santé est le socle du bien-être physique, psychologique, social, économique et environnemental de l'individu et de toute la société. Comme droit garanti par la constitution, dans le prolongement des initiatives internationales dont l'obsolescence traduirait un désintérêt des États, le droit à la santé est « inaliénable »[102], « indissociable » et « interdépendant »[103] de la personne humaine. Cela vaut également sa

---

[101] Cité par Abdoul Kane, *L'éthique, le soignant et la société*, édition L'Harmattan, Sénégal, 2016, p. 11.

[102] L'Article 12 du Pacte international relatif aux droits économiques, sociaux et culturels (PIDESC) prévoit que les États parties reconnaissent « le droit qu'a toute personne de jouir du meilleur état de santé physique et mental qu'elle soit capable d'atteindre ».
Le paragraphe 1 de l'observation générale n° 14 du Comité des Droits économiques, sociaux et culturels (CODESC), adoptée le 11 mai 2000 dispose que le droit à la santé « est un droit fondamental de l'être humain, indispensable à l'exercice des autres droits humains. Toute personne a le droit de jouir du meilleur état de santé susceptible d'être atteint, lui permettant de vivre dans la dignité ».

[103] Article 25 de la Déclaration universelle des droits de l'homme, *op. cit.*.

reconnaissance par l'ensemble des droits nationaux y compris celui du Mali. Loin d'être une surproduction de textes, cette prévision du droit à la santé par le texte fondamental et les autres instruments semble être en quête d'une efficacité des actions de santé envisagées.

Garanti par l'article 17 de la Constitution du Mali, il est un principe universel reconnu à tout individu à toutes les étapes et dans toutes les épreuves de la vie. Sa protection irréfutable a valu son expansion et son rattachement à tout ce qui a trait à la personne humaine, à son bien-être et à son intégrité. D'ailleurs, il n'est guère étonnant de retrouver dans la plupart des constitutions, la célèbre phrase : « la personne humaine est sacrée et inviolable, (…) ».

Même si l'article 1 de la Constitution du Mali n'évoque pas directement le droit à la santé, celui de la vie et de l'intégrité de sa personne qui complète la phrase ne se dissocie pas totalement de l'idée de la santé qui ne saurait « être » sans vie et qui « étant » sans l'intégrité[104] est amputée d'un composant essentiel.[105]

« Toute vie humaine est une vie, il est vrai qu'une vie apparaît à l'existence avant une autre, mais une vie n'est pas plus ancienne, ni plus respectable qu'une autre vie, de même qu'une vie n'est pas supérieure

---

L'interdépendance tient au fait que le droit à la santé a des liens avec d'autres droits humains comme : l'alimentation, le logement, l'information, le travail, l'instruction, l'environnement, la propriété intellectuelle etc. Le CODESC à ce sujet précise que le droit à la santé, à l'instar d'autres droits est « étroitement lié à d'autres droits de l'homme et dépend de leur réalisation : il s'agit des droits énoncés dans la charte internationale des droits de l'homme, à savoir les droits à l'alimentation, au logement, au travail, à l'éducation, à la dignité humaine, à la vie, à la non-discrimination et à l'égalité, le droit de ne pas être soumis à la torture, le droit au respect de sa vie privée, le droit d'accès à l'information et les droits à la liberté d'association, de réunion et mouvement ». Selon l'observation générale n° 14 du CODESC, §3, ces droits et libertés sont des composantes intrinsèques du droit à la santé.

[104] Il faudra percevoir l'intégrité ici dans sa conception juridique qui englobe : l'aspect physique, moral et mental.

[105] La protection de l'intégrité physique a conduit à la condamnation du dommage corporel, manifestée par la doctrine à travers les expressions de R. Savatier : intégrité physique, Demogue : personnalité physique, a subi une évolution contributive au développement du droit de la responsabilité.

à une autre ».[106] Ce passage de la charte du Mandé rappelé par A. Kane n'est qu'une expression séculaire de la préservation de l'intégrité humaine. Dans une forme plus contemporaine et légale, l'article 16-3 du code civil français note l'intégrité du corps humain et l'article 1 de la constitution du Mali marque l'intégrité de la personne, avant d'être rejoint par le Code des personnes et de la famille (CPF) en son article 5 qui prévoit également le respect de l'intégrité de la personne humaine. Ce qui dénote la prévision de l'atteinte à l'intégrité de la personne par la doctrine et par différentes législations.

Le texte constitutionnel ne renferme pas explicitement de dispositions concernant l'activité médicale qui, pourtant, affecte profondément l'intégrité de la personne. Cela se comprend aisément, car le droit à la santé contenu dans l'article 17 est un tout qui ne nécessite pas une spécification ou une délimitation des matières qui rentrent dans ce vaste cadre de la santé.

A/ L'accès aux soins de santé : un principe dérivé du droit à la santé

L'absence d'inscription de l'accès aux soins dans la Constitution du Mali ne doit pas être un handicap à son affiliation au droit à la santé. En effet, il est difficile de penser une dissociation effective de l'accès aux soins au droit à la santé. Le jumelage incontestable de ces deux a conduit certains doctrinaires à opter pour l'expression « le droit à accéder à des soins de qualité ».[107] Expressément mentionné dans certaines constitutions[108] et omis dans d'autres[109] telles que celles du

---

[106] Abdoul Kane, *L'éthique, le soignant et la société*, *op. cit.*.

[107] André Demichel, *Le droit de la santé*, Les études hospitalières, 1998, p. 20.
[108] Déjà en 1925, l'article 23 de la constitution d'Haïti prévoyait que « l'État a l'obligation de garantir à la population entière les ressources nécessaires pour recouvrer leur santé grâce à un service de soins médicaux appropriés ».
[109] Par contre, nulle part dans la constitution des États-Unis d'Amérique, il n'est fait mention du droit à la santé. Une absence qui n'a aucunement empêché le pays de mettre en place un système de santé des plus performants au monde de par la reconnaissance de la responsabilité de l'État à assurer aux bénéficiaires de la santé un accès aux soins de qualité et une assistance médicale. La réforme « assurance maladie votée au Sénat américain en 2009

Mali, sa réalisation est inhérente à une reconnaissance ou une admission du droit à la santé.

D'après une étude commanditée par l'OMS, plus de 60 textes constitutionnels inscrivent le droit à la santé ou le droit aux soins de santé et plus de 40 se réfèrent à des droits liés à la santé, tels que le droit à des soins de santé génétique, le droit des handicapés à une aide matérielle et le droit à un environnement sain.110

C'est à travers l'inscription du droit à la santé dans les politiques nationales que l'organisation des services et des activités de santé peut être prévue en vue de favoriser l'accès aux soins des populations.

Ainsi, qu'il soit inscrit ou non dans le texte constitutionnel, l'adhésion de la volonté politique à la réalisation du droit à la santé est un pan important pour que les populations puissent jouir pleinement de ce droit. À l'instar du Mali, très peu de pays africains parviennent à relever ce défi.

L'accès aux soins comme principe dérivé du droit à la santé est un droit fondamental reconnu tout comme la santé est un droit protégé et promu. Ces deux affirmations méritent une attention.

L'incorporation de l'accès aux soins dans un cadre juridique trouve indubitablement sa place dans le giron des droits consacrés à la santé (qu'il s'agisse du droit à la santé proprement dit, du droit de la santé ou du droit aux soins de santé).

Mais, plus spécifiquement, il est un droit fondamental qui, au-delà de son insertion dans le droit ''générique'' à la santé, conditionne l'effectivité du droit de la personne à accéder à des soins de santé.

Cette effectivité est dépendante de la mise à la disposition des individus des ressources nécessaires pour faciliter la réalisation des soins de santé lorsqu'ils sont frappés par une situation de maladie, d'infirmité ou

---

et par la chambre des représentants en 2010 sous l'égide du Président B. Obama » dans le but de garantir une assurance maladie à des millions d'Américains qui n'en bénéficiaient pas, témoigne à quel point le droit à la santé est primordiale pour tout État.

[110] *Le droit à la santé*, Centre européen du tiers-monde (CETIM), édition CETIM, Genève, 2006, p. 8.

d'inconfort. M. Bélanger note que « c'est l'accès à la santé qui est véritablement un droit. Le droit à la santé est alors ''un programme, un objectif ».[111]

Mme Brigitte Feuillet en quête de reconnaissance de l'accès aux soins comme droit fondamental affirme : « Il apparaît comme l'un des droits fondamentaux de la personne en ce qu'il serait inhumain de ne pas soigner une personne malade alors que des moyens de le faire existent, mais il constitue aussi le plus fondamental des droits des malades en ce qu'il est à la base de l'acte médical. En fait, l'expression d'accès aux soins revient à reconnaître un droit d'accéder aux soins, expression rarement utilisée ».[112]

Certes, le droit à la santé est beaucoup plus large, parce qu'il est inclusif de toutes les politiques de santé publique et de santé communautaire destinées aux populations. Au-delà des actions de santé de masse telles que les vaccinations, la prise en charge des épidémies etc., il est du devoir des pouvoirs publics d'offrir un cadre fonctionnel de prise en charge de toutes les pathologies et des malaises dont peut se plaindre la population. C'est ce qui justifie la diversité de l'offre de soins tant dans la médecine moderne qu'au niveau de la médecine dite traditionnelle. De l'accès aux soins comme droit fondamental lié à l'intégrité de la personne humaine sont greffées plusieurs composantes telles que l'accès aux soins préventifs, aux soins curatifs, aux soins palliatifs.

Ces composantes sont nécessaires et varient en fonction de la situation dans laquelle le patient requiert le concours parfois de plusieurs établissements ou services de santé. L'article 7 de la charte du malade hospitalisé énonce : « L'accès au service public hospitalier est garanti à tous, et en particulier aux personnes démunies ».

Cette garantie législative manque de concrétisation dans la pratique compte tenu d'une multitude de facteurs inhérents à la fois aux professionnels et aux consommateurs de la santé. Les obstacles à l'accès aux soins de santé sont multifactoriels surtout pour la population

---

[111] Michel Bélanger, « *Origine et histoire du concept de santé en tant que droit de la personne* », *Journal international de Bioéthique*, 1998, Vol. 9, numéro 3, p. 59.
[112] Brigitte Feuille-Le Minthier, « *L'accès aux soins, entre promesse et réalité* », Revue de droit sanitaire et social 2008 p. 713.

rurale qui manque cruellement de moyens. Ces moyens ont trait au coût des soins de santé, aux moyens logistiques pour accéder à l'établissement de santé et tous les autres frais liés à la prise en charge d'une maladie. Ainsi, tout porte à croire que la santé est une question de richesse financière et intellectuelle, même si une garantie textuelle est offerte par les autorités étatiques. « Partout on constate que le plus fort prédicteur de la maladie physique et/ ou mentale et de la mortalité prématurée est le niveau socio-économique du foyer ».[113]

Le professeur BADJI a donc raison d'avancer que : « Si la santé est considérée comme une composante essentielle de la vie et de la dignité humaine, la traduction du droit à la santé en besoins de santé postule l'accessibilité, la qualité, la quantité des services et produits de santé ».[114]

La déclaration d'Alma Ata du 12 septembre 1978, a adopté pour la première fois les soins de santé primaire et a aussi suggéré la participation des populations à la prise de décision en matière sanitaire comme en matière de financement de la santé. Soins de santé renforcés par l'Initiative de Bamako de 1992, où plusieurs États dont le Sénégal, ont pris l'initiative de rendre accessibles les soins et les médicaments. Les dispositions de la conférence d'Alma Ata du 12 septembre 1978, ont été reprises puis posées comme base de la proposition de réforme du rapport de l'Organisation Mondiale de la Santé de 2008. Les soins de santé primaire initiés par la déclaration d'alma Ata et révisés par l'OMS en 2008 mettent l'accent sur l'approche curative et préventive des soins, l'approche participative des populations et l'approche intégrée de tous les ministères en charge. Ils favorisent l'équité et l'accès universel aux soins de santé.

Ces passages sommairement évoqués dénotent que l'accès aux soins de santé est une réalité juridique au Mali et qu'il est indubitablement partie intégrante du droit à la santé, même si sa concrétisation sur le terrain bute sur certaines embûches.

---

[113] Rapport du Haut Comité de santé publique en 1998, cité par Philippe Ligneau dans « le droit à la santé à l'épreuve du droit », p.147, note de bas de pages n° 3.

[114] Mamadou Badji, Alice Desclaux (dir.), *Nouveaux enjeux éthiques autour du médicament en Afrique*, édition L'Harmattan, Sénégal, 2015, p. 39.

Ensuite pour ce qui concerne la santé comme un droit protégé et promu, il y a lieu de signaler que la protection et la promotion, sont deux mots consacrés par le Traité de l'OMS, deux mots conférant à la santé l'encadrement juridique et social recherché.

Ils méritent d'être singulièrement évoqués, afin de comprendre leur importance. Les politiques de santé globalement insèrent dans le droit à la santé l'ensemble des droits y afférents.

Ainsi, l'accès aux soins comme droit se fond dans le droit à la santé : d'où l'expression droit d'accès aux soins de santé.

Au-delà de la reconnaissance constitutionnelle à travers l'article 17, le Mali a souscrit à différents instruments internationaux consacrés à la protection et à la promotion de la santé.

La Convention sur l'élimination de toutes les formes de discrimination à l'égard des femmes (CEDEF) est un des instruments internationaux qui dispose en son article 11 : « Les États parties s'engagent à prendre toutes les mesures appropriées (…) afin d'assurer, sur la base de l'égalité (…) le droit à la protection de la santé (…) ». L'article 12 de la même convention précise : « Les États parties prennent toutes les mesures appropriées pour éliminer la discrimination à l'égard des femmes dans le domaine des soins de santé (…) ».

Pour d'autres illustrations sur l'intervention sectorielle en matière de santé, on peut citer la déclaration de Jomtien, actualisée lors du forum mondial sur l'éducation pour tous à Dakar en 2000 et qui a trait à l'éducation pour tous[115], les conventions sur l'environnement [116], la convention sur la protection de la santé des travailleurs[117], la convention

---

[115] Le gouvernement du Mali dans la logique de consolider les liens entre santé et école a adhéré à plusieurs instruments internationaux avec pour promesse de veiller à leur exécution. Voir S. Konaté, *op. cit.*. p. 250-262.

[116] La convention de Rotterdam sur certains produits chimiques et pesticides dangereux, la convention de Stockholm sur les polluants organiques persistants, la convention de Bâle sur le contrôle des mouvements transfrontières des déchets dangereux et de leur élimination, adoptée à Bâle le 22 mars 1989 etc. Selon un communiqué de l'OMS fournie le 9 mai 2002, un tiers des maladies est causé par la dégradation de l'environnement.

[117] Convention n° 155 sur la sécurité et la santé des travailleurs adoptée à Genève en 1981, entrée en vigueur le 11 août 1983, et la Convention

relative aux droits de l'enfant (CDE) du 20 novembre 1989, la convention internationale sur l'élimination de toutes les formes de discrimination raciale du 21 décembre 1965 etc.

Ces souscriptions justifient d'une part, la volonté de l'État du Mali à développer le secteur et d'autre part, elles servent de preuve au niveau international du lien qui existe entre la santé et d'autres secteurs sociaux ou de l'influence de la santé sur ces secteurs.

À titre de rappel, en 2001, lors du sommet de l'Union Africaine, l'engagement fait par les gouvernements africains de consacrer chacun, au moins 15% de leur budget national dans la santé est une preuve de la volonté des États africains d'améliorer leur système de santé.[118] Quant à la multisectorisation de la santé, il faut évoquer les initiatives consacrées à la santé à l'école, au travail, et sur d'autres aspects de la vie sociale.

La promotion du droit à la santé se concrétise également à travers l'alphabétisation de la population dont le pari est loin d'être gagné au Mali. La société malienne est d'une grande culture ; cependant, le faible niveau d'alphabétisation de la population est un facteur important d'échec des actions de santé surtout celle de la population rurale.

La vulgarisation des concepts et des droits se faisant dans une langue méconnue par la majeure partie de la population, ces éléments atteignent difficilement les objectifs escomptés. Sans doute, l'alphabétisation, une mission du ministère de l'éducation est indéniable dans le domaine de santé pour une réelle promotion du droit à la santé.

Le taux d'alphabétisation est passé de 33,1 % en 2015 à 34, 3 % en 2016.[119] Ceci dénote une légère augmentation mais la faiblesse en général de ce taux peut aussi être à la base de l'échec de beaucoup d'activités de soins au Mali. Mieux, cette faiblesse est un facteur dissuasif des assignations en justice lorsqu'il y a un abus médical.

---

internationale sur la protection des droits de tous les travailleurs migrants et leur famille, signée à New York le 18 décembre 1990.

[118] Voir Déclaration d'Abuja, les 26-27 avril 2001.

[119] Annuaire statistique 2017 des ressources humaines du secteur santé, développement social et promotion de la famille, p. 17.

L'analyse du contenu des articles de la constitution (précisément celui de l'article 17) permettra de se prononcer sur le caractère restrictif du droit à la santé.

B/ La considération restrictive du droit à la santé par le constituant malien

La constitution du 25 février 1992 de la République du Mali dans ses 122 articles consacre concrètement un seul article à la santé, de manière non exclusive. Il s'agit de l'article 17 dont le contenu fait une énumération ciblée de certains droits reconnus par le texte fondamental du Mali en ces termes : l'éducation, l'instruction, la formation, le travail, le logement, les loisirs, la santé, et la protection sociale constituent des droits reconnus. Cette formulation semble être empruntée de la charte internationale des droits de l'homme.[120]

Ainsi, il est permis d'affirmer sans ambages que c'est dans cet article fourre-tout que le constituant malien a choisi de loger la santé comme droit fondamental. Une compilation qui paraît alambiquée lorsqu'il s'agit d'un domaine aussi capital que celui de la santé. De surcroît que sans cette santé, il n'y a ni travail, ni liberté, ni formation, ni loisir et ni désir d'entamer ou de poursuivre quelque projet que ce soit. Cela aurait été mieux si à l'image du droit à l'instruction (article 18), à la propriété (article 13), à l'environnement sain (article 15), au travail (article 19) etc., une disposition spécifique avait été réservée à la santé permettant ainsi de cerner de manière plus détaillée l'esprit du constituant sur le droit à la santé. L'existence d'un dispositif législatif n'est point un argument pour justifier l'énumération du droit à la santé parmi une liste de droits qui, singulièrement, finissent par être développés dans des articles différents. Il en est par exemple du droit à l'instruction ou du droit au travail. Des développements sont consacrés à ces droits, respectivement dans les articles 18 et 19 de la constitution. Une prévision similaire pour le droit à la santé devrait permettre l'évocation des droits comme le droit d'accès aux médicaments, à une médecine traditionnelle de qualité, la valorisation des initiatives privées et

---

120 Elle prévoit : les droits à l'alimentation, au logement, au travail, à l'éducation etc. comme composantes du droit à la santé.

publiques etc. À l'instar d'autres droits liés à la santé, ceux-ci sont des composantes assez importantes.

La constitution du Cap-Vert par exemple en son article 68, accorde le droit à la santé et fait en 4 points des recommandations à l'État. Celles-ci sont formulées en obligations en vue de mieux garantir le droit à la santé.[121] La participation communautaire recommandée par le constituant ressort à travers l'implication massive de la population, du parlement etc.

L'article 70 de la constitution du Mali consacré aux domaines d'intervention de la loi n'inscrit pas expressément la santé dans la liste d'énumérations qu'il présente. De même, ledit article précise que la loi détermine les principes fondamentaux d'organisation d'un certain nombre d'institutions sans évoquer de manière explicite la santé. Sauf à la rattacher « aux garanties fondamentales accordées aux citoyens pour l'exercice de leur liberté publique », ces garanties sont évoquées dans le même article.

En revanche, cet article précise que la loi détermine les principes fondamentaux d'organisation d'une série de domaines notamment le travail et la liberté syndicale, la défense et la sécurité, l'administration, la justice etc. L'exclusion de la santé d'une telle énumération des domaines relevant de la loi justifie-t-elle la production massive de textes règlementaires la concernant ? L'inscription constitutionnelle a tout l'air d'un effleurement, mais cela ne doit pas justifier les indifférences pratiques, les dysfonctionnements liés au manque de moyens et le mauvais comportement de certains acteurs de la santé, plus précisément des acteurs aux soins.

La restriction du droit à la santé dans la constitution ne peut expliquer les difficultés liées à la performance du système de santé du Mali. Il a été signalé un peu plus haut que si pour consolider l'esprit des instruments internationaux, une inscription constitutionnelle est jugée nécessaire par certains pays, cela ne fait pas l'unanimité car bien d'autres sont parvenus à une organisation spectaculaire de leur système de santé sans même l'attribution d'une valeur constitutionnelle au droit à la santé. Les États Unis en témoignent à suffisance. Donc, règlementaire, législative ou constitutionnelle, il y a lieu de noter que la

[121] Constitution de Cap-Vert du 25 septembre 1992.

véritable préoccupation réside certainement dans l'application des textes en vigueur. Sans une stricte application, ces mesures juridiques en matière de santé resteront vaines et désuètes.

C'est surtout l'incorporation du droit à la santé principalement dans l'article 17 et par ricochet dans l'article 1 de la constitution qui est rassurant et fonde que ce n'est pas une simple énonciation reléguant le droit à la santé à la pure théorie mais, faisant de ce droit un véritable droit subjectif dont chaque citoyen peut se prévaloir et dont les moyens de réalisation reviennent à l'État.

En outre, l'effleurement du droit à la santé par le constituant malien est bien critiquable, mais ne doit pas être considéré comme un facteur de dissuasion de la volonté du politique à réunir les moyens nécessaires pour la réalisation du droit à la santé. Ce droit n'est de surcroît pas un devoir absolu pour l'État d'offrir la garantie d'une santé intégrale à tous les citoyens et cela de manière régulière. C'est là que la responsabilisation des populations ou des patients intervient comme facteur important d'appui des actions publiques en faveur de la concrétisation du droit à la santé.

En effet, l'implication de l'individu dans la prévention et dans la prise en charge de sa maladie facilite considérablement l'accès aux soins de qualité ; et par conséquent, aide à réaliser le droit à la santé. C'est dans cette optique que l'OMS annonce à l'endroit des populations : *Nous avons fait ou nous sommes prêts à faire tous le nécessaire, ce qui est notre devoir, afin de vous offrir les meilleures conditions d'accès aux soins. Mais c'est à vous qu'il revient prioritairement de veiller sur votre santé. Sans cet effort de votre part, toutes nos actions en vue de la mise en œuvre d'un système de santé de qualité et une prise en charge efficace de la maladie seront limitées d'une certaine façon.*

Il est certain que ni l'État, ni le professionnel de soins (cheville ouvrière de l'offre de soins) ne peuvent garantir une santé éternelle dépourvue d'éléments aléatoires ayant trait aux facteurs génétique, biologique, spirituel... de la personne à soigner.

Cependant, ce manque de garantie ne doit être exclu du cadre juridique prévu à défaut de se transformer en une source de responsabilité pour le professionnel de la santé ou pour l'État, premier responsable de la santé des citoyens.

A l'instar du cadre constitutionnel, l'œuvre législative, si disparate soit-elle, tient compte des règles concernant la responsabilité des professionnels de la santé.

Paragraphe II : La responsabilité médicale prévue dans le cadre légal du droit à la santé

Au Mali, en plus de l'inscription dans le texte fondamental qui est largement symbolique, nombre de dispositions législatives consacrent de plus en plus ce droit universellement protégé.

La réforme du système de la santé de 2002 a permis l'adoption de la loi d'orientation sur la santé et de la loi hospitalière qui font toutes la protection et la promotion de la santé leur principale mission.

Pour autant la tentative d'une définition de l'expression « droit à la santé » n'est pas favorisée, et sa nature réaliste a été suspectée par certains doctrinaires notamment les professeurs Henri PEQUINOT et Jean RIVERO.[122]

Ainsi perçu, le droit à la santé tel que pensé par le préambule de l'OMS[123] tend sans doute vers l'utopisme. Pourtant c'est de ce texte et de tous les autres instruments internationaux en faveur de la santé, que le législateur national s'inspire, même s'il était auparavant timidement engagé dans le processus d'élaboration des textes en matière sanitaire.

Mais, c'est surtout en matière de responsabilité médicale que le silence se perpétue, renforçant ainsi le pouvoir d'intervention du RGO, texte de droit commun qui régit les rapports d'obligations au Mali.

Avant la concrétisation d'un projet de code, il faut voir dans quelle mesure les deux principales lois issues de la réforme de 2002 et la loi qui représente le droit commun de la responsabilité au Mali respectent la volonté du constituant dans la reconnaissance du droit à la santé.

---

[122] Voir J. RIVERO, H. PEQUINOT et autres, *Droit à la santé, mythe ou réalité ?,* Cahier Laennec, mars 1967.

[123] La santé comme : « un état de complet bien-être physique, mental ou social... »

A/ La loi d'orientation sur la santé et la loi hospitalière : une émanation de la volonté du législateur pour le respect des grands principes de la santé

Le Mali a pour la première fois procédé à la formulation de la politique sectorielle de la santé à part entière sous forme de déclaration de politique de la santé et de la population dans le cadre du projet santé population et hydraulique rural (PSPHR ou PDS II) en 1990. Elle a été élaborée dans un climat de quête d'une nouvelle politique de santé pour le Mali, 30 ans après son accession à l'indépendance.[124] Cette déclaration sert toujours de cadre d'orientation et de référence aux actions de développement de la santé, malgré son ancienneté à la loi d'orientation. La loi d'orientation sur la santé de 2002 s'inscrit en droite ligne de la Déclaration de politique sectorielle de la santé de 1990 qui dispose que la politique sanitaire repose sur le principe d'universalité. Ce principe fait de la santé un droit fondamental, et de l'action sanitaire, un effort conjugué de l'État, des collectivités, des associations et des individus.

Le paysage sanitaire du Mali connaîtra une réelle évolution législative à partir de 2002[125] avec la loi d'orientation sur la santé. Auparavant cette prérogative revenait surtout aux textes déclaratoires et règlementaires ; d'où une faible implication du législateur dans les questions de santé ou de relation de soins. Cette loi de 2002 a apporté un changement dans l'encadrement juridique de la santé. Accompagnée dans un premier temps par la loi hospitalière, elle sera renforcée par d'autres textes comme la loi sur le VIH et celle sur la santé de la reproduction. Mis à part le principe de l'égal accès aux soins de santé, les principes comme le respect de l'intégrité physique, les principes comme le respect du consentement, la liberté de choix de l'établissement ou du soignant, l'accès au dossier médical par le malade

[124] Sanoussi Konaté, Cinquante ans d'actions de développement de la santé au Mali, *op. cit.*. p. 113.

[125] Cette année de réforme sanitaire coïncida avec la fin du cadre de mise en œuvre du programme quinquennal de développement de la santé communautaire (PRODESS 1) dont la durée s'étendait de 1998 à 2002. La réforme prendra en charge la deuxième étape qui est le PRODESS 2 (2005-2009) et les autres qui vont suivre.

etc. n'étaient pas prévus par une disposition légale. Donc, cette loi a le mérite de permettre l'inscription des principes fondamentaux de la santé dans un cadre législatif. Des principes fondamentaux semblent se conformer à une volonté de démocratisation du système sanitaire pour une implication efficiente des populations.

L'article 1 de cette loi, prévoit que ladite loi a pour objet de fixer les grandes orientations de la politique nationale de la santé. Ces grandes orientations ont trait brièvement à la détermination des principes fondateurs de la politique de santé au Mali. Des éléments qui servent de cadre de référence à la mise en œuvre de la politique sectorielle de santé, des acteurs concourant à sa mise en œuvre, des priorités de l'action sanitaire, de la pyramide sanitaire, des objectifs de cette politique, de l'organisation du système de santé, des établissements de santé, de la planification sanitaire[126] de la politique pharmaceutique[127] qui incorpore la politique de santé, de l'information, de l'éducation et de la communication, du système de référence, du financement du système de santé et de son évaluation. Ces orientations englobent l'ensemble des éléments qui concourent à la mise en place d'une politique de santé, gage de la volonté de l'État du Mali à se hisser au même rang que les

---

[126] Selon l'article 26 de la loi d'orientation, l'évolution de l'organisation du système de santé d'une conception administrative vers une conception plus fonctionnelle et participative est l'un des fondements de la politique de la santé.

[127] L'équivoque est que la médecine traditionnelle n'est nulle part expressément mentionnée dans la politique sanitaire. Aucune mention des établissements de médecine traditionnelle ou de la coopération qui est susceptible d'exister entre ceux-ci et les établissements de santé moderne. Même le caractère hautement privé de l'exercice de la médecine traditionnelle ne doit pas justifier une telle omission. Cependant c'est dans la politique pharmaceutique consacrée dans le chapitre 7 de la loi que la pharmacopée traditionnelle est inscrite. Ceci se comprend aisément, les produits de la pharmacopée étant des composantes de produits pharmaceutiques, sauf que le dilemme à ce niveau est que ces produits traditionnels ne sont pas prescrits sur les ordonnances dans les établissements de santé modernes donc non consommables en soins d'hospitalisation. Même en soins ambulatoires leur consommation n'engage en rien le praticien de la santé. Cette omission ne favorise pas l'inclusion de la médecine traditionnelle dans le processus de soins et porte un coup à l'effectivité de la politique de santé du Mali.

autres États dans la protection et la promotion de la santé. Mieux, il est opportun de mettre l'accent sur la médecine traditionnelle et sa coopération avec celle dite conventionnelle pour une effectivité (ne serait-ce que théorique) de l'offre de soins de santé.

L'article 5 de la loi d'orientation sur la santé dispose que les priorités sanitaires sont réservées à la prévention des maladies, à la promotion sanitaire et au bien-être de la famille en milieu rural et périurbain ainsi qu'à l'amélioration de l'accès des populations les plus pauvres aux soins de santé. De même, au regard de l'article 2 de la loi d'orientation, la politique nationale de la santé repose sur les principes fondamentaux d'équité, de justice, de solidarité, de participation de la population et de la société civile.

Cela prouve que la politique sanitaire du Mali axée sur la santé publique et sur la santé communautaire adopte des principes de soins de santé primaires conformément à la déclaration d'Alma Ata, à l'Initiative de Bamako et à la Stratégie africaine de développement sanitaire que précèdent tous la Déclaration universelle de 1948 et la constitution de l'OMS de 1946.

En revanche, il est regrettable de constater que cette politique peine à être performante eu égard à la participation balbutiante de la population aux actions de santé et à la faible implication des professionnels de la santé dans les débats de santé. Selon les développements de certains chercheurs notamment la Professeure R. Sanogo[128], la médecine traditionnelle est un outil important et opportun pour la prévention de beaucoup de maladies. Alors, pourquoi ne pas user efficacement de ce créneau pour atteindre les objectifs de santé. Il faut convenir avec Professeure Sanogo qu'il n'est pas possible de prétendre « donner la santé à une communauté en ignorant la médecine qui est le premier recours et souvent le dernier recours de cette communauté ».[129] À ces principes fondamentaux du droit à la santé édictés dans la loi d'orientation sur la santé, son article 20 renvoie à la loi hospitalière pour la détermination des principes fondamentaux de création, de l'organisation et du fonctionnement des établissements publics hospitaliers. D'ores et déjà, il faut souligner que la loi hospitalière de

[128] Rokia Sanogo est Professeure en pharmacognosie et dirige le Département de médecine traditionnelle du Mali (DMT) depuis 2017.
[129] Entretien au siège du DMT le 17 octobre 2017 à 17 10 h.

2002 qui a été élaborée à la suite de la loi d'orientation sur la santé, avait pour objectif de donner une nouvelle configuration au système hospitalier dans son ensemble. Elle est principalement basée sur les établissements de santé publics y compris tous les établissements privés qui concourent à la réalisation de la mission de service public[130]. Raison pour laquelle les principes qui y sont érigés, sont consacrés à ces établissements, c'est-à-dire les droits et devoirs des acteurs du service public hospitalier, mais aussi les modalités de création, d'organisation et de fonctionnement de ce service. Aussi, convient-il de souligner qu'une des innovations de la loi hospitalière porte sur la révision du statut du médecin, qui est devenu **médecin hospitalier**, c'est-à-dire le fonctionnaire–professeur des universités et praticien hospitalier a désormais la double mission de servir à la fois l'université et l'hôpital. Cela devrait combattre l'exercice libéral des praticiens hospitaliers, permettant ainsi la consécration à plein temps de ceux-ci au service public hospitalier.[131] Pour une appréhension plus approfondie des principes fondamentaux, l'article 2 de la loi hospitalière renvoie à la charte du malade, une disposition règlementaire entrée en vigueur en 2008. Cette charte contient précisément les principes régissant la relation médicale entre patient et praticien. Au regard de l'article 4, il est prévu que les droits individuels fondamentaux des patients sont : le respect des droits de l'homme et du citoyen reconnus universellement. Ces droits universellement reconnus ont trait au droit à la non-discrimination, au respect de la personne, de sa liberté individuelle, de sa vie privée, de son autonomie, notamment le droit à l'autodétermination pour le choix de son médecin, le droit à l'information, le droit à la liberté religieuse et philosophique.

La consolidation de la reconnaissance du droit à la santé trouve une expression détaillée dans la charte du malade où l'article 5 précise qu'on ne saurait se limiter à la seule codification des droits du malade. Ceux-ci ont besoin d'être connus, respectés, admis et revendiqués si nécessaire. Pour ce faire, il est précisé que des mesures d'accompagnement doivent suivre pour la réalisation de ces droits.

---

[130] Voir article 14 de la loi hospitalière de 2002.

[131] L'article 75 de la loi hospitalière dispose que « le personnel fonctionnaire exerce à temps plein dans les établissements publics hospitaliers et éventuellement à l'université ».

Ces droits fixés dans la charte ne sont que le prolongement des consécrations faites dans les textes législatifs et règlementaires.

Ainsi, il est à retenir que le cadre juridique du droit à la santé définit trois grandes catégories de principes fondamentaux contenues dans trois principaux instruments juridiques. Il s'agit de la loi d'orientation sur la santé qui renferme les principes fondamentaux du droit à la santé notamment, d'équité, de justice, de solidarité, de participation de la population et de la société civile, de la loi hospitalière qui renferme les principes de création, de l'organisation et du fonctionnement des EPH, et de la charte du malade renfermant les droits individuels fondamentaux des patients dans la relation de soins.

Les principes qui régissent l'activité médicale sont édictés dans le code de déontologie, les lois statutaires et d'autres textes réglementaires. La législation hospitalière consacrée à la fois à la pratique médicale tant en public qu'en privé dégage les principes fondamentaux qui régissent la relation de soins.[132] Toutefois, le secret médical, un des principes fondamentaux de la relation de soins, n'est pas inscrit dans la charte du malade sauf à le déduire des principes inhérents à la vie privée du patient ; il est tout de même contenu dans le code de déontologie, et dans la législation pénale.

De même, des principes se rapportant à la spécificité de certains domaines de la médecine comme la bioéthique, et d'autres relatifs au don et à l'utilisation des éléments du corps humain comme les tissus et cellules humains. Il s'agit, entre autres, du principe de la primauté de la personne, du respect du corps, de la confidentialité et de l'anonymat, de l'intégrité de l'espèce humaine et de l'indisponibilité du corps humain. Ces principes sont contenus dans le code des personnes et de la famille du Mali et dans la loi n 09-017 du 26 juin 2009 relative au prélèvement et à la greffe d'organes, de tissus et de cellules humains. À la suite de M. Clément, il faut scinder l'ensemble de ces principes en principes

[132] Ils sont contenus dans la section I de la loi hospitalière et sont répartis entre deux sous sections. Ils tournent fondamentalement autour des droits et devoirs du malade tels que le droit d'accès au contenu du dossier médical (article 4), au libre choix de son établissement de santé (article 1), au dossier médical du patient (article 3), à l'accès aux établissements de santé et aux soins de qualité (article 5).

fondateurs du droit de la santé d'une part, et en principes suiveurs du droit de la santé d'autre part.

Les principes fondateurs du droit de la santé sont ceux relatifs à la dignité, c'est-à-dire imposant le respect de l'intimité[133], de l'intégrité psychique ou physique, de l'intégrité corporelle ; à la liberté, une liberté de choix appartenant et au patient et au praticien ; à l'égalité et à l'équité, c'est-à-dire la non-discrimination, l'égalité dans le secteur de la santé pour ce qui concerne l'égalité géographique d'accès aux soins, l'égalité selon la nature du traitement, l'égalité selon la situation sociale ou médicale, l'égalité basée sur la solidarité.

Par conséquent, le principe d'équité, d'égalité, de justice se manifeste par l'accessibilité économique et la sécurité sanitaire offertes à tous sans considération aucune.

Les principes suiveurs du droit de la santé sont relatifs au consentement, au droit à l'information, à la sécurité sanitaire. Le consentement éclairé du patient est un droit inviolable de la personne malade.

La loi hospitalière, tout comme la charte et d'autres textes invoquent le droit à l'information.

Un droit dont les ramifications sont nombreuses et dont la violation porte atteinte à l'intégrité du corps humain.

L'information dont il s'agit ici est liée à la personne du patient, conditionnant sa volonté d'accéder aux soins, à l'organisation administrative des soins, au coût financier etc.

Quant à la sécurité sanitaire, elle est également un droit indispensable qui conditionne l'accès à des soins de santé de qualité et de manière plus générale, elle est inhérente au droit à la santé. Elle est prévue par

---

[133] Le respect à l'intimité, une des manifestations du droit à la dignité est bafoué le plus souvent dans les établissements de santé pour des raisons d'insuffisance d'équipements ou de produits sanitaires ou même de comportements du personnel sanitaire. Les sujets les plus exposés dans ce domaine sont certainement les parturientes et les usagers des services de pédiatrie. Une consultation prénatale qui se tient devant le regard curieux des étrangers ou une parturiente gisant à sol et recevant des séances de touchée en présence de tierces personnes sont des actes connus quotidiennement par les structures de santé.

l'article 8 du règlement sanitaire de l'UEMOA.[134] À ces principes, il serait judicieux, dans la même logique d'idées dégagées par le Dr. Konaté d'ajouter : *le principe de la complémentarité intersectorielle* [135] qui appelle à un engagement commun de divers secteurs (sanitaire et non) dans la lutte contre la maladie et pour la santé. Cela suppose une pluridisciplinarité et une interférence entre plusieurs domaines de la société pour l'efficacité des actions de santé.

Si ces principes demandent une forte implication de l'ensemble des acteurs de la santé, il y a un autre très important qui s'intéresse surtout aux conséquences dommageables des actes issus de l'activité de soins.

- Le principe de la responsabilité médicale qui suppose que tout dommage causé au malade dans le cadre de l'activité médicale mérite une réponse et plus précisément une réparation.

- Le droit à l'indemnisation suppose la réparation financière du dommage subi par le patient dans le cadre d'une activité médicale.

Longtemps méconnue du panorama sanitaire du Mali, il attire de mieux en mieux les attentions, suite à l'éveil des consciences citoyennes et à la multiplication tentaculaire des dommages médicaux. Ces deux droits sont le corollaire de la violation de tous les principes cités et sont synonymes de justice médicale dans un État de droit.

En somme, au-delà des seuls acteurs de la santé, la mise en œuvre du principe de la responsabilité médicale repose sur l'implication des acteurs du droit. Les notes précédentes ont exposé la manifestation d'un droit à la santé soumis à un processus de juridicisation qui n'est certainement pas achevée. La question essentielle qui en ressort est celle de la portée d'une judiciarisation des relations de soins dans le cadre hospitalier et médical pour un contexte social où la culture judiciaire est faiblement ancrée. Pourtant, pour un État qui se dit favorable à la légalisation et à la légitimation des règles du droit, les relations conflictuelles et les questions de responsabilité en matière de santé devront être une préoccupation de tous les acteurs de la santé. La

[134] L'article 8 du règlement sanitaire dispos qu' « (…) aux fins de la réalisation des objectifs d'harmonisation, l'Union contribue au rapprochement des politiques et des actions en matière de sécurité sanitaire ».
[135] Sanoussi Konaté, Cinquante ans d'actions de développement de la santé au Mali, op. cit. p. 170.

connaissance de responsabilité médicale devient ainsi indispensable pour les acteurs aux soins qui sont plus proches des patients dans la relation médicale. Cependant, faudrait-il que les multiples droits et les voies d'actions soient connus et appréhendés par ceux-ci.

B/ L'impérieuse nécessité de la connaissance de la responsabilité médicale par les acteurs aux soins

La connaissance ou parfois l'appropriation du contexte juridique de la responsabilité qui découle de l'activité de soins est importante. Elle permet au professionnel de mieux préparer sa défense en cas d'acte fautif, mais aussi d'être conscient de l'applicabilité des règles juridiques à son égard, comme il en est pour tout autre professionnel qui enfreint aux obligations prescrites.

Cependant, si la connaissance des règles et mécanismes de la responsabilité est une nécessité pour le professionnel de la santé, il n'en est pas moins pour le juge qui, dans sa pratique de tous les jours a également besoin de mieux s'imprégner des règles qui régissent l'activité de soins même si la possibilité lui est donnée de recourir à l'expertise.

Dans l'environnement social du Mali, ces règles juridiques existent entre mépris et ignorance. Cela conduit à dire qu'aux professionnels de la santé l'exercice de la médecine et aux professionnels du droit la pratique du droit. En revanche, face à des populations de plus en plus intéressées par les progrès de la médecine, par la manière de faire du professionnel, il devient impérieux que celui-ci se revête d'une certaine connaissance juridique.

Aussi, il est à préciser qu'en matière de santé la responsabilité ne vise pas seulement les acteurs aux soins. Bien d'autres acteurs de la santé sont concernés y compris l'État. Au Mali, la responsabilité des acteurs de la santé d'une manière générale a un statut juridique ou même supra législatif, eu égard à l'inscription de la responsabilité de l'État, premier acteur de la santé, dans les politiques internationales.[136] Il a le devoir de

[136] Voir les recommandations d'Adélaïde (Australie) de 1988 sur les politiques de santé.

veiller à ce que les engagements internationaux soient exécutés au niveau interne.

L'État garant du droit à la santé est responsable de l'ensemble du système qu'il aura conçu pour un meilleur encadrement des activités sanitaires au profit de ces citoyens. La défaillance de l'appareil d'État à ce devoir engage sa responsabilité vis-à-vis de la communauté internationale qui a ses propres mécanismes et moyens de sanction.[137] En matière de santé, la responsabilité de l'État se manifeste sous plusieurs angles, notamment en matière de prévention des maladies et épidémies, de mise à disposition de moyens humains, matériels et logistiques adéquats pour la prise en charge des urgences.

Avec les lois de réforme, les questions de responsabilité médicale sont évoquées dans nombre de ces aspects, sauf qu'elle n'est pas érigée en principe du droit à la santé comme déjà souligné. De même, l'article 27 de la charte du malade précise qu'en l'absence d'une réaction du directeur de l'établissement public de santé, la saisine de la voie contentieuse est possible. D'où la consécration par le législateur des règles de responsabilité dans le domaine sanitaire.

Cette consécration législative remonte à plus d'une trentaine d'années, à travers les instruments juridiques de droit commun. D'autres textes spécifiques sur la profession de santé ont consacré des dispositions à la responsabilité du professionnel de la santé.

Sans vouloir établir un ordre chronologique et une énumération exhaustive des textes qui régissent la responsabilité des acteurs aux soins, présentée sous le générique « responsabilité médicale », il faut signaler qu'elle est consacrée par : le code pénal, la loi sur les obligations civiles et commerciales[138], la charte du malade, les codes de

---

[137] Le Traité de vienne de 1969 a clarifié la situation relative à l'exécution des traités à travers la règle « *pacta sunt servanda* » qui oblige les parties signataires à respecter leurs engagements. Selon l'article 26 de la convention de vienne du 23 mai 1969 : « tout traité en vigueur lie les états parties et doit être exécuté par elles de bonne foi ».

[138] Il a été élaboré pratiquement au même moment où le législateur malien instituait les structures de santé privées. Il permettait pour ce qui est du domaine de la santé de mieux réguler les questions de responsabilité. Mais s'il était novateur il y a une trentaine d'années, sa portée est très limitée

déontologie des différentes professions de la santé et les textes statutaires des établissements hospitaliers, le code de prévoyance sociale, la loi sur les relations entre l'administration et les usagers du service public, la loi sur les professions sanitaires privées etc.

Ces dispositifs sont accompagnés par des lois de procédure. L'application correcte de l'ensemble de ces dispositifs devrait permettre le rétablissement des patients victimes de violation dans leurs droits. C'est en ce sens que le magistrat A.Y. Sidibé souhaitait voir *le droit triompher envers tous et contre tous.*[139] Avec le rôle quasi effacé de la jurisprudence dans l'état actuel du droit de la responsabilité hospitalière et médicale, le doute est permis sur l'application efficiente des règles établies.

Cet état des faits ne se justifiant pas par l'absence de plaintes ou de poursuites contre les pratiques sanitaires illicites, il rappelle Portalis qui s'exclamait : « Les lois claires, pas de jurisprudence ! »[140], comme pour rassurer que la suprématie du droit s'affirme surtout dans sa manifestation à l'égard des violations dont il peut faire objet.

La mise en œuvre de la responsabilité des professionnels de la santé faisant l'objet d'une étude détaillée dans la deuxième partie, il est tout de même opportun de consacrer une attention à l'instance juridictionnelle, autorité reconnue pour l'application des règles du droit positif.

Les litiges médicaux sont recevables par les tribunaux maliens. La justice démocratique étant l'un des fondamentaux de la justice moderne, l'État du Mali a procédé à une réforme en 2011, matérialisée par la loi n° 2011-037 du 15 Juillet 2011 portant organisation judiciaire au Mali qui confortait sa volonté de mieux rapprocher la justice des justiciables, quel que soit le statut que celui-ci recouvre. L'article 1er de ladite loi énonce : « La justice est rendue sur le territoire de la République du Mali par : une Cour suprême, une Cour constitutionnelle, une Haute Cour de Justice, des Cours d'appel ; des

---

aujourd'hui, ne pouvant prendre en charge toutes les questions de responsabilité médicale.

139 A.Y. Sidibé, *Droit et pratique du droit au Mali*, édition Jamana, 2007, voir épigraphe.

140 Cité par A. Y. Sidibé, *op. cit.*, p. 99.

Cours d'assises, des Cours administratives d'appel, des tribunaux de Grande Instances ; des Tribunaux d'instances, des Tribunaux du Travail, des Tribunaux du Commerce, des Tribunaux administratifs, des Tribunaux pour Enfants, des Tribunaux militaires ».

La loi n° 2011-038 du 15 Juillet 2011[141] retrace la carte judiciaire en ajoutant trois autres Cours d'appel[142], transforme en son article 3 les Tribunaux de Première Instance en Tribunaux de Grande Instance, et remplace les Justices de Paix à Compétence étendue par des Tribunaux d'Instance[143]. Les Tribunaux de Grande Instance et les Tribunaux d'Instance constituent les juridictions de base, en seconde position viennent les Cours d'appel.

La Cour suprême pilote l'ensemble de ces juridictions, mais ne constitue pas une juridiction de troisième degré puisqu'elle ne juge qu'en droit.

À l'exception de la Cour suprême où il existe des sections spéciales, les autres juridictions sont réparties en juridictions de droit commun et en juridictions spécialisées.

Le contentieux en matière médicale est du ressort des juridictions de droit commun. Celles-ci se composent : des Tribunaux de Grande Instance et des Tribunaux d'Instance, des Cours d'appel (en matière judiciaire et administrative), des Cours d'assises[144] et de la Cour suprême dans ses sections prenant en compte les affaires judiciaires (civiles et criminelles) et administratives.

La loi n° 01-082 du 24 août 2001 relative à l'assistance judiciaire prévoit l'institution au niveau de chaque Tribunal et Justice de Paix à

---

[141] Voir annexe jointe au document pour plus de compréhension de la judiciaire.

[142] Il s'agit de celles de Sikasso (ayant pour ressort Sikasso), Ségou (ayant pour ressort (Ségou) et Gao (ayant pour ressort Kidal) qui ont succédé celles de Kayes (dont le ressort est Kayes), Mopti (avec pour ressort Tombouctou) et le District de Bamako ayant pour ressort Koulikoro). Le ressort de ces juridictions est déterminé par le décret n° 2011-580/P-RM du 13 septembre 2011.

[143] Cf. articles 1 à 8 de la loi n° 2011-038 du 15 Juillet 2011 portant création des juridictions.

[144] Qui sont des juridictions de premier et dernier ressort en matière criminelle.

Compétence Etendue un bureau[145]d'assistance judiciaire, avec un décret[146] de 2006 fixant ses modalités d'application. A ce sujet, une attention peut être accordée à la proposition faite par Zeini Moulaye et coauteurs dans *Gouvernance de la justice au Mali.* Ils avancent : « Peut-être, aurait-il fallu admettre la famille judiciaire, (juge ou greffier) dans le bureau et lui confier une responsabilité administrative précise pour espérer sur la fonctionnalité d'une telle structure ? »[147]

La proposition interrogative est plus que jamais incitative eu égard à l'échec des bureaux mis en place. Ils ajoutent : « Tout au moins les magistrats du ministère public auraient dû être responsabilisés dans la mise en place des bureaux d'assistance judiciaire et dans la communication des notices mensuelles de l'état des demandes d'assistance agrées ou refusées ».[148]

Cette proposition est judicieuse en ce sens que la famille judiciaire étant en première ligne la plupart du temps avec les justiciables, elle aurait pu mettre son expérience à profit pour mieux orienter le profane dans les rouages de la justice. Tout au plus, la désignation de délégués spécialement formés à ce sujet pourrait appuyer la famille judiciaire.

Ceci est d'autant plus nécessaire en matière médicale où la crainte de l'appareil juridictionnel, la perte d'économies pour un vain procès, l'analphabétisme sont autant de facteurs qui dissuadent la victime de dommage médical à saisir la justice ou à continuer une procédure enclenchée.

Néanmoins, des bribes de saisines de la justice sont constatables sans qu'elles connaissent dans la plupart des cas un épilogue. Ainsi, il faut s'accorder avec M. François Vialla que : « Le droit n'est pas une fin, mais un moyen, dont se dote une société pour se gouverner et se

---

[145] Le bureau de l'assistanat judiciaire mis en place pour trois ans renouvelables est composé d'un représentant de la mairie, d'un représentant du barreau résidant au siège du bureau, du chef de service de l'enregistrement du domaine ou de son représentant, du chef de village et de celui du quartier avec un secrétariat assuré par le greffier en chef de la juridiction ou tout autre greffier représentant le greffier en chef.

[146] Décret n° 06-426/P-RM du 6 octobre 2006.

[147] Zeini Moulaye et autres, Gouvernance de la justice au Mali, *op. cit.*. p. 63.

[148] Ibid.

réguler.»[149] La connaissance de ces règles par les acteurs aux soins principalement doit permettre d'être mieux édifié sur les causes et les conditions d'engagement de la responsabilité médicale.

À présent, il sied de s'intéresser aux fondements généraux de la responsabilité des établissements publics de santé.

Section II : Les contextes sociojuridiques de la responsabilité des Établissements publics de santé

Au Mali, dans un premier temps, la santé a été le domaine de prédilection de l'État avant qu'une capacité d'intervention ne soit conférée à d'autres entités.

Cette emprise du secteur public sur la santé était soutenue par l'élaboration de nombreux textes et l'adoption de nombreuses pratiques consolidant les actions réalisées ou à réaliser dans ce domaine. Raison pour laquelle, si l'État, premier acteur de la santé peut engager sa responsabilité, comme évoqué dans la section précédente, les institutions ou établissements qu'il crée afin de réaliser les politiques de santé ne pourront pas se soustraire également d'une éventuelle responsabilité.

Ce souci de la puissance publique de protéger les intérêts des individus contre l'impunité ne date pas de l'époque moderne.

Déjà, dans la société traditionnelle malienne, il était admis que le pouvoir public réponde aux faits illégaux commis par le Massa (Roi) ou tout autre représentant de l'organe public. Ainsi, les emprunts faits à la jurisprudence française sur la responsabilité publique ont succédé à une construction sociale en vertu de laquelle le pouvoir public répondait devant les citoyens et ce, dans tous les domaines de la vie sociale (paragraphe I). L'analyse de ce fondement permettra de déterminer la nature de la responsabilité des établissements publics de santé (paragraphe II).

---

149 François Vialla, « Le refus de soins peut-il induire une discrimination ? La réforme annoncée de l'article L.1110-3 du code de la santé publique », Janvier-Février 2009, n° 94, p. 2, *Médecine & Droit*.

Paragraphe I : La responsabilité publique : Une construction sociale avant l'emprunt à la jurisprudence française

Répondre aux dommages causés à autrui a toujours été d'une acception polyvalente dont les manifestations ont différé d'une contrée à une autre : synonyme de dommage ou au pire de mort équivalente de l'auteur, d'asservissement, de remise de biens, de restriction ou de privation de liberté, de résignation à la vengeance divine etc. Les sociétés ont emprunté divers mécanismes de satisfaction de la personne qui a subi une souffrance quelconque de la part d'autrui. Cependant, s'il s'avérait que l'auteur du dommage était la puissance publique même, une diversité de traitement se dégageait également, en fonction des constructions sociales de la responsabilité. Une construction sociale qui est le reflet du système de régulation des conduites qui ont été instaurées.

Dans l'histoire récente de la responsabilité en matière de santé au Mali, c'est-à-dire dans les deux premières décennies après l'indépendance, la puissance publique à l'image des sociétés occidentales (précisément française) du XVIIIe siècle n'était généralement pas inquiétée.

Ce n'est qu'au XIXe siècle que la France sur laquelle cette illustration est fondée, a construit un système de responsabilité publique. La puissance publique au Mali ne pouvait donc voir sa responsabilité engagée en matière sanitaire, où c'est l'État « bon père de famille » qui subvenait à tous les besoins en santé des populations.

Cette irresponsabilité acceptée ou tolérée de la puissance publique n'est pas cependant, une réalité séculaire et commune à toutes les époques de la société malienne, puisqu'il est arrivé dans l'histoire du pays que le Massa (Roi) ou l'organe représentant la communauté assume sa responsabilité vis-à-vis des dommages causés aux individus.

Ainsi, un regard rétrospectif, permettra de retracer la construction sociale de la responsabilité publique au Mali (A) et de faire une description des origines jurisprudentielles de la responsabilité publique en France (B).

Cela devra faire la lumière sur la responsabilité des établissements publics de santé en tant qu'émanation de l'administration publique.

A/ La puissance publique au Mali face à sa responsabilité

La puissance publique a été dans le Mali lointain responsable des actes que les personnes physiques ou les représentations territoriales, agissant en son nom, pouvaient commettre, car la puissance publique d'essence immatérielle ne peut elle-même agir. Ce vécu de la société traditionnelle malienne démontre qu'il y avait au plan socio-culturel des règles de responsabilité, puisque, à en croire le doyen Carbonnier,[150] c'est à travers ces mécanismes sociaux de régulation des conduites humaines que le droit découle et se renforce.

En effet, l'épopée Bamanan enseigne que le Roi Biton Mamari COULIBALY (fondateur du royaume du Ségou entre 1712-1755)[151] pour avoir transgressé la loi communautaire, a été condamné à payer 80 bœufs en guise de réparation.

Le Roi eut toutes les difficultés pour arriver à la réparation du dommage causé. Son beau-frère Dinawara sur l'aide de qui il espérait, lui refusa également tout appui. Finalement, pour honorer son engagement, l'amende a été versée grâce au concours d'un de ses amis.

Dans la même épopée, le prince héritier du Kaartha, Dessé COULIBALY a été contraint à indemniser une vieille femme qui a vu son champ d'oignons saccagé par le passage de la troupe du prince lors d'une expédition de jeunesse, par le Cadi de Niamina[152] qui représentait Monzon Diarra le Roi de Ségou. Au bout de 3 mois, le champ de la vieille dame était remis en état par le prince du Kaartha et ses commis.

Dans un autre cas de figure, il est rapporté par Ibn Batuta[153] qu'un gouverneur de Oualata (actuelle Mauritanie) sous le règne de Mansa souleymane, fut destitué pour avoir lésé les intérêts d'un commerçant par rapport au prix d'une marchandise. Le gouverneur traduit devant la justice, a perdu sa fonction pour ce dommage causé à un particulier. Ces illustrations dénotent l'existence de la responsabilité de l'autorité

---

[150] Voir J. Carbonnier, *Flexible droit, Pour une sociologie du droit sans rigueur*, coll. Anthologie du droit, LGDJ, Lextensoéditions, édition 2014.

[151] www.wikipedia.org, consulté en juin 2018.

[152] Ville située dans la région de Koulikoro selon le découpage administratif actuel.

[153] Auteur arabe du XIVe siècle, né en 1304 et mort en 1377.

publique dans les sociétés traditionnelles avant l'avènement du droit moderne. Cette responsabilité se manifestait différemment en fonction des traditions des différents royaumes ou communautés, mais aussi de la portée du dommage causé. À travers ces exemples, il est constatable que la remise en état, le paiement de dommages-intérêts, la destitution étaient des sanctions admises à l'encontre de l'autorité publique pour les troubles causés soit à la communauté, soit à un particulier. Ces sanctions ont un caractère disciplinaire et civil dans le droit contemporain.

Ainsi, la protection du droit de l'individu pas plus que de l'intérêt général était prise en compte par la puissance publique qui était elle-même mise à l'épreuve en cas de violation. *Qu'il ne sied à personne d'avoir à la fois un sac de vices et un sac d'autorité.*

A l'instar de cet adage manding, pour témoigner de la droiture qui devrait être la vertu d'un chef : *Lorsqu'un chef vicieux joue à l'autoritarisme, c'est qu'il est sans vergogne, par contre, le chef intègre peut défier la critique sans crainte. Un tel chef peut conduire le peuple.*[154]

L'absence d'écriture avait eu pour corollaire l'absence d'une construction au sens matériel et formel du terme, d'un régime de la responsabilité publique dans la société traditionnelle malienne. Cependant, l'admission du principe de la réparation sous-tend qu'il y avait une reconnaissance de la responsabilité. Cette reconnaissance prenait appui sur des éléments comme le trouble, le dommage, la protection du bien public ou de la propriété d'autrui etc. Ces éléments construisirent les prémisses de la responsabilité publique qui, même avec toute la diversité des mécanismes de régulation liés aux diversités culturelles, dégageait une finalité commune qui est la satisfaction de l'intérêt violé. Une réflexion sur les éléments de la responsabilité ou les prémisses de la responsabilité dans la société malienne ne peut ignorer la charte de Kouroukanfouga qui, il y a déjà huit siècles, a posé les jalons d'un normativisme nécessaire à la prétention à une société dotée d'un système de droit. Pour paraphraser M. Ndiogou, *au Mali la charte de kurukan Fuga est érigée au rang des principaux lieux de mémoires nationaux et figure dans la liste des sites proposés au titre du*

[154] Voir texte reproduit de la charte du Kouroukanfouga.

patrimoine mondial de l'UNESCO.[155] Dans la charte retranscrite par l'administration malienne en 1978, si les institutions comme le travail, le mariage, la propriété, la santé, le contrat etc. sont prévues, la responsabilité et le droit de saisir l'autorité compétente pour ce faire y trouvent aussi bien leur compte. L'article 91 de la charte énonce que la justice est l'affaire de l'autorité compétente, donc nul ne doit se la rendre sous peine d'engager sa propre responsabilité.

Pour ce qui est de la puissance publique, elle se reconnaissait par exemple à travers la garde du bien public ou du service public par les chasseurs, les rois etc. Ceux-ci avaient la lourde tâche d'y veiller soigneusement[156] sous peine de sanctions.

Toutefois, il n'est pas à occulter que c'est surtout le droit colonial qui a largement contribué à l'édifice de l'architecture qu'offre le droit de la responsabilité publique actuelle. Cette influence de la législation coloniale, qui a marqué profondément l'arène juridique du Mali, fait qu'un regard sur la construction de la responsabilité publique en France est indispensable.

En effet, à l'époque médiévale, l'idée d'une quelconque responsabilité de l'État était illusoire. Cet État qui agissait pour l'intérêt général ne pouvait mal faire ; donc, il n'est responsable que du bien. Autrement dit, la bienfaisance du roi, souverain s'exprimait par l'expression « le roi ne peut faire mal ».

La période des lumières qui suivra accordera une attention à la responsabilité de la puissance publique mais avec plus de réserve. C'est finalement à la fin du XIXe siècle que la responsabilité de droit public a été finalement admise portant ainsi un coup de bâton au principe de la souveraineté de l'État.

Elle a été bâtie dans un premier temps par la jurisprudence et l'arrêt Blanco du tribunal des conflits du 8 février 1873 qui en est le principal artisan. Pour aller plus loin, elle affirma l'autonomie de la responsabilité de la puissance publique vis-à-vis de celle que

---

[155] Thierno Amadou Ndiogou, les sciences sociales au Sénégal, « Regards croisés sur la Charte de Kurukan Fuga et la Déclaration universelle des droits de l'homme », p. 40.
[156] Voir par exemple article 65 de la charte du Kouroukanfouga.

connaissent les juridictions judiciaires.[157] D'autres arrêts qui engagent la responsabilité de l'État seront rendus pendant la même période notamment l'arrêt Pelletier du tribunal des conflits du 30 juillet 1873[158], qui a permis la distinction entre la faute de service et la faute personnelle et les arrêts Laruelle et Delville du CE du 28 juillet 1951 sont à l'origine de l'action récursoire contre l'agent ou contre l'État.

Ces arrêts marquaient le début d'une nouvelle ère, celle de la reconnaissance de l'État comme responsable des actes illégaux qui peuvent faire souffrir les citoyens.

La santé, incluse dans les prérogatives de l'État trouvera écho de la responsabilité de la puissance publique à travers les arrêts Chilloux et Isaad Slimane.[159]

Il sied d'accorder une attention à l'étude consacrée à la responsabilité publique médicale.

---

[157] Le cas d'espèce intéresse la plainte d'un père dont la fille avait été renversée par un wagon qui appartenait à une manufacture de tabacs que l'État français exploitait en régie. Ses multiples tractations auprès de la juridiction judiciaire pour dédommagement par l'État considéré comme civilement responsable furent vaines. Le tribunal des conflits saisi de l'affaire reconnaissait le principe de la responsabilité de l'État et conférait aux juridictions administratives la compétence de statuer sur la responsabilité de l'État. Il y affirma que la responsabilité de la puissance publique « n'est ni absolue ni générale ».

[158] T.C. 30 juill. 1873, Pelletier, Rec. 1er supplt 117, concl. David. Dans cet arrêt, il était question de la saisie du journal de M. Pelletier par l'autorité militaire qui avait commandé l'état de siège dans le département. L'assignation devant le tribunal civil du Général sous la plume de Pelletier valut l'ordonnance de paiement de dommages-intérêts. Par ailleurs, le préfet et le commissaire de police toujours dans la logique de la nullité de la saisie pratiquée par l'armée ordonna la restitution des exemplaires. Cependant le tribunal des conflits saisi de l'affaire, a estimé que la saisie du journal constituait une mesure de haute police qui a été prise dans un contexte d'état de siège. Donc la saisie ne pouvait engager la responsabilité des fonctionnaires l'ayant ordonnée.

[159] T. Confl., 25 mars 1957, Leb., p816 ; D. 1957 Concl. Chardeau ; J.C.P., 1957, II, 10004, note R. Savatier.

B/ La responsabilité publique médicale assise sur une construction jurisprudentielle française

La revue de la jurisprudence fondatrice de la responsabilité de la puissance publique continue avec les arrêts rendus en matière médicale. En effet, quelques années après les jurisprudences Blanco, Pelletier, Delaruelle et Delville qui ont révolutionné le système de responsabilité français, l'hôpital en tant que prolongement de la puissance publique en matière de santé est reconnu responsable avec les arrêts Chilloux et Isaad Slimane.[160] Avec ces deux décisions du tribunal des conflits, le juge judiciaire a été dessaisi du soin d'indemniser les victimes qui ont subi des dommages au cours d'une activité hospitalière. Le juge administratif est désormais compétent pour apprécier la responsabilité de l'établissement public de santé, le critère de l'exécution d'un service public hospitalier étant reconnu.

La jurisprudence médicale en matière de responsabilité publique ou en d'autres termes, la responsabilité hospitalière continuera à se bâtir à travers d'importants arrêts qui ont rendu le passage de la responsabilité de la puissance publique pour faute à celle sans faute. Ces arrêts tiendront surtout compte des innovations apportées par rapport à certaines thérapeutiques. L'arrêt Bianchi rendu par le CE français en 1993 est basé sur ce concept de nouvelles thérapeutiques dont les risques sont connus mais la réalisation est exceptionnelle. En effet, dans le cas Bianchi la thérapeutique n'était plus nouvelle, puisque son précédant arrêt Gomez traitait cette problématique de nouvelle thérapeutique. En l'espèce, le patient après avoir effectué une artériographie des artères vertébrales en sort tétraplégique, même avec des prévisions de risque c'était un examen courant. Selon l'expertise réalisée, l'accident subi par M. Bianchi n'était pas consécutif à une faute mais plutôt à une embolie artérielle suite à l'exploration d'un produit de contraste qui était nécessaire à l'artériographie. De toute évidence, l'absence de faute devrait conduire au rejet de la demande d'indemnisation de M. Bianchi et le juge administratif n'avait pas la possibilité de rattacher le cas d'espèce à une autre branche de la théorie de la responsabilité sans faute dont la paternité revient à l'arrêt Gomez. Ainsi, le juge administratif créa à travers cet arrêt un nouveau régime

[160] Ibid.

de responsabilité sans faute basé sur l'aléa thérapeutique.[161] Selon le Conseil d'État *:* « Si l'accident est lié à une prédisposition du patient qu'il n'était pas possible de détecter par les examens préopératoires normaux, une telle circonstance ne fait pas obstacle à la mise en œuvre de la responsabilité sans faute ».[162].

Avec l'indemnisation de l'aléa thérapeutique, la jurisprudence Bianchi a donné une autre configuration de la responsabilité sans faute fondée par l'arrêt Gomez.[163]

Dans ce cas d'espèce, un garçon de 15 ans subit une intervention chirurgicale dans le but de remédier à une déformation de la colonne vertébrale. Cette intervention pratiquée sur la base d'une nouvelle technique chirurgicale serait à l'origine de la paraplégie des membres inférieurs du patient.

En l'absence de toute faute contre l'établissement de santé, la Cour administrative d'appel de Lyon a estimé ceci : *l'utilisation d'une thérapeutique nouvelle crée, lorsque ses conséquences ne sont pas encore entièrement connues, un risque spécial pour les malades qui en sont l'objet ; que lorsque le recours à une telle thérapeutique ne s'impose pas pour des raisons vitales, les complications exceptionnelles et anormalement graves qui en sont la conséquence directe, engagent, même en l'absence de faute, la responsabilité du service public hospitalier*.

La responsabilité sans faute poursuivra sa construction bien que la vigueur de l'arrêt Bianchi s'estompa avec la loi du 4 mars 2002. L'arrêt Bianchi trouve son extension dans l'arrêt Hôpital Joseph Imbert d'Arles

---

[161] La jurisprudence Bianchi basée sur l'aléa thérapeutique loin d'être un hasard est tirée du fait que quelques mois avant son adoption, la présentation d'un projet de loi concernant l'indemnisation de l'aléa thérapeutique avait été abandonnée. Donc, cette jurisprudence venait combler un vide législatif en matière d'indemnisation de l'aléa thérapeutique. Cependant il y a lieu de préciser que la loi du 4 mars 2002 prônant la responsabilité pour faute des établissements et des professionnels de santé, l'application de la jurisprudence Bianchi a été épargnée. C'est la solidarité nationale qui intervient pour les fautes les plus graves.

[162] CE 27 oct. 2000, n° 208640, CH de Seclin, Lebon 478. Cité par P. Le Tourneau, p. 258.

[163] CAA Lyon, 21 déc. 1990, n° 89 LY01742, Cts Gomez Lebon 498.

en 1997[164] où un patient admis en son sein pour subir une circoncision rituelle à caractère non thérapeutique y a perdu sa vie. À travers cette jurisprudence, l'acte d'anesthésie a été admis comme « un Acte Médical Nécessaire Au Traitement Du Patient ». Non pas comme un simple acte d'allègement de la douleur, mais un acte dont l'objectif est curatif.

Ainsi, ces arrêts construisent la responsabilité de l'établissement public de santé responsable des actes dommageables commis en son sein, que ce soit en relation avec l'activité de soins ou tout autre acte médical. D'autres arrêts comme l'arrêt Dame V[165], l'arrêt Cohen[166] etc. ont joué également un rôle important dans la construction ou dans l'amélioration de la responsabilité des établissements publics de santé, mais surtout pour ce qui concerne la détermination ou la distinction des éléments constitutifs de la responsabilité publique médicale.

Les arrêts Blanco, Pelletier, Terrier[167] et Thérond[168] n'ont pas seulement le mérite de donner naissance à la responsabilité de la puissance publique, mais bien plus, ils ont favorisé l'autonomie du droit administratif et du service public de manière générale. Plus précisément, l'arrêt Blanco de 1873 ne se limite pas à reconnaître la responsabilité de droit public mais dégage trois principes fondamentaux de cette responsabilité à savoir : l'existence d'une responsabilité, la compétence de la juridiction administrative pour situer cette responsabilité à chaque fois qu'un dommage est lié au fonctionnement de l'établissement public, et l'autonomie du droit de la responsabilité administrative.

Ces arrêts sur la responsabilité publique en France, construite progressivement, influencèrent de manière significative la reconnaissance d'un droit de la responsabilité publique au Mali. Le juge administratif malien fidèle à ses racines coloniales s'est loyalement inspiré de la jurisprudence française des XIX-XXe siècles pour se prononcer par exemple dans la célèbre affaire D. Fané qui mettait l'État face à sa responsabilité. Pour évoquer celle de l'État en général, il est

---

164 Cet arrêt changea l'appellation de malade à patient.
165 CE Ass. 10 avril 1992, M. et Mme V.
166 CE 9 décembre 1988, Cohen.
167 CE du 6 février 1903, Terrier, Rec. 94, concl. Romieu.
168 CE du 4 mars 1910, Thérond, Rec. 193, concl. Pichat.

nécessaire de rappeler que c'est précisément l'arrêt D. Fané c/ État du Mali qui a levé l'énigme de la responsabilité publique il y a de cela plus d'une trentaine d'années. Précisément, en 1981 la section administrative de la Cour Suprême a rendu un arrêt[169] qui condamnait le Ministère de la Défense (représentant de l'État du Mali) à verser des dommages et intérêts qui s'élevaient à sept millions de francs maliens à l'agent D. Fané et cela, 12 ans après la réalisation des faits.[170]

Pour la première fois, la compétence de la juridiction administrative était reconnue pour ce qui concerne la responsabilité de l'État. Certes, cet arrêt a été rendu dans le cadre du maintien d'ordre, mais il engageait la responsabilité de la puissance publique en cas de dysfonctionnement du service public de l'État.

Cet arrêt illustratif de la responsabilité publique au Mali, n'est qu'une prémisse de la jurisprudence malienne, puisqu' une des raisons d'être de la juridiction administrative étant le règlement des contentieux qui opposent l'administration aux administrés, elle en connaîtra bien d'autres. Cependant, avec une juridiction administrative qui connaît encore à ce jour très peu d'affaires en matière médicale, cette situation ne favorise pas l'essor de la responsabilité des établissements publics de santé. Sans prétendre à un développement chronologique des arrêts de la juridiction administrative en matière médicale, il est possible d'en citer quelques-uns.

Dans une affaire AC c/ Hôpital G. Touré en 2001, l'établissement public de santé a été condamné au paiement de dommages-intérêts et d'assistance pour toute prise en charge socio sanitaire de la victime.[171]

---

[169] Arrêt n° 15 du 15 juin 1981 de la Cour suprême du Mali.

[170] En l'espèce, lors d'une opération de maintien organisée sous l'égide du Directeur des Services de Sécurité en 1969, le sieur D. Fané a perdu un œil du fait de coup de ceinturon qu'il a reçu. Après des démarches sans succès exercées auprès des autorités locales, celui-ci saisissait la section administrative de la Cour suprême pour obtenir réparation des préjudices qu'il a subis.

[171] En effet, la fillette A.C. admise au service de pédiatrie de l'hôpital G. Touré dans un état fiévreux, convulsif, accompagné de diarrhée et de vomissements. L'œdème apparu en cours de la perfusion, conduira à l'amputation de l'avant-bras de l'enfant Cet acte issu de comportements fautifs selon les parents de la victime, sera à l'origine de la saisine du tribunal pour réparation de préjudices.

Un autre arrêt en faveur de la responsabilité de l'État pour des actes commis par des organes qui le représentent, est celui de l'affaire SMT c/ PPM et ASCODJE en 2006.[172] L'arrêt n° 113 du 26 avril 2006 de la 2ème cham. Civ. de la Cour suprême du Mali rappelle le principe de la responsabilité administrative hospitalière. De même, elle reconnaît la juridiction administrative comme seule compétente pour connaître du litige opposant les patients aux services hospitaliers. La responsabilité des établissements publics de santé est engagée sur la base d'une faute imputable à celui-ci. Dans cet arrêt, la référence à la jurisprudence française est rappelée et admise surtout dans *le souci de ne pas laisser sans réparation des préjudices anormaux et graves.*

D'autres réflexions étaient portées par exemple dans le droit suisse et français de la responsabilité médicale.

Pour le droit suisse, il était question de savoir si l'activité du médecin dans les établissements publics pouvait être considérée comme une industrie. Ce qui a suscité de vives controverses car le projet de révision du droit de la responsabilité civile prévoyait de placer l'activité des hôpitaux sous le régime de la responsabilité civile de droit privé.[173] Mais, en son temps, le tribunal fédéral et d'autres doctrines considéraient que les soins prodigués dans les établissements publics par des médecins hospitaliers ne pouvaient pas être assimilés à une industrie au sens de l'article 61 al. 2 du code des obligations suisse. Ils sont des activités publiques dont l'exercice est conféré par une autorité publique. En droit français, différents arrêts[174] retracent cette complexité. À titre d'illustration, la difficulté est ressortie dans un arrêt

---

[172] Dans cette affaire, suite à une injection de l'Aspégic 0,5 mg par un agent de l'ASACODJE, le jeune SMT a subi une thrombose artérielle qui a conduit à l'amputation de sa jambe gauche. Un premier jugement a retenu la responsabilité de l'établissement de santé et a mis hors de cause la Pharmacie populaire du Mali. Ces deux établissements formeront appel contre SMT pour réparation de préjudice. Suite à cette demande, la partie civile également va former un appel incident pour l'engagement de la responsabilité solidaire des deux établissements.

[173] Une solution soutenue par une partie de la doctrine suisse (notamment W. Stark) qui considère que le régime de la responsabilité de droit public vaut seulement pour les actes de souveraineté.

[174] Voir, arrêt CE 4 juin 1965, Hôpital de Pont à Mousson, rev. Lebon p.351 et arrêt T. confl.31 mars 2008, n° 08-03616, Bull.civ.n° 3.

du tribunal des conflits dénommé Dame A c/ docteur G, médecin anesthésiste hospitalier. Dans cette affaire, Dame A c/ médecin G, anesthésiste hospitalier, ni le tribunal de l'ordre judiciaire, ni celui de l'ordre administratif n'ont répondu favorablement à la requête formulée par la victime pour désignation d'expert afin d'apprécier l'acte d'intubation de l'anesthésiste suite auquel une prothèse dentaire a été brisée. En matière de responsabilité publique, les règles de compétence sont en principe bien définies. Lorsque le fait à l'origine du dommage est réalisé par des praticiens hospitaliers dans le cadre du service public hospitalier, la juridiction administrative est celle compétente pour connaître du différend.[175]

Cependant, la complexité réside dans le cas où un dommage est causé par un praticien hospitalier lors de la réalisation de l'activité de soins dans un cadre libéral.

À première vue, tout paraît simple mais la qualité de praticien hospitalier et l'exercice dans un cadre privé jouent beaucoup dans la détermination de la juridiction compétente et peut souvent être source de problème.[176]

Ainsi, l'éclosion de procès en responsabilité médicale au Mali, mettra sans nul doute en exergue des cas d'espèces complexes dont la résolution dépendra de l'efficience des principes juridiques retenus. Cette revue des origines jurisprudentielles de la responsabilité publique offre un panorama de la nature de la responsabilité des établissements publics dont la compréhension semble nécessaire.

Paragraphe II : La nature de la responsabilité des établissements publics de santé

L'établissement de santé est **public** en ce sens que l'État, puissance publique se trouve à toutes les étapes de son existence. D'ailleurs, avant l'apparition des structures privées de santé au Mali, les services publics

[175] Principe posé par l'arrêt Chiloux du 25 mars 1957.
[176] Ibid.

de santé ont été les premiers à animer le système de santé[177] et cela pendant plusieurs années.[178] Ces services publics doivent posséder certaines qualités indispensables au bon fonctionnement ou plutôt à la réussite des missions fixées par l'autorité publique, c'est-à-dire des missions d'intérêt général. Le service public emploie des moyens humains et matériels pour offrir la santé à l'usager et si pour une raison ou une autre ce dernier est victime ; la responsabilité du service doit être engagée et ce par le biais des règles du droit public. Admise comme principe général (A), la responsabilité présente cependant des particularités lorsqu'il s'agit de l'établissement public de santé, et il importe de comprendre ces spécificités à travers l'analyse des relations statutaires médecins-patients (B).

A/ Le principe de la responsabilité publique

L'établissement public de santé comme émanation de l'administration publique est régi par des règles du droit public et est ouvert aux

[177] Contrairement au pays colonisateur où l'hôpital public est apparu depuis les III-Vème siècles avec l'affluence des pauvres et d'autres personnes en état de nécessité (vieillard, pèlerins etc.), précisément sa naissance était à l'initiative privée des hommes d'église de cette époque.

[178] L'hôpital comme service public au Mali est apparu à travers l'ordonnance 77-54 / CMLN du 13 octobre 1977, portant régime des hôpitaux. L'article 1er de ce texte dispose : « Les hôpitaux sont des services publics de l'État. Ils sont créés par décret pris en conseil des ministres sur rapport du ministre chargé de la santé publique ». Après l'ordonnance de 77-54 / CMLN du 13 octobre 1977, considérant l'hôpital comme service public, la loi n° 84-22 AN-RM du 28 Mai 1984 érigeait en service rattaché au cabinet du ministre chargé de la santé[178], les Hôpitaux nationaux du Point G, de Gabriel Touré et de Kati. Mais sa mise en application sera difficile eu égard à la contradiction qui a lieu avec le décret n° 129/PG-RM du 19 mai 1986 selon lequel les hôpitaux sont sous la tutelle de la DNS et de la DRS. Selon les articles 17 et 18 dudit décret, la direction nationale de la santé avait sous sa tutelle les hôpitaux nationaux, le centre national d'odontostomatologie (CNAOM) etc. et la direction régionale couvrait les hôpitaux régionaux et certains hôpitaux secondaires. D'où une violation de la suprématie des règles supérieure comme l'a pu déjà remarquer A. Koné dans sa thèse sur *l'hôpital public au Mali*.

principes généraux applicables à tout établissement qui œuvre pour l'intérêt général.

1°) Les principes juridiques

La satisfaction de l'intérêt général dans la mission de soins de santé s'acquiert à travers le respect des principes de continuité, d'égal accès à tous au service, de non-discrimination, etc. Toutefois, des développements assez extensifs de ces principes peuvent être contenus de façon variée en fonction des instruments juridiques.

La charte africaine instruit aux États membres de mettre en œuvre les principes fondamentaux suivants : l'égal accès pour tous à l'administration et au service public, la non-discrimination, l'adaptabilité, l'impartialité, l'équité, la légalité, la continuité, le professionnalisme et l'éthique, la promotion et la protection des droits, l'institutionnalisation d'une culture de reddition des comptes, l'intégrité, la transparence et enfin l'usage effectif, efficace et responsable des ressources. Cet instrument d'ordre communautaire émet un ensemble de principes en faveur à la fois des usagers, et des agents du service public de l'État. Reconnue par l'État du Mali, la charte africaine de 2011 est fidélisée dans l'article 53 de la loi 014-049 qui dispose que conformément à ladite charte, les agents recrutés doivent respecter les principes d'adaptabilité, d'égalité, d'équité et de transparence pour les emplois à caractère administratif supérieur.[179]

L'article 7 de la charte africaine dispose que les prestations du service public doivent être offertes de la manière la plus effective, efficace, et économique et être de la meilleure qualité possible. Il constitue un instrument qui met l'autorité publique face au défi de l'efficacité et de l'économie. Une contradiction qui ne rime pas en principe avec la qualité. La qualité s'obtient par le respect des principes comme la continuité, l'égalité et la prohibition de toute forme de discrimination, l'équité, adaptabilité, l'impartialité[180] etc

La loi de 1998 relative aux relations entre l'administration et les usagers

[179] Voir article 53 de loi 014-049 portant principes fondamentaux de création, d'organisation et du contrôle des services publics.
[180] Articles 3 de la charte africaine.

des services publics plus brève dans ses énumérations, dispose que l'accès au service public est garanti et égal pour toute personne se trouvant dans la même situation juridique.[181] Le service public de santé ne dérogeant pas à ces principes, il est à retenir que les prestations qu'il offre vont dans l'intérêt exclusif de ses bénéficiaires qui en principe « *naissent libres et égaux en droit* ».

L'article 5 de la loi 98-012 est applicable à l'établissement public de santé qui ne saurait soustraire aucun patient des bénéfices de ce droit. Ainsi, le non-respect de l'ensemble des principes édictés dans les textes légaux et règlementaires est susceptible d'engager la responsabilité de l'établissement public de santé dans l'exécution de sa mission de service public. C'est ce qui justifie les inscriptions législatives contenues notamment dans la loi 02-053 du décembre 2002 portant statut général des fonctionnaires (article 13), la loi 98-012 du 19 janvier régissant les relations entre l'administration et les usagers du service public (article 6).

Il en est de même pour le législateur sénégalais qui admet le principe de la responsabilité du service public prévu par l'article 142 du code des obligations de l'administration dudit pays.

Au Mali, le principe de la responsabilité administrative est également prévu par l'article 8 du décret 03-580 du 3 décembre 2003, en plus de l'article 6 de la loi 98-012. Certes, ces dispositions mettent l'accent sur la sanction disciplinaire de l'administration, mais au-delà, elles prévoient également l'accès à d'autres régimes de responsabilités telles que les responsabilités pénale, administrative et civile.

Cette responsabilité, invoque le régime particulier de responsabilité « civile » en vue de la réparation du dommage causé aux usagers de la santé. Ainsi, l'établissement public de santé en tant que personne morale de droit public fait-il intervenir le juge administratif dans le règlement des actes fautifs qu'il pose. Cela sous-entend que la responsabilité de l'établissement public est une responsabilité administrative qui est engagée par le truchement des règles du droit administratif mais aussi implique celles du droit civil pour l'aspect réparation des dommages causés par l'administration. Par ailleurs il faut

---

[181] Dans le cadre du service public de la santé, cette situation juridique renferme toutes les personnes qui y font recours pour cause de maladie.

noter que le principe de la responsabilité pour faute est reconnu.

2°) La reconnaissance du principe de la responsabilité pour faute

Fondé sur le droit du colonisateur, le droit de la responsabilité publique médicale au Mali est encore en quête d'équilibre, puisqu'il se trouve souvent décalé de la réalité socio-judiciaire du pays. Même celui français a subi aussi des périodes de fluctuations avant de parvenir à l'équilibre. De l'irresponsabilité totale du médecin, à la responsabilité délictuelle, puis contractuelle qui a fini par être remise en cause[182], la construction de la responsabilité fut sérieusement confrontée surtout à la détermination unanime[183] des éléments qui la caractérisent.

Un balbutiement qui faisait la distinction entre les actes issus de l'organisation ou du fonctionnement de l'hôpital et ceux issus de l'acte médical et chirurgical proprement dit. Cela avait pour conséquence une distinction entre la faute simple et la faute lourde jusqu'à l'arrêt Dame V du CE de 1992 qui mettait fin à cette distinction. Une construction progressive traversée de contestations juridiques jusqu'à la loi du 4 mars 2002 sur les droits du patient et la qualité du système de santé qui retiendra la responsabilité médicale pour faute des établissements et des professionnels de la santé sauf pour quelques situations près.[184]

La responsabilité pour faute est celle marquée dans le contexte malien jusqu'à ce jour. Elle est plus soumise à une consécration théorique que pratique eu égard à la lente construction d'une jurisprudence en matière de responsabilité hospitalière et médicale.

Les infections nosocomiales qui ont jalonné le droit de la responsabilité sans faute de certains pays, notamment de la France, n'ont pour l'instant pas fait l'objet d'une règlementation juridique au Mali. Mieux, en matière de responsabilité publique médicale, elle reste non évoquée pour l'instant ; d'où la restriction de ce régime de responsabilité

---

[182] Voir thèse M. Girer, *Contribution à une analyse rénovée de la relation de soins, Essai de remise en cause du contrat médical,* Th. De droit privé soutenu à l'Université Jean Moulin 3, le 6 décembre 2006, Coll. Thèses, éditions les Études Hospitalières 2008, p. 806.

[183] Que ce soit par la jurisprudence, la doctrine et la loi.

[184] Il s'agit de la responsabilité du fait des produits défectueux, des infections nosocomiales et des affections iatrogènes.

médicale dans l'arène juridique et judiciaire malienne. À l'origine de la responsabilité extra-contractuelle repose une relation dont l'objectif principal est la réalisation de la mission de soins. Elle sera étudiée dans les pages qui vont suivre.

B/ La relation statutaire médecin- patient

Dans leurs relations au sein d'un établissement public de santé, le professionnel de la santé et le patient restent tous soumis aux dispositions légales et règlementaires.

Cet encadrement confère à l'un comme à l'autre un statut[185] de praticien hospitalier et d'usager de la santé.

S'intéresser à la relation statutaire médecin-patient nécessite de porter un regard aussi sur les établissements publics de santé qui les emploient et s'interposent entre eux et les patients pour la réalisation de la mission d'intérêt général.

Cette mission d'intérêt général fonde la nature du service public hospitalier.

Ainsi, trois principaux acteurs se réunissent dans le rapport de soins quoique l'aboutissement final rallie le médecin au patient. Il s'agit de l'établissement, du médecin et de l'usager de la santé.[186]

---

[185] Il est défini par le Doyen G. Cornu comme « un ensemble de règles établies par la loi, soit la condition juridique qui en résulte pour une personne, une catégorie de personnes ou une institution ».
Le statut « s'entend ainsi d'un ensemble de droits et d'obligations propres à une personne et qui permet de caractériser un régime dérogatoire lui étant exclusivement applicable ». Voir Benjamin Pitcho, Le statut juridique du patient, Thèse soutenue à l'Université de Montpellier I le 6 décembre 2002, édition LEH, p. 57-62.

[186] Le terme usager est préféré ici car au vu des missions de ce service, il y a d'autres activités à l'exception de celles destinées directement aux soins, notamment l'enseignement et la recherche médicale. Par conséquent tous ceux qui fréquentent le service public hospitalier ne sont pas forcément des patients ou des malades.

1°) Établissements publics trait d'union entre médecins et patients ou médecins trait d'union entre établissements publics et patients

Dans la réalisation de la mission d'intérêt général de soins, le médecin est l'intermédiaire entre l'établissement de santé et le patient ; celui-ci agissant, comme sus noté par le biais des services et des personnes auxquelles il confie la réalisation de la mission de soins. Raison pour laquelle ces relations ne sont absolument pas contractuelles. L'établissement public de santé, dénommé établissement public hospitalier depuis la réforme de 2002 est un établissement qui n'est ni commercial ni industriel ; donc, œuvre pour la mission publique de soins. Toute chose conforme à l'esprit de l'article 54[187] de la loi hospitalière et de la loi d'orientation sur la santé. Cette précision constitue un obstacle pour toute tentative de commercialisation de l'établissement public de santé ou des activités réalisées en son sein.[188]

L'établissement public de santé est une personne morale de droit public investie de la mission publique de prévention, de diagnostic, et de soins ; c'est-à-dire qu'à l'instar de la personne physique, elle est par abstraction une personne à laquelle la loi confère une personnalité juridique. Elle est sujet de droits et d'obligations au même titre que les individus entretenant avec elle une interrelation dans la prise en charge sanitaire.

L'article 4 de la charte du Malade est une consécration de la volonté de l'État d'assurer la santé et le bien-être des usagers. Il détermine les droits individuels des patients dès l'instant où ils entrent en contact avec

---

[187] Article 54 de la loi 02-050 du 22 juillet 2002 portant loi hospitalière : « Les établissements publics hospitaliers sont des personnes morales de droit public dotées de l'autonomie administrative et financière ». Leur objet principal est la réalisation du service public hospitalier. Il n'est ni industriel, ni commercial. Ils sont soumis au contrôle de l'État ».

[188] À titre d'illustration, l'article 51 du règlement intérieur de l'hôpital G. Touré, interdit formellement au personnel de l'hôpital d'exercer à titre personnel une activité privée lucrative de quelque nature que ce soit dans l'enceinte de l'hôpital sauf dérogation ». L'article 57 interdit formellement au personnel de toute catégorie sous peine de sanctions graves des pourboires ou des dons de toute nature tant des malades que des familles.

l'établissement de santé. Ainsi, il est du devoir de l'établissement de santé de veiller aux droits de l'homme universellement reconnus.[189] En principe, les pouvoirs qui lui sont juridiquement reconnus s'étendent au devoir de surveillance, de contrôle et même de sanction. C'est en tenant compte de ces derniers éléments qu'il accomplit totalement sa mission de protection et de promotion de la santé.

Si le médecin est entre l'établissement et le patient pour la concrétisation de la mission de soins, il se trouve que c'est l'établissement qui est entre le patient et le médecin pour la protection et l'affirmation des droits individuels du patient. La manifestation absolue de ce droit réside dans le droit à la réparation des violations faites et qui engagent de plein droit la responsabilité de l'établissement public de santé à quelques exceptions près où la faute personnelle de l'agent est susceptible d'invoquer une responsabilité de même nature.

2°) La relation médecin-patient dans un contexte d'exercice public

La relation médecin-patient est un « colloque singulier » qui unit deux personnes recherchant un objectif commun : celui de la guérison ou du soulagement d'un être en mauvaise posture. Donc, quel que soit l'intérêt que le praticien peut tirer de cette relation, l'objectif final et commun à ces deux personnes reste la quête du bien-être du patient. Une quête de bien-être qui crée une collaboration atypique entre ces deux personnes en ce sens qu'elle est à la fois professionnelle, sociale, humaine et même scientifique.[190] La part de métaphysique dans cette

---

[189] Ces droits de l'homme partagés par la plupart des institutions y compris la santé sont relatifs à la non-discrimination, à la liberté individuelle, à la liberté d'opinion, au respect de la personne et de sa vie privée, à l'information. Plus spécifiquement pour le domaine de la santé, il faut ajouter le droit à l'information sanitaire, au libre choix du médecin et de l'établissement, à la manifestation de son consentement, au traitement dans la dignité.

[190] La médecine prenant l'homme comme sujet d'expérimentation à partir du XIIIème siècle est vivement critiquée par la philosophie de Kant pour qui : « ouvrir la voie d'une médecine dont le souci serait sa propre amélioration, que la guérison du malade, permet de renverser l'impératif finaliste, consistant à toujours considérer l'être humain comme une fin, jamais comme un moyen ».

relation est admise dans la bible où il est témoigné « j'étais malade et vous m'avez visité ».[191] Ce geste d'humanité surpasse toute appréciation monétaire, puisqu'elle est symboliquement compensatrice de l'effort fourni.

Dans le secteur public, cette relation devient encore plus délicate, en ce sens qu'il y a un organe qui édicte ou dicte la conduite à tenir tout en tenant compte de l'objectif final de bien-être du patient. Mais cet aspect d'encadrement statutaire n'a pas une grande signification en termes d'impact de soins, le secteur privé ayant aussi ses règles de conduite et parfois partageant les mêmes sources avec le secteur public. Quelle que soit l'organisation interne dictée par les textes, le colloque singulier médecin patient est dirigé par une certaine indépendance[192] qui défie toute implication institutionnelle.

Ainsi, l'établissement de santé offre les garanties juridiques, mais le maintien et l'épanouissement de la relation dépend de la collaboration établie. La relation médecin-patient dépasse le cadre professionnel et devient interpersonnelle.

Ainsi, l'exercice dans le secteur public de la santé conditionne-t-il la relation médecin-patient qui en découle ? Le médecin, praticien du service public a un champ d'action déterminé le contraignant à traiter le patient conformément aux dispositions légales et règlementaires, et il en est de même pour le patient répondant à la qualité d'usager du service public de santé.

Il est important de porter une attention aux liens entre ces deux acteurs. Le patient en tant qu'usager a des droits. Cela le met dans une situation statutaire de droit public qui exclut toute possibilité de contractualisation de la relation de soins.

Le droit du patient commence également depuis le premier contact ou le premier accès au médecin pour des objectifs de soins (conseils, traitement, surveillance etc.). Il en est de même pour le médecin dont le premier droit est la possession d'un monopole d'exercice et d'une

---

[191] Mathieu, 25 :36. Cf. Frère J. Ambec, *Évangile de la compassion*, Saint Paul, 2001. Voir Benjamin Pitcho, *Le statut juridique du patient*, *op. cit.*.

[192]Voir article 9 du code de déontologie médicale du Mali sur l'indépendance du médecin.

liberté de prescription.

Des textes légaux et règlementaires, bien que disparates, régissent également la situation du patient-usager de la santé. Il faut citer entre autres, la loi sur les usagers du service public, la loi hospitalière, la charte du malade, le décret sur les tarifications des soins.

Par ailleurs, les textes règlementaires de chaque établissement public de santé déterminent les conditions d'accès et de prise en charge des patients ou des usagers de la santé de manière générale.

S'agissant du médecin, deux positions bien distinctes doivent être cernées, à savoir le médecin, vu du côté de la société, et le médecin vu du côté du droit. Dans la conception populaire du malien, le praticien du service public de la santé est un agent univoque[193] voué à prodiguer des soins[194] à chaque fois qu'un usager en fait la demande. Présent dans un service public hospitalier, il doit être à la merci de tout recours sollicité, sous peine de subir les blâmes de la population. Tout porteur de blouse est présent pour exercer la mission de soins sans une recherche de spécialité. Il faut reconnaître que la médecine générale qui a longtemps occupé la scène sanitaire au Mali est à l'origine d'une telle appréhension. Déclinée par la massification des spécialités médicales, la médecine générale est demeurée une réalité constante dans les consciences collectives.

Pourtant, au même titre que le colloque singulier s'est déprécié au profit des cercles concentriques, la médecine générale également s'affaisse avec la création et l'exercice des spécialités médicales. Tout comme le statut du praticien hospitalier[195] a connu des modifications considérables avec l'évolution de la médecine et de la société. Ces changements profonds parmi tant d'autres, devront être expliqués,

---

[193] Dôgôtôro dans le langage populaire.

[194] Le mot « soin » est pris ici dans ses deux sens : comme l'attention portée à l'usager et comme l'acte à but curatif ou palliatif donné à celui-ci.

[195] Il faut rappeler qu'historiquement, les praticiens hospitaliers exerçaient en supplément des prestations privées (réalité occidentale), et le bénévolat était très usité. En France c'est l'arrêt de principe du 13 juin 1941 qui reconnaît au médecin effectuant le service hospitalier le statut d'agent public. Contrairement à cela, le système hospitalier a commencé par le secteur public, mais le bénévolat y était admis également. Le statut du praticien hospitalier a connu d'importantes mutations au cours de ces dernières décennies.

cernés par les usagers pour éviter toute confusion dans leur relation avec l'hôpital et avec chacun de son personnel. Une situation qui est source de tensions permanentes entre le médecin et l'usager, mais aussi source de fossé entre eux, car tout manque de justification de la part de l'agent, de son incapacité ou l'impossibilité d'accorder du temps ou de réaliser la demande de l'usager est mal interprété. Cet état de fait est dû surtout à une méconnaissance des hommes de blouse par les usagers et, par conséquent, du rôle qui est dédié à chaque corps de professionnels dans l'établissement de santé. Or, avec un effort de communication[196], cette incompréhension, source de déficit relationnel entre agent et usager de la santé peut être comblée.

De l'autre côté, l'usager selon beaucoup de professionnels est certes en quête de service, mais il y a une différence à faire entre l'usager nécessiteux et l'usager gênant.[197] Le premier serait le patient ou la personne qui a réellement besoin des prestations du médecin et le second s'assimile à tous les accompagnants encombrant l'établissement public de santé et le professionnel dans le déroulement de la prise en charge. Ainsi, les relations avec ces derniers sont assez distendues et désagréables qu'avec les premiers dont les difficultés concernent généralement la prise en charge de la douleur.

Ainsi, autant l'usager critique le personnel du service hospitalier qui *est censé être présent à tout bout de champ pour eux*, comme on le dit en Bambara, *aw be yan anw de kama* [198] *sans distinction de spécialité, de qualité, de compétence, d'heure etc.*, autant le personnel de l'hôpital est

---

[196] Instauré précisément par l'administration de l'établissement de santé, à titre d'exemple, l'hôpital G. Touré a un agent de communication qui facilite l'information et la compréhension des usagers à travers leur éclaircissement sur le fonctionnement de l'hôpital en général.

[197] Propos retenus des entretiens effectués courant décembre2017 –janvier 2018 à l'hôpital G. Touré.

[198] Qui signifie : vous êtes ici à notre service. Cela se traduit mieux par le concept d'ASACO, en bambara « en sago Bala », ou « à notre service ». C'est précisément l'ASACOBA (Association de santé communautaire de Baconi crée en juillet 1988) qui porte le même nom que ledit concept, qui aurait promu la mise à disposition du centre et du personnel de la santé au service de la communauté. Voir à ce sujet Politiques et systèmes de santé, organisation et gestion, Akory Ag Iknane et al., p. 215, note de bas pages n° 17.

insatisfait de l'approche par les usagers en particulier de leur mission. Cette interrelation mal perçue et mal encadrée ternit surtout l'image du praticien qui effectue le service public hospitalier.

Toutefois, c'est surtout le concept de service public comme serviteur de l'intérêt général qui est suffisamment critiqué. En effet, nombre de professionnels sont intolérants envers le service public hospitalier qui selon eux ne met pas suffisamment de moyens à leur disposition, mais reste toujours exigeant sur la qualité. Selon beaucoup d'agents, face à certaines conditions d'exercice, la qualité imposée par les instruments juridiques n'est qu'utopique, puisque qu'elle est dépendante de beaucoup de facteurs qui sont négociés au minima par l'État.

Par ailleurs, de nombreux praticiens hospitaliers n'ont pas conscience du devoir qui leur incombe en tant qu'agent public. Cet état d'esprit ne laisse pas certains collègues indifférents : « *Ce qui est très gênant, c'est la prise de conscience d'être des serviteurs de l'État, tu as signé un contrat avec l'État, tu dois honorer ta part, mais il ne faut pas penser que c'est l'État qui doit tout, pendant que tu ignores ce que tu dois, c'est là que le système de droit et de devoir va resurgir, il faut que les praticiens sachent qu'ils travaillent pour eux-mêmes d'abord, et c'est comme ça que le service public servira à tous* », fulminait un professionnel de la santé lors d'un entretien réalisé en janvier 2018 au CHU Gabriel Touré.

Ainsi, au Mali le service public ne déroge pas théoriquement à cette conception générale selon laquelle il est destiné à l'intérêt général. Cependant, il est possible de constater une particularité liée à la déformation de la perception sociale du service public « qui, ici vise et agit dans l'intérêt général, tandis que le public[199] agit dans le désintérêt du service public ». Ce désengagement du serviteur va au détriment de la qualité du service.

Par rapport aux difficultés suscitées par la violation des textes, un Directeur avance : « *Oui, il y a problème, vous savez il y a des textes qu'il faut revoir, revoir par rapport à l'orientation des patients par exemple, on dit grossièrement que les malades ont le libre choix de leur médecin. Mais non à ce niveau, ça ne va pas, car même s'ils ont des*

[199] Par public ici, ce sont les usagers et les professionnels de la santé.

libertés là, il faut savoir les interpréter et les adapter à un système, cet hôpital est devenu comme un centre de tri ou comme un dispensaire ordinaire, alors que quand on dit qu'il est la 3ème référence, donc, il est le sommet de la pyramide sanitaire au Mali. Ce qui suppose que ne doit pas venir qui veut. De ce fait, le problème de référence est là, il va falloir, l'organiser et faire en sorte que de la façon dont on dit c'est la troisième référence, que de la même manière la 1ère référence ait de l'importance, ***il le faut puisqu'on veut rapprocher les soins des usagers, autant les mettre dans un canevas, les obliger pratiquement à fréquenter ses premiers recours****. Mai, les gens ne sont même reconnus par leur CSCOM comme étant les adhérents du quartier, à ce niveau, ça ne va pas, quand on est adhérant d'un quartier, on doit rendre l'adhésion au système de santé, à tout du quartier, CSCOM à tout du quartier, et les malades iront en suivant les différentes échelles de la stratification de la santé, 1, 2, 3ème niveau, mais il ne faut pas que n'importe quelle pathologie se retrouve au 3ème troisième niveau, et c'est ça qui va faire toute la dégradation de l'établissement qui, en réalité, ne joue pas son rôle de 3ème niveau et le 1er niveau non plus ne joue pas son rôle. Donc pour résoudre ce problème de niveau, c'est la carte sanitaire, qu'il faut respecter.*

Quant au médecin vu du côté de la loi et des textes règlementaires, il faut noter qu'au sein de l'établissement public de santé, le statut des praticiens est assez diversifié. Il y a des agents recrutés suivant le statut de la fonction publique, des agents contractuels et conventionnaires.[200]

L'article 1 de la loi 02-053 du 16 décembre 2002 dispose : « Le présent statut s'applique aux personnels titulaires qui ont vocation exclusive à occuper, au sein des services publics de l'État, les emplois administratifs permanents d'un niveau hiérarchique correspondant. (…) ». Le personnel soignant titulaire des établissements publics de santé se trouve indéniablement dans cette catégorie de fonctionnaires. Mais, en plus des agents de la fonction publique qui occupent une fonction pérenne, l'admission des contractuels et conventionnels à l'hôpital a une fonction plus utilitaire permettant à chaque

[200] À titre d'exemple le CHU Gabriel Touré compte parmi son personnel socio-sanitaire chacune de ces catégories de salariés avec un nombre plus élevé de fonctionnaires (soit 98 médecins, 82 assistants médicaux, 78 techniciens supérieurs de la santé, 72 techniciens de la santé en 2018).

établissement d'engager un personnel supplémentaire en fonction de ses besoins. Cela rompt avec l'architecture ancienne qui admettait une répartition proportionnelle des ressources humaines de l'État.

Au-delà de cette différence de statuts du praticien hospitalier, il y a lieu de noter que l'établissement public de santé rassemble diverses spécialités et catégories de professionnels qui se complètent dans l'exécution de la mission de soins. Ces catégories renferment les médecins proprement dits, les pharmaciens, les chirurgiens, les sages-femmes, les assistants médicaux, les techniciens supérieurs de santé, les techniciens de santé, les ingénieurs sanitaires[201] et bien d'autres.

Le médecin qui exerce une mission de service public hospitalier au sein de l'établissement, se trouve dans une situation légale réglementaire[202] qui détermine ses rapports avec les usagers de cet établissement.

Dans ce contexte, la hiérarchie médicale organisée sous l'œil vigilant de l'administration de l'hôpital (avec au sommet le directeur général) doit pouvoir apprécier les conduites et si nécessaire infliger des sanctions disciplinaires.

L'application de cette disposition est difficile dans le système malien, la législation se réservant le droit de toute mention du pouvoir de révocation du directeur à l'égard d'un de ses agents, cela affaiblit le directeur face à l'attitude d'un agent défaillant. Une affirmation tout à fait soutenue par A. Thiam qui décrit la même situation pour les directeurs d'établissement hospitalier au Sénégal.

D'ailleurs à ce sujet, il cite Hubert Balique qui rappelle les écueils auxquels les directeurs sont confrontés dans l'exercice de leurs fonctions : « *La plupart des directeurs estiment avoir des responsabilités limitées au sein de l'établissement qu'ils dirigent parce que le personnel leur est envoyé et retiré sans qu'ils aient à donner leur avis, ils ne sont en mesure ni de faire appliquer les moindres sanctions ni accorder les moindres encouragements et en plus l'utilisation du peu de crédits qui leur est accordée, est déterminée à l'avance* ».

---

201 Voir par exemple décret 99-346/ PR-RM du 3 novembre 1999, portant statut particulier des fonctionnaires du cadre de la santé.

202 Article 9 de la loi 02-053 du 16 décembre 2002 portant statut général des fonctionnaires.

Dans ce même ordre d'idées, il indiquait : « *Les responsabilités des directeurs d'hôpitaux sont fortement limitées et bien que parfaitement conscients des problèmes qui se posent à l'établissement dont ils ont la charge, ils ne disposent pas de moyens institutionnels pour les corriger.*[203]

Le non-respect des règles peut susciter des difficultés relationnelles entre médecin et patient qui conduisent à l'engagement de la responsabilité aussi du médecin. L'article 27 al. 1 de la charte du malade prévoit : « Si la personne hospitalisée ou ses ayants droit estiment avoir subi un préjudice lors du séjour dans l'établissement, ils peuvent saisir le Directeur de l'établissement d'une réclamation préalable en vue d'obtenir réparation ».

Sans vouloir s'engager dans des comparaisons malaisées, il faut évoquer l'avis d'un médecin du CHU Gabriel Touré de Bamako : « *Le droit de la responsabilité médicale s'applique aisément en Europe, car eux ils ont pu mettre chacun dans ses droits, le droit du médecin, le droit du malade et l'État est présent quand il le faut. Là-bas chacun a des droits, et en profite. Mais chez nous, quels droits pour le patient et quels droits pour le praticien, quand « il y a par exemple un lit pour 2 patients, une salle pour 6 à 12 patients qui finira par être occupée par 20 patients ». C'est de la médecine coloniale, ça c'était avant. Elle n'est pas conventionnelle notre médecine. Et pourtant la loi existe et détermine tout ça. On dit pour tels patients, tels nombres de lits, d'infirmiers, de médecins etc., mais la pyramide est inversée. Par exemple, un moment dans certains services, il y avait 6 médecins pour 2 infirmiers, les infirmiers sont en petit nombre de sorte que la pratique est impossible, les moyens sont mal repartis. Et ici la grande plaie, c'est l'État lui-même.*[204] Les fondements de la responsabilité ne sont pas limités à la responsabilité dans le secteur public de la santé seulement ; mais s'élargit à bien d'autres qu'il sera opportun d'aborder. Il s'agit du cadre privé de la relation de soins qui conduit à l'élucidation des règles qui fondent la responsabilité médicale privée.

---

[203] Hubert Balique, *Le système hospitalier du Sénégal - analyse et perspectives* Mai 1996, cité par A. Thiam, *op. cit.* p. 55.

[204] Entretien réalisé le 8 décembre 2017 au CHU Gabriel Touré à 13h.

CHAPITRE II

L'ASSISE CONTRACTUELLE ET EXTRACONTRACTUELLE COMME FONDEMENT DE LA RESPONSABILITÉ HOSPITALIÈRE ET MÉDICALE

L'article 113 du Régime général des obligations du Mali[205] dispose : « La responsabilité emporte obligation de réparer le préjudice résultant soit de l'inexécution d'un contrat, soit du devoir général de ne causer aucun dommage à autrui ».

Un principe général de la responsabilité qui fait la distinction entre la violation découlant d'une relation contractuelle et celle découlant d'un acte délictuel, inspiré des articles 1240 et 1231-1 (anciens articles 1382 et 1147) du code civil français, le régime général des obligations du Mali ne traite pourtant pas séparément les deux régimes de responsabilité. Serait-ce là une volonté d'unification de deux régimes de responsabilité dont l'existence de différence substantielle a été profondément débattue[206], démontrée[207] et parfois remise en cause[208], notamment par la doctrine française ?[209]

---

[205] Loi n° 87-31 du 29 aout 1987 portant régime général des obligations au Mali.

[206] Voir par exemple C. Larroumet, « Droit civil ; les obligations ; le contrat », *op. cit.*, p. 599 ; P Malaurie et L. Aynes, « Droit civil ; les obligations », 1998, CUJAS, p. 461 ; G. Viney, « Traité de droit civil ; introduction à la responsabilité », LGDJ, 1995, p. 451.

[207] Voir par exemple P. Le Tourneau, *Droit de la responsabilité et des contrats*, Dalloz- Action 2012, *op. cit.*

[208] Notamment en matière médicale, voir thèse M. Girer, *op. cit.*

[209] Au demeurant, l'évolution du droit de la responsabilité médicale en France a débouché sur une unification des règles applicables non seulement au secteur public et privé, mais aussi sur une atténuation de la distinction responsabilité contractuelle et délictuelle. Cette atténuation se ressent à travers la réunification des deux régimes de responsabilité dans plusieurs pays dont les traditions juridiques sont similaires à celles de la France, il s'agit notamment

Il convient de faire la distinction entre la responsabilité contractuelle médicale et la responsabilité délictuelle médicale. Cette distinction qui a fait couler beaucoup d'encre lorsqu'il s'est agi de la responsabilité en général, a affecté également le domaine médical où elle s'est avérée encore plus complexe. Une complexité qui découle de la difficulté de déterminer l'existence ou l'absence de contrat médical et en cas de conclusion du contrat médical, de définir le début et la fin des obligations des différentes parties. Tout compte fait, la responsabilité médicale a longtemps été délictuelle même après l'arrêt Thouret Noroy en France. Ce bipolarisme en matière de responsabilité médicale est surtout le fruit d'un tiraillement jurisprudentiel ayant débouché sur l'arrêt Mercier en 1936. Ainsi, la responsabilité dans le cadre de l'exercice privé de la médecine a une nature civile qui se construit autour du régime contractuel et extracontractuel. Lorsque ce cadre est public, le régime de la responsabilité extracontractuelle s'applique.

Il faudra tenter à travers une analyse des dispositions communes et spécifiques à la matière médicale, de faire ressortir les fondements de la responsabilité contractuelle médicale (Section I) et ceux de la responsabilité délictuelle (Section II).

Section I : La responsabilité contractuelle médicale

Le contrat inscrit dans un cadre législatif, jurisprudentiel ou doctrinal forge toujours la responsabilité contractuelle. Responsabilité contractuelle qui, longtemps remise en cause par la doctrine, a été

---

de la Suisse, la Pologne, le Québec et les Pays-Bas. La conciliation de cette atténuation de la distinction faite par le droit français dont la marque pérenne est incontestable encore dans le droit malien avec la volonté présumée du législateur malien d'unifier les deux régimes de responsabilité, notamment dans leur finalité de réparation, dénote la possibilité permanente d'un enchevêtrement entre ces deux régimes. Voir A. Dorsner-Dolivet, *La responsabilité du médecin*, édition p. 29 et s ; A. Thiam, *L'offre de soins et la responsabilité médicale : L'exemple du Sénégal*, p. 124-125 ; et également avec l'unification du délai de prescription en matière délictuelle et contractuelle par la loi du 4 mars 2002 en France. Rappelons que ce délai de 30 ans en matière contractuelle et 10 ans en matière délictuelle a été uniformisé à 10 ans pour les deux régimes de responsabilité civile médicale.

introduite par Planiol pendant l'époque contemporaine.[210] Reconnu à partir du XXe siècle avec l'arrêt Mercier, le contrat médical est considéré comme ce qui peut, le plus, lier le médecin au patient, et dont l'inexécution ne peut que conduire à la responsabilité du médecin.

Il fera l'objet d'une analyse tant dans ses conditions que dans ses éléments caractéristiques (paragraphe II), mais avant, une description analytique des droits et des devoirs des parties au contrat s'impose (paragraphe I).

Paragraphe I : Les droits et obligations des parties au contrat médical

Le contrat médical source de droits et d'obligations de chacune des parties est à la fois un instrument de juridicisation des relations médicales privées, mais bien plus renferme un aspect humain très important de protection des intérêts parfois divergents.

Autrement dit, il est aussi un instrument de moralisation de ces relations. Les règles morales imposées au médecin sont constitutives d'obligations professionnelles qui sont contenues dans le code de déontologie médicale et aussi dans la charte du malade.

Ces instruments permettront de procéder à l'analyse des obligations et des droits du praticien (A) et aussi des droits du patient (B) lorsqu'ils sont réunis dans un champ contractuel.

A/ Les obligations des professionnels de la santé

Les obligations sont en même temps que les droits, ce qui conditionne la personnalité juridique. Aussi, l'exercice de toute activité impose aux acteurs du domaine le respect d'un certain nombre de règles. Ces règles,

---

[210] Voir P. Rémy, « la responsabilité contractuelle : histoire d'un faux concept », RTD Civ. (2), avr.-juin 1997, p. 322, 326, 328 ; P. Le Tourneau, « De la spécificité du préjudice concurrentiel », *RTD* Com.51 (1), janv.-mars 1998, p. 84, C. Larroumet, « Droit civil ; les obligations ; le contrat » 1996, Economica, p. 600.

qu'elles soient légales, conventionnelles ou issues des pratiques socioprofessionnelles, ont une base morale qui imprime généralement l'équilibre et la justice sociale.

Le médecin se reconnaissant bien dans cette logique est soumis à des obligations générales et particulières. Les obligations spécifiques du médecin découlent de l'exclusivité des actes médicaux d'une part, et de la protection accrue de la personne humaine eu égard à sa vulnérabilité et à sa sacralité d'autre part.

L'analyse de l'obligation professionnelle dans un cadre contractuel sera menée avec l'aide du code de déontologie médicale qui, avec un contenu presque similaire aux codes des autres professions de la santé, les représentera tous. Par ailleurs, avec l'uniformisation et l'harmonisation des codes de déontologie des pays de l'Organisation ouest africaine de la santé (OOAS), un code unique a été élaboré et contient les devoirs et obligations des médecins. Ce code avec le code de déontologie médicale existant au niveau national, permettront de développer les obligations déontologiques propres à l'activité de soins. Il faut s'exprimer en termes d'obligations même si le code de déontologie médicale qui est un instrument moralisateur utilise la notion de devoir. Si les devoirs sont d'ordre moral, les interdictions quant à elles sont légales et tirées aussi de la morale. En effet, ces dernières trouvent leur équivalence dans les obligations négatives ou les abstentions qui se reconnaissent dans l'expression « ne doit pas faire », car toute interdiction « ne doit pas être faite » et tout devoir « doit être fait ». Les devoirs aussi bien que les interdictions constituent des obligations, autrement dit, des institutions ou des instruments en vertu desquels une personne « est tenue de ».

La limite entre les obligations et les devoirs est que les premières sont juridiques[211] tandis que les secondes ont une connotation plus morale, éthique, voire religieuse. C'est pourquoi, la violation des obligations professionnelles (contractuelles et extracontractuelles) du médecin invoque les règles du droit commun des contrats, mais aussi des règles spécifiques de la pratique médicale. Mais la violation des devoirs fait appel aux règles déontologiques en premier lieu. Au-delà de celles-ci,

[211] Sauf pour l'obligation naturelle qui selon l'article 3 du RGO « est un lien de droit dont l'inexécution n'est pas juridiquement sanctionnée ».

peuvent intervenir les règles contractuelles et extracontractuelles s'il s'avère que les devoirs se muent en obligations. Par exemple, le devoir d'assistance et de soins au-delà d'une exigence morale et éthique de la pratique médicale est une obligation du médecin qui est encadrée par les instruments légaux et règlementaires notamment la loi pénale, la charte du malade. Mieux, la liberté contractuelle prévue par l'article 8 du code de déontologie obéit à des exigences légales[212] dont la violation par le médecin peut engager sa responsabilité contractuelle.

Les règles déontologiques contenues dans le code de déontologie médicale constituent la légitimation de l'intervention du législateur dans le champ contractuel pour qu'il y ait un certain équilibre entre les parties au contrat. Le code de déontologie reconnu comme le cadre légal de prescription des comportements moraux auxquels le médecin est tenu est donc un instrument de moralisation des relations contractuelles. Ainsi, « à travers le droit des contrats en tant qu'ordre impératif, la jonction entre la morale et la valeur de justice »[213] est assurée. Le respect des obligations contractuelles maintient les parties au contrat médical entre deux impératifs. Pour le patient, il s'agit de l'ordre contractuel qui est impératif et pour le professionnel de la santé de l'ordre contractuel et déontologique qui naturellement visent le même objectif : l'exécution de l'obligation contractuelle suivant une morale encadrée par le droit. Dans l'exécution du devoir professionnel, le praticien de la santé est sujet au respect des dispositions législatives et conventionnelles ; créant ainsi un double rapport de dépendance. De ce fait, la violation d'un devoir professionnel vaut également violation d'un engagement contractuel. Cela appelle l'application d'une double sanction, c'est-à-dire, répondre à l'égard de la profession, mais aussi à l'égard du patient.

Le code de déontologie médicale du Mali contient cinq titres consacrés tous aux devoirs du médecin. Des devoirs concernant la relation du médecin envers les malades, envers la médecine sociale, envers les

---

[212] Les règles du contrat sont contenues dans les titres II et III du RGO du Mali.

[213] Voir Mustafa El Garbi, « La justification de l'obligation d'information : contribution à l'étude de la moralisation du droit des contrats », *Revue de la recherche juridique, Droit prospectif*, n° 2004-2, vol I, PUAM, 2004. 335

autres professions médicales et paramédicales, des devoirs de confraternité et des devoirs généraux pour l'exercice de la médecine. Si nombreuses soient les obligations du médecin, une de ses obligations essentielles est consacrée dans l'article 10 du code de déontologie qui dispose : « Le médecin ou le chirurgien-dentiste doivent s'abstenir de toute pratique de nature à déconsidérer sa profession, même en dehors de l'exercice de celle-ci ». Ceci constitue une obligation fondamentale inhérente au respect de la personne du médecin et de sa profession. Elle a lieu en toute circonstance et en tout lieu à partir du moment où la personne acquiert le titre de médecin ou plus, opte pour la profession de médecin. Le respect de cette obligation est un réel garde-fou pour la réussite de toute relation (contractuelle et extracontractuelle) liant le médecin au patient.

La même préoccupation est formulée clairement en interdiction dans l'article 20 qui énonce : « Sont interdits à un médecin ou chirurgien-dentiste toutes les pratiques propres à déconsidérer sa profession et notamment celles relatives au charlatanisme ».

L'« acte » évoqué par l'article 10 est relatif à tout agissement du médecin tant dans la vie civile que professionnelle tandis que la « pratique » à laquelle fait référence l'article 20 a trait à l'exercice du métier de médecin. Il doit y avoir ici une volonté du législateur de poser la distinction entre la pratique de la médecine conventionnelle ou moderne et toute autre pratique pouvant servir à soigner[214], notamment le charlatanisme dont la certitude scientifique reste encore à démontrer. Cette précision est très importante car le charlatanisme considéré par la législation pénale comme infraction[215] est également banni de la

[214] Il faut tout de même noter qu'il peut bien y avoir une complicité positive entre la pratique de la médecine moderne et celle dite traditionnelle. Les vertus de cette dernière ne cessent de contribuer à la réalisation de la politique de santé au Mali. Pour preuve, il a déjà été souligné que 80 % des populations maliennes, ivoiriennes ou sénégalaises se soignent à travers cette pratique. Donc, face à une telle évidence, il semble opportun de chercher à concilier les deux pratiques au lieu de les maintenir dans des cloisons inutiles et stériles.

[215] Selon l'article 281 du code pénal du Mali, quiconque se sera livré à des pratiques de sorcellerie, de magie et de charlatanisme, susceptibles de troubler l'ordre public ou de porter atteinte aux personnes ou à leur propriété, sera puni de six mois à deux ans d'emprisonnement sans préjudice le cas échéant, des peines de l'escroquerie.

pratique de la médecine traditionnelle.[216] Les pratiques de charlatanisme sont interdites également par l'article 145 du code de déontologie de l'OOAS qui, loin de lui donner une définition, le classe parmi les pratiques qui exposent le patient à un risque injustifié.[217]

Le code de l'OOAS du haut de ses 171 articles contenus dans 6 titres renferme principalement des obligations comme le code de déontologie du médecin sauf, par exemple, pour le paiement des honoraires[218] qui constitue un droit du médecin et de tout autre praticien.

Il y a lieu de préciser qu'en principe, et compte tenu de la nature de l'obligation médicale, son contenu est invariable qu'il y ait contrat ou pas. Il s'agit de soigner conformément aux règles de l'art, et avec la conscience et l'attention la plus absolue.[219] Ainsi, est-il possible d'affirmer que le médecin dans ses relations avec le patient est tenu à deux obligations principales : l'obligation de donner des soins et l'obligation de soins. Ces deux obligations sont consacrées dans l'article 24 du code de déontologie médicale.

La liberté contractuelle envisagée par l'article 8 du code de déontologie médicale ainsi que toutes les libertés reconnues au médecin constituent

---

[216] Le médecin traditionnel se distingue nettement du charlatan qui n'a pas une reconnaissance scientifique avérée. C'est pour cela que lors de la conférence sur les savoirs traditionnels en matière de santé en janvier 2018, il était question d'aider la médecine traditionnelle malienne afin de lutter contre les confusions entre le charlatanisme et la pratique traditionnelle de la médecine. Toute chose qui devrait permettre aussi d'éviter les usurpations de titre et les publicités mensongères que beaucoup de charlatans font au détriment de la médecine traditionnelle. Conférence sur « la problématique des savoirs traditionnels en matière de santé » animée par les Professeurs Rokia Sanogo et Ogobara Doumbo, le 27 janvier 2018 à la maison du partenariat à 9 h.

[217] Par rapport au risque injustifié, la jurisprudence française a estimé que s'il y a « disproportion manifeste entre les risques encourus du fait de l'opération et les avantages que peut en escompter le patient, le médecin doit, quelle que soit la volonté du patient se refuser catégoriquement de l'opérer, sous peine de commettre une faute proportionnelle, dont il doit réparation ». Cf. Les droits des victimes de la médecine, p.167.

[218] Voir article 37 code de déontologie médicale du Mali et 160 du code de l'OOAS.

[219] Même si c'est ce principe qui a fondé la responsabilité contractuelle tiré de l'arrêt Mercier en 1936.

des manifestations de leur droit ; car nul doute que par rapport aux libertés, il n'y a pas d'obligation de faire ou de ne pas faire, mais au contraire des faveurs accordées par la loi. Ces libertés, selon le code de déontologie du Mali et celui de l'OOAS, ont trait à la liberté de soins, de prescription, de donner des soins gratuitement, de se retirer d'une consultation sans fournir d'explication sur les raisons de son refus. Ainsi, tel qu'évoquées, la liberté du médecin est bien moins grande que celle du patient qui, compte tenu du principe d'inviolabilité du corps humain peut, à tout moment refuser les soins ou la relation de soins.

Néanmoins, les droits du médecin ne se manifestent pas seulement en termes de liberté, puisque toutes les obligations qui pèsent sur le patient ont pour corollaire les droits du médecin.

En effet, le monopole d'exercice et le décalage d'instruction et de compréhension entre le praticien et le patient font que le paternalisme médical continue timidement son règne sans que le médecin ne soit inquiété des incursions du droit dans les sillons de ses relations avec le patient.

Aussi, en cas de survenance de dommage médical, le processus dit de médiation est généralement orienté et laissé au bon vouloir de l'administration sanitaire ; un corps médical très généralement peu loquace dans ses relations avec les patients. Cette attitude crée un climat de distance entre patient et praticien même si, dans certains cas, le patient aussi y est pour quelque chose.

Au-delà du droit à la liberté contractuelle dans un cadre général, la relation médecin-patient engendre plusieurs autres droits au profit du médecin. Des droits qui découlent de la relation de soins même et conditionnent la réussite de celle-ci. Il s'agit du droit à une complicité positive du patient, c'est-à-dire une collaboration qui permet le rassemblement de toutes les informations dont le médecin a besoin sur le patient et sur la maladie, le suivi et le conseil du malade.

Les difficultés au niveau de la collaboration avec les patients sont relatives soit aux patients qui refusent ou qui ne sont pas à mesure de communiquer clairement, soit aux patients qui ne suivent pas les consignes et les traitements et aux patients qui n'exécutent pas les ordonnances etc. Dr. D. Dembélé du service des urgences de l'hôpital de Ségou témoigne que les difficultés de communication sont également la source de la désorganisation et de la mauvaise gestion du service hospitalier.[220] Dr. M. Keïta, chirurgien dans le même hôpital affirme que *s'il y a déficit de communication, c'est l'échec des soins*[221]. Donc le climat de soins a un impact majeur sur la réussite de la mission de soins

La difficulté de collaboration s'étend jusqu'aux accompagnateurs du patient. En effet, dans le cas d'un patient en état d'inconscience ou d'urgence, il revient à la ou aux personnes qui l'accompagnent (puisqu'au Mali, il est courant que le patient se fasse accompagner par plus d'une personne) de fournir les informations nécessaires au médecin ; mais aussi de faciliter le paiement des ordonnances et autres actes médicaux. Cependant, la plupart de ces accompagnateurs trahissent le patient ou le médecin surtout lorsqu'il s'agit de payer des frais médicaux ou s'ils ne disposent pas d'informations fiables sur l'état du patient. Cela est une difficulté qui conduit aux décès de nombreux patients ou à la détérioration de leur état.

Il s'agit également du droit de refuser d'aller vers un traitement inopportun ou déraisonnable. L'article 142 du code de l'OOAS énonce : « (…) le médecin peut renoncer à entreprendre ou poursuivre des traitements qui apparaissent inutiles, disproportionnés ou qui n'ont d'autre objet que le maintien artificiel de la vie ». Précisons à ce niveau que si le médecin ne peut sauver coûte que coûte la vie, l'article 143 du même code interdit formellement l'euthanasie ; autrement dit, toute pratique ou acte du médecin qui consistera à donner la mort à un patient dans le but d'abréger ses souffrances.

Bien au contraire, il lui fait obligation d'accompagner le « mourant » jusqu'aux derniers moments de sa vie, en lui assurant, par des soins et des mesures appropriées la qualité de vie que permettent les circonstances. Ainsi, la dignité du patient comme droit individuel est sauvegardée et le médecin assure également le réconfort des proches du patient.

---

[220] Entretien réalisé le 30 aout 2017 au service des urgences de l'Hôpital Nianankoro Fomba de Ségou à 11 h.

[221] Issu de l'entretien du 31 aout 2017 à l'Hôpital Nianankoro Fomba de Ségou à 14 h.

B/ Les droits des patients

En plus des droits universellement reconnus à tout individu, les patients ont vu leurs droits considérablement renforcés au fil des ans au sein des établissements de santé et dans leur colloque singulier avec le médecin. Donc, tantôt ces droits se muent en droits universels, tantôt ils sont des droits propres à l'activité hospitalière et médicale.

Ils sont contenus dans des instruments juridiques divers notamment la charte du malade, le code de déontologie médicale etc. Le législateur malien, pour une meilleure consécration des droits du patient, a élaboré une charte.[222] Bien entendu, elle devrait permettre une vulgarisation et un meilleur respect des droits du patient comme ce fut le cas par exemple en France il y a environ quatre décennies.[223]

La charte du malade comme expression des droits du patient est solennellement reconnue. Elle est issue de l'arrêté n° 08-2716 du 6 octobre 2008. Elle a pour objectif de rassembler et de mieux faire ressortir les droits fondamentaux reconnus aux usagers des établissements de santé. Cette réglementation devrait mettre l'accent sur les droits du malade hospitalisé en tant qu'humain, et particulièrement en tant qu'usager de la santé.

---

[222] Mais il a fallu 6 ans après l'adoption de la loi hospitalière pour que la charte du malade énoncée à l'article 2 de cette loi, entre en vigueur. Pourtant, elle renferme les droits fondamentaux ainsi que les devoirs du patient et est l'instrument par lequel la loi d'orientation et la loi hospitalière se dynamisent.

[223] Les droits des patients reconnus suite à une réfection de l'hôpital ont été consignés dans un décret fondateur du 14 janvier 1974, lorsque le président Georges Pompidou était chef de l'État (1969-1974). Il fut suivi d'une circulaire qui recommandait les droits des patients au respect de la dignité de la personnalité, au respect des principales règles à observer à l'hôpital, les liens extérieurs, les infos médicales, le questionnaire de sortie, nouvel outil pour évaluer le niveau de satisfaction et d'insatisfaction des hospitalisés…., ce dernier point est un élément assez important qui pourrait améliorer les établissements de santé du Mali, car il leur permet de connaître de manière directe sans interposition (représentant des usagers) l'avis de l'usager ou du patient sur la prestation fournie. Donc, il devient un excellent moyen de participation du patient à la qualité du système de santé.

Toutefois, au-delà de leur consécration dans la charte, ils ont besoin d'être connus et compris par les bénéficiaires. Chose qui n'est pas toujours accessible, car une large diffusion doit être faite de ces textes avec des mécanismes qui permettent une compréhension par la population. Au-delà, ils renferment souvent des équivoques et des contradictions qui ne rendent pas leur compréhension facile même pour ceux qui ont un certain niveau d'instruction.

C'est pour pallier cela que l'article 5 de la charte du malade en dehors de la codification dispose que des mesures appropriées soient prises et mises en œuvre pour que *ces droits soient connus, respectés et permettre au malade de prendre conscience et de les revendiquer.*

La dignité et le respect de la vie humaine consacrés par les instruments juridiques ont une place fondamentale dans la relation de soins ; puisque le paradoxe entre l'inviolabilité du corps humain et l'atteinte à l'intégrité physique est levé dans le droit du patient de consentir à ce que le principe d'inviolabilité soit levé. Du droit aux soins de santé, duquel se dégage le droit de consentir ou de refuser les soins, le droit au choix du médecin a été consacré. Il en existe d'autres, comme le droit à l'information, au dossier médical, à l'écoute, de donner son assentiment pour des actes et examens complémentaires, au suivi, au conseil, au secret professionnel, à des soins de santé de qualité, d'être représenté, à l'égalité, d'accéder à des soins de santé convenables, à l'hospitalisation, au respect de ses convictions religieuses et philosophiques, de collaborer, c'est-à-dire de partager, communiquer et décider avec le médecin, à la réparation du dommage (qui est également un aspect très important).

Le droit à la réparation du dommage est différemment apprécié autant par les patients que par les professionnels de santé, mais cela n'empêche pas qu'il soit une véritable consécration législative et règlementaire. Comme déjà noté, il est prévu par l'article 27 de la charte du malade la saisine du directeur pour réparation du préjudice.

Les droits présentés ici ne constituent pas la liste exhaustive des droits du patient ; mais, ils renferment l'essentiel.

La connaissance et la jouissance de ces droits met en contrepartie le patient face à des obligations qui conditionnent également la réussite des soins. La méconnaissance de ses obligations par le patient est un facteur d'instabilité contractuelle. Le caractère synallagmatique du contrat médical revient une fois de plus pour démontrer l'importance de l'interrelation médecin-patient. L'article 22 du RGO déclare que dans les contrats synallagmatiques ou bilatéraux, les contractants s'obligent réciproquement. Le colloque singulier médecin-patient confiné dans un contrat ou hors d'un contrat exige qu'il y ait au moins un partage d'informations et d'actions.

Au Mali, les obligations les plus violées par les patients ont trait à la sécurité, à l'hygiène, au respect du règlement intérieur à savoir le respect des heures de visite, du temps de visite et du nombre de visiteurs. Cette situation de violation des obligations du patient s'explique par le contexte social de soins même.

Le patient est très souvent infantilisé, les institutions de sécurité sociale faiblement outillées, le personnel soignant insuffisant sont autant de facteurs qui favorisent la violation des obligations du patient même dans son rapport personnel avec le médecin. Ce dernier exerçant souvent le rôle que doit jouer certaines institutions ou certains personnels qui l'appuient dans la réalisation de l'acte de soins, il s'expose à plus de dangers. Par exemple, les soins infirmiers usités permettent de mettre à la disposition du patient des personnels soignants chargés des actes de soins, d'entretien et de suivi. Malheureusement par défaut de moyens et d'organisation, c'est la famille ou les proches du patient qui jouent ce rôle dans beaucoup d'établissements de santé au Mali.

L'indiscipline dans le suivi du traitement comme violation de l'obligation du patient, est liée à plusieurs facteurs que sont : la pauvreté de certains patients pour l'exécution des ordonnances, la négligence, le faible taux d'alphabétisation, le manque de confiance aux prescriptions médicales, mais aussi l'éloignement ou la difficulté d'accès aux couvertures médicamenteuses. Une patiente affirme qu'elle a dû abandonner son traitement du Glaucome pendant trois ans parce que que dans le village où elle habitait, elle n'avait pas facilement la possibilité d'accéder (financièrement et physiquement) à une pharmacie pour se procurer du cartérol 0.2% indiqué par son médecin. Aussi, les rendez-vous séquentiels fixés par son médecin traitant se trouvant à l'IOTA (à Bamako) étaient difficiles à honorer par défaut de moyens.

L'obligation de suivi du traitement requiert que le patient fasse également preuve de bon sens et d'initiatives si nécessaire. Un rendez-vous séquentiel fixé par le médecin n'exclut pas la possibilité pour le patient de s'y rendre pour une nouvelle consultation ou de tenir le médecin informé des symptômes, des malaises ou de toute anormalité qu'il constate après avoir quitté ce dernier.

En outre, le paiement des honoraires est une obligation du patient. Les codes de déontologie prévoient le paiement des honoraires par le patient. Le code de déontologie médicale consacre nombre de ses articles aux honoraires du médecin. Selon l'article 8 du code, il fait partie des obligations contractuelles du patient en secteur privé. Cependant, il n'est pas exclu que le médecin opte pour la gratuité des soins si sa conscience le lui commande.

L'activité médicale comme un sacerdoce est une logique absolue qui ne flétrit point même avec le développement de la technique. En connaissance de ce sacerdoce, le praticien ne craint guère tous les dangers qui le minent dans le cadre de l'exercice de sa profession : « *L'activité médicale est un véritable sacerdoce pour nous agents de santé dans la mesure où nous sommes amenés à nous dévouer corps et âmes à nos patients au risque de nos vies (exposition au sang et liquides biologiques des patients infectés)* ».[224]

Pour preuve, ce sacerdoce a valu la vie à nombre de praticiens parmi lesquels il faut citer le jeune médecin Gabriel Touré, auquel l'État du Mali n'a pas manqué d'accorder toute sa reconnaissance en baptisant de son nom un de ces hôpitaux de 3ème référence. Tout comme il y'en a d'autres qui ne manquent pas de refuser les soins pour éviter toute contamination à travers les liquides et les organes du patient. L'histoire de la médecine en décrit beaucoup au sujet de cette attitude qui est contraire à l'éthique médicale mais qui se pratiquait par peur de contagion.

Ces obligations considérées comme médicales, ne font pas une grande différence entre le cadre contractuel et extra contractuel. Mais lorsqu'elles sont exécutées dans un cadre contractuel, l'existence d'une

[224] Témoignage recueilli auprès d'un médecin lors de l'enquête à l'hôpital G. Touré en Janvier 2018.

stabilité et d'une sécurité entre les parties devient encore plus nécessaire. Pour y être mieux situé, il faut procéder à la détermination d'une relation de contrat entre praticien et patient.

Paragraphe II : Le contrat médical et ses caractéristiques

La délimitation classique des sources législatives et conventionnelles de règlement des rapports sociaux permet une nette distinction entre les règles qui gouvernent les relations publiques et celles propres aux relations privées médecin-patient. Les secondes relèvent d'un pur lien conventionnel qui exclut en principe tout interventionnisme législatif. Il sera opportun d'étudier en détail les règles du contrat pour parvenir à la compréhension de la nuance entre contrat médical et contrat de soins (A). A partir d'une telle définition, il sera facilement donné de dégager substantiellement les caractéristiques du contrat médical (B).

A/ La nuance entre contrat médical et contrat de soins

A la base du contrat de soins comme du contrat médical, repose une obligation univoque : celle d'honorer un engagement tenu à la suite d'un échange de volontés. Ainsi, si différence il y a entre les mots « soins et médical », le mot « contrat » qui s'associe à chacun de ces concepts est assez fédérateur. Son usage démontre une volonté de s'unir dans un rapport d'attention portée à l'autre. Étymologiquement, le terme « contrat » découle du latin juridique *contractus*. Contracter, signifie « tirer à soi », mais aussi « tirer ensemble ».[225] Une manifestation de l'altruisme humain qui a été cernée par le droit et par d'autres valeurs sociales héritées des temps anciens. Le modèle contractuel de règlement des rapports humains s'est donc érigé bien longtemps avant de rejoindre le domaine médical qui en a été touché à la suite de l'arrêt Mercier de 1936. Cependant, selon certaines affirmations : « *La découverte d'un véritable contrat entre le médecin*

---

[225] Dans la racine latine *con-trahere*,V. *Dictionnaire culturel en langue française*, op. cit., p. 1823.

et son patient remonte au XIIIe siècle, plus précisément à la Grande Glose d'Accurse et cette relation contractuelle était au sein du contrat de mandat ».[226]

La relation médecin-patient comme contrat de mandat avait un objet basé sur une obligation de sollicitude et de prévenance. Si le terme « médical » est apparu avec l'évolution de la médecine et s'est intéressé à tout ce qui a trait aux soins de santé, le terme « soins » de son côté, pluridisciplinaire et protéiforme, prend racine dans le droit et l'histoire[227].

A l'époque romaine, il avait une double acception de sollicitude et de diligence ; et a trait d'une manière générale à l'action de porter une attention quelconque à soi ou à une autre personne.

À cette époque, le « *bonus pater familias* » avait le devoir de veiller à la protection de la propriété de la famille tout comme il veillait à la protection de sa descendance[228].

Sa qualité de bon père de famille se déterminait en fonction des soins accordés à sa famille et à l'intérêt de celle-ci, faute de quoi il n'était pas un père « soigneux ».

L'absence de soins traduisait un comportement fautif du *pater familias* qui était susceptible d'engager sa responsabilité.[229] L'expression « Bon père de famille » est certes omise dans la nouvelle mouture de l'article

[226] Voir A.L.F. Serlooten, *L'obligation de soins en droit privé*, éd. LGDJ, p.106, renvoi n° 319-320.

[227] Cette précision semble importante, car le terme « soins » fait l'objet de plusieurs approches : sociologique, religieuse, axiologique, morale etc.

[228] M. Villey, *Le droit romain*, Que sais-je ?, PUF, p. 80.

[229] À ce niveau, il faut préciser que sous l'ancien droit, c'est sur la base de cela que Pothier dégagea la trilogie de fautes, c'est-à-dire que la faute est déterminée sur la base de la conservation de la propriété. De la faute la plus lourde à la plus légère, il retenait : la *culpa latta*, la *culpa levis* et la *culpa levissima*. La critique portée par Le Brun par rapport à la complexité de cette trilogie mais pas au fond de distinction conduit à son abandon par les rédacteurs du code civil en 1804. Un abandon qui est relatif, puisque la *culpa levis* appréciée *in abstracto* comme le comportement que doit avoir le *bonus pater familias* est ce qui a fondé l'article 1197 (ancien1137) du code civil consacré aux obligations de moyens.

1137 du code civil français, mais l'article 1197 retient le mot « soins » qui doit être la vertu d'une personne raisonnable.

La nuance entre le contrat de soins et le contrat médical se joue à travers ces fluctuations. Le premier serait tout lien juridique qui existe entre plus d'une personne dans le but d'accorder ou d'apporter une attention. Ainsi entendu, il transcende plusieurs autres rapports et pas que celui lié à la santé. En revanche, le second serait tout lien juridique qui existe entre un médecin et un patient dans le but d'effectuer un acte médical sur la personne du patient. Il faut noter que toutes ces deux définitions restent incomplètes en ce sens qu'elles omettent un élément indispensable du contrat qui est la réciprocité des obligations. Est-ce à comprendre que le contrat de soins et le contrat médical peuvent tous être des contrats unilatéraux ?

Si cette assertion peut être valable pour le contrat de soins, il en est autrement pour le contrat médical dont le caractère synallagmatique ne fait l'ombre d'un doute.

En toute subtilité, le code de déontologie médicale en son article 24 pose nettement la différence entre l'obligation de soins qui pèse sur le médecin et l'obligation de donner des soins de santé lorsqu'il énonce que le médecin oule chirurgien-dentiste dès lors qu'ils ont accepté de prendre en charge un malade s'obligent :

1) A lui donner au besoin avec l'aide d'un tiers qualifié tous les soins médicaux que requiert son état ;

2) A toujours se comporter avec correction et douceur envers le malade.

En clair, il y a une précision de la différence entre le soin comme l'attention que le médecin doit et le soin comme la compétence professionnelle qu'il doit mettre en œuvre. Avec le temps, il faut reconnaître que le terme « soins » a fini par faire l'objet d'un usage plus répandu dans le domaine médical où il signifie le bien-être et la prise en charge médicale. Dans d'autres contextes sociaux et dans d'autres langues, ces deux usages n'ayant pas la même indication grammaticale (en termes d'orthographe et de son), toute possibilité de confusion de l'objectif recherché dans l'usage du mot « soins » est exclue. Par exemple les terminologies « cure et care » dans la tradition anglo-saxonne ou, *Fourakeli* et *makodo'n* en Bambara pour désigner respectivement « acte médical et soins ou attentions » offrent une distinction facile du but recherché, même si dans chacun des deux sens, l'idée d'une attention ou d'une diligence est sous-entendue. La diligence, une des vertus essentielles du médecin dans le cadre des soins de santé, ne lui est pas exclusive, car l'éthique sociale recommande à tous de porter attention à l'autre.

Paul Ricoeur l'atteste dans son œuvre consacrée au souci de l'autre[230], tout comme Marie De Hennezel lorsqu'elle témoigne de l'immense besoin de soins dont le corps médical aussi espère parfois bénéficier des patients et de leurs accompagnants. Elle décrit la dimension humaine prenant en compte l'état et l'esprit de l'autre dans une circonstance tout à fait particulière de souffrance ou de gêne et de sollicitude.

Le contrat de soins ou du moins l'obligation de soins a tout au long de l'évolution des sociétés consolidé les rapports humains et reconnu à l'humain une pensée ou une attitude altruiste jamais égalées. C'est surtout avec la jurisprudence Mercier en France reconnaissant une relation contractuelle entre médecin et patient que les soins médicaux ont pénétré le giron des contrats. Ainsi, si le contrat de soins existait et impliquait une volonté altruiste de prendre soin de l'autre, son intégration dans le cadre médical va plus complexifier son interprétation. La combinaison contrat de soins médicaux suppose donc l'intégration des actes médicaux dans le giron, pas seulement des contrats, mais bien plus dans celui des contrats de soins.

Dans un tout autre sens, le terme « soins » fait l'objet d'une assimilation à l'acte posé par le personnel subalterne et qui est distinct de tout acte de prescription et de diagnostic posé par le médecin. Alors, les soins comme actes faisant la distinction entre les missions du prescripteur et celles de prise en charge continue effectuées par les auxiliaires médicaux, sont une autre catégorie de prestations techniques qui assurent la complétude de la prise en charge médicale. Par conséquent,

---

[230]Selon Ricœur, le contrat médical est comme un acte performatif par lequel nous engageons notre jugement, notre parole et notre fidélité envers l'autre, parce que « le lien qui me lie est le même que celui par lequel je me lie », Cité par N. Carlin, *Relation de soin, la confiance à l'épreuve du droit*, op. cit. p.38. Ainsi, la relation de soins dont le soubassement est classiquement l'entrecroisement des attentes du patient et du souci de l'autre relève plus de l'éthique que du contrat.

leur dissociation des soins médicaux posés par le médecin ne présente pas ici un grand intérêt. Le soin médical constituant un ensemble de prise en charge, il devient inclusif de tous les actes qui doivent être effectués durant ce processus. Ainsi, le contrat médical conclu par le médecin avec le patient intègre l'ensemble des actes médicaux et de soins (le tout formant les soins de santé) nécessaires à la prise en charge de ce dernier. Dans une telle considération, le « soin » n'est qu'un accessoire du contrat médical formellement établi entre les parties, incluant nombre d'actions de la part de chacune d'entre elles.

Ce soin, accessoire du contrat médical, rejoint le cercle des nombreuses obligations de « soins » du processus de réalisation du contrat médical. De façon large, le contrat de soin médical est synonyme de contrat médical qui inclut une composante bien fournie de la relation de soins y compris certains actes non prévus au moment de la conclusion du contrat.

Le Pr. G. Memeteau pour sa part n'hésite pas à qualifier ces obligations de soins de « contrat de soins de santé » qui, selon lui, doit être un contrat de dignité[231] qui renferme l'obligation d'accorder une attention et de donner des soins qualifiés en termes de technique médicale.

Pour en venir au contexte malien, bien que les contours juridiques du contrat médical ou de manière plus large du contrat de soins de santé tels que formulés par le Pr. Memeteau ne soient pas suffisamment tracés, l'idée de contrat demeure quand même.

Le recours fait à l'établissement privé de santé ou plus spécifiquement au médecin libéral sert de déclic à la relation contractuelle médecin-patient.

À ce sujet, il faut noter que c'est à partir d'un arrêt (X c/ Mellen), rendu au Canada en 1957 que la jurisprudence et la doctrine canadienne ont suivi 19 ans après l'arrêt Mercier, les pas du juge français dans la reconnaissance de la responsabilité contractuelle du médecin.

Elles en déduisent ainsi que « dès que le patient pénètre dans le cabinet de consultation du médecin, prend naissance entre celui-ci et le malade,

---

[231] Gérard Memeteau, « Le devoir d'information, ou les moulins à vent », *LPA*. 7 janvier 2013, p. 4, n° 5.

par lui-même ou pour lui-même, un contrat de soins professionnels».[232] Pourtant la doctrine française a longtemps été réticente, sinon partagée sur l'admission du principe contractuel. Une partie de la doctrine a dénoncé ce déséquilibre entre l'engagement simplement éventuel du médecin qui ne pouvait, le cas échéant, naître que de l'accomplissement d'un fait dommageable - délit ou quasi délit - et l'engagement ferme du patient qui résultait de la convention. Cette démarche a été encouragée par certains auteurs qui allèrent jusqu'à nier l'existence du contrat médical.

En particulier, Aubry et Rau[233] estimaient que les actes dépendant d'une profession scientifique, inestimables en argent, ne pourraient jamais faire l'objet d'un contrat et ne pourraient constituer qu'un fait d'obligeance de la part de celui qui les avait promis.

Ils conclurent que l'engagement pris par le médecin de soigner n'engendrait contre lui aucune action contractuelle. Ils admirent néanmoins qu'en raison de l'avantage que ces actes étaient destinés à procurer au malade, ils constituaient une cause suffisante pour valider la promesse de rémunération faite par celui-ci.[234]

Cette réalité française du XXe siècle est certainement celle vécue par la relation médecin-patient au Mali actuellement, comme pour parler de l'immaturité du dispositif en matière de contrat médical.

Mais aussi, pour évoquer l'inadéquation entre les mentalités et les textes juridiques, le tout sanctionné par un mutisme profond de la jurisprudence.

Donc, il faut souligner que la délimitation du champ contractuel de la responsabilité médicale est un débat résolu il y a fort longtemps dans le droit français notamment avec l'arrêt Mercier du 20 mai 1936[235] et dans

[232] 1957, B.R. 389, 408, cité dans *Éléments de responsabilité civile médicale*, Suzanne Phillips-Nootens et autres, n° 10, p. 12.
[233] Aubry et Rau, *Cours de droit civil français*, tome IV, 433 ; V. dans le même sens : Larombière, *Théorie et pratique des obligations*, « 3ème édition tome VII, p. 548.
[234] Annick Dorsner-Dolivet, *La responsabilité du médecin*, *op. cit.*. p. 4.
[235]« Il se forme entre le médecin et son client un véritable contrat… que la violation même involontaire de cette obligation contractuelle est sanctionnée par une responsabilité de même nature, également contractuelle ».

la doctrine qui a suivi. Mais cette délimitation reste d'actualité dans le contexte malien ou la relation médecin-patient pose beaucoup d'énigmes.

B/ Le concept de contrat médical en droit malien

En général l'existence ou la reconnaissance du contrat dans le droit africain, a laissé certains auteurs sceptiques, tel que T. Elias Olawale qui l'a rappelé à la suite de Seagle : « Le contrat en tant que tel, c'est-à-dire s'il fait découler les obligations d'une autre obligation réciproque préexistante, il est probable cependant que les formes des obligations y sont déterminées moins par des éléments de réciprocité que par le fait qu'elles existent incontestablement à côté des obligations légales, et que la loi elle-même les reconnaît ».[236]

La formation du contrat en général relevant auparavant de l'appréciation discrétionnaire des chefs de famille ou de tribu, il est tout à fait possible d'affirmer que c'est surtout l'ordre public qui orientait plus précisément les relations de soins et les effets qui en découlaient. Pour preuve, la décision de référer un malade à l'établissement de santé surtout privé pour une prise en charge médicale se faisait à la suite d'une concertation familiale au cours de laquelle le mot final revenait à la personne qui avait le rôle de chef ou d'aîné. Si cet état de fait se réduit progressivement avec des phénomènes de société tels que l'urbanisation et le développement de la médecine privée, l'élargissement du pouvoir d'achat ; il demeure à présent dans plusieurs localités du Mali. C'est ce qui constitue un obstacle à l'épanouissement du contrat de soins médicaux ou plutôt c'est ce qui confère une autre dimension à ce contrat. À coup sûr, la prépondérance de la volonté des parents ou des aînés sur le consentement du patient crée une situation ambiguë qui étouffe le contrat de soins de santé. Cependant, à ce jour, le régime général des obligations est le symbole d'une véritable consécration législative en matière contractuelle ; autrement dit, il est le droit commun des contrats au Mali. Ainsi, les relations entre établissements de santé privés et clients ou médecins libéraux-clients

---

[236] Elias T. Olawale, *La nature du droit coutumier africain*, Présence Africaine, Paris 1961, p. 167.

admettent forcément le principe du contrat, puisque le patient en faisant le premier pas vers le médecin ou l'établissement pour solliciter les services de celui-ci, déclenche une relation de nature privée (avant contrat ou contrat) dont le contenu est déterminé par eux-mêmes. Le médecin qui, pour sa part, n'ayant pas le droit de démarcher le patient, soit à travers une mesure de publicité ou tout autre procédé d'offre, le premier pas du patient est un symbole fort de sa volonté de nouer une relation de soins avec le médecin. Ainsi, contrat de soins de santé ou contrat médical etc., peu importe la qualification attribuée au contrat médecin-patient, il est judicieux de donner une définition propre à cette relation selon laquelle : « Le contrat est une convention par laquelle une ou plusieurs personnes s'obligent envers une ou plusieurs autres, à donner, à faire ou à ne pas faire quelque chose ».[237]

Une définition d'ordre général mais mal adaptée qui mérite d'être revue dans le contexte médical, puisque le médecin ne peut nouer un lien unique avec plusieurs patients pour une même prise en charge. Chaque patient est un cas, et chaque patient est une relation donc la convention qui oblige le ou les médecins est, en principe, à l'égard d'un seul patient, et souvent, pour une prise en charge déterminée.[238] Même pour cette convention qui engage le ou les médecins dans la prise en charge du patient, la relation contractuelle liera exclusivement un praticien au patient, les autres devenant ainsi des exécutants dans une relation où ils sont tiers. Ce qui suppose que dans le contrat qui lie le médecin au patient, plusieurs autres spécialistes ou spécialités peuvent intervenir. Mais si nécessité il y a de conclure séparément avec ceux-ci, cet aspect doit être déterminé avant toute exécution.

Ainsi, pour une définition du contrat médical au Mali, il y a lieu d'avancer qu'« Il est tout accord de volontés entre un médecin et un patient en vue d'une prise en charge sanitaire, au cours de laquelle le médecin s'engage à assurer une prestation et le patient à assurer une

[237] Article 20 de la loi sur les obligations de 1987.

[238] Dans un cas d'espèce, le chirurgien opérant pour un kyste gynécologique est passée à côté d'une pathologie qui avait atteint la trompe. Une seconde intervention chirurgicale était nécessaire pour procéder à l'extraction de cette seconde pathologie qui empêchait toute possibilité de procréation pour la patiente. Ce cas d'espèce démontre l'importance du contrat ou de cet élément fondamental du contrat qu'est le consentement pour tout acte posé sur le corps du patient ou dans l'intérêt de la santé de celui-ci.

collaboration ». La collaboration du patient n'est pas que directive mais aussi financière, puisque la rémunération comme contrepartie[239] est une obligation tant qu'elle n'est pas déclinée par le médecin. Une telle définition valable pour l'exercice privé de la médecine dégage l'ensemble des caractères que doit renfermer un contrat médical. Mais, il obéit aussi à certaines conditions de formation qu'il sera judicieux de rappeler.

Les conditions du droit commun des contrats au nombre de quatre sont largement connues.

Mais, à travers une présentation succincte, il faut déterminer la spécificité propre à la formation du contrat médical. Une formation du contrat qui admet les règles de fond du contrat mais aussi des conditions relatives à la forme.

Les conditions de fond se retrouvent autour du consentement, de l'objet, de la capacité et de la cause. Le consentement détermine l'autonomie de la volonté des parties au contrat. Il doit présenter les caractéristiques suivantes : être libre, éclairé, et intègre.

Le refus des soins du médecin par le malade doit être précédé ou succédé des renseignements utiles délivrés par le médecin. Cette affirmation confortée par les articles 25 et 30 du code de déontologie médicale démontre l'importance de l'information éclairée et son influence sur le consentement du patient. Toute incompréhension ou hésitation relative à l'information concernant l'acte médical donnent droit au refus d'adhérer.

Louis Portes disait : « Face au patient, inerte et passif, le médecin n'a en aucune façon le sentiment d'avoir à faire à un être libre, à un égal, à un pair qu'il puisse instruire véritablement. (...) Le patient en aucun moment ne connaissant, au sens exact du terme, sa misère, ne peut vraiment consentir ni à ce qui lui est affirmé ni à ce qui lui est

---

[239] La contrepartie « rémunération », même si elle semble trop capitaliste est bien à retenir, car quoi qu'on s'attache au caractère humaniste et social de la médecine, la réalité actuelle (issue de l'évolution de la science, de la technique etc., et la privatisation accrue des relations médicales) commande un certain objectivisme qui ne doit pas masquer l'instinct pécuniaire qui anime chaque professionnel de la santé.

proposé ».[240] Par ailleurs, pour certains types de soins médicaux, tels les dons d'organes, certaines interventions chirurgicales, l'écrit doit être exigé. Cet écrit versé au dossier du patient, n'exclut pas l'information préalable qui doit être donnée verbalement au patient, puisque le consentement qui a fait l'objet d'une signature ne signifie pas dans tous les cas une information parfaite du patient.

Comme le disent M.M. Bernadot et Kouri : *un consentement signé n'équivaut pas nécessairement à un consentement informé.*[241] Quant à l'intégrité du consentement, il suppose la manifestation d'un consentement dépourvu de vices. Ce n'est pas seulement son existence qui compte mais il ne doit pas être surpris de dol, extorqué par la violence et donné par erreur comme le prévoit l'article 36 du RGO : « Il n'y a point de consentement valable si le consentement n'a été donné que par erreur, s'il a été surpris par dol ou extorqué par la violence ». Ce consentement exempt de vices doit découler de la volonté de chacune des parties, sous peine d'une remise en cause du contrat.

Cependant à ce niveau, l'article 13 de la charte du malade prévoit que le patient a le droit d'être informé de ce qui concerne son état. L'article qui suit en revanche dispose que pour des raisons légitimes et qui doivent demeurer exceptionnelles, un malade peut être laissé dans l'ignorance d'un pronostic ou d'un diagnostic grave. Les critères de liberté, d'intégrité et de consentement éclairé déterminent la capacité des parties à consentir ou à conclure un contrat médical.

La capacité de manière plus large est la faculté pour une personne de faire, d'adhérer ou d'accepter. Juridiquement, elle est l'aptitude pour une personne à obtenir un droit et à l'exercer. Il faut distinguer la capacité de jouissance et la capacité d'exercice.[242] C'est pour faire valoir le « droit à », ou le « droit de » de la personne humaine que

---

[240] Louis Portes, « Du consentement à l'acte médical », in *À la recherche d'une éthique médicale*, Masson/PUF 1964, p. 170.

[241] Suzanne Philips Nootens et autres, *Éléments de responsabilité civile médicale*, « Le droit dans le quotidien de la médecine », 3ème édition Yvon Blais, 2007, p. 177, note de bas de pages n° 216.

[242] La capacité de jouissance est l'aptitude à devenir titulaire d'un droit ou d'une obligation. La capacité d'exercice est l'aptitude à faire valoir soi-même un droit comme le droit d'ester en justice.

l'article 29 du RGO prévoit : « Chaque contractant peut exprimer sa volonté ou le faire par l'intermédiaire d'un représentant ». Renforçant ainsi la capacité à consentir des parties à défaut de pouvoir le faire soi-même eu égard à des restrictions ou à des limitations légales. Le pouvoir de contracter est reconnu à toute personne ayant atteint l'âge de la majorité, fixé à 18 ans selon les dispositions légales.[243] Par rapport à la capacité, des restrictions et des limitations concernent la minorité, la majorité protégée ou interdite, la tutelle et la curatelle.[244]

L'article 720 du CPF prévoit l'ouverture de la tutelle de manière continue pour les actes de la vie civile. Elle concerne la personne dont les facultés mentales sont altérées par une maladie, une infirmité ou un affaiblissement dus à l'âge. Il en est de même selon la précision de l'alinéa 2, article 709 pour l'altération des facultés corporelles. Pour la curatelle, l'article 740 du CPF dispose qu'il s'agit de conseils et de contrôle pour les actes de la vie civile, mis à la disposition d'une personne qui n'est pas hors d'état d'agir elle-même.

Toutefois, le mineur émancipé est habilité à poser des actes juridiques. Si toutes ces catégories de personnes pour des raisons de protection juridique peuvent être représentées en matière contractuelle par d'autres personnes légalement reconnues (à l'exception du mineur émancipé), pour ce qui est de leur capacité de jouissance, réconfortant leur droit de contracter, il faut noter qu'à ce niveau, il n'y a aucune restriction.[245] Elles peuvent être liées par un contrat médical à chaque fois qu'ils en nourrissent l'intention. L'intention, ici n'est pas la saisine du médecin ou la réception du patient en connaissance des implications

---

[243] Exemple : Article 26 du code pénal, 1 de la loi sur la minorité pénale au Mali et 705 du code des personnes et de la famille.

[244] La minorité est l'état d'une personne âgée de moins de 18 ans et qui n'est pas à mesure d'exercer ses droits, donc il revient au parent ou au tuteur de la représenter légalement. Le majeur protégé est une personne dont les facultés intellectuelles nécessitent des mesures de protection. Quant à la curatelle et à la tutelle, elles sont des mesures d'assistance et de représentation juridique d'une personne majeure.

[245] En réalité, il n'existe pas en général d'incapacité de jouissance sauf pour quelques exceptions prévues par exemple par les articles 1596 et 1597 (anciens) du code civil français. Aussi conformément à l'article 4 du code pénal du Mali, « toute condamnation à une peine criminelle entraînera, de plein droit, la dégradation civique et l'interdiction légale ».

contractuelles qui découlent des actes posés[246], mais de la volonté de se faire soigner par les soins d'un médecin qui de son côté manifeste une adhésion au principe de soins. Même si ce sillage peut ressembler à un contrat, il faut préciser que dans la pratique, il se concentre autour des éléments de fond encore très fragiles dans le contexte malien : « *La conscience comme une étape essentielle à l'obtention d'un consentement le plus libre possible* ».[247] Mais, c'est surtout la capacité d'exercice et les éléments juridiques qui caractérisent le consentement qui peinent à manifester leur pleine autonomie. La capacité de jouissance est ainsi présumée chez chaque individu y compris le patient et le médecin, mais ce sont les cas d'inaptitude que la loi se charge de déterminer.

Pour ce qui est de la capacité du médecin, elle découle de la reconnaissance faite par les autorités compétentes d'exercer la profession de médecin.[248] En effet, l'exercice de la médecine et de toute profession de la santé exigent l'acquisition d'un diplôme dûment attesté par l'autorité étatique. À la suite de la délivrance de ce diplôme, le médecin a l'obligation de se faire inscrire au tableau de l'ordre des médecins pour une reconnaissance professionnelle. L'article 11 de la loi 017-030 du 14 juillet 2017 sur l'ordre des médecins précise : *« Nul ne peut être inscrit au tableau s'il n'est titulaire d'un diplôme de docteur ou d'un titre académique jugé équivalent, s'il n'est pas de nationalité malienne ou ne ressort pas d'un pays de l'UEMOA ou d'un pays acceptant des conventions de réciprocité »*. À ce niveau, il y a lieu de mentionner l'existence de la directive n° 06/2005/CM/UEMOA relative à la libre circulation et à l'établissement des médecins ressortissants de l'Union au sein de l'espace UEMOA, dont l'article 2 dispose : *« La présente directive a pour objet de faciliter la libre circulation ainsi que l'établissement pour l'exercice de la profession de Médecin dans les États membres par un Médecin ressortissant de l'Union déjà inscrit à l'Ordre National des Médecins d'un des États*

[246] Comme c'est le cas dans beaucoup de droits occidentaux (Canada, France par exemple).

[247] Voir Suzanne Philips-Nootens et autres, *Éléments de responsabilité civile médicale*, *op. cit.*. p.174.

[248] À ce niveau, il faut préciser exceptionnellement le cas du thérapeute traditionnel, qui ne parvient pas encore à faire l'objet d'une stricte réglementation tant par rapport à la formation qu'à l'exercice de la profession.

membres ». Il doit être affilié à l'une des sections prévues par l'article 2[249] du décret 017-721 P-RM du 21 août 2017.

À l'instar de ces deux catégories existent le médecin du travail et le médecin conseil qui sont affiliés à des organismes privés ou publics. Par exemple : l'assurance maladie obligatoire (AMO), gérée par des organismes publics de gestion[250], dispose de médecins conseils qui travaillent en collaboration avec les médecins des établissements publics ou privés de santé.

En outre, l'exercice en secteur privé est conditionné à l'obtention d'un agrément et d'une autorisation d'exercice délivrés par le Ministère chargé de la santé sur avis du conseil de l'ordre des médecins. L'obtention de cette autorisation administrative est une exigence de l'article 13 de la loi sur l'ordre des médecins. Il est important de préciser que ces exigences valent pour toutes les autres professions de santé, le législateur malien ayant procédé à une dissociation de certains corps médicaux et créé d'autres ordres de la santé en 2017.[251]

En plus du consentement et de la capacité des parties au contrat médical, une condition essentielle est l'objet dont la spécificité en matière médicale est hors du commun. Prévu par les articles 53, 54 et 55 du RGO, il s'agit de l'opération juridique envisagée par les parties dans les limites de la liberté contractuelle.

Sauf qu'en matière médicale, cette opération soit elle profite aux deux parties et porte surtout sur l'intégrité du corps du patient. Un bien extrapatrimonial, inaliénable, incessible, intransmissible, indisponible et hors du commerce juridique. « Le corps humain est sacré et inviolable » selon la Constitution du Mali en son article 1, le code des personnes et de la famille en son article 4, tous inspirés des instruments

---

[249] Selon cet article, l'ordre des médecins se compose de trois sections : la section A qui regroupe les médecins généralistes exerçant dans le secteur privé ; la section B qui regroupe les médecins spécialistes exerçant dans le privé ; la section C qui regroupe les médecins exerçant dans le secteur public et tous ceux qui ne sont pas susceptibles de faire partie des sections A et B.

[250] Articles 67, 68 de la 09-015 du 26 juin 2009 portant institution du régime d'assurance maladie obligatoire.

[251] Cf. lois 017-031, 032, 033, 034 du 14 juillet 2017 sur respectivement l'ordre des pharmaciens, des chirurgiens-dentistes, des sages-femmes, des infirmiers et infirmières.

internationaux comme la DUDH[252]. Le corps humain ne cesse de faire l'objet d'encadrements juridiques et est constamment exclu du champ commercial eu égard à son rattachement indéfectible à l'être humain.[253] Pourtant, en concluant un contrat médical, il est indéniable que ce contrat porte sur un élément qui assure l'individualité de l'homme. D'autres diront que le contrat médical porte plutôt sur une partie du corps humain distinct du corps lui-même dans son intégralité.

Néanmoins, quoi qu'il advienne, cette partie est indissociable du corps humain et la moindre douleur subie a une répercussion sur le corps et prive le patient d'un agrément ou le fait souffrir même si c'est contre la souffrance que cette douleur est à dessein infligée le plus souvent. L'article 54 précise : « L'objet de l'obligation est la prestation promise ».

Ainsi, dans le contrat médical, l'obligation principale est la réalisation de soins médicaux. C'est sûrement ce que les parties au contrat partagent le mieux. Une prestation qui, en principe, n'a pas de valeur économique, le corps humain étant, sauf exception légale, hors du commerce juridique. D'ailleurs, ne dit-on pas que « la santé n'a pas de prix » ?

Un adage polysémique signifiant soit que le service rendu par le médecin n'est pas monnayable (la médecine étant par nature sociale), soit que le patient n'a pas le pouvoir économique de récompenser celui qui tente de l'épargner de toute douleur ou malaise.

Ainsi, l'objet des prestations envisagées détermine les attentes de chaque partie, même si le caractère innommé du contrat médical l'exclut de la classification des catégories de contrats.

En effet, le RGO ne prévoit pas le contrat médical à plus forte raison ne lui reconnaît un régime bien défini. Le contraste entre l'originalité du contrat médical et son manque d'inscription et d'organisation n'est pas propre à la législation malienne seulement. Il en est de même par exemple pour le Sénégal et aussi pour la France où la critique de Jean

---

252 Article 3 de la Déclaration universelle des droits de l'homme : « toute personne a droit à la vie, à la liberté, à la sûreté de sa vie ».

253 L'illicéité des conventions concernant les mères-porteuses en est une illustration.

SAVATIER sur l'originalité du contrat médical est très marquante.[254] Il faut noter que l'idée romaine du contrat excluait de la catégorie de contrat « nommé » tout contrat qui ne remplissait pas les conditions de contrats nommés, c'est-à-dire appartenant à la catégorie de contrats à laquelle une action avait été accordée par la loi ou par le préteur (action prétorienne). D'où l'adage : « *nudo pacto non oritur actio* » qui signifie : « du pacte nu, aucune action ne peut naître » ; donc les contrats qui ne remplissaient pas les formes de contrat nommées n'étaient pas efficaces). Les contrats innommés ont été sanctionnés sous Justinien (VIe s.)[255] par l'action *praescriptis verbis*, qui supposait une exécution antérieure.

La protection de la personne humaine ou du corps humain, surtout lorsqu'il s'agit de contrat médical, demeure également au niveau de la cause comme condition essentielle de validité de ce contrat. La motivation des parties se rattache donc à cet élément juridique très important. La cause du contrat est la raison pour laquelle le médecin et le patient s'engagent dans une relation contractuelle de soins.

Ainsi dit, elle ne présente aucune complexité car il est évident que chacune des parties recherche la réalisation de soins de santé et ce pour le bien-être du patient. Mais, avec les ramifications juridiques, la cause peut présenter des variabilités selon que l'on se place au niveau du contrat ou de l'obligation contractuelle. La cause du contrat est à la fois subjective et objective.

La cause objective est celle partagée généralement par les parties, elle varie en fonction des catégories de contrats ; tandis que la cause subjective est le mobile personnel déterminant chacune des contractants à s'engager avec l'autre. Sa diversité et sa singularité font dire à certains auteurs[256] qu'elle découle de considérations variables, plus personnelles qui sont appréciées à l'aune des bonnes mœurs. Le corps humain étant hors du commerce juridique, est-ce possible d'en déduire que la cause du contrat médical est illicite ? Il n'en est rien de tel, puisque *pendant que dans le droit commun des contrats le corps humain, la vie humaine,*

---

[254] Supra p. 104.

[255] Il apporta une innovation radicale dans le monde des contrats.

[256] A. Cermolacce, *Cause et exécution du contrat*, préf. J. Mestre, thèse Aix-Marseille, PUAM, 2001, p. 109, n° 74 ; B. Fages, « Débats : Les bonnes mœurs en droit des contrats », *RDC*. 2005, p. 1273 et s.

sont hors du commerce, le contrat médical les prend principalement pour objet.[257]

A la suite de cette affirmation, il a été avancé que le contrat médical est licite, non pas en raison de son objet, mais plutôt en raison de sa cause.[258]

De manière objective, la cause est licite en raison de l'obligation de faire du médecin et surtout de l'obligation de ne pas nuire à la santé du patient. C'est en ce sens que Dierkens disait : « Le but de l'atteinte à l'intégrité corporelle doit être le bien-être et la plus-value de la personne qui en fait l'objet ». [259]

La violation de la cause en matière de contrat médical résulte de la réalisation d'actes illégaux tels que l'interruption non thérapeutique de grossesse, l'exercice illégal de la médecine, la vente d'organes humains etc. qui sont proscrits par les lois et les règlements en vigueur notamment par la législation pénale.

La reconnaissance du contrat médical au Mali par le biais du droit commun des contrats suppose le respect de ces conditions nécessaires pour la validité de ce contrat. Leur non-respect en plus d'être le symbole d'une transgression des dispositions juridiques, altère la formation et l'existence de contrat médical. En plus de ces conditions de fond, l'article 58 du RGO est consacré aux conditions de forme qui sont nettement plus souples, car il est prévu qu'aucune forme n'est requise pour la formation du contrat. Le contrat médical comme déjà noté obéit au principe du consensualisme, sauf pour des interventions bien déterminées qui exigent l'écrit. Ainsi, la relation consensuelle médecin-patient est ce qui domine dans le contexte malien même pour les actes passés en secteur public. Le formalisme intervient très peu et ne respecte pas à tous les coups les exigences légales.

---

[257] R. Savatier, J-M. Auby, J. Savatier, H. H. Pequignot, *Traité de droit médical*, Litec, 1956, p. 13.
[258] D. Thouvenin, « La disponibilité du corps humain : corps sujet ou corps objet », in Actes, 1985, p. 37.
[259] R. Dierkens, Les Droits sur le corps et le cadavre de l'homme, préf. J. Rostand, Masson, 1996, p. 53, cité par A.L.F. Serlooten, L'obligation de soins en droit privé, n° 166, p. 129,.

La libéralisation de la médecine et la prolifération des cliniques privées seraient à l'origine de la naissance du contrat, soutenue depuis plus d'une décennie par la charte du malade et le code de déontologie qui constituent les piliers d'une relation médicale. Le code de déontologie médicale est d'ailleurs un fruit de la libéralisation de la profession médicale au Mali.[260]

Le contrat médical, à ce jour, est bâti sur la base des principes généraux contenus dans la loi sur les obligations civiles et commerciales. Avec l'adoption en 2008 de la charte du malade qui est une consécration règlementaire des droits du patient, il est également possible de tirer les bribes du contrat à travers des principes comme la liberté de choisir et de prescrire. Le caractère cosmopolitique que renferme le contrat médical actuel doit être revu en faveur d'un contrat médical bien ficelé tenant compte des principes fondamentaux, mais aussi des spécificités propres au contexte socio-juridique.

Toutefois, la question du contrat médical au Mali, au-delà des établissements privés de médecine conventionnelle touche également la médecine traditionnelle qui, il faut le préciser, est de surcroît de source essentiellement privée.[261] L'appartenance de la médecine traditionnelle au secteur privé depuis son institution vaut l'attribution du caractère contractuel aux actes pouvant lier les praticiens de ce domaine aux soignants. Quoique les relations existantes entre ces personnes soient dépourvues de sécurité juridique en ce sens que le champ textuel ne définit pas à suffisance les droits et les devoirs de chacune d'elles, la thèse du contrat est ce qu'il y a de mieux adapté à ces situations. Il faut signaler qu'il n'est pas rassurant d'affirmer l'appartenance de la médecine traditionnelle au domaine public jusqu'à preuve du contraire.

---

[260] Contrairement à des pays comme la République de Côte d'Ivoire où les codes et les ordres ont suivi la période des indépendances, le Mali a passé 25 ans avant de légiférer dans ce domaine. Ce serait suite à la nécessité d'instauration des établissements privés de santé en vue de favoriser l'auto-emploi du nombre croissant de professionnels de la santé en chômage.

[261] Son exercice a été institutionnalisé par le décret 94-282 du 15 août 1994 sur l'exploitation des établissements de médecine traditionnelle et par l'arrêté n° 95-1319/ MSSPA-SG du 22 juin1995 fixant les règles d'organisation et de fonctionnement des cabinets privés de consultation et de soins traditionnels.

Certes, des institutions de médecine traditionnelle relèvent de l'État et cela, depuis l'année d'indépendance (1960 -1980)[262], mais le Mali n'est pas parvenu à faire un exercice public[263] d'une envergure légitimée de cette médecine. Même si des actions concrètes vont dans ce sens de plus en plus.

La plupart des praticiens, œuvrant dans le domaine de la médecine traditionnelle, évoluent en privé et entretiennent par conséquent des relations de contrat avec leur client ; sauf que les exigences du contrat sont difficilement respectées par ces adhérents.

La responsabilité contractuelle est l'ultime mécanisme légal de réparation des violations contractuelles. Une telle volonté du législateur est en conformité avec la liberté contractuelle établie de sorte que c'est surtout cette liberté de contracter qui rend au contrat la force obligatoire qui lui est reconnue.

Baimana pour sa part parle d'insuffisance juridique, puisque selon lui, s'il doit exister un contrat, c'est que ce contrat n'offrira pas de sécurité juridique suffisante.

Il ajoute que les textes sur les droits des malades sont quasi inexistants dans la majorité des pays d'Afrique noire francophone et quand ils existent, ils sont soit méconnus, soit inopérants.

Certes, l'absence ou l'inopérationnalité de ces droits renforce le pouvoir des soignants comme l'affirme l'auteur. Qu'il s'agisse de la nullité d'un contrat irrégulièrement formé ou de l'inexistence du contrat médical pour le fait qu'il n'est qu'apparence dans la plupart des cas au Mali, c'est qu'il y a une certaine remise en cause de l'existence du contrat dans un contexte social.

Les balbutiements et la prudence parfois constatés tout au long de l'analyse consacrée au contrat médical dans cette partie coïncident bien avec les tiraillements doctrinaux et juridiques qui ont conduit à la remise en cause de la responsabilité contractuelle médicale notamment en France. En effet, le précepte tiré de l'arrêt Mercier de 1936 selon

---

262 Exemple : L'institut de recherche en pharmacopée et médecine traditionnelle crée vers les années 1980.

263 La chine est une illustration parfaite de l'appartenance de la médecine traditionnelle au domaine public.

lequel « Il se forme entre le médecin et son client un véritable contrat, comportant pour le praticien l'engagement, sinon évidemment de guérir le malade, du moins de lui donner des soins, non pas quelconques, mais consciencieux, attentifs et réserve faite de circonstances exceptionnelles, conformes aux données acquises de la science ; la violation même involontaire, de cette obligation contractuelle est sanctionnée par une responsabilité de même nature, également contractuelle » n'a pas résisté aux critiques évolutives.[264] Son concurrent jurisprudentiel est assez récent et provient des chambres civiles de la Cour de cassation française par deux arrêts rendus en 2010 qui ont fini par être confirmés.

Une première limite à l'existence d'une relation contractuelle entre le médecin et le patient est l'exercice salarial du médecin dans une clinique. Les difficultés jurisprudentielles soulevées à ce niveau se rapportent à la nature de l'obligation du médecin exécutant un contrat de travail pour la clinique, puisque c'est cette dernière qui est censée être en relation contractuelle avec le patient.

Le médecin n'exécute pas son obligation sur la base d'une liberté contractuelle. Il est le salarié d'un établissement privé de santé exécutant une obligation qui, si contractuelle qu'elle soit, ne lie que l'établissement et le patient tout comme l'usager de la santé face à l'agent de l'établissement public de santé. Par conséquent, il ne doit y avoir en principe de double contrat entre le patient et chacune de ces personnes. Cela fait que bien avant l'arrêt de la Cour de cassation de 2010, un arrêt de 1991[265] de cette même Cour avait exclu toute responsabilité contractuelle des médecins exerçant en clinique pour ne maintenir que celle-ci dans un contrat avec le patient. La Cour motive cette position par le fait que les cliniques sont responsables « en vertu du contrat d'hospitalisation et de soins » qui les lie aux patients. Dans le cadre de ce contrat, il leur revient de réunir toutes les conditions, c'est-à-dire le personnel compétent, le matériel adéquat, le cadre de travail et les informations nécessaires pour la prise en charge des patients.

---

[264] Voir principalement Marion Girer dans sa thèse, Contribution à une analyse rénovée de la relation de soins. Essai de remise en cause du contrat médical, op. cit.

[265] Civ. 1re, 4 juin 1991, JCP 1991. II.21730, note J. Savatier.

L'arrêt costedoat[266] de l'assemblée plénière impose la règle de l'immunité du préposé. Le médecin salarié se trouvant dans cette situation de préposition, même avec l'indépendance professionnelle qu'il conserve, ne peut être inquiété pour une quelconque responsabilité contractuelle. La seconde limite est la remise en cause de la nature contractuelle de la responsabilité du médecin. Une consécration jurisprudentielle inspirée sûrement de la démarche du législateur français dans la loi du 4 mars 2004[267], sans oublier aussi la doctrine qui s'y est largement prononcée. La situation d'infériorité du malade face au médecin a été soutenue par J. Bellisent en 2001 avant qu'en 2008, Mme Girer consacre une thèse à « cette remise en cause ». Dans cette thèse, elle affirme que la volonté du patient et du médecin n'ont pas la même nature, la volonté du médecin est *de proposition et de conviction*, tandis que celle du patient est *de décision*. Dans le sillage de la loi de 2002, la doctrine controversée a été plus confortée dans sa position de négation de la relation contractuelle médecin-patient. D'autres se sont penchés sur le caractère unilatéral de l'action du médecin et celle du patient au motif que les rôles que jouaient ces deux était trop différents pour qu'on puisse penser au contrat.

Plus tard Pierre Sargos, conseiller à la Cour de cassation de la France qualifiera les deux décisions[268] de 2010 d'historiques au même titre que l'arrêt Mercier de 1936.

La première datant du 28 janvier 2010 a remis en cause le fondement contractuel de la responsabilité médicale, pour ce qui concerne l'obligation de soins du médecin. Les articles 1142-1 du code de la santé publique et l'article 16-3 du code civil sont invoqués dans cette décision au lieu de l'article 1231 (1147 ancien) qui était invoqué par le pourvoi, pour engager la responsabilité du médecin. Il s'agit respectivement de la responsabilité légale du médecin en cas d'actes dommageables suite à son activité de prévention, de diagnostic ou de soins, et du principe de l'intégrité du corps humain sauf en cas de nécessité médicale et de la nécessité du consentement préalable de l'intéressé.

---

[266] Cass. Ass. Plén. 25 février 2000.

[267] Il faut rappeler que la loi de 2002 consacre l'idée d'une responsabilité pour faute générale qui affaiblit considérablement le contrat en matière médicale.

[268] Civ. 1re, 28 janv.2010, D. 2010, 1522, note P. Sargos ; Civ.1re, 3 juin 2010, D.2010, note P.Sargos et 1484, obs. I. Gallmeister, 20 92, obs. C. Creton.

Quant à la décision du 3 juin 2010, elle concernait l'obligation d'information du médecin qui était appréciée par la première chambre civile sur la base de l'article 1382 (nouveau) du code civil, donc favorable à la responsabilité délictuelle et non à la responsabilité contractuelle. Puisque le manquement du médecin à l'obligation d'information va jusqu'à violer le principe fondamental de sauvegarde de la dignité humaine contenu dans l'article 16-3, il en découle forcément une responsabilité qui est avant tout délictuelle, donc il n'y a pas lieu de le cantonner dans un cadre contractuel qui restreint son champ d'action.

Dominique Thouvenin à l'instar de tous ces positionnements, a eu à nier l'existence du contrat au niveau de la rencontre des volontés également. Elle a soutenu que l'on n'a jamais à faire à une relation interindividuelle créée par voie d'échange des consentements, ni entre le donneur et le receveur, puisque c'est précisément ce modèle qui a été écarté ; entre le donneur et le médecin, en effet, ce dernier ne passe pas d'accord avec le donneur mais a l'obligation de vérifier l'existence de son consentement pour pouvoir effectuer le prélèvement.

Autrement dit, pour se concentrer sur la seule relation médicale en écartant la relation entre le donneur et le receveur, D. Thouvenin suggère qu'il n'y aurait pas de rencontre des volontés, dans la mesure où l'action du médecin serait tournée vers d'autres objectifs que ceux du patient ; alors que le patient consent à l'acte médical, le médecin vérifie ce consentement.

Ceci est conforté par M. Jean Guigue lorsqu'il écrit : « Le contrat médical est un faux contrat. L'inégalité des parties, l'asymétrie de leurs positions, est trop grande pour « coller » vraiment avec un pur schéma contractuel. (…) »[269]. Donc, l'idée selon laquelle l'échange de volontés est « l'unique source » de la relation thérapeutique se trouve contestée[270]. Face à de tels balbutiements est-il prudent de prétendre dans un contexte de vide jurisprudentiel et de vide quasi doctrinal à

[269] *Actes de colloque de biomédecine et droit*, Petr Muzny (dir.), *La liberté de la personne sur son corps*, organisé le 8 janvier 2010 par l'école des avocats de Rhônes-Alpes, éditions Dalloz 2010, p.109.
[270] Ibid.

l'efficacité d'une responsabilité contractuelle médicale ? Pour l'instant la relation privée médecin-patient dans la pratique médicale au Mali ne donne pas totalement une réponse affirmative. Même si le droit commun des obligations en dit beaucoup et touche par ricochet la relation privée médecin-patient.

Le contrat médical au Mali a des fondements théoriques, mais les fondements pratiques sont encore fragiles. Aussi, même dans les pays qui ont fait d'énormes avancées dans le champ du droit médical, on n'est pas parvenu à une classification du contrat médical dans la catégorie des contrats spéciaux qui paraissent d'ailleurs plus vivants et favorisent une personnalisation des relations contractuelles.[271] Jean Savatier sur l'originalité du contrat médical notait : « *Ce contrat original n'a pas été prévu et organisé par le Code. Il ne reste qu'à en construire les règles selon les besoins en respectant le droit commun des conventions. Les usages professionnels tracent d'ailleurs le profil de la relation professionnelle et des obligations qu'elle engendre (…).*

Il se loge dans la catégorie des contrats innommés prévus par l'article 26 du RGO, puisqu'il n'est soumis pour l'instant à aucune réglementation spéciale. La faible détermination du contrat en matière médicale au Mali favorise le terrain de la responsabilité délictuelle. Ainsi, la responsabilité délictuelle intervient chaque fois qu'on est en présence d'une situation non contractuelle.

Section II : La responsabilité extracontractuelle médicale

La seconde branche de la responsabilité civile est celle extracontractuelle ou responsabilité délictuelle. Extracontractuelle pour dire qu'elle s'oppose au contrat, autrement dit, vient avant tout contrat ou va au-delà de celui-ci. Le titre III du RGO qui traite des deux catégories de responsabilité civile donne une définition générale de la responsabilité établie comme suit : « La responsabilité emporte

[271]La personnalisation résultant du caractère spécial du contrat permet aux parties de savoir en amont la fin qu'elles poursuivent. Mais cette personnalisation ne doit pas être synonyme de contrat individuel. Deux contrats médicaux ont indéniablement des objets et des résultats différents quoiqu'ils lient tous les parties essentielles : patient et praticien.

obligation de réparer le dommage résultant de l'inexécution d'une obligation contractuelle ou du devoir général de ne causer aucun dommage à autrui ». C'est effectivement cette deuxième affirmation de l'article 113 qui prend en charge le fait auquel la loi accorde un intérêt. Le devoir général de ne nuire à autrui s'impose également pour la relation médicale, qu'il s'agisse du patient ou des tiers avec lesquels le médecin entretient une relation de soins. L'analyse de la constance des règles de droit commun (Paragraphe I) permettra de comprendre la manifestation de la responsabilité (Paragraphe II) quelle que soit la personne qui en est l'origine.

Paragraphe I : La constance des règles de droit commun

Toute idée de responsabilité surtout lorsqu'elle est manifestée dans un champ extracontractuel repose sur des principes du droit indispensable à son existence. La responsabilité délictuelle médicale est conforme à ces principes qu'il convient d'analyser (A). A l'instar des autres éléments, la faute, élément de la trilogie classique qui s'est retrouvé dans une position de fluctuation juridique joue un rôle majeur dans la détermination de la responsabilité extracontractuelle (B).

A/ Le principe de la responsabilité extracontractuelle

Tout dommage subi par une personne se rattache au fait ou à l'activité d'une autre personne. Ils sont par conséquent des éléments indispensables de la responsabilité civile que celle-ci soit contractuelle ou en dehors du contrat. Une constance qui a valu très souvent des tiraillements autour de la confusion des fondements de la responsabilité contractuelle et délictuelle. Dans le contexte malien, cette confusion est écartée à regarder de près la présentation des articles 114, 115 et 116 du RGO. Ces articles formulent le dommage et le lien causal de manière à ne pas laisser en marge le fait générateur, puisqu'il est dit par l'article 116 que la responsabilité implique une relation de cause à effet entre le fait générateur et le dommage. Trois conditions sont nécessaires à l'engagement de la responsabilité, sauf existence de causes exonératoires de responsabilité qui constituent une condition négative ;

donc, une entrave à toute responsabilité. Le fait générateur dont les origines varient selon qu'on se trouve en matière contractuelle ou extracontractuelle[272] est ainsi un élément indispensable de la responsabilité civile de manière générale. Néanmoins, pour ce qui concerne le dommage et le lien de causalité, il faut rappeler qu'ils sont de véritables constantes de la responsabilité civile, le dommage étant invariable quels qu'en soient le régime de la responsabilité et le lien de causalité, l'un et l'autre étant soient présumés, soient prouvés dans des situations concrètes de responsabilité. Autre constante de tous les régimes de la responsabilité c'est la cause d'exonération qui atteint la relation causale entre le fait et le dommage. Il est fait économie de son étude dans cette partie.

Si le dommage est toute atteinte portée à l'intérêt d'autrui, celui d'ordre médical de manière restrictive est toute souffrance ressentie par le patient dans sa personne ou dans son patrimoine et qui mérite réparation de la part de son auteur. En réalité, le dommage au sens strict est toute atteinte certaine à un intérêt reconnu et protégé par le droit. Il désigne alors le fait brut à l'origine de la lésion affectant la personne. En ce sens, il est distinct du préjudice qui correspond à la conséquence de cette

[272] Y. Bufelan-Lanore et V. Larribau Terneyre dégagent neuf faits générateurs différents qui donnent lieu à neufs régimes de responsabilité distincts, prévus par le code civil. Ils trouvent équivalence dans le RGO. Les faits identifiés parmi les régimes généraux de responsabilité concernent : la faute délictuelle ou quasi délictuelle qui correspond à la responsabilité pour faute de l'article 1382 (1240 nouveau), la faute consistant dans l'inexécution d'une obligation contractuelle qui correspond à la responsabilité contractuelle 1147 (1231 nouveau), le fait d'une chose qui correspond à la responsabilité du fait des choses 1384, al.1er , le fait d'autrui qui correspond à la responsabilité du fait d'autrui 1384 al.1er, le fait d'un enfant qui correspond à la responsabilité des parents 1384 al. 4, le fait d'un apprenti qui correspond à la responsabilité de l'artisan 1384, alinéa 5, le fait du préposé qui correspond à la responsabilité du commettant 1384 al.6, le fait d'un élève dans un établissement scolaire qui correspond à la responsabilité des instituteurs 1384 alinéas 7 et 8. Les articles 140 à 153 du RGO contiennent les équivalents de ces régimes de responsabilité identifiés et 6 de ces régimes sont applicables à la matière médicale sans compter le fait d'un apprenti auquel l'artisan doit répondre, car il n'est pas certain que le médecin puisse être considéré comme un artisan qui octroie des enseignements ou formations à son apprenti. L'objet des soins ne permet pas une telle expression.

lésion.[273] Il est généralement assimilable au préjudice quoique la doctrine[274]ait dégagé une nuance entre les deux notions et parfois même une dissociation.[275]

Comme le rappelle H.-L. Mazeaud, les termes dommage et préjudice « n'avaient pas le même sens dans la loi Aquilia. Le *damnum* désignait l'atteinte à l'intégrité de la chose sanctionnée sans qu'on recherche si elle causait ou non un préjudice au propriétaire. Ce qui est soutenu par Rodière lorsqu'il affirme que le mot *damnum* n'éveille aucune idée de droit.[276] Il a plus trait à la perte qu'au gain qui est le *lucrum* et qui, non plus, n'a pas une signification juridique. Ainsi, le dommage est considéré comme la lésion subie, par opposition au préjudice qui est la conséquence de la lésion ; autrement dit, l'effet ou les effets se rattachant au dommage subi. Face à un dommage corporel[277], peuvent découler ainsi des préjudices patrimoniaux et extrapatrimoniaux qui seront développés plus tard dans les catégories des dommages réparables.

Le dommage est un principe fondamental de la responsabilité, car tout manquement à une obligation préexistante cause un dommage qui peut donner lieu à un préjudice. Il est une condition nécessaire pour exiger une quelconque réparation même si la place qu'il occupe dans les différents régimes de responsabilité est variée. En effet, dans le régime de la responsabilité pour faute, le dommage joue un rôle secondaire, puisqu'il est considéré comme une occasion de la responsabilité, contrairement à sa considération accrue dans la responsabilité pour « risque » ou « la garantie » dont l'évolution a abouti à la responsabilité

---

[273] Lexique des termes juridiques 2017-2018, 24 è édition Dalloz, 2016-2017, p. 399.

[274] Voir G. Viney, P. Jourdain, *Les conditions de la responsabilité civile, LGDJ ,1998* ; P. Le Tourneau, L. Cadiet, *Droit de la responsabilité*, D.1996.

[275] Voir par exemple, J.-L. Gracia, « L'atteinte à la propriété : contribution à la distinction du dommage et du préjudice », thèse, Pau, 2007.

[276] L'observation des dommages subis par la population au Mali et non pas seulement en matière médicale donne ce sentiment de refoulement du droit dans le subconscient populaire. Car le dommage est certes réel mais on recherche très peu les effets que cela peut engendrer en s'accrochant au fatalisme.

[277] Il est tout dommage portant atteinte à l'intégrité physique d'une personne, blessure, mutilation, infirmité, invalidité. Lexique des termes juridiques. Ibid.

sans faute. Sur la constance du dommage, MM. Mazeaud et A. Tunc notent que pour qu'il y ait réparation il faut qu'il y ait matière à réparation.[278] La détermination de ce même préjudice réparable est prévue par l'article 1 de la résolution 75 du Conseil de l'Europe qui fait obligation au médecin de réparer tout le préjudice subi par la victime dans le but de la remettre si possible dans sa situation antérieure, c'est-à-dire dans celle où elle se trouvait avant la réalisation de l'acte.

Pour ce faire, d'une part, le dommage doit remplir certains critères tenant à son existence, à sa certitude et ayant un lien direct avec le fait comme le dit l'article 114 ; et d'autre part, il doit faire l'objet d'une évaluation qui traduit la douleur ou la situation précise du patient. Ils seront développés dans un chapitre ultérieur consacré au dommage nécessaire à la réparation.

Il y a lieu de rappeler que le dommage est différent des dommages-intérêts qui représentent la somme d'argent versée suite à l'évaluation faite du dommage. Ils ont un aspect exclusivement pécuniaire dont l'objectif est de réparer le dommage subi par la victime.

Quant au lien de causalité, il est un intermédiaire indispensable pour rattacher la faute au dommage. L'article 116 précédemment évoqué mentionne clairement que pour qu'il y ait responsabilité, l'existence d'un lien entre le fait et le dommage doit être établi. En effet, le principe général établit un lien entre le dommage et la faute commise par une personne et sans lequel on ne peut demander à celle-ci la réparation dudit dommage. La matière médicale ne faisant pas exception à cette règle, il est véritablement un élément de preuve pour la disculpation ou l'inculpation du praticien auteur d'une faute.

Dans un arrêt de la chambre criminelle française, afin de déclarer le médecin coupable de blessures involontaires, il a été retenu l'existence d'un lien de causalité certain, fût-il indirect entre la faute du prévenu qui consistait à un diagnostic tardif d'une lésion artérielle et les blessures de la victime, qui avait subi précisément une amputation d'une jambe suite à une luxation du genou[279]. Celui-ci peut réellement avoir commis une faute, mais il faudra établir qu'il existe un lien entre

---

[278] Voir A. Tunc, H.-L. Mazeaud, *Traité de la responsabilité civile*, I, n° 208.
[279] Crim. 7 juill. 1983, Gaz. Pal. 7-9 janv. 1996, note F. Chabas.

cette faute et la privation ou la réduction de droit subie par la victime. Ainsi, le lien de causalité peut être défini comme l'élément indispensable qui rattache la cause à l'effet. Il a fait l'objet de beaucoup de controverses doctrinales ayant donné lieu à plusieurs théories.

La responsabilité extracontractuelle du médecin peut être tout d'abord légale, lorsque son abstention, sa négligence ou sa faute intentionnelle vont à l'encontre d'une obligation de bien soigner. Telle est la situation du médecin frappé d'une réquisition judiciaire ou administrative ou encore du médecin qui, sans péril pour lui-même, porte secours à une personne en danger.

Sa responsabilité est en revanche quasi délictuelle lorsque sans y être contraint ni par la loi, ni par un contrat antérieurement conclu avec le malade ou un tiers, il prodigue des soins à une personne incapable de manifester sa volonté ou prend l'initiative de modifier dans son intérêt des soins initialement consentis sous une forme différente et auxquelles cette personne est dans l'impossibilité physique de consentir à nouveau.

Sa responsabilité est donc délictuelle ou quasi délictuelle lorsqu'intentionnellement ou par négligence, il entreprend une intervention sans but curatif ou bien trompe la confiance du malade en lui administrant une thérapie que celui-ci n'a pas consentie bien qu'il ait été en mesure de manifester sa volonté. C'est cette répartition entre les divers ordres de responsabilités extracontractuelles que M. Arrighi, fait des actes délictuels sans que ce partage ait la moindre influence sur leur nature juridique, puisque du moment où les règles du contrat ne leur sont pas applicables, celles du délit reprennent leur empire. Cette classification ici a pour intérêt pratique de déterminer si le médecin avait ou non l'obligation d'agir. Il faut noter qu'avec le développement de la technique, le domaine d'intervention n'est plus limité au curatif et que les prestations à visée esthétique sont généralement appliquées sur la base d'un contrat. Par conséquent, elles n'entrent pas dans le cadre de la responsabilité délictuelle. Le RGO dans la définition de la responsabilité civile ressort dans le même article 113 l'opposition entre la responsabilité contractuelle et la responsabilité délictuelle. Une opposition ressort surtout du fait générateur de responsabilité, les articles qui suivent opérant une communauté des conditions de la responsabilité. La faute est soumise à une définition unitaire selon laquelle « elle est un manquement à une obligation préexistante ».

Ainsi, qu'il s'agisse d'une obligation contractuelle ou du devoir général de ne causer de dommage à autrui (comme dicté par l'article 113), l'article 126 du RGO les attribue à tous la qualification d'obligation préexistante. Cette obligation préexistante, en matière contractuelle médicale est prédominée par l'obligation de donner des soins ainsi que celle d'établir un rapport consensuel équilibré et un rapport contractuel bien ficelé entre médecin et patient ; d'où, une influence de la responsabilité délictuelle qui absorbe considérablement la responsabilité contractuelle.

B/ La vigueur de la faute dans la responsabilité extracontractuelle médicale au Mali

Au regard de l'article 125 du RGO : « Toute personne, qui par sa faute d'imprudence, de maladresse ou de négligence cause un dommage à autrui est obligée de la réparer ». Donc, c'est la personne fautive qui est tenue de réparer le dommage. Raison pour laquelle le dommage se fait accompagner d'autres éléments qui conditionnent la responsabilité comme indiqué un peu plus haut. Avec une telle disposition, la faute maintient toute sa vigueur dans le RGO. Elle demeure constante dans le droit commun de la responsabilité au Mali.

Ainsi, tout médecin traduit devant la justice pour réparation du préjudice serait à l'origine d'un acte délictuel ayant causé un dommage, car s'il s'agissait des seules violations de la réglementation médicale, celles-ci auraient une réponse précisément dans le code de déontologie médicale.

Ce qui est conforté par l'affirmation de Mme Thouvenin : « *Les médecins sont attraits devant un tribunal non en raison de l'effraction d'une telle ou telle règlementation propre à l'exercice médical ; ils le sont parce que supposés avoir causé un accident ayant engendré un dommage* ».[280] Cependant le droit français avec toute l'évolution qu'il a connue a fini par admettre la réparation des dommages même en

[280] Dominique Thouvenin, *La responsabilité médicale, analyse des données statistiques disponibles et des arrêts rendus par la Cour de Cassation et le Conseil d'État de 1984 à 1992,* Médecine-Sciences, éd., Flammarion, p. 1.

l'absence de faute ou du moins de faute prouvée. Il a en même temps instauré des mécanismes institutionnels pour la concrétisation de telle disposition favorable aux victimes de la médecine.

Au Mali, en l'absence de code de la santé publique ou de disposition spéciale sur la responsabilité médicale, les textes de droit commun comblent ce vide. Le code de déontologie médicale leur fait également référence pour les atteintes à l'intégrité de la personne ou toute atteinte à la dignité humaine. C'est en raison de cela que l'article 35 de la loi sur l'ordre des médecins dispose que les poursuites disciplinaires ne font obstacle à l'exercice des actions civiles en réparation d'un dommage ni aux autres actions pour des faits enfreignant à la législation sociale, pour des médecins qui participent aux soins médicaux prévus par cette législation.

L'article 20 précise qu'au-delà des sanctions disciplinaires pour les manquements aux règles du code de déontologie médicale, le médecin peut être soumis à la loi pénale pour des violations commises dans le cadre de l'exercice médical.

Il faut rappeler que la responsabilité délictuelle est soit de nature civile, soit de nature pénale. La finalité de la responsabilité délictuelle pénale est la condamnation à une peine d'emprisonnement et à d'autres sanctions pénales tandis que la responsabilité civile a une finalité réparatrice.

La législation malienne fait la distinction entre ces deux types de responsabilité tant dans leur source, dans leur condition d'exercice de l'action en responsabilité, de leur mise en œuvre, que dans leur effet. Elles s'appliquent indistinctement à la situation du médecin qui enfreint la législation pénale ou cause un dommage à un patient. Dans chacun de ces types, la condamnation du médecin est consécutive à l'établissement d'un fait dommageable qualifié de faute délictueuse pénale ou civile ou d'infraction pour faute pénale. La poursuite du médecin pour un dommage subi par le patient dépend de l'existence et de l'établissement de cette faute. Il est donc évident que la faute conserve toute sa vigueur dans le droit malien et plus précisément en matière de responsabilité médicale. L'analyse jurisprudentielle fournit également un maintien ou un affermissement de la faute dans le droit de la responsabilité médicale au Mali.

Les arrêts présentés ici concernent des cas de responsabilité d'établissements publics de santé ou de praticiens hospitaliers, mais pour autant ils sont à mesure d'élucider la place de la faute dans le droit de la responsabilité médicale au Mali, puisque les actes médicaux réalisés en établissement privé ou public ont les mêmes caractéristiques. Surtout le statut de l'établissement de santé déterminant le régime juridique applicable ; c'est uniquement à cette fin que ces arrêts sont évoqués dans cette partie sur la faute.

Dans le cas d'espèce des Époux Touré contre le docteur MC et l'hôpital N. Fomba de Ségou[281], la réparation du dommage causé aux époux Touré était invoquée, dame MS ayant subi une césarienne et une ablation de son utérus à la suite d'un accouchement difficile. En effet, la série de fautes (défaut d'information, défaut de consentement) invoquée par les époux Touré ne tenait pas face à la nécessité thérapeutique et l'urgence qu'imposait l'état de dame MS. Raison pour laquelle le juge du tribunal de première instance de Ségou, même ayant reconnu l'existence d'un préjudice certain, réel et sérieux eu égard à la perte d'un organe aussi vital qu'est l'utérus pour une femme en âge de procréation, a décidé qu' « aucune faute technique ou professionnelle n'était imputable au docteur MC » qui a agi dans « des conditions d'extrême urgence et de nécessité ».[282]

Ainsi dans cet arrêt, le juge précise bien qu'en l'absence de faute, le préjudice n'est pas réparable même si le dommage a un caractère certain, sérieux et réel. Cette décision laisse dire que la faute est une condition de la responsabilité médicale au Mali et une condition indispensable à la réparation du préjudice subi. Dans un autre arrêt concernant la Pharmacie populaire du Mali (PPM) et ASACODJE c/ SMT, la Cour d'appel de Bamako a retenu la responsabilité solidaire de ces deux établissements sur la base de la faute du commettant dans le fait du préposé pour l'ASACODJE et la délivrance de produits défectueux pour la PPM. Le cas d'espèce concernait l'amputation de la jambe d'un jeune garçon âgé de deux ans, SMT, suite à une thrombose artérielle causée lors d'une injection de l'acétyle salicylate (Aspégic 0.5 mg) par un agent du centre de santé communautaire de Djélibougou. Au-delà de cette référence à la jurisprudence malienne, la faute est

[281] Arrêt n° 188 du 13 juin 2003 du tribunal de Ségou, RG n° 155.
[282] Voir arrêt en annexe.

empreinte de certaines jurisprudences africaines qu'il a été jugées nécessaire d'évoquer pour plus de compréhension. Les arrêts illustrés par M. Razafiarison dans sa thèse[283] exposent profondément la problématique de la faute dans le droit africain. Dans le cas d'espèce M. Dje N'guessen souffrant d'une maladie mentale, a été conduit par son père à l'hôpital psychiatrique de Bingerville, en Côte d'Ivoire où il a été admis le 17 novembre 1981. Le 30 novembre 1981, un automobiliste découvre son corps au PK 7, route Bingerville, Abidjan. En réalité, M. Dje N'guessen s'était évadé le 20 novembre 1981. Les parents introduisirent une action contre l'hôpital psychiatrique de Bingerville sur le fondement des articles 1382 et 1384 de l'ancien du code civil français aux fins d'obtenir réparation. Le tribunal de première instance d'Abidjan déboute les requérants au motif que les conditions d'application des articles invoqués ne sont pas réunies ; les requérants ne prouvent pas l'existence d'une faute de l'hôpital dans la réalisation du dommage qu'est le décès.

Du côté de la victime et des ayants-droit, ces motifs sont certes déconcertants, mais en matière de responsabilité civile qui fonde en l'occurrence l'action en justice, ils ont une assise juridique assez solide : le défaut de la preuve d'une faute incombant à celui qui fait valoir le dommage en vue d'une réparation. En effet, il est de principe qu'il faut qu'il y ait faute à l'origine du préjudice, d'où la théorie du lien de causalité. Elle pose la règle selon laquelle le dommage tant en matière délictuelle que contractuelle doit être la suite directe de l'accident. Dans une perspective voisine, le Code de procédure pénale dispose expressément que l'action civile en réparation du dommage causé par une infraction est accordée à tous ceux qui en ont souffert directement. Transposé dans le cas d'espèce, dire que le décès du patient hors du cadre hospitalier présente un caractère direct, implique avant tout d'établir une cause matérielle tenant aux agissements des agents hospitaliers à l'origine du dommage. À priori, aucun agissement de l'institution hospitalière n'est établi pour expliquer le décès hors du cadre hospitalier. En ce sens, les décisions des juges sont juridiquement fondées. En outre, elles peuvent être rediscutées dans la mesure où

---

[283] Tahiry Anja Razafiarison, La responsabilité médicale à Madagascar : réalité interne et proposition d'actualisation en référence au droit médical français, Thèse soutenue à l'Université de Poitiers, le 13 octobre 2013, p. 93 et s.

l'arrêt présente une spécificité. Avec l'affaire Dje N'guessen, il y a un cas de responsabilité en milieu psychiatrique. Cette situation ne peut que remettre en cause la décision d'irresponsabilité juridique de l'hôpital lorsque le droit français est évoqué et qu'il constitue ici une référence juridique fiable. Il pose la règle selon laquelle, e*n milieu psychiatrique, l'obligation de surveillance doit être renforcée*. Partant de ce postulat, la reconnaissance d'une obligation de sécurité est liée au risque particulier que les patients atteints de maladie psychiatrique peuvent faire courir à eux-mêmes ou à autrui. Dès lors, on attend de l'institution qu'elle réduise ce risque au maximum. Vu sous cet angle, l'arrêt M. Dje N'guessen a permis d'extraire la notion de faute entendue comme « défaut de surveillance » du patient. En l'occurrence, les consorts auraient pu soulever le défaut de surveillance lié à une faute d'organisation ou de fonctionnement du service public hospitalier. L'obligation de surveillance s'impose tout au long de l'hospitalisation et parfois même au-delà. Du moment où les patients présentent des signes d'agitation ou de déséquilibre, l'obligation de surveillance est de principe.[284]

Autre arrêt relevant un autre aspect de la faute médicale est l'arrêt Julien Zunon Gnobo. En l'espèce, le Tribunal de première instance d'Abidjan a condamné l'hôpital public à verser à la victime la somme de 54 600 000 francs CFA au titre de dommages et intérêts, suite à une piqûre intra-fessière ayant entraîné la paralysie de celui-ci, causant de violentes douleurs lombaires. Confirmant le jugement du tribunal de première instance, la Cour d'appel d'Abidjan condamne l'institution à verser à la victime la somme 63 000 000 de francs CFA. Socialement, la décision est remarquable, même si juridiquement, elle l'est moins, car le contrat médical par essence n'impose qu'une obligation de moyens ; il incombe d'établir une faute à l'origine du dommage. L'absence de mentions relatives à la faute signifie qu'il y a en l'espèce présomption de faute. Autrement dit le simple constat du dommage présume la responsabilité de l'établissement.

Cette présomption de responsabilité est permise par la jurisprudence sous réserve de critères stricts tenant à l' « extrême gravité » du dommage et du « caractère exceptionnel » de sa réalisation. Le critère

---

[284] Voir Tahiry Anja Razafiarison, La responsabilité médicale à Madagascar, *op. cit.*, p. 94.

de gravité justifie certainement en l'espèce la décision de la cour d'appel.

L'affaire Julien Zunon Gnobo relative à une paralysie suite à une vaccination, a le mérite d'introduire la présomption de faute en cas de réalisation exceptionnelle d'un préjudice particulièrement grave. La responsabilité médicale pour faute caractérisée est rendue effective par le mécanisme de réparation.[285]

Cette présentation jurisprudentielle a reposé sur la faute en droit commun qui est soit délictuelle, c'est-à-dire issue d'un fait quelconque ou contractuelle lorsqu'elle découle d'une inexécution ou d'une mauvaise exécution du contrat.

À présent, pour une distinction des régimes de la responsabilité extracontractuelle il est opportun de s'attarder sur les origines de la faute.

Paragraphe II : La manifestation de la responsabilité extracontractuelle médicale

Il s'agit ici de déterminer celui qui va porter la charge du dommage. C'est généralement du fait de cette personne que découle la responsabilité extracontractuelle. Ainsi, pas moins qu'en matière médicale, elle découle du fait personnel (A), c'est-à-dire de l'auteur du dommage, mais, aussi du fait d'autrui (B), autrement dit d'une personne qui répond de l'auteur du dommage et du fait des choses qu'elle a sous sa garde.

A/ La responsabilité personnelle pour atteinte à l'intérêt d'autrui

Comme analysée, la faute se trouve à la base du droit de la responsabilité civile au Mali, et son inexistence empêche toute réparation du dommage subi. Il faudrait qu'elle soit du fait d'une personne capable de comprendre la portée de son acte. C'est ce qui ressort de l'article 128 du RGO : « Il n'y a pas de faute si l'auteur du

[285] *Ibid*. p. 95.

dommage était de par son état naturel dans l'impossibilité d'apprécier son acte ».

Mais pour le médecin, un professionnel avéré, cet élément ne doit pas être en cause. Il est déterminant dans la responsabilité délictuelle, car si le dommage causé mérite réparation, c'est surtout la faute, acte nuisible, mais libre comme le rappelle Mme Bufelan-Lanore et coauteur qui engage la responsabilité, car l'homme est lui-même libre de ses actes. La responsabilité pour faute est intimement liée à l'idée de liberté.[286]

L'idée de la réparation du dommage causé à autrui prévu par le RGO et emprunté à l'article 1382 de l'ancien du code civil français se fait une place dans la définition de la liberté contenue dans l'article 4 de la Déclaration universelle des droits de l'homme et du citoyen : « La liberté est le pouvoir d'agir sans nuire à autrui ». L'article 4 de cette déclaration précise : « Tout fait quelconque de l'homme qui cause à autrui un dommage, oblige celui par la faute duquel il est arrivé à le réparer ».

M. Sousse consolide la jonction de la liberté et de la responsabilité dans son affirmation faite du droit de la société : « L'objet du droit n'est plus tant de garantir la liberté des individus mais de protéger contre les atteintes de la société ».[287]

Généralement appelée responsabilité subjective ou responsabilité pour faute prouvée, la responsabilité du fait personnel a vocation à s'appliquer de manière universelle puisqu'elle est le fondement de la responsabilité civile ; donc, elle n'épargne pas la situation du médecin qui commet un délit ou un quasi délit. La responsabilité personnelle du médecin découle soit d'un acte posé par lui ou d'une abstention. C'est en ce sens que l'article 125 du RGO prévoit que toute personne, qui par sa faute d'imprudence, de maladresse et de négligence cause à autrui un dommage est obligée de le réparer. En réalité, même si l'auteur n'a pas voulu l'acte causé, et c'est d'ailleurs la raison pour laquelle il est difficile de les appréhender tous, par devoir de protéger l'autre, la loi juge nécessaire de sanctionner ces attitudes. Un fait atypique est la

[286] Voir Y. Bufelan-Lanore et V. Larribau Ternyere, op. cit. p. 553.
[287] M. Sousse, « La notion de réparation de dommages en droit administratif français », LGDJ, « Coll. Bibliothèque de Droit public », tome 174, 1994, p. 16.

divinisation de la faute dans la conscience collective au point de laisser passer toute tentative ou possibilité de sa réparation. Qu'est-ce que la faute dans l'entendement populaire au Mali ? Sans pour autant vouloir proposer une définition stérile de la faute, il faut noter qu'elle a tout de même des appellations ou des appréhensions diverses qui remuent sa considération sociale et constituent par conséquent un obstacle à la saisine du juge.

Cette analyse de la faute est plus sociologique que juridique, eu égard à l'évocation de son appréhension sociale, mais cela semble nécessaire à la compréhension de la notion de la faute au Mali. Ainsi, appelée *Kewale djougou*, *fili*, ou *kodjougou*, ces expressions qui traduisent la faute ont généralement le même traitement social qui se manifeste par l'attribution à Dieu du fait délictuel d'une personne. Même dans les cas où il y a poursuite, suivi d'un jugement de condamnation, la tendance générale va vers la conviction que le meilleur châtiment *Nianguili* ou la meilleure réparation *A saaraa* en langue bamanan, sont appréciés et infligés par Dieu.

Ainsi, même si la faute est définie par la législation civile et commerciale comme « le manquement à une obligation préexistante »[288] de quelque nature que ce soit (un emprunt littéral au droit français), elle ne doit pas avoir pour l'instant une telle résonance dans la mentalité collective de la population malienne et plus particulièrement des victimes de la pratique médicale. D'autant plus que la faute n'a pas une définition univoque et peut s'exprimer dans des contextes de défaillances multiples. Pourtant, l'obligation *kè taa* ou même *Bla koun* pour le praticien hospitalier est une expression assez répandue que les patients n'hésitent pas à exprimer lorsqu'il y a altercation avec le praticien ou le corps médical. Au-delà du domaine médical, il y a lieu de rappeler que les comportements traduisibles en fautes sont multiples et protéiformes en fonction des communautés. C'est donc lorsque l'obligation prend une tournure délictuelle et qu'il faut penser à la faute qui mérite une sanction, que celle-ci est malheureusement voilée sous des expressions *Allah de ya kè* (c'est un fait de Dieu) ou *A ma dabô a kama* qui veulent dire il n'a pas fait exprès. Cela pour dissuader ou enfreindre surtout toute possibilité de

---

[288] Article 126 du RGO, définition utilisée par M. Planiol dans le Traité élémentaire de droit civil, p. 306.

revendication judicaire. La sanction la plus tolérée et la plus répandue aux yeux de la coutume était surtout la paie de la cola ou toute autre équivalence pour manifester une reconnaissance de sa faute et une présentation d'excuse à la victime et/ou à ses ayants droits pour le dommage causé. Le médecin se reconnaît pleinement dans cette disposition de portée générale qui est prévue par l'article 125 car l'unité de la faute prévue par l'article 126 du RGO lorsqu'il dit que la faute est un manquement à une obligation de quelque nature que ce soit vaut également pour le médecin. Que celui-ci soit lié par un contrat ou en l'absence de contrat.

Ainsi, la responsabilité extracontractuelle du médecin est une responsabilité qui tire sa source dans la violation des règles légales mises en place comme le code de déontologie médicale qui renferme les devoirs des médecins.

B/ La responsabilité du fait d'autrui et des choses

Selon un auteur français, Jeanine Ambialet, « Il n'y a pas responsabilité du fait d'autrui chaque fois qu'une personne répare un dommage causé par autrui, mais uniquement chaque fois qu'une personne répare les conséquences de la seule faute d'autrui ».[289] Toutes choses partagées par des auteurs canadiens, J.-L. Baudouin et P. Deslauriers, Suzanne P. Nootens, Pauline L.-Jarjoura et Robert P. Kouri.[290] Selon eux, les fondements et les conditions de mise en œuvre de la responsabilité pour autrui diffèrent en fonction de la nature des relations entre les parties. En l'absence de contrat, il ne peut évidemment être question d'un engagement particulier d'une personne à l'égard d'une autre. Les obligations qu'un individu peut être amené à assumer sont déterminées et imposées par la loi. Aussi la responsabilité pour le fait d'autrui doit-elle se limiter en principe aux cas prévus par le législateur ; et ceux-ci ne peuvent pas faire l'objet d'extrapolation.[291]

---

[289] Jeanine Ambialet, *Responsabilité du fait d'autrui en droit médical*, Paris, LGDJ, 1964, p. 13.
[290] Cf. Suzanne P. Nootens et autres, *op. cit.* p. 95 et s.
[291] *Ibid.* p. 100

Dans les deux catégories de responsabilité délictuelle pour autrui prévues dans le droit canadien, la première catégorie est consacrée à « la responsabilité du fait d'autrui » qui est simplement une question de preuve et non de fond. Car la personne responsable ici voit peser sur elle une présomption légale de faute lorsqu'elle doit répondre aux fautes d'une autre. Si la faute a pu se produire c'est que la personne présumée responsable n'a pu exercer la surveillance qu'il fallait. Elle doit renverser cette présomption en prouvant qu'elle n'a pas commis de faute dans cette circonstance particulière et qu'elle a adopté la conduite requise. En ne parvenant pas à apporter cette preuve, elle est condamnée à réparer le dommage causé par autrui (enfants, mineurs etc.). Ce qui vise la responsabilité du fait d'autrui fondée sur la faute de la personne civilement responsable. Elle est une responsabilité délictuelle subjective. Quant à la seconde catégorie, elle concerne les commettants du fait de leurs préposés.

Ainsi toute faute commise par le préposé dans l'exercice de ses fonctions, engage-t-elle la responsabilité de la personne sous la subordination de laquelle il se trouve ? Ce qui constitue une présomption légale irréfragable ou absolue au premier abord, au lieu de la présomption simple de la première catégorie. La responsabilité délictuelle est ici objective car l'employeur sans avoir commis lui-même d'acte fautif, a l'obligation légale de réparation. Il suffit juste que toutes les conditions nécessaires à l'engagement de la responsabilité soient réunies pour qu'il n'en soit pas exonéré.

Telle est également la démarche du législateur malien, sauf à préciser que l'appellation responsabilité du fait d'autrui vaut pour chacun des cas de figures présentés. Elle est prévue par le chapitre III du titre III consacré à la responsabilité civile.

Au regard de l'article 144 du RGO : « Les commettants répondent des dommages causés par des personnes soumises à leur autorité, lorsque ceux-ci encourent dans l'exercice de leurs fonctions des dommages à l'égard d'autrui ». Le médecin libéral qui emploie du personnel a par conséquent la responsabilité des dommages causés par ce personnel. Qu'il s'agisse d'auxiliaires médicaux, de personnel non médical etc., en sa qualité d'employeur, il lui revient de répondre des actes fautifs causés par ceux-ci. L'alinéa 2 du même article précise : « Les personnes agissant pour le compte d'une personne morale engagent dans les mêmes conditions la responsabilité de celle-ci ». Ainsi, le médecin exerçant une activité salariale se trouve-t-il sous la responsabilité de la clinique qui l'emploie, même s'il conserve son indépendance professionnelle vis-à-vis des actes médicaux qu'il pose. La clinique devient le commettant sous l'autorité de laquelle l'activité médicale est pratiquée. Toutefois, qu'en est-il du chirurgien dont l'activité a pour spécificité de réunir plusieurs praticiens ou spécialités pour une intervention chirurgicale ?

À ce sujet, le code de déontologie médicale en son article 36 dispose : « Le chirurgien a le libre choix de son ou de ses aides opératoires ainsi que de son anesthésie ». Ce qui dénote le caractère principal de l'acte posé par le chirurgien. En dehors de celui-ci, chaque fois que l'acte principal est posé par un médecin ou un spécialiste qui sollicite l'assistance d'un auxiliaire agissant sous sa surveillance, la responsabilité de ce médecin est engagée. Cela est consolidé par l'article 45 du RGO qui énonce que le commettant n'est responsable que si le fait dommageable est en relation avec l'exercice des fonctions du préposé. L'alinéa 2 précise qu'il cesse d'être de la responsabilité du commettant lorsque le préposé a accompli un acte indépendant du lien de préposition.

La liberté de choix des assistants du chirurgien et de l'anesthésiste a pour corollaire la responsabilité de celui-ci en cas de dommage issu de l'acte de l'assistant. Le chirurgien en sa qualité de chef d'équipe a le pouvoir de direction et de contrôle, et même de surveillance des actes posés par chacun des membres de l'équipe. Cependant, comme souligné par l'article 36 du code de déontologie, le choix de l'aide (assistant ou second) doit provenir du chirurgien. Ce qui suppose généralement qu'il y a un lien de subordination entre ceux-ci et qu'il est soumis aux instructions et aux ordres que le chirurgien lui dicte. Un tel lien de subordination n'exclut pas toutefois la possibilité de contrat entre l'assistant et le patient, puisqu'il n'y a pas d'incompatibilité entre le lien de subordination et l'indépendance professionnelle des membres de l'équipe chirurgicale. Même si cette équipe se trouve sous la direction ou sous l'autorité du chirurgien. Pour ce qui concerne l'anesthésiste, celui-ci étant reconnu comme un spécialiste à part avec une autonomie d'exercice, sa responsabilité personnelle peut être engagée. Sauf dans le cas du contrat où la responsabilité contractuelle du chirurgien pour le fait d'autrui peut être engagée. Lorsqu'il y a contrat entre l'anesthésiste et le patient, l'acte fautif de celui-ci sera régi par les règles du contrat qui les lient.

En outre, le salarié dans une clinique est soit sous l'autorité de celle-ci soit sous l'autorité du médecin qu'il assiste pour un acte déterminé. Ainsi l'infirmière qui agit sous la direction et la surveillance du chirurgien se trouve sous l'autorité de celui-ci. Néanmoins, en dehors de toute intervention chirurgicale, cette dernière en effectuant des actes au nom de la clinique engage la responsabilité de celle-ci pour les dommages qu'elle cause ; donc le lien de subordination dans ce cas concret varie selon que l'infirmière se trouve sous l'autorité du médecin ou de la clinique. Le chirurgien a le devoir d'effectuer une surveillance post opératoire pour se rassurer de l'état du patient et de la réussite de l'intervention, même si l'infirmier joue un rôle majeur à ce niveau. Dans le cas d'espèce HD c/ Hôpital du Point G, le patient soutenait dans sa plainte que le chirurgien n'est repassé le voir que 3 jours après l'intervention. Il en est de même pour son assistant qui lui avait placé une sonde inappropriée (n° 24 au lieu de 20 comme prescrit dans l'ordonnance). Ce qui lui a causé une sténose urétrale et une impuissance sexuelle. Il faut retenir dans ce litige qu'on a tenté de résoudre par la médiation, la possibilité de l'engagement de la responsabilité délictuelle du commettant du fait de son préposé.

Quant à la responsabilité du fait des choses, elle est prévue par l'article 149 du RGO qui retient que toute personne est responsable du dommage causé par le fait des choses ou des animaux dont elle a la garde. La garde est une notion assez extensive ici qui dépasse la propriété de la chose, même si, juridiquement, elle ne confère pas les mêmes droits. Si la garde restreint le droit d'user de la chose, en revanche, elle confère une certaine responsabilité au gardien à l'égard de toutes les personnes qui rentrent en contact avec la chose, puisque c'est précisément cet élément qui est l'objet de la présente étude. Néanmoins, le gardien peut en même temps être le propriétaire de la chose. La chose dont il s'agit peut être toute sorte de bien dont se sert le médecin pour l'exercice de son art. Elle peut être matérielle, ou immatérielle, mobile ou immobile ; bref, il s'agit de tout équipement matériel, appareillage ou instrument aidant le médecin à réaliser l'acte de soins. Par conséquent, cette chose est sous la garde du médecin lorsque celui-ci fait un exercice libéral et sous la garde de la clinique en cas de salariat. Le pouvoir d'usage, de direction, et de contrôle évoqué par l'article 150 du RGO est détenu par le propriétaire qui utilise la chose personnellement ou par l'intermédiaire d'autrui.

En effet, le chirurgien détient un pouvoir d'usage, de direction, et de contrôle de l'ensemble des matériels et des appareillages servant dans le cadre d'une intervention ou du moins pour le temps d'une intervention. L'usage découle du fait qu'il se sert de ces instruments pour effectuer l'acte. La direction est l'ensemble des gestes, des instructions qu'il donne ou impose par rapport à l'utilisation des instruments. Le contrôle est la vérification ou la maîtrise des instruments. C'est ainsi que selon un témoignage : « *Il n'est pas exclu de voir des discordes entre le médecin chirurgien et l'aide de bloc pour ce qui concerne l'entretien et la conservation des matériels de chirurgie ; car, la réussite de l'opération en dépend et aussi en termes d'infections nosocomiales et le patient et l'équipe doivent être protégés* ».[292]

D'après un autre témoignage : *« Il est de coutume que certains techniciens se cachent nuitamment pour réaliser des examens de radiographie ou de scanner sur des patients, moyennant une somme d'argent qui n'entre pas dans la caisse de l'établissement, ou sur des parents et connaissances afin de leur éviter les frais ordinaires à payer s'ils venaient courant la journée. Une pratique qui expose à la fois ces agents et les patients, puisque la précipitation et la clandestinité dans lesquelles l'examen est réalisé ne permettent toujours pas le respect des mesures d'asepsie et de sécurité ».*[293]

Ainsi, il y a une réelle exposition de ces personnes aux instruments médicaux qui présentent naturellement une certaine dangerosité. Tel est le cas par exemple des appareils de scanner et de radiographie possédant des rayons X. Ces matériels peuvent causer des dommages sans qu'ils soient en contact direct avec le patient ou l'utilisateur. Tout dommage survenu dans de telles circonstances engage la responsabilité de la personne qui a la garde de la chose, même si d'autres responsabilités comme l'exercice illégal peuvent en découler. La responsabilité du fait des produits défectueux est une responsabilité de type particulier ; prise en compte par la loi de 2002 en France, mais qui existait bien avant cette loi,

---

[292] Témoignage recueilli courant janvier 2018 lors de l'enquête au CHU Gabriel Touré.
[293] Ibid.

puisqu'elle était prise en compte par la jurisprudence de la Cour de cassation. Sa particularité découle du fait qu'avec le développement de la technique médicale, l'homme fait de plus en plus face à des appareillages et à des équipements synthétiques ou parfois sophistiqués. Face à ce développement technique et technologique, certaines législations comme celle de la France ont pris à bras le corps la question.[294] La loi française de 1998 a mis en place une responsabilité de plein droit du producteur si la victime prouve que le dommage a été causé par le défaut de produit. En plus du droit commun de la responsabilité qui régit la responsabilité du fait des choses et du fait des produits défectueux, la responsabilité du fait des produits défectueux fait l'objet d'une prise en charge spécifique dans le code de la santé publique français notamment dans les articles L.5111-1 à L.5121-21 et R. 5121-1 à R. 5122-34 et découle d'une obligation de sécurité résultat pour ce qui concerne l'utilisation de matériels ou de prothèses.

La responsabilité de la PPM a été engagée dans l'affaire SMT c/ ASACODJE et la PPM au motif que celle-ci (structure agréée pour la conduite de la politique des médicaments au Mali) avait mis en circulation l'acétyle salicylate (aspégic PAN ASL 500 mg injectable) dans laquelle il a été constaté la présence de particules insolubles, après expertise ordonnée par le juge et effectuée par le Laboratoire national de la santé (LNS). Ce qui n'est pas conforme aux spécifications de la solution injectable de l'ASL. Le juge de la Cour d'appel de Bamako a rendu sa décision sur la base de l'article 125 du RGO.

Suivant un premier jugement la PPM a été mise hors de cause, sa faute n'ayant pas été établie, mais l'ASACODJE ne connaîtra pas le même sort. Les deux établissements interjetaient appel en vue de la confirmation de l'arrêt qui mettait hors de cause la PPM et au même moment, la partie civile a formé un appel incident pour engager la responsabilité de la PPM. Toute chose que la Cour d'appel retenait après analyse du dossier. La responsabilité de ces deux établissements a été retenue sur la base de l'article 125 du RGO qui dispose : « Toute personne qui par sa faute, d'imprudence, de maladresse ou de

[294] Voir Directive n° 85/374/ CEE du 25 juillet 1985 sur la responsabilité du fait des produits défectueux, JOCE, n° I, 270, 7 août 1985, qui a été transposée par la loi n° 98-389 du 19 mai 1998 qui prévoyait des règles spécifiques pour la responsabilité des producteurs ou fournisseurs de tout bien et par conséquent des médecins et des établissements de santé. Ces dispositions se retrouvent aux articles 1386-1 à 18 du code civil.

négligence cause à autrui un dommage est obligée à le réparer ». La PPM ayant failli à son obligation de livrer un produit exempt de tout défaut de nature à causer un dommage pour les personnes et les biens.

Par ailleurs l'article 144 consacré à la responsabilité du commettant a été retenu pour l'ASACODJE. L'absence de code de la santé publique est regrettable sur ce point, la responsabilité du fait du produit défectueux devant être mieux élaborée. Car le dommage corporel et moral subi par SMT, au-delà du RGO, pouvait être prise en charge par la loi sur la consommation[295] et d'autres textes spécifiques comme il est le cas en France avec le code de la santé publique qui traite en ses articles L.5111-1 à L.5121-2 de la responsabilité du fait des produits. La mise sur le marché de produits de mauvaise qualité est une réelle violation des droits du consommateur.

Certes la loi malienne n'intègre pas expressément le patient dans cette catégorie mais il est un consommateur de produits de la santé qui mérite le respect de tous ses droits dans ce sens. D'ailleurs, l'association des consommateurs et l'association des usagers de la santé figurent dans le conseil d'administration des hôpitaux. Même si la PPM n'est pas le fabricant, il a le devoir de mettre à la disposition de la population des produits de qualité, étant agréé à cet effet. Cependant, l'existence d'une loi spéciale en matière de produits défectueux pouvait prendre en compte beaucoup de spécificités liées à la responsabilité du producteur, du fournisseur, du vendeur, du titulaire de l'autorisation de mise sur le marché etc, bien qu'une telle interprétation paraisse extensive par la Cour de justice des communautés européennes. Ce qui a conduit la France à modifier sa législation qui, si auparavant elle soumettait à la même responsabilité toutes les personnes citées ci-haut, dorénavant la responsabilité de ces professionnels est engagée seulement si le producteur est inconnu. Pour échapper à sa responsabilité, le fournisseur doit désigner son propre fournisseur ou le producteur. L'existence d'une législation spéciale au Mali à l'image de celle-ci allait peut-être permettre l'extension ou la recherche de la responsabilité du fabricant qui, dans le cas sus évoqué, est Plan Pharme AS France. La faute du médecin dans ce cas peut se confondre avec la faute dans l'obligation de soigner, puisqu'il revient au médecin de se rassurer de

---

[295] Voir les articles 46, 60, 63 à 71 de la loi n° 2015-036 du 16 juillet 2015 portant protection du consommateur.

la prescription ou de l'administration de médicaments appropriés en termes de qualité, de dosage, de contre-indication etc. Non pas pour la défectuosité du produit, car si nombre d'évènements sont sous le contrôle du médecin, il n'est toujours pas évident qu'il soit sûr de la qualité du produit comme il fut le cas dans cet arrêt. Il ne doit en principe être tenu responsable pour la qualité qu'il n'est pas censé toujours savoir, à moins de se fier à la date et aux spécifications indiquées sur l'étiquette.

Tel est par exemple le cas de la transfusion du sang contaminé que le médecin n'a pas en principe les moyens de contrôler pour savoir s'il est de bonne ou de mauvaise qualité.

Cette assurance provient en principe d'un centre spécialisé à cet effet. Pour tout acte postérieur, comme l'information et la communication avec le patient lorsqu'il prend connaissance de la situation, il pourra être tenu pour responsable.[296]

Ainsi dans le cas précis de l'ASACODJE, il est à prouver que la thrombose artérielle développée suite à l'injection de l'Aspégic ne nécessitait pas forcément une amputation de la jambe, et que d'autres facteurs découlant de la conduite de l'agent ont contribué à cette atteinte à l'intégrité physique. C'est cette faute distincte de la qualité du produit fourni par la PPM qui engage précisément la responsabilité de l'ASACODJE du fait de son préposé.

---

[296] Il faut signaler que la contamination du VIH par le sang a été largement débattue par la doctrine et à conduit à des décisions de justice.

TITRE II

LA NATURE DES OBLIGATIONS DÉCOULANT DE L'ACTE DE SOINS

L'acte de soins renvoie ici à la notion de soins de santé distincte de tout autre soin[297] qui découle des relations humaines. Il est l'acte posé par le médecin ou par tout praticien au cours d'un processus de soins dans un établissement habilité à cette fin et pour l'intérêt du patient. Il est le pivot de l'activité des services publics et privés de santé. Défini ainsi, il y a lieu de préciser les composantes de l'acte de soins, les établissements dans lesquels ces actes sont effectués étant étudiés tout au long de cette étude.

Pour ce qui concerne les composantes de l'acte de soins, il faut faire la distinction entre l'acte médical et l'acte paramédical, encore appelé l'acte de soins proprement dit qui est exécuté par les auxiliaires médicaux. L'acte médical est tout acte effectué par le médecin dans le cadre d'une prise en charge sanitaire. Classiquement, on le définit comme : « L'acte qui concerne la médecine »[298] ; donc un acte qui est la raison d'être de la médecine ou de la pratique médicale.

Il est tout à fait difficile d'établir une liste exhaustive des actes médicaux, d'autant plus qu'avec le développement de la science médicale, de nouvelles spécialités apparaissent, faisant place parfois à de nouveaux actes. Néanmoins, il faut rappeler que le décret n° 02-311 / P-RM du 04 juin 2002 fixe le régime de la rémunération des actes médicaux et de l'hospitalisation dans les établissements publics de santé, même si dans ce décret, la liste des actes ne fait pas l'objet d'une mention expresse. S'agissant du bénéficiaire de l'acte de soins, il faut souligner que son statut de malade a connu bien des évolutions avec l'apparition des pratiques comme le transsexualisme, la chirurgie esthétique, la FIV, etc. et son appartenance à un cadre institutionnel de

[297] Voir à ce sujet A.-L.Fabas-Serlooten, *L'obligation de soins en droit privé*, *op. cit.*
[298] Dictionnaire de la langue française *Le petit Robert*, juin 1996.

soins. Cela a beaucoup impacté la définition de l'acte médical proposée par le doyen Savatier, selon laquelle l'acte médical : « est celui qu'un homme qualifié pose en vue de guérir autrui ».[299] Enfin, quant à son utilité, il a trait à l'obligation de l'État, puissance publique, de promouvoir et de protéger la santé de ses citoyens. Une telle volonté se concrétise à travers l'activité médicale et/ ou de soins du médecin et des auxiliaires de soins.[300]

Il est nécessaire d'examiner la nature et le régime de cette obligation qui pèse sur le praticien. Examiner l'obligation du praticien de soins revient à opérer dans un premier temps comme l'a fait Demogue, la distinction entre les obligations de moyens ou celles de résultat qui pèsent sur lui (Chapitre I), avant d'aborder l'encadrement contractuel ou institutionnel de l'obligation de soins (Chapitre II).

---

[299] Cette définition est plus appropriée à l'activité médicale traditionnelle qui était basée sur la mission de soigner en vue de guérir. Une telle appréhension de la mission de soins est révolue.

[300] L'acte de soins est donc un acte de confiance dans le cadre contractuel et un acte d'intérêt général en matière de santé publique. Une synergie d'actions pour la réalisation de l'acte de soins, duquel se dégagent des obligations de natures diverses, les unes se rapportant au colloque singulier médecin-patient et les autres s'étendant à la prise en compte de la dimension institutionnelle des obligations issues de l'acte de soins.

CHAPITRE I

LES OBLIGATIONS DE MOYENS ET LES OBLIGATIONS DE RÉSULTATS DANS L'ACTE DE SOINS

Je le pansai, Dieu le guérit disait A. Paré.

L'obligation dans sa définition classique est un lien de droit entre un débiteur et son créancier qui donne à celui-ci le droit d'exiger une prestation ou une abstention dont l'inexécution est sanctionnée par la loi. À l'analyse de cette définition, l'obligation, met en prise deux sujets, c'est-à-dire un sujet actif, le créancier et un sujet passif, celui contre lequel, elle est exercée : le débiteur. Le lien obligatoire a toujours été contraignant à l'exception près des obligations naturelles.[301] La portée de l'obligation varie en fonction de l'engagement pris par le débiteur. En effet, dans le contexte précis de l'acte de soins, le médecin s'engage à apporter son savoir-faire et son attention au patient qui le sollicite. Si traditionnellement, son obligation était de moyens, (Section I), force est de constater suite à l'évolution des techniques médicales, la naissance de certaines obligations de résultat à son encontre (Section II).

Section I : L'obligation de moyens découlant de l'acte de soins

« Le médecin soigne, la nature guérit »[302] est un adage universel qui traduit l'obligation de moyens du médecin. Elle est donc présente dans toute relation liant le patient au médecin, qu'elle soit contractuelle ou extracontractuelle. C'est surtout en matière contractuelle qu'elle s'est confirmée avec l'arrêt Mercier de 1936 retenant qu'il est de l'obligation du médecin de donner des soins consciencieux, attentifs et réserves faites de circonstances exceptionnelles conformes aux données

[301] Voir Article 3 RGO.

[302] Tiré de la locution latine qui signifie : « *medicus curat, natura sanat* ».

acquises de la science. Ainsi sur la base du contrat, le médecin ne doit pas se limiter à donner des soins, mais doit donner des soins appropriés. L'obligation de moyens, c'est agir donc en conformité avec les données avérées de la science et les exigences de la profession. La pratique médicale contenant des aléas, est tenue à une telle obligation médicale qui est la règle mais, corroborée par une obligation de résultat à titre accessoire, puisqu'elle est strictement liée à certains actes médicaux. Cela étant dit, il s'avère nécessaire de s'attarder sur le contexte général des obligations de moyens (paragraphe I) ; ce qui permettra de cerner son impact sur la responsabilité du médecin (paragraphe II).

Paragraphe I : Le cadre général des obligations de moyens

L'obligation de moyens a, par excellence, la vertu de tolérer certaines erreurs du médecin qui ne sont pas constitutives de fautes. C'est pour dire que si toutes les erreurs ou les successions d'erreurs commises lors d'une activité de soins devront remettre en cause la diligence et la prudence du praticien, l'obligation de moyens serait appelée à disparaître laissant place à la seule obligation de résultat en considération de laquelle aucune erreur n'est admise. Sa consécration jurisprudentielle prend source dans l'arrêt Mercier de 1936 qui, bien qu'émanant d'une juridiction française, prévaut dans le contexte malien, eu égard au rattachement historique du droit malien à celui français.[303] L'obligation de moyens est confirmée par la loi sur l'ordre des médecins qui conditionne l'exercice de l'activité médicale en

[303] Pour preuve, le juge malien encore à ce jour n'hésite pas à s'inspirer ou à faire référence à la jurisprudence française à chaque fois que la nécessité y ait. Par exemple le juge du tribunal de Ségou a fait référence à certains arrêts de la juridiction de Rouen et de Paris (Rouen 17 déc. 1970.D-71, 152 ; Paris, déc.1980-D-81 – CIV.1, 14 janv. 1992), pour motiver sa décision dans l'affaire Époux Touré c/ Hôpital de Ségou et le docteur M.C. Il est bien mentionné dans le motif de cet arrêt : « *Que cela ressort d'une jurisprudence bien établie au terme de laquelle [l'avis] donné par le malade comporte celui de modifier au cours d'une intervention, [la nature] de l'opération dictée par la découverte de l'état exact des organes à [condition] qu'il y ait eu urgence ou nécessité* ». Ainsi cette jurisprudence bien établie en France a pu servir de motivation au juge malien pour rendre sa décision dans un cas similaire.

premier lieu à l'obtention du diplôme, à la nationalité et à l'inscription au tableau de l'ordre.[304] L'accès aux soins et aux soins de qualité est un principe essentiel reconnu par la législation malienne. Il est consacré dans toutes les principales lois sur la santé y compris par le code de déontologie médicale en son article 4. L'article 12 de la loi n °85-041 sur les professions sanitaires privées exige des médecins libéraux de respecter les devoirs et obligations définis dans les codes de déontologie, sous peine de voir leur responsabilité engagée. Par ailleurs, l'obligation de moyens du service public de santé, cette fois-ci, se déduit des articles 5 et 20 de la loi n° 98 -012 régissant les relations entre l'administration et les usagers du service public.

Ces consécrations issues des instruments juridiques, permettront de mieux analyser le cadre conceptuel des obligations de moyens (A) avant de porter un regard sur l'aléa qui affecte le résultat des soins (B).

A/ Le cadre conceptuel des obligations de moyens

L'obligation du médecin, qu'il s'agisse de l'exercice en public ou dans le secteur privé, est la même ; il s'agit d'user de tous les moyens nécessaires pour accomplir l'acte de soins, qui s'étale sur la prise en charge totale du patient.

C'est-à-dire de la consultation, à l'acte de diagnostic, au traitement jusqu'au suivi après réalisation de l'acte de soins. L'obligation qui découle de ce processus n'est que de moyens quel que soit le cadre d'exercice de l'activité et le concours sollicité.

Aussi, en cas de collège médical, l'obligation demeure de moyens. Celui-ci aura à prodiguer des soins de qualité au patient, c'est-à-dire des soins nécessités par rapport à l'état de santé du patient.

---

[304] Ces conditions en plus de permettre l'exercice légal de la médecine, constitue une assise indéniable dans la relation de soins, puisque c'est de là que tous les autres devoirs confortant l'obligation de moyens du médecin s'érigent. D'où la nécessité de faire connaissance des devoirs contenus dans le code de déontologie médicale et de prendre l'engagement par écrit de les respecter avant toute inscription au tableau de l'ordre.

Cette affirmation est faite par les articles 24 al.1 et 26 du code de déontologie médicale.[305] En d'autres termes, l'obligation de moyens dans laquelle est confiné l'acte de soins renferme toutes les obligations liées à la technique et à l'humanisme médical. Il faut évoquer, entre autres l'obligation d'information, l'obligation de recueillir le consentement, l'obligation de porter secours en cas d'urgence ou de nécessité, l'obligation de garder les informations. En la matière, il existe toute une panoplie d'obligations qui se rapporte à l'obligation de soigner du médecin. En d'autres termes, l'obligation de soigner est une branche mère de laquelle se greffent d'autres branches d'obligations interdépendantes pour un objectif commun et principal qui est la sauvegarde, le rétablissement ou l'amélioration de l'état du patient.

La nature de l'obligation de moyens fait qu'il exige au médecin d'agir seulement dans la limite des impositions légales. Par conséquent, il est tenu de se conformer aux prescriptions scientifiquement éprouvées et appropriées, et d'adopter une conduite prudente et diligente. La notion de bon père de famille s'applique au médecin qui doit faire accompagner toutes actions professionnelles de la diligence et de la prudence maximale. L'obligation de moyens du médecin, c'est aussi être prudent et diligent dans l'exécution de sa mission et le reste appartient à des considérations externes, et physiologiques ou psychologiques du patient. C'est pourquoi le Professeur Henri Pequignot a noté que grâce aux progrès de l'école pasteurienne, on ne peut dire aujourd'hui qu'il n'y a pas une force de résistance à la maladie, mais des immunités spécifiques naturelles ou acquises (et dans ce cas, spontanées ou provoquées) à un certain nombre de maladies… Une explication du mot « Santé » convient parfaitement au contexte délabré dans lequel beaucoup de patients parviennent à relever le défi de la santé et de la vie (mais non pas dans tous les cas) lors des prises en charge réalisées dans la plupart des hôpitaux publics du Mali.

Le Professeur Sadio Yena ne tarit pas de critiques sur les conditions dérisoires dans lesquelles la pratique de la chirurgie est réalisée dans les

[305] Article 24, al.1 : « Le médecin dès lors qu'il a accepté de prendre un malade en charge s'oblige : à lui donner au besoin avec l'aide d'un tiers qualifié tous les soins médicaux que requiert son état », article 26 : « Les prescriptions et actes sont limités au nécessaire compatible avec la qualité et l'efficacité des soins (…) ».

hôpitaux du Mali : « c'est habituel et tous les chirurgiens peuvent en témoigner, que le dossier du futur opéré soit essentiellement le problème de son chirurgien. Pour cela, il est obligé de porter le dossier du patient chirurgical du début à la fin. À longueur de journée, c'est lui qui doit négocier ou démarcher d'autres services en quête de rendez-vous, de plages pour opérer, d'instrumentistes ou d'anesthésistes pour démarrer une intervention…Et alors, pourquoi est-il le seul qui doit avoir en charge toute la responsabilité pour réaliser une opération chirurgicale ? Pour soigner un patient ? Il a l'obligation de tout prescrire, réussir, vérifier, organiser pour réussir son acte thérapeutique et c'est accablant… ».[306]

Ainsi, non seulement il est difficile d'affirmer le caractère absolu du droit d'accès à des soins et à des soins de qualité, mais de faire de l'obligation du médecin, une obligation autre que de moyens. Précisément, cette situation de défaillance matérielle et infrastructurelle ne fait que consolider l'obligation de moyens du chirurgien surtout, qui, au-delà, de tous les manques de moyens, s'applique à rester conforme sur le plan intellectuel et humain.

À l'obligation de science à laquelle le médecin est tenu, il doit en plus faire preuve d'une obligation de conscience qui accompagne toute activité humaine qui adhère au bon sens et à la morale, autrement dit, les données acquises sont mises en pratique avec toute la science et la conscience médicale. La médecine traditionnelle, d'exercice privé suscite aussi la problématique de l'obligation de moyens du thérapeute traditionnel. Il est non négligeable dans la mesure où la médecine traditionnelle absorbe une grande partie des soins. Dans ce travail, elle a été qualifiée d'être en amont et en aval des sollicitudes, d'une part pour la population démunie et analphabète qui constitue la plus nombreuse[307], la médecine traditionnelle est le premier recours, et d'autre part, pour tous les autres qui ne relèvent pas de la couche de démunie, elle est le dernier recours lorsque tous les espoirs ou les moyens financiers sont épuisés au niveau de la médecine

---

[306] Sadio Yena, *Une main ; Une philosophie ; Un combat ; Une critique de mon* métier op. cit. p. 130.

[307] Voir Résultat EDS- III, 2001 ; Pauvreté et santé au Mali, Conférence sur la pauvreté : dynamique, institutions et accès aux besoins essentiels, Ishaga Coulibaly, DNP, CEPS/ INSTE AD, du 3 au 8 novembre 2007.

conventionnelle. Il est important de mener une réflexion sur le degré de diligence et de prudence du praticien traditionnel, et aussi sur l'intensité et la limite de l'obligation de moyens dans ces relations de soins.

L'obligation de moyens dans la relation médecin-patient trouve une véritable consécration dans le RGO qui, après une définition de l'obligation en général, procède à sa classification. Cette classification permet de distinguer les obligations suivant leur objet et suivant leur effet. C'est précisément dans la classification des obligations suivant leurs effets, que l'obligation de moyens se fait une place. Elle est définie par l'article 7 du RGO comme : « une obligation en vertu de laquelle le débiteur n'est pas tenu d'un résultat précis, mais s'engage à mettre en œuvre tous les moyens disponibles pour obtenir le résultat souhaité ».

Ainsi, l'obligation de moyens plus précisément dans les relations médecin hospitalier-patient tout comme dans celles entre médecin libéral-patient est -elle essentielle à la réalisation de l'acte médical ; puisque cet acte s'opère sur un objet de nature imprévisible, il n'est pas très souvent rassurant de se prononcer sur la certitude des résultats.

B/ L'obligation de moyens, expression de l'aléa entourant le résultat médical

L'aléa comme élément mouvant de l'obligation de moyens joue un rôle considérable, car son absence transforme la prestation du médecin en obligation de résultat. C'est pour cela que certains auteurs[308] l'ont considéré comme un véritable critère qui permet la distinction entre l'obligation de résultat exigeant un résultat déterminé et l'obligation de moyens pour laquelle la compétence, la prudence et la diligence doivent être de mise. Comme élément de distinction des deux obligations issue d'une prestation, il s'aligne à côté de la volonté[309], et du rôle passif ou

---

[308] P. Eismein, « Le fondement de la responsabilité contractuelle rapproché de la responsabilité délictuelle », RTD civ. 1933, p.627 ; H et L. Mazeaud, obs, sous Cass., 1ère civ., 7 juillet 1954 , *RTD* civ. 195, p. 498.

[309] Le critère fondamental de distinction des obligations de moyens et de résultats résulte aussi dans la détermination de la volonté des parties de la relation de soins, celle-là pouvant s'exercer dans un cadre contractuel ou institutionnel.

actif du créancier ; particulièrement dans la relation de soins, il est accentué, car les réactions du corps humain sont d'une immense imprévisibilité qui fait que la seule obligation du praticien en cas de constatation d'un aléa est celle de moyens.

Elle est l'obligation qui est stéréotypée à l'exercice médical, du moins depuis l'arrêt Mercier dont le principe exposait clairement que le médecin s'engage « sinon à guérir, du moins à donner à son malade des soins consciencieux, attentifs et réserves faites de circonstance exceptionnelles (...) ». Une obligation de moyens renfermée d'aléas qui maintient toute sa vigueur même avec les atteintes qu'elle subit avec l'ancrage de l'obligation de résultat dans les domaines comme les activités des laboratoires, les interventions de chirurgie esthétique, etc.

Ainsi, l'admission unanime de l'aléa qui joue un rôle déterminant dans l'atteinte des objectifs de soins [310], fait de ce concept un critère de différenciation des deux obligations ; mais aussi le pivot de l'obligation de moyens de manière générale. Cela fonde la remarque selon laquelle : *Le succès, dans cette hypothèse, ne dépend pas seulement de l'attitude du débiteur ou de choses dont il a la maîtrise, mais d'autres facteurs sur lesquels il n'a pas de prise. Il a toujours un risque assez grand d'échec, c'est l'aléa, connu du créancier et accepté par lui.*[311]

Cela reflète parfaitement la relation médecin-patient ou ce dernier bien que lié au médecin par *l'intuitu personae* ne peut lui exiger au-delà de ses moyens, donc adhère aux propositions faites par celui-ci tout en fondant une espérance. C'est ce que certains appellent « miracle » ou « désolation » en fonction qu'il soit positif ou négatif.

Le droit a trouvé la formule magique d'aléa qui est l'incertitude, le hasard qui offre une chance de gain ou de perte dans une opération bien déterminée ou face à un objet dont la maîtrise par l'homme n'est pas encore une vérité absolue ; d'où, l'adage Bamanan : *dogotoro be fura keli ke, gan nin ye Allah ta ye,* qui signifie que le médecin soigne, mais la vie appartient à Dieu.

---

[310] Ce sont les résultats escomptés par les parties à l'acte de soins.

[311] P. Le Tourneau et M. Poumarede, « classification des obligations. Principe de la distinction des obligations de moyens et des obligations de résultat », *J.-Cl civil code*, fasc.20, art. 1136 à 1145, n° 74, décembre 2007.

Le patient créancier de l'obligation de soins s'engage dans la relation en connaissance de l'aléa qui couvre non pas seulement la finalité de l'acte posé par le médecin, mais aussi existe parfois pour l'ensemble des obligations qui incombe à celui-ci.

En réalité, l'évènement dont la finalité est incertaine peut s'abréger ou se prolonger en fonction des paramètres qui ne sont pas toujours saisissables par le médecin. Comme le dit Serlooten : « le débiteur s'engage soit à veiller sur le créancier soit à s'élever à un niveau de diligence suffisant pour le satisfaire. En tout état de cause, le débiteur ne paraît pas avoir souscrit un engagement ferme ». Il n'y a pas intérêt ou droit, sachant à l'avance qu'il n'a pas la maîtrise du résultat final, excepté pour certains cas médicaux.

Le cadre général de l'obligation de moyens ayant été déterminé, il faut s'intéresser à son impact sur la responsabilité du médecin.

Paragraphe II : L'impact de l'obligation de moyens sur la responsabilité du médecin

L'obligation de moyens au-delà du concept juridique intéresse d'autres champs nécessaires à sa manifestation. Ainsi, l'obligation de moyens au sens physique est un tout qui peut englober les moyens physiques, scientifiques, humains, etc. C'est la violation ou l'absence de tout cela qui permet de songer à la responsabilité du médecin. Le manque de moyens au Mali sert d'échappatoire à certain personnel médical qui réfute leur responsabilité au motif que les moyens n'existent pas ou ne pas suffisants. Face à de tel déni d'obligation ou de responsabilité, il est important de savoir la place des moyens physiques dans la réalisation et dans la réussite de l'acte de soins.

Sur un plan strictement juridique, le juge apprécie la responsabilité du médecin en fonction de l'obligation de moyens définie par les règles légales.

Il est judicieux de consacrer des notes à la permanence de l'obligation de moyens (A) et aux limites de cette obligation (B).

A/ La permanence de l'obligation de moyens

L'obligation de moyens telle que définie par l'article 7 du RGO, détermine la position ou le rôle de chaque partie dans la relation. La fonction traditionnelle de l'obligation étant déjà définie par l'article 2 du même texte, il s'agit pour le débiteur d'exécuter une prestation ou une abstention, il est donc tenu d'une obligation de donner, de faire, ou de ne pas faire.

Le créancier de son côté s'attend à l'exécution de l'un de ce triptyque habituel de l'obligation. Cependant, cette définition contenue dans l'article 2, dégage une fonction de l'obligation qui s'adapte difficilement à la relation médicale. Le médecin ne pouvant transférer une quelconque propriété au patient, son obligation est ainsi soit de fournir une prestation de faire ou une abstention qui suppose une obligation de ne pas nuire.[312] Par conséquent, son obligation concerne un comportement positif ou négatif.[313] L'obligation de *praestare* définie par M. Pignarre comme : « celle par laquelle le débiteur est tenu d'accomplir au profit du créancier une prestation »[314], est selon le Professeur Simler une obligation de faire ou de prestation. Il l'a défini comme : « un acte positif, une prestation que le débiteur est tenu d'accomplir ».[315] Ainsi, l'obligation de faire comme composant de

---

[312] L'obligation de donner, de faire ou de ne pas faire est ainsi absente du code civil du Québec ou le législateur par prudence, a défini dans son article 1378 le contrat comme un « accord de volonté, par lequel une ou plusieurs personnes s'obligent envers une ou plusieurs autres à exécuter une prestation ».

[313] Le comportement négatif consistant à un refus d'agir ou de faire ne doit même pas être considéré comme négatif, puisqu'il vise l'intérêt du patient. Le médecin s'abstient par ce qu'il sait qu'il n'est pas à mesure et que son action peut porter plus de dommages que de solutions. Par conséquent, il adopte un comportement d'abstention qui semble également positif que dans celui qualifié de positif ou lorsqu'il accepte de faire.

[314] G. Pignarre, « À la découverte de l'obligation de *praestare* », RTD civ. 2001, p. 41, cité par A.L.F-Serlooten, *op. cit.*. p. 277.

[315] P. Simler, *« Lettres d'intention », J. Cl civil code,* fasc. unique, février 2008. « Classification des obligations, Distinction des obligations de donner, de faire et de ne pas faire », *J. Cl civil* code, fasc. 10 art. 1136 à 1145, janvier 20011, cité par Serlooten, *op. cit.*. p. 271.

l'obligation de moyens demeure une fois qu'il s'agit de prestation, de l'accomplissement d'une mission ou du paiement d'une somme d'argent.

Cela rime bien avec l'obligation médicale qui exige du médecin débiteur une prestation de soins et au patient créancier, l'exécution d'un paiement. Les obligations techniques et humaines auxquelles le médecin est débiteur dans la relation de soins sont sources de responsabilité en cas d'inconduite du médecin.

Il ne s'agit pas pour lui de donner pour la réalisation d'un résultat non plus, mais de prendre soin à travers les moyens humains, scientifiques et matériels. Madame Fabas-Serlooten conforte cela lorsqu'elle note ceci : « *l'organisation matérielle des soins* n'est pas autre chose que l'obligation pour le médecin de prendre soins de son patient. De veiller sur le malade, de lui donner l'attention nécessaire. Il s'en suit que *l'organisation matérielle des soins* ne vise pas stricto sensu les soins de santé tels que l'on peut les entendre aujourd'hui mais tout ce qui entoure l'acte de soins à proprement parler ; en somme la sollicitude ».[316] Par rapport à l'inexécution de l'obligation de moyens, il faut rejoindre les Professeurs Mazeaud et Tunc, selon lesquels le débiteur est fautif chaque fois qu'il ne se comporte pas en bon père de famille. La mise en exergue du comportement du médecin comme un élément de son obligation de moyens ressort des propos de certains praticiens : *Nous faisons de notre mieux, mais si une chose est certaine, c'est que nous demeurons toujours incompris ou harcelés par les patients qui sont attentifs au moindre de nos faits et gestes* ».[317]

L'obligation de moyens du médecin reconnue par la jurisprudence comme la seule obligation du médecin, est permanentant pris en compte dans le contexte juridique au Mali. Le juge reconnaissant la responsabilité pour faute du médecin, exige en même temps du patient d'apporter la preuve du manque de diligence et de prudence du médecin. À défaut d'une telle preuve, l'acte du médecin sera considéré comme effectué en fonction des moyens dont il dispose, et qui ne doivent pas être contraires à la loi.

---

[316] A.-L. Fabas- Serlooten, op. cit., n° 132, p. 107.

[317] Témoignage recueilli lors d'un entretien avec un praticien courant janvier 2018.

Toutefois à ce niveau la responsabilité du médecin débiteur peut découler, puisqu'à la prétention du patient qu'il n'a pas respecté son obligation, c'est-à-dire l'exécuter avec les moyens dont il disposait, il est tenu d'apporter la preuve conformément à l'article 7 du RGO, qu'il a usé de tous les moyens à sa disposition pour accomplir la tâche qui lui a été confiée.

C'est ainsi que dans l'arrêt Epoux Touré c/ Hôpital de Ségou et le docteur M.C., le juge a rejeté toute responsabilité du médecin.

Celui-ci ayant établi qu'il a agi conformément aux règles de l'art et que la nécessité thérapeutique qui existait et de laquelle dépendait la vie de la patiente prévalait sur le consentement du seul mari qui n'était pas présent au moment de la prise de décision d'effectuer l'acte.

Le consentement de la patiente en plus de celui de sa mère, pour lui, était suffisant pour qu'il puisse procéder à l'ablation de l'utérus afin de sauver la vie de la patiente dont l'enfant était déjà mort.

Autrement dit, il aurait agi en homme diligent et prudent, toute chose que le juge qualifia de « nécessité absolue » face à une situation d'urgence qui, sans nul doute, allait couter la vie à la patiente.

Sinon, dans un arrêt de la Cour de cassation[318] en France, il a été décidé que *le médecin qui commet une négligence dans la stérilisation puis dans le maniement du mandrin manque à son obligation de moyens concernant le respect des méthodes d'asepsie modernes qu'il devait à son malade.*[319]

Ainsi, en fonction de l'intérêt qui lui est accordé, il y a lieu de s'interroger sur la constance de l'obligation de moyens du médecin.

L'obligation de moyens dans la relation de soins doit demeurer et la détermination de sa portée est nécessaire pour la connaissance du seuil tolérable dans l'agissement du médecin. Pour élucider tous ces aspects, il convient de porter un regard sur les limites de l'obligation de moyens.

---

318 Cass. 1ère civ., 28 fév.1984, inédit.

319 Cité par A. Castelletta, *Responsabilité médicale, Droit des malades*, 2ème éd. 2004, p. 103.

B/ La limite de l'obligation de moyens

La certitude absolue, difficile à promettre en matière médicale excepté certains actes, a renforcé l'obligation de moyens du médecin, cette obligation qui tient compte des moyens scientifiques, techniques, en infrastructure et même en capacité humaine du médecin à accorder de l'attention à son patient. L'obligation du médecin reste de moyens, car au-delà des conditions externes liées à l'environnement de soins et aux atouts inhérents à la personne du médecin, d'autres conditions relatives à l'état psychosomatique du patient influent beaucoup sur le résultat des soins. C'est ce qui détermine la limite de l'obligation de soins et constitue la limite de l'obligation de moyens.

Le médecin met tout en œuvre dans la limite de ses prérogatives et de ses compétences. « Les praticiens sont obligés de travailler et les résultats ne doivent être jugés qu'avec une analyse des moyens dont ils disposent. Seulement, il faut être toujours dévoué et se donner régulièrement le pouvoir de mieux faire… ».[320] En effet, le médecin responsable des soins a une limite à laquelle débutent les prérogatives d'autres personnes qui sont, soit des confrères, soit des auxiliaires. En ce sens M. Yena note que si le bloc opératoire est l'environnement créé pour permettre aux chirurgiens de réaliser ce métier, tous les autres acteurs ne doivent être qu'au service du patient ; et tous doivent concourir à la réussite de son acte thérapeutique.[321] Pour l'acheminement du diagnostic posé, il a besoin du concours des auxiliaires qui sont habilités à effectuer d'autres actes ne relevant pas des prérogatives du médecin même si exceptionnellement, il peut être amené à les poser. Il s'agit des actes de soins proprement dits qui sont du rôle par exemple des infirmiers, aides-soignants. Ces actes distincts de l'acte de diagnostic du médecin qu'il ne faut peut-être pas qualifier d'accessoires, mais plutôt complémentaires aux soins sont des pièces du puzzle indispensables à l'accomplissement de l'obligation de moyens du médecin. C'est pour cela que déterminer la limite de l'obligation de moyens du médecin revient d'abord à lever l'équivoque entre les prérogatives du médecin et celles du personnel qui

---

[320] Sadio Yen, *Une main ; Une philosophie ; Un combat ; Une critique de mon métier*, édition La Sahélienne, 2018, p. 132.
[321] Ibid. p. 138.

l'accompagne dans la réalisation d'un acte commun. Raison pour laquelle le triptyque article 4, 14, 24 du code de déontologie médicale, rassemble autour de lui les fondamentaux de l'obligation de moyens et circonscrit, par conséquent, la réalisation de l'acte médical, sous peine de dépasser les limites de l'obligation de moyens ou d'exercer dans un cadre non approprié.

Ces articles disposent respectivement : « il est interdit au médecin (…) d'exercer dans des conditions susceptibles de compromettre la qualité des soins et des actes médicaux ; le médecin (…) doit exercer sa profession dans un cabinet approprié ou existent les moyens techniques nécessaires et adéquats ; le médecin dès lors qu'il a accepté de prendre un malade en charge s'oblige : 1- à lui donner au besoin avec l'aide d'un tiers qualifié tous les soins médicaux que requiert son état. (…) ». L'article 25 en précision de ces dispositions mentionne : « (…) que le médecin peut se faire aider si nécessaire de conseils éclairés et des méthodes scientifiques appropriées ». Ainsi, l'organisation matérielle des soins évoquée[322], confortée avec les connaissances et compétences du médecin détermine l'obligation de moyens du médecin. L'exécution correcte des soins mentionnée par l'article 25 conforte la thèse qu'il doit agir suivant un canevas lui permettant de rester conforme aux prescriptions légales. Une fois prouvé, que l'exécution de l'acte était cadrée dans la limite de ces prescriptions, en principe le médecin devra être exempt de toute inconduite ; d'autant plus que l'article 26 précise que les prescriptions et actes sont limités au nécessaire compatible avec la qualité et l'efficacité des soins. Une limite fixée également par l'article 5 de la loi hospitalière, qui énonce que les établissements hospitaliers participent également à des actions de santé publique dans la limite de leurs compétences.

Il est opportun d'analyser la limite de l'obligation de moyens à travers des cas concrets, mais dans des domaines variés qui limitent le médecin ou le praticien dans l'exercice de sa mission.

D'abord, de par la délimitation acte médical et acte de soins il est établi que des capacités matérielles et intellectuelles qui entretiennent la pratique médicale découle son obligation de moyens. Cependant, jusqu'à présent, il arrive que des actes médicaux soient effectués par

---

[322] Supra, p. 165.

des infirmiers au Mali. Une situation admise et encouragée dès les premières heures de l'indépendance, eu égard à la réalité spécifique de cette époque, mais qui, actuellement n'a aucune justification. Actuellement, le Mali a un potentiel important en ressources humaines dans diverses spécialités ou catégories médicales et paramédicales. Donc, l'exercice de certains actes par le personnel paramédical constitue une violation de la loi. Si ce n'est de l'exercice illégal de la médecine, ce doit être considéré comme de l'usurpation de titre.[323]

A titre d'exemple, s'il n'y avait que 100 médecins vers 1975, le Mali compte aujourd'hui plus de 7000 médecins formés. Mais, ceux-ci ne sont pas tous recrutés, avec environ 6 400 inscrits au tableau de l'ordre.[324] M. Balique souligne que c'était une sorte de : *À défaut de sa mère, on tête sa grand-mère, mais une fois que la mère est là, on se passe de la grand-mère.*[325]

L'infirmier n'ayant pas le droit de prescription, il ne peut non plus diagnostiquer ; continuer à tolérer de telles pratiques revient à amoindrir l'employabilité et l'efficacité de la formation offerte par la Faculté de médecine puis à créer une confusion vaine entre le rôle des diplômés de cette faculté et de celui de l'Institut National de Formation en Science de la Santé (INFSS) chargés de la formation des agents de santé notamment les infirmiers.

Ainsi, l'infirmier habilité et compétent dans les soins infirmiers qui outrepasse cette mission en se lançant sur le terrain de la réalisation des

---

[323] Il faut souligner qu'il y a une différence entre l'exercice illégal de la médecine et l'usurpation de titre de médecin. Le premier supposant l'exercice la pratique médicale ou paramédicale en violation des prescriptions légales établies. Et le second se rapportant à l'utilisation du titre de médecin afin d'exercer la profession de médecin sans avoir la qualification requise. Selon l'article 166 du code pénal du Mali, l'usurpation de titre a trait à l'accès à la fonction, à la réalisation d'acte ou au port de costume, d'uniforme ou de décoration, à la réclamation d'un titre auxquels, on n'a pas droit. Il est sanctionné d'une peine d'emprisonnement de six mois à un an et d'une amende de vingt-cinq mille à cinquante mille francs CFA. Quant à l'exercice illégal de la médecine, il est interdit par l'article 17 du code de déontologie médical et par celui 27 du code de l'OOAS et est passible de sanctions disciplinaires sous réserves de celles civiles et pénales.

[324] Issu de l'entretien avec le Docteur H. Balique le 13 mars 2018.

[325] *Ibid.*

actes médicaux ne fait qu'outrepasser son obligation de soins dont les limites sont définies par la loi.[326]

Ensuite, la problématique de l'obligation de moyens du médecin *sans moyens* fait dire par un médecin que *la chirurgie ne mérite pas d'être pratiquée dans certains structures de troisième référence du Mali*, tant le caractère dérisoire des moyens mis à la disposition du médecin-chirurgien n'est qu'apparence dans ces établissements. Pourtant dans ce climat dérisoire, il parvient dans nombre de cas à tenir son obligation de moyens sans compter que beaucoup de patients également y succombent ou se retrouvent avec des séquelles, des infections nosocomiales, etc. Par ailleurs, une inspection conduite par l'inspection et la mairie du district de Bamako courant 2017 a conduit à l'avertissement de plusieurs établissements privés de santé de se conformer aux règles d'hygiène et d'équipements appropriés sous peine de procéder à leur fermeture.[327] Dans de telles conditions, si l'obligation de moyens est conditionnée aussi aux moyens matériels et environnementaux, il est possible d'affirmer qu'elle a bien des limites (au sens matériel) dans le contexte malien.

Le thérapeute dans la société malienne a toujours été reconnu pour ces atouts de bon père de famille qui veille sur son malade jusqu'à sa guérison ou jusqu'à son dernier souffle. Pour cela, on disait *A ya se kè*, pour démontrer à quel point le thérapeute était au service des soins. Il assurait les soins avec une humilité nécessaire au renforcement de la confiance que le malade pouvait lui accorder. Celui-ci se manifestait par *Ni Allah son na ma* ou *an ka djè kadi Allah ma*.[328]

C'est encore le cadre séculaire de soins que beaucoup de thérapeutes préfèrent encore aujourd'hui pour la consultation et la prise en charge de leurs malades. Néanmoins, ce n'est pas dans tous les cas, puisqu'avec le Département de médecine traditionnelle, des changements sont de plus en plus apportés en fonction des besoins en

---

[326] Les raisons historiques qui ont conduit à l'autorisation de l'infirmier à réaliser des actes médicaux témoignent que le manque de moyens peut nuire à l'obligation de moyens du médecin, donc en constitue une limite.

[327] Il s'agit à titre d'illustration des décisions n° 00464/ M.C II-DB, n° 004624/ M.C II-DB, n° 00467/ M.C II-DB, n° 00470/ M.C II-DB toutes datant du 2 mars 2017.

[328] Qu'on se remette à la volonté de Dieu.

soins traditionnels. De même, il faut noter que l'encadrement fait par le RGO de l'obligation de moyens vaut pour le thérapeute traditionnel lié dans une relation de soins avec un malade. Il a le devoir d'adopter une attitude prudente et diligente dans l'exercice de son métier sous peine de voir sa responsabilité engagée.[329]

Or il est difficile de fixer les limites de l'obligation de soins du médecin traditionnel, ses actes n'étant pas suffisamment circonscrites en fonction des données scientifiquement approuvées et éprouvées : *Tous les actes attribués à la médecine traditionnelle ne peuvent être démontrés par le rationalisme cartésien* notait Salifou Dembélé.[330]

Ce qui fait qu'il n'est pas étonnant de voir un seul tradithérapeute proposé un médicament pour plusieurs maladies ou se dire soigneur de plusieurs pathologies qui, parfois n'ont rien à voir les uns avec les autres. Mieux, nombre de thérapeutes s'expriment en termes de « soigner » une maladie ou *ka bana fourakê* en bamanan, or ce mot a toute une signification en droit médical. Il suppose le pouvoir du médecin traditionnel de procéder à une guérison du malade et c'est généralement cette assurance que ces praticiens donnent sous réserve du mystère divin. Une expression presque jamais utilisée en médecine moderne où l'obligation de moyens ne se fie pas ou plus au miracle de Dieu comme A. Paré [331] le rassurait au XVIe siècle avec l'affirmation « je le pansai Dieu le guérit », mais plutôt aux données avérées de la science.[332]

---

[329] L'article 12 du décret 94-282 PRM- du 15 août 1994 sur l'exploitation d'établissement médecine traditionnelle prévoit que la violation des dispositions relatives à la pratique du métier est passible de peines prévues par le code pénal.

[330] Voir, S. Dembélé, Recherche sur la réglementation de la médecine traditionnelle en Afrique Noire, Thèse pour l'obtention du doctorat en droit, sous la dir. de Michel Bélanger, Presses universitaires du Septentrion, 2002, p. 332.

[331] Ambroise Paré (1509-1590) était un médecin chirurgien-anatomiste.

[332] Les données avérées de la science qui normalement évoluent et exigent une mise à niveau par le médecin, impliquent-elles la médecine traditionnelle ? La préoccupation prête à discussion si l'on sait que par données de la science, il faut comprendre tout procédé médical unanimement approuvé suite à une démonstration scientifique rigoureuse. Le département de médecine

C'est dire que même l'expression « Ni Allah sôn na a ma » du thérapeute traditionnel manque de conviction par rapport aux moyens usés afin de soigner. Alors, le changer ou le maintenir dépend de la portée de cette expression dans la relation thérapeute-patient.

L'article 6 de l'arrêté 95-1319 MSSPA du 22 juin 1995 qui fixe les règles de fonctionnement de cabinet de médecine traditionnelle définit le thérapeute traditionnel et le reconnaît compétent de dispenser des soins de médecine traditionnelle. Cependant, la limite des compétences ou de l'obligation de celui-ci est une question assez difficile eu égard à la diversité de praticiens qui n'ont à présent pas fait l'objet d'un inventaire total. Par ailleurs, l'obligation de moyens reposant sur les données acquises de la science, la conscience et l'attention, le premier élément, c'est-à-dire le caractère avéré à présent fait l'objet de scepticisme compte tenu du manque d'unanimité que renferment beaucoup de pratiques de la médecine traditionnelle.

Au Mali, le Département de médecine traditionnelle y travaille en procédant avec la FEMATH au recensement de tous les thérapeutes traditionnels et à l'inventaire des maladies susceptibles d'être pris en charge par la médecine traditionnelle ou susceptibles d'être prises en charge par les thérapeutes identifiés ; mais ce travail à ce jour, n'est encore pas effectif. Par conséquent, l'obligation de moyens dans la pratique de la médecine traditionnelle n'a pas un contour médical bien circonscrit. Cela rend difficile l'application des mécanismes juridiques aux relations thérapeutes traditionnels–patients qui sont d'ailleurs fortement colorées d'influence sociale. À ce jour, il est difficile d'établir des cas de responsabilité de thérapeutes qui ont été jugés par les tribunaux maliens, mais des traces d'interpellations au niveau des services de police et de gendarmerie sont constatables.[333] Donc, en

traditionnelle se prête à cette gymnastique depuis des années sans y parvenir de la manière la plus efficace et effective.

[333] Un thérapeute traditionnel avance qu'*une jeune fille à la suite d'une facture mal soignée, a fait une infection des bras, lorsqu'elle est venue me consulter. J'ai soigné la plaie, mais lui ai instruit de ne pas toucher pour l'instant aux os et de se rendre à l'hôpital de Kati pour la suite du traitement. Mais comme elle habitait Kayes, elle n'est pas partie à Kati et d'ailleurs a préféré consulter un autre thérapeute traditionnel de cette région qui a cassé l'os et a racolé.*

médecine traditionnelle, si l'obligation positive ou de faire est une constante au même titre que chez le praticien moderne, c'est le devoir de ne pas nuire au malade, obligation négative qui reste difficile à assurer.

En l'absence de poursuite judiciaire, l'acte fautif du thérapeute traditionnel peut être source de conflits et de discrimination entre groupes ethniques, voire de confusion entre agissement d'une personne et appartenance à un groupe ethnique.[334] Tout compte fait, il faut une meilleure réglementation de la médecine traditionnelle pour mieux encadrer les poursuites contre ses praticiens.

Pourtant, il y a lieu d'adhérer à la position de M. Salifou Dembélé qui note que ce régime de droit commun en termes d'obligations et de responsabilité *n'est pas forcément adapté aux réalités locales. Même si la réglementation de l'exercice de la médecine traditionnelle se veut rassurante, en excluant de son champ d'application ce qu'il est désormais convenu d'appeler « aspects irrationnels », il n'en demeure pas moins que le changement de mentalité, tant souhaité, ne sera pas*

Mais malheureusement, elle a perdu un morceau d'os lors de cette cassure. Se rendant compte de l'erreur du thérapeute, sa maman porta plainte au niveau de la gendarmerie qui refusa d'enfermer le thérapeute ou de traduire l'affaire devant la justice au motif que ce thérapeute du bord du fleuve de Kayes a un renom dans la région et qu'il n'a jamais été connu pour des faits d'escroquerie. Elle négocia seulement pour un remboursement des 10 000 Fcfa payés par la patiente pour la consultation et l'acte de soins. Lorsqu'elle est retournée à Bamako, elle m'a montre de nouveau le bras en question qui s'était aminci du fait de la perte du morceau d'os, et j'ai fait de mon mieux pour améliorer son état. Témoignage recueilli lors d'un entretien au siège de la FEMATH le 19 octobre 2017.

Dans un autre témoignage, *un garçon malade boit une plante préparée par sa maman et qui était achetée avec un thérapeute dogon du quartier de Dar salam. Quelques temps après s'en suivent des vomissements et de la diarrhée. Le temps de venir au secours du garçon, celui-ci décéda. La fureur de la population pourchassa tous les migrants dogons qui se trouvaient dans la zone. Tout dogon qui, même de passage, était identifié par les habitants du quartier, subissait des blâmes comme pour réprimer l'acte du thérapeute fautif qui cohabitait avec les victimes.*

[334] Cf. témoignage sur l'acte du thérapeute dogon ayant entraîné la mort du garçon.

immédiat.[335] Si ces développements donnent une vision de la limite de l'obligation de moyens du praticien malien, il faut souligner que juridiquement cette limite a trait surtout à toute cause étrangère qui empêche ou rend anormale la réalisation de l'obligation de soins du médecin. Dans ce cas, la responsabilité du médecin sera invoquée comme dans la situation du débiteur d'une obligation de résultat qui ne parvient pas à aboutir au résultat fixé. La section suivante s'y intéressera.

Section II : L'obligation de résultat découlant de l'acte de soins

Le médecin réputé pour ses talents de sortir l'être souffrant ou mal aisé de la douleur ou de la maladie est un individu comme tout autre avec ses limites et ses faiblesses.

Raison pour laquelle, il ne peut s'engager à un résultat concret des actes qu'il pose en vertu du soulagement, du rétablissement ou de la guérison du patient.

La possession d'une telle capacité par le médecin fera de chacun des êtres humains des immunisées contre la maladie ou plus audacieusement des immortels. Même s'il est de coutume de dire que l'acte de soins qu'il pose a une finalité thérapeutique, c'est-à-dire, dans une vision traditionnaliste, une finalité de guérison ou de rétablissement du patient, toute promesse du médecin dans ce sens ne sera que vaine, car elle semble être même contre nature.

Cependant, les prouesses de la science médicale trahissent actuellement cette conception de la mission du médecin avec la proposition de résultat précis dans certains cas, qui sont pour l'instant très minoritaires. Ils conduisent la relation de soins vers la distinction tracée par Démogue dans la première moitié du XXe siècle.[336]

---

[335] Salifou Dembélé, *Recherche sur la réglementation de la médecine traditionnelle en Afrique Noire, op. cit.* p. 332.

[336] Comme déjà signalé cette distinction dont le mérite revient à Demogue depuis 1928 a opéré une mutation importation du principe de la responsabilité délictuelle à celui contractuelle.

Ainsi l'obligation du médecin est de résultat pour des cas exceptionnels (paragraphe II) qui seront abordés après avoir déterminé le champ d'application générale de cette obligation (paragraphe I).

Paragraphe I : Le champ d'application de l'obligation de résultat

Les matières auxquelles l'obligation de résultat s'impose, croissent de plus en plus avec l'évolution des relations humaines. Cela fait qu'initialement connue par exemple dans le domaine des transports où le transporteur avait l'obligation de livrer la chose en bon état, au jour et lieu convenus, en matière de construction ou en matière d'hôtellerie ; elle a envahi d'autres domaines comme celui médical.

Cette étude n'a pas la prétention de faire une analyse détaillée de l'obligation de résultat, cette tâche ayant été laborieusement élaborée par la doctrine. Elle vise plus spécifiquement à faire ressortir la manifestation de l'obligation de résultat dans le domaine médical.

Pour ce faire, il est nécessaire de s'intéresser dans un premier temps à l'extension du domaine de l'obligation de résultat (A) avant de porter un regard sur l'élargissement de l'obligation de résultat aux praticiens de la santé (B).

A/ L'extension du domaine de l'obligation de résultat

Pour le cadre de l'obligation de résultat, le débiteur qui a promis un résultat précis ne peut que l'exécuter. « Le seul fait de ne pas l'avoir obtenu constitue une inexécution de l'obligation ».[337] Tout dommage issu de cette inexécution fait peser sur le débiteur une présomption de faute et il ne peut s'exonérer de sa réparation qu'en apportant la preuve d'une cause étrangère.

Ce principe a envahi progressivement le domaine médical, en mettant à la charge des établissements une obligation de résultat ou de sécurité résultat pour les produits de santé, les équipements, les matériels et bien

---

[337] P. Malaurie et L. Aynes, *Droit civil ; Les obligations*, Cujas, 1998, p. 470.

d'autres choses auxquelles l'établissement de santé est tenu d'assurer soit la qualité, soit la surveillance au profit des patients.

1°) l'obligation de résultat des établissements de santé

L'évolution de la science médicale et les nombreuses mutations qu'a connues l'établissement de santé, l'ont imposés l'obligation de résultat qui ne vise que la réalisation du résultat prévu. Toute chose qui doit conduire à l'application des règles de responsabilité et de réparation à chaque fois qu'il y a violation de la qualité promise par les lois et politiques. La loi hospitalière de 2002 promet à chaque citoyen l'accès aux établissements de santé et aux soins de qualité sur toute l'étendue du territoire national.[338] Cette volonté du législateur malien rime avec la mise à la disposition des patients des équipements, des outils et infrastructures de qualité en vue de permettre la réalisation des actes de soins dans des conditions optimales. L'article 5 de ladite loi précise qu'il s'agit des actes de diagnostic, de traitement et de surveillance.

Ainsi, l'absence ou la défectuosité des moyens, engage la responsabilité de l'établissement pour inexécution de son obligation de résultat. Cette défectuosité peut résulter des mesures d'asepsie, de l'état des infrastructures, de la vétusté des équipements et infrastructures, de leur conditionnement etc. Le dommage le plus fréquent est l'infection nosocomiale à laquelle peuvent être exposés et le personnel et les patients. Pourtant, malgré cette garantie légale de la qualité des soins et la consécration de l'obligation de résultat par le RGO, il est possible de se rendre compte de l'état de défectuosité et de vétusté de certains établissements ou équipements médicaux au Mali. *Si tu es contaminé ici à l'hôpital, c'est fini pour toi. Tu mourras pour zéro. Si je tombe malade par contamination ici, le médecin peut te consulter mais les frais de prise en charge reviennent à ma personne. Je débourse mon argent pour payer mes ordonnances. Ni l'État, ni l'hôpital ne te donnent rien en cas d'accident ou d'infection.*[339]

---

[338] Article 5 et 7 de la loi hospitalière de 2002.

[339] Témoignage de KC recueilli le 8 septembre 2017 au Laboratoire d'analyse de l'hôpital de Ségou.

Le même article 5 prévoit que si nécessaire, l'hébergement des patients doit être prévu ; or, en prévoyant de telles dispositions, les établissements de santé ont l'obligation d'assurer la surveillance sans faille des biens des patients pendant le temps de leur séjour.

Le silence de la population ou la critique de l'obligation de résultat des établissements de santé au mauvais endroit, ne fait que conduire à l'étouffement d'un droit à la responsabilité et à la réparation qui, en temps normal, peuvent changer le cadre de la dissension qu'il y a entre la promesse de l'État d'offrir des soins de qualité et le résultat fourni. Nul doute que nombre de dommages fréquemment causés dans les établissements de santé prennent source dans l'inexécution de leur obligation de résultat. Aussi, en l'absence de plaintes, ou de plaintes auprès de l'autorité compétente, il faut reconnaître que les règles de fond ne font pas l'objet d'une application.

L'hébergement en matière hospitalière évoqué un peu plus haut, trouve illustration dans l'article 1113-1 du code de la santé publique de la France qui prévoit : « les établissements de santé, ainsi que les établissements sociaux ou médicaux-sociaux hébergeant des personnes âgées ou des adultes handicapés, sont , qu'ils soient publics ou privés, responsables de plein droit du vol, de la perte ou de la détérioration des objets déposés entre les mains des préposés commis à cet effet ou d'un comptable public, par les personnes qui y sont admises ou hébergées (…)». Ce qui fait de l'obligation de l'établissement, une véritable obligation de résultat dont l'inexécution engage la responsabilité de celui-ci.

Dans une espèce concernant l'obligation d'inventaire, la Cour d'appel administrative de Nantes a retenu que l'absence d'inventaire des objets déposés dans un établissement public de santé constitue une faute engageant la responsabilité de cet établissement à condition que soit établi un lien de causalité entre cette faute et le préjudice résultant de la perte de l'objet.[340] Dans un autre arrêt du tribunal administratif de Paris, il a été retenu que dès lors qu'un inventaire a été établi lors de l'admission du patient, il appartient à ce dernier d'apporter la preuve qu'il était en possession d'objets qui n'auraient pas été mentionnés sur

[340] CAA, Nantes, 18 oct. 2001, Mme Vincent, req. n° 98 NT00420 : RDSS 2002.59, obs. Cormier.

la feuille d'inventaire.[341] Ainsi, la preuve de la responsabilité varie en fonction de l'obligation de l'établissement. Si celui-ci a accompli son devoir d'information et de dépôt de l'objet dans les conditions prévues par l'article ci-dessus cité, il revient au patient de prouver l'existence d'autres biens que l'établissement aura omis de mentionner.

En l'absence de code de la santé publique au Mali, les dispositions législatives et règlementaires éparses traitent ces obligations spécifiques de l'établissement de santé.

À titre d'exemple, le dépôt des objets est prévu par le règlement intérieur de l'hôpital G. Touré en son article 36 de la section 5 qui dispose « les effets des malades ainsi que les objets déposés lors de l'admission du malade sont restitués après décharge ». Ce qui suppose que l'obligation de surveillance par l'établissement des objets déposés sous inventaire est une obligation de résultat.

Mais, a-t-elle le droit de décliner son obligation de surveillance des objets des patients ? En tout truisme, il n'en a pas le droit, car un tel acte sous-entend une défaillance de l'établissement de santé susceptible d'engager également sa responsabilité.

Le cadre socio-médical du Mali se prêtant à l'accompagnement du patient par plus d'une personne qui, très souvent, séjournent de manière informelle en même temps que le patient à l'hôpital, il est très rare de voir des plaintes à ce sujet au niveau de l'établissement de santé. Les accompagnateurs se chargent en général de la garde du bien du patient. En cas de perte ou de vol, cela trouve qu'aucune formalité légale de dépôt n'avait été remplie. Par conséquent, la question se résout généralement à l'amiable.

Il est à rappeler que c'est surtout l'œuvre jurisprudentielle qui a conduit ou a réconforté la position du législateur dans certains pays comme la France qui a jugé nécessaire de légiférer sur certaines questions comme les infections nosocomiales, les affections iatrogènes etc. et les a classer au rang des obligations de résultat qui incombent à l'établissement. Mieux, à l'instar de cette obligation de résultat qui pèse sur les établissements de santé, une obligation de sécurité de résultat est

[341] TA Paris, 24 avr. 2007, req. n° 0308218 : Gaz. Pal 17 nov. 2007, n° 321, p.51, obs. Ballereau-Boyer.

apparue et renforce la protection des patients au sein de ces établissements.

2°) Vers une obligation de sécurité

Considérée comme une obligation contractuelle accessoire, l'obligation de sécurité soutenue par la jurisprudence, s'est affirmée[342] ; c'est-à-dire qu'en dehors de toute obligation de résultat ou de moyens, l'obligation de sécurité est considérée comme une obligation à part, même si elle s'adjoint très souvent à celle-ci.

Elle est apparue vers 1911 dans le contrat de transport maritime[343]où l'obligation du transporteur consistait à conduire le passager sain et sauf à destination, avant de s'étendre sur d'autres conventions comme celle médicale. Cela traduit l'esprit de l'article 1194 (l'article 1135 ancien du code civil français) qui énonce que : « les conventions obligent non seulement à ce qui y est exprimé, mais encore à toutes les suites que l'équité, l'usage ou la loi donnent à l'obligation d'après sa nature ». Ainsi, plus qu'un accessoire, l'obligation de sécurité devient un complément indispensable à la réalisation correcte de l'acte.

Longtemps exclu du domaine médical, l'arrêt Mercier a favorisé son admission comme une obligation suivant laquelle le médecin est appelé à répondre de certains dommages survenus à l'occasion d'un acte de soins. Elle n'était pas une obligation de résultat, car une telle exigence dissuaderait le professionnel de la santé de manière générale de toute pratique de soins. L'obligation contractuelle de moyens fut retenue. L'obligation de sécurité en matière médicale loin de viser précisément l'acte du médecin s'attache aux accessoires aux soins, tels la surveillance des biens en matière d'hébergement, de la personne en matière de psychiatrie ou sa surveillance post opératoire, des infections nosocomiales etc. Dans les années 1980, il a été proposé de faire accompagner l'obligation principale du médecin d'une obligation

---

[342] Une affirmation dont le bienfondé se trouve dans la loi n° 2002-303 du 4 mars 2002 instituant la réparation de l'aléa thérapeutique à la charge de la solidarité nationale.

[343] Civ. 21 nov.1911, Cie gén. Transatlantique c/ Zbidi Hamida ben Mahmoud : GAJC, 11e éd., n° 262.

accessoire de sécurité permettant au patient ayant subi des dommages lors de la réalisation d'un acte de soins d'engager la responsabilité sans faute du médecin.

Pourtant, ces accessoires sont également en matière médicale des éléments indispensables à la réalisation de l'acte ; d'où la nécessité de les maintenir comme complément que comme accessoire à l'acte médical. La jurisprudence française suivra cette proposition sans remettre en cause l'obligation principale de moyens du médecin. L'obligation de sécurité mise à la charge du médecin valait seulement pour certaines obligations complémentaires ; mais dans les années 1990, il a été question d'utiliser la technique de l'obligation accessoire de sécurité pour faire peser sur le médecin l'obligation de réparer l'aléa thérapeutique issu des conséquences dommageables de son acte. Toute chose que le juge administratif français admettait pendant que du côté de la juridiction judiciaire, il n'était pas possible de faire peser sur le médecin l'obligation contractuelle de répondre d'un risque exceptionnel réalisé au cours d'un acte de soins : l'aléa thérapeutique.

Admettre l'aléa thérapeutique dans le cadre de l'obligation de sécurité du médecin serait de remettre en cause à jamais son obligation de moyens. Tout tiraillement[344] qui a débouché sur la prise en compte en France de l'indemnisation au compte de la solidarité nationale des actes qui n'engagent pas forcément la responsabilité du médecin, mais qui font subir au patient un dommage. Plus précisément, il est à retenir que quatre hypothèses d'obligation de sécurité accessoire ont été dégagées

[344] Si les hypothèses d'infections nosocomiales, de produits sanguins etc. ont été acceptées comme faisant parties de l'obligation de sécurité du professionnel, par contre l'aléa thérapeutique ne connaîtra pas le même sort, car la Cour de cassation française, par deux décisions du 8 novembre 2000 (Cass. 1ere Civ., 8 nov. 2000 ; Destandeau c/ Y.T. : « Attendu que la réparation des conséquences de l'aléa thérapeutique n'entre pas dans le champ des obligations dont un médecin est contractuellement tenu à l'égard de son patient. », et du 27 mars 2001 (Cass. 1er., 27 mars 2001 ; M. Vlavo Smatt c/ Mlle Soumila Rahilou :*Resp. civ. et assur*. 2001, Chron. 13, par Ch. RADE) a réfuté toute possibilité de réparation par le médecin des dommages subis à la suite d'un aléa thérapeutique. Cette réaction de la Cour de cassation en défaveur de la réparation par le médecin des conséquences de l'aléa thérapeutique a eu pour corollaire la prise en compte dans la loi de 2002 la mise en place du système d'indemnisation des victimes d'accidents médicaux.

par la jurisprudence française, à savoir l'obligation de répondre des conséquences des infections nosocomiales dont les patients sont victimes, l'obligation de répondre des dommages causés du fait des matériels médicaux, l'obligation de pureté par rapport aux produits sanguins et l'obligation de qualité des médicaments mis à la disposition des patients. Si les deux premières relèvent stricto sensu de l'obligation accessoire de sécurité, par rapport à l'obligation principale de soins, les deux dernières sont rattachées à l'obligation de sécurité du personnel non médical, mais œuvrant dans le domaine de la santé, c'est à dire du fabricant ou du fournisseur.

Ainsi, de par ces quatre hypothèses qui se trouvent dans le champ de l'obligation de sécurité accessoire, elle peut être considérer, comme toute obligation distincte de l'obligation principale du professionnel de la santé et qui fait peser sur celui-ci la responsabilité des dommages causés aux patients au cours de la réalisation d'acte de soins.

Elle n'est liée ni à la faute technique, ni à la faute d'humanisme, mais se rattache à des compléments tels que la qualité des produits et matériels, l'environnement et l'équipement. Ces éléments feront l'objet d'un développement dans le chapitre suivant.

Le droit médical au Mali n'a pas pour l'instant atteint ce degré d'évolution. Ce qui semble favoriser l'ancrage de l'obligation de moyens en matière médicale.

B/ L'élargissement de l'obligation de résultat aux praticiens de la santé

L'obligation est de résultat dans le cadre de l'activité médicale, seulement dans quelques cas spécifiques. En effet, celui-ci doit disposer des moyens adéquats, c'est-à-dire être dans les conditions intellectuelles et matérielles de travail requises pour exercer sa mission. La présence des seuls moyens matériels ne le soumet pas à une obligation de résultat vis-à-vis des soins, car nonobstant les conditions offertes à lui, d'autres paramètres rentrent en ligne de compte et qui ne sont pas forcément matériels. Le médecin a donc le devoir au cours d'un processus de soins de se rassurer de l'état du matériel ou des produits.

1°) L'obligation de sécurité de résultat à la charge du médecin

Découlant de l'obligation de sécurité générale qui a subi plusieurs mutations, l'obligation de sécurité de résultat a pour objectifs d'obliger le médecin, à maintenir ou à restituer l'état antérieur du patient. Même avec de telle espérance des soins, la médecine avec ses innombrables exploits n'a encore pu atteindre de manière effective et globale ses objectifs. L'obligation de sécurité de résultat est certes un acquis dans certains domaines, mais elle demeure une incertitude pour bon nombre de cas où cela relève du secret de Dieu. Il est fort probable que ce soit la raison pour laquelle elle n'a pas, pour l'instant, attiré ni l'attention du législateur malien ni celle du juge.

Le médecin ou l'intervention médicale en quête d'une solution efficace par rapport à l'état du patient est très généralement accompagner par des auxiliaires dont le rôle n'est pas négligeable. Ainsi, le chirurgien avant de commencer une intervention doit-il revenir sur toutes les opérations de stérilisation effectuées par l'infirmier de bloc (IBOD). Cela n'est pas certain, même s'il est tenu à une obligation de contrôle et de surveillance. La confiance dans la collaboration qui a lieu avec les auxiliaires doit tenir ceux-ci également à une obligation de bien faire ou d'aider le médecin à ce que l'obligation promise soit exécutée. En somme, l'obligation de résultat en tant qu'obligation du médecin se réalise avec le concours des auxiliaires.

Il y a lieu de voir si l'obligation de résultat de l'auxiliaire peut se dissocier de celle du médecin, dans la mesure où le contrat médical lie le patient au médecin, seul celui-ci est en principe tenu à une obligation de résultat à l'égard du patient. Cependant, dans certains cas, le patient en se rendant dans un cabinet de soins destiné à prolonger ou à compléter l'acte posé par un médecin qui n'a aucun lien ni de connaissance ni de subordination avec l'infirmier ou l'aide-soignant par exemple, faut-il comprendre que de ce lien se noue un contrat entre le patient et celui qui lui fait une injection ou un pansement de plaie ? Ainsi, en plus du soin proprement dit, l'injection ou le pansement réalisé est consécutif à l'acte de prescription d'un médecin, dont la complétude se trouve dans l'acte du soignant. Dans ce cas, il ne peut être tenu à une obligation contractuelle de résultat, mais il a surtout le devoir de pratiquer les soins conformément aux règles du métier d'infirmier ou d'aide-soignant. Son acte n'est pas suffisamment autonome pour qu'il puisse être lié d'une obligation de résultat par rapport à la pathologie ou à la santé du patient.

Pourtant, il est courant dans la pratique médicale au Mali que les patients, après prescription médicale, continuent les soins dans une autre clinique ou un autre cabinet de soins qui est proche de leur maison. Toute mauvaise pratique d'injection ou mauvaise administration du produit dans ce cas peut être source de complications de l'état du patient et peut engendrer naturellement des frais supplémentaires pour cette nouvelle prise en charge ou pour tout dommage causé.

Par conséquent, si l'auxiliaire n'est pas tenu à une obligation de résultat, il demeure tenu d'offrir au patient le résultat qu'on peut s'attendre d'une injection ou du pansement d'une plaie, à moins qu'il ne soit incompétent dans la pratique de son métier ; car *l'accomplissement de tout acte de soins infirmiers relève de professionnels spécifiquement formés.*[345] Tout dommage issu de cet acte engage en principe, soit la responsabilité de la clinique ou du cabinet de soins dans lequel il exerce, soit sa propre responsabilité, s'il l'a pratiqué dans le cadre d'un exercice libéral.

Pour le cas spécifique de l'infirmier comme auxiliaire, il faut noter qu'au-delà de toutes les attributions qui lui sont confiées par sa profession, il contribue à la réalisation des traitements médicaux en participant à la surveillance des patients et à l'application des prescriptions médicales établies sous forme de protocole de soins par le médecin prescripteur.

Donc, non seulement il est témoin de l'expression des craintes ou des attentes du patient par rapport aux soins ; mais aussi, il est un véritable voire indispensable intermédiaire entre le patient et le médecin. C'est dans un tel contexte que dans un des arrêts rendus le 29 juin 1999, concernant un préjudice causé par une infection nosocomiale, la première chambre civile de la Cour de cassation française a déterminé que l'obligation en matière de stérilisation et d'asepsie était une "obligation de sécurité et de résultat à la charge du médecin dont il ne

[345] Olivier Dupuy, *L'infirmier et son nouveau cadre de compétence*, édition LEH, 2003, p. 12.

peut s'exonérer qu'en apportant la preuve d'une cause étrangère". Dans ce domaine, même pour les contrats, il a été admis que les parties ne peuvent s'attendre à un résultat concret sauf pour quelques exceptions d'origine légale et jurisprudentielle dégagées dans le système juridique français. Les mêmes balbutiements ont concerné les autres cas dans lesquels on évoquait l'obligation de sécurité de résultat du médecin sans qu'on ne puisse établir de manière exacte la responsabilité de celui-ci dans l'acte dommageable et par conséquent, lui imposer une réparation du dommage.

En fait, le médecin très souvent locataire du lieu de l'intervention n'est pas à mesure de maîtriser l'asepsie des lieux, l'état du matériel[346], des produits ou toute la conduite des auxiliaires.

Mieux, il n'est pas évident que le médecin puisse avoir la précision sur l'état ou la performance de tout matériel médical. Tel est le cas par exemple en matière obstétricale où l'appareil d'échographie utilisé ne permet pas de visualiser toutes les malformations d'un fœtus. Cette imperfection technique doit-elle pénaliser qui des médecins, des parents ou de l'enfant à naître ?

L'obligation de sécurité de résultat sert donc de dispositif de renforcement des obligations du médecin ou de l'établissement dont le rôle est d'améliorer ou de préserver la santé.

2°) La preuve de l'obligation de sécurité de résultat et l'exonération du responsable présumé

Le RGO, pas plus qu'un autre texte spécifique en matière de responsabilité médicale ne prévoit pas expressément l'obligation de sécurité de résultat. En effet, les soins de qualité font depuis plus d'une décennie d'années l'objet de consécration légale. Aussi, de nombreuses politiques ont été mises en place surtout en matière de santé publique

---

[346] C'est pour cela que l'autonomie de l'obligation de sécurité de résultat se heurtait à la responsabilité du fait des produits défectueux issue de la directive n° 85/374/ CEE du 25 juillet 1985 sur la responsabilité du fait des produits défectueux.

dans le but de parvenir aux soins de qualité. Comme le dit le Docteur Konaté : « après la mise en place d'une stratégie globale d'accession du maximum de citoyens aux soins de santé moderne, dont l'objectif était surtout quantitatif (…) »[347], « l'heure est à la recherche de l'efficacité et de l'efficience des soins qui soient à la fois sécurisés et de qualité ».[348] L'article 5 de la loi hospitalière en disposant que « (…) la qualité dans la prise en charge constitue un objectif essentiel des établissements hospitaliers. (…) » met à la charge de ces établissements une obligation de sécurité de résultat vis-à-vis des patients qu'ils accueillent ou hospitalisent.

L'article 7 ajoute : « le service public hospitalier garantit l'accès à toutes les personnes présentes sur le territoire national à des soins d'urgence ou à des soins de référence de qualité. (…) ». L'existence de tels dispositifs dans la loi hospitalière devrait être suivie de toutes les conditions nécessaires à la réalisation des soins dans un environnement sécurisé et de qualité. Par ailleurs, la démocratisation de la santé et le coût élevé des services de santé suscite la curiosité des patients par rapport à la qualité des soins. Indépendamment de toute amélioration des règles du droit civil qui peuvent envisager l'obligation de sécurité de résultat, cela a conduit à l'initiation dans le milieu médical d'une démarche qualité ou d'une assurance qualité, opérationnalisée par ce qu'on appelle les « qualiticiens » qui sont des managers en organisation des services et des pratiques. Selon le Docteur Konaté : *L'objectif de la démarche qualité est d'obtenir des appréciations partagées par les professionnels et les utilisateurs de services qui permettent d'aboutir à des solutions appropriées susceptibles de garantir un niveau sécurisé de qualité des soins.*

Cette démarche qualité **doit nécessairement être adjointe à la démarche sécurité**. Il faut noter qu'une autre façon de perfectionner ces démarches est de donner la possibilité au juge de se prononcer sur le fonctionnement des établissements de santé. Néanmoins, la faible saisine du juge administratif que de celui judiciaire constitue un réel enfreint à la manifestation du juge ou à la contribution jurisprudentielle à la construction du droit de la responsabilité médicale.

---

[347] Sanoussi Konaté, Cinquante ans d'actions de développement de la santé au Mali, *op. cit.*, p. 202.
[348] *Ibid.*

Ainsi, constitue une violation des droits des patients à la réparation des dommages, le fait de ne pas tenir compte des questions liées à l'environnement des soins, au comportement des acteurs, à l'état des matériels et produits. Tel est également le cas pour les conséquences ceux-ci ont sur le patient lorsqu'ils sont absents ou mal conditionnés, aussi du rôle joué par le médecin ou l'établissement, pour les cas, qui ne rentrent pas forcément dans le cadre technique des soins. L'obligation de sécurité de résultat pourra-t-être invoquée par le juge malien, notamment sur la base de l'article 132 du RGO qui est l'équivalent de l'article 1231nouveau du code civil français. Probablement, le juge de l'affaire SMT c/ ASACODJE et PPM pouvait s'en servir pour envisager un renforcement de l'obligation de moyens. Mais, il faut reconnaître qu'au moment des faits, cette obligation n'avait pas eu une certaine consécration même en France.

Autre pratique qui est exclue de l'obligation de sécurité de résultat, est la médecine traditionnelle. Sont exclus de ce champ, tous les actes que pose le thérapeute traditionnel, puisque beaucoup de ces actes ne sont encore ni connus ni totalement inventoriés. Par ailleurs, le thérapeute qui se hasarde à promettre un acte concret et qui ne l'obtient pas, peut être poursuivi sur le terrain civil pour réparation du dommage causé.

Toutefois, le domaine de prédilection des patients vis-à-vis des actes du thérapeute traditionnel est la matière pénale. Sur le terrain pénal, sont retenues en général, les infractions d'escroquerie ou d'abus de confiance, voire de charlatanisme pour les thérapeutes les moins reconnus. Cet état de fait est dû quelque part au manque d'identification de tous les praticiens traditionnels permettant une reconnaissance et une distinction facile entre les praticiens traditionnels et les charlatans ou tout autre prétentieux.[349]

En somme, la consécration de l'obligation de sécurité de résultat devrait se faire avec toute la prudence requise, avec une détermination des matières et des activités de soins susceptibles d'être soumises à une telle obligation. En référence au système français, la responsabilité et la solidarité doivent être les deux composantes majeures de la

[349] Le processus d'identification et d'inventaire entamé par le DMT en appui avec la FEMATH devrait être accéléré en vue de l'accréditation de tous les praticiens de la médecine traditionnelle. Ce qui déterminerait leur obligation mais aussi faciliterait l'application des règles de responsabilité.

reconnaissance de l'obligation de sécurité de résultat. Cela serait au profit de l'équité et de la justice. Le professionnel n'étant pas vainement poursuivi et tenu pour responsable, les patients victimes n'étant pas également « laissés pour compte » face à la douleur de la défaillance médicale.

Dans la partie qui va suivre, il faudra accorder une attention aux actes qui peuvent faire l'objet d'obligation de résultat.

Paragraphe II : Les actes susceptibles de faire l'objet d'obligation de résultat

Le cadre des obligations de résultat est bien déterminé et s'intéresse à certains actes de chirurgie, aux prothèses, aux transfusions sanguines, aux vaccinations obligatoires, aux examens de laboratoire, et aux produits et matériels défectueux.[350] Cependant, au-delà de ces actes médicaux, d'autres actes en rapport avec l'humanisme médical exigent à ce que le médecin adopte un comportement approprié faisant qu'on puisse attendre de lui un résultat déterminé. Ainsi, faut-il prendre en exemple certains actes techniques pour la réalisation desquels le médecin peut être tenu à une obligation de résultat (A) et le secret professionnel qui découle de l'humanisme médical (B).

A/ Les actes de chirurgie et d'investigation

Il a déjà été rappelé que de manière classique, les actes de chirurgie ne font pas peser sur le chirurgien une obligation de résultat. Celui-ci est tenu d'une obligation générale de moyens qui se réalise dans un cadre d'information précis du patient sur le déroulement de l'intervention, les techniques utilisées et les risques éventuels liés. Cependant, avec la chirurgie esthétique intervenant en l'absence de toute maladie, malformation du patient, les exigences de la loi en vue de protéger les

[350] Fondamentalement, la doctrine en complicité avec la jurisprudence française dont l'inspiration est faite, ont dégagé ces cas d'obligation de résultat du professionnel de la santé.

volontaires à une telle épreuve sont plus renforcées. L'obligation de résultat y est exigée comme pour certains actes d'investigation et de prévention ou avec le développement de la science et de la technique médicale, on peut avoir un résultat certain et concret de l'acte posé. L'obligation de résultat en matière de chirurgie sera analysée séparément de celle dans les actes d'investigation et de prévention.

1°) Les actes de chirurgie

Pour les actes de chirurgie[351], il faut souligner que si classiquement le métier de chirurgien n'avait pas pour objectif de transformer un corps, ou une partie d'un organe, cette conception a, depuis les progrès spectaculaires de la médecine, évolué. La chirurgie actuellement fait plus qu'il ne faut en croire, même si le coût économique peut être le seul obstacle pour la réalisation des désirs les plus extrêmes de l'individu. Ce qui fait qu'au-delà de la chirurgie classique, celle esthétique liant le médecin et le patient pour une finalité précise, se répand de plus en plus. Le chirurgien véritable artisan de cette activité voit de plus en plus peser sur lui un résultat à la hauteur des promesses auxquelles il est tenu.

Surpassant ainsi l'obligation de moyens du médecin et contrariant le principe sacré de l'inviolabilité du corps humain, la chirurgie esthétique a pour objectif la satisfaction d'un besoin spécifique du patient. Ce besoin n'entre pas dans le cadre des soins à finalité curative ou

---

[351] La chirurgie est une pratique de soins, qu'il s'agisse de soins de santé ou de soins esthétiques. La diversification des actes de chirurgie parmi lesquels on peut citer : les mutilations volontaires, le rallongement et le gonflement de certains organes ou partie du corps, etc. conduit à une différenciation des pratiques de chirurgie. Fondamentalement, une différence existe entre la chirurgie esthétique et les autres pratiques de chirurgie qui se retrouvent sous l'expression chirurgie réparatrice, reconstructrice ou plastique a chirurgie reconstructrice, réparatrice ou plastique a pour rôle de rétablir les fonctions vitales ou motrices d'un patient à la suite d'une malformation ou d'un dommage subi. Elle relève de la médecine pathologique ou de nécessité. Quant à la chirurgie esthétique, elle a pour rôle d'améliorer l'état physique ou physiologique d'une personne.

thérapeutique ; donc, il existe en l'absence de toute souffrance pour raison de maladie ou de malformation. Cette chirurgie est en contraste avec la définition de l'OMS sur la santé mise à part les objectifs visés, puisqu'il s'agit également du bien-être du patient.

Dans cette matière, l'obligation du chirurgien se trouve renforcée et invoque plus le résultat que le moyen. Puisque, à analyser de près, il semble qu'il est imposé au chirurgien outre l'intervention (acte matériel conduisant au résultat promis) de se concentrer et de se consacrer à d'autres détails indispensables pour la réussite des soins.

En plus du patient, véritable objet de son intervention, qu'il est appelé à satisfaire, son attention doit se tourner avant l'opération sur la vérification du matériel mis à disposition par l'établissement et après celle-ci, sur la conduite du personnel qui l'aide pour la réalisation de l'intervention.

Autant de contraintes qui font douter de l'obligation de résultat du chirurgien, même s'il s'agit du domaine de l'esthétique, puisqu'à l'évidence, le chirurgien personnellement est incapable d'accomplir toutes ces tâches.

Mais, son objet renvoie plus à une obligation de sécurité de résultat, sauf exceptionnellement si l'engagement ferme a été donné par le médecin pour un résultat précis.

Dans ce cas, le patient soumis à une intervention de chirurgie esthétique est supposé connaître le résultat avant l'intervention du médecin même, puisqu'il s'agit de corriger ou d'améliorer des imperfections créant un malaise morphologique à celui-ci.

Selon le Docteur Traoré de l'hôpital de Mopti : *Au Mali, tu ne vas jamais entendre que le médecin a une obligation de résultat parce que l'État n'arrive pas à mettre le médecin dans les bonnes conditions pour avoir des résultats escomptés. Tu vas fouiller dans les juridictions, d'accord on pourra te parler de l'obligation de soins, mais l'obligation de résultat non. Par exemple même chez nous ici à l'hôpital de Mopti, le scanner est gâté, et même à l'hôpital Gabriel Touré, le scanner est en panne, dans ce cas quelqu'un qui fait un trauma crânienne, il saigne dans la boîte crânienne, si le médecin n'arrive pas à avoir un résultat escompter dans la prise en charge de ce malade, est-ce que tu vas dire qu'il lui faut une obligation de résultat. Il ne dispose même pas de moyens pour pouvoir bien traiter son patient. Il n'a pas une obligation de résultat.*[352]

Aux dires d'un chirurgien plasticien, la pratique de la chirurgie esthétique à but non thérapeutique au Mali ne leur est pas reconnue et l'obligation du médecin ne peut être de moyen : *L'obligation de résultat du chirurgien même esthéticien si cela devrait exister au Mali est à ce jour insensé, puisque les conditions matérielles offertes aux chirurgiens ne se prêtent pas à la fourniture d'une intervention chirurgicale de qualité. Or la qualité prévue par les textes, devrait être la première obligation de résultat pesant d'abord sur l'établissement avant de viser celle du praticien. Donc en travaillant avec les moyens de bord, l'obligation du chirurgien ne peut être que de moyen.*[353]

Cependant, la tenue du chirurgien esthéticien à une obligation de résultat se situe à d'autres niveaux, que ce soit par rapport à l'obligation d'information du patient, l'obligation de recueillir son consentement éclairé. Si l'obligation de recueil du consentement éclairé et l'obligation d'information sont indispensables dans la pratique médicale ou en chirurgie, elles deviennent plus accentuées en chirurgie esthétique où la quête de la convenance d'une part, et la proposition de cette convenance d'autre part, sont ce qui guide le plus le médecin et le patient dans la relation de soins. Au-delà de la mise à disposition d'équipements adéquats pour la prestation de soins, la prise en compte des obligations juridiques (de recueil du consentement et d'information) qui se font dans la plus grande transparence, accentue l'obligation d'obtenir le résultat envisagé.

L'article 26 du code de déontologie médicale prévoit aussi la limitation des soins au nécessaire compatible avec la qualité et l'efficacité des soins. Ce qui est contraire à la pratique de la chirurgie esthétique susceptible de faire subir au patient un risque inutile, l'intervention étant dépourvue de toute nécessité et urgence. Ceci prouve qu'en principe, la pratique de la chirurgie esthétique au Mali serait illégale en l'absence d'une disposition la rendant légale.[354] Certes, l'article 25 des

[352] Entretien réalisé à l'Hôpital Régional Sominé Dolo de Mopti en aout 2017.
[353] Témoignage d'un chirurgien d'une clinique de Bamako, recueilli le 27 janvier 2018.
[354] À titre d'illustration, le décret français du 11 juillet 2005 délimite le cadre d'exercice de la chirurgie esthétique. Il l'a défini comme les actes chirurgicaux

décrets de 2017 sur les différents ordres des professions sanitaires avec un même libellé prévoit qu' « un arrêté du ministre chargé de la santé fixe les actes professionnels des médecins ». Cependant, en attendant l'élaboration d'un texte en matière de chirurgie ou de chirurgie esthétique, il faut se fier aux enseignements de la doctrine générale ou faire une transposition du droit français. La réalisation d'un acte de chirurgie esthétique doit être soutenue par la volonté libre et éclairée de la personne qui se soumet à l'acte de chirurgie esthétique ; d'où, le caractère indispensable du consentement éclairé auquel le chirurgien est absolument tenu d'une part, et l'existence d'une disposition légale ou règlementaire d'autre part.

Le risque qui entoure la chirurgie esthétique a motivé cet arrêt de la Cour d'appel de Paris du 20 juin 1960 énonçant : « le fait même pour un chirurgien d'entreprendre une opération comportant des risques d'une certaine gravité sur un organe sain dans le seul but de corriger la ligne, et sans que cette intervention lui soit imposée par une nécessité thérapeutique, ni même qu'elle puisse présenter une utilité quelconque pour la santé de l'opéré, constitue une faute en soi ».

Le fait que le patient ait insisté pour se faire opérer n'exonère pas le praticien de sa responsabilité : dans un tel cas, il doit refuser catégoriquement l'intervention.[355] En réalité, ce n'est pas l'opération de chirurgie esthétique qui est sanctionnée par les tribunaux, mais plutôt le risque encouru du fait de l'opération s'il est disproportionné par rapport au résultat espéré.

Ainsi, c'est la règle de la raison proportionnée qui peut justifier l'acte du médecin qui recherche le bienfait pour le patient, et peut confiner son acte dans le cadre de l'obligation de moyens. Mais, à ce niveau, il faut souligner que pour nier l'obligation de sécurité de résultat du chirurgien, l'invocation de l'acceptation du risque par le patient a aussi été partiellement admise.

---

tendant à modifier l'apparence corporelle d'une personne sans visée thérapeutique ou reconstructrice ». Le législateur français a procédé à un encadrement strict de cette pratique eu égard fondamentalement au principe constitutionnel de l'inviolabilité du corps humain.

[355] Bernard Dapogny, *Les droits des victimes de la médecine*, éditions Du Puits Fleuri, 2009, p. 133.

L'objection soutient qu'il est évident que *le patient accepte des risques, mais que ce sont des risques différents de ceux qui résultent de l'utilisation des instruments chirurgicaux ou appareils liés à l'acte chirurgical.*[356]

Toutefois, les actes de chirurgie esthétique ne sont pas les seuls à pouvoir imposer une obligation de résultat, puisqu'à l'instar de ceux-ci, existent les actes d'investigation et de prévention qui ont joué un rôle dans la promotion de l'obligation de résultat.

2°) Les actes de prévention et les actes d'investigation

La protection du corps humain étant l'objectif essentiel de la médecine, tous les actes qu'elle envisage ont pour unique finalité la santé ou la vie humaine. Ces actes peuvent être préventifs, curatifs, palliatifs ou esthétiques, mais toujours est-il qu'ils visent le bien être ou la santé de l'individu.

Alors, l'obligation de résultat (au-delà de l'éventualité de la chirurgie esthétique), compte tenu de la certitude que certains actes d'investigation ou de prévention sont à même de fournir s'est faite une place. Ces actes se réalisent sur la base de produits, de matériels ou d'équipements dont l'efficacité et l'authenticité sont attestées bien avant la soumission du corps ou de l'organe humain à des traitements diffusés par ceux-ci. Tel est, non seulement le cas des actes d'investigation réalisés par les laboratoires et centres spécialisés, mais aussi du vaccin, produit de santé dont les vertus de prévention contre les épidémies et certaines maladies ont été découvertes depuis quelques siècles.

Il est un important moyen de protection de l'homme contre son environnement et intervient en général avant la survenance de la maladie. Ainsi, la vaccination comme acte de prévention et les actes d'investigation menés par des établissements ou des personnes habilitées à cet effet sont des actes qui tiennent leur débiteur à une

---

[356] Anick Dorsner- Dolivet, *Contribution à la restauration de la faute, condition des responsabilités civile et pénale dans l'homicide et les blessures par imprudence. À propos de la chirurgie*, édition LGDJ, 1986, p. 185.

obligation de résultat. Cette obligation de résultat découle de la nature de l'acte effectué, car en principe, le cadre de réalisation de l'acte, c'est-à-dire le matériel, le produit, l'environnement ou l'ensemble des moyens utilisés sont favorables à l'obtention d'un résultat concret. Également, l'une des raisons du choix de l'acte est de corroborer ou compléter le diagnostic fait par le médecin. Au-delà des moyens fournissant des informations précises, la finalité recherchée par ces actes se prête à l'espérance d'un résultat déterminé.

Par conséquent, qu'il s'agisse de contrat ou en l'absence de contrat, le praticien de la santé en s'engageant pour de tels actes ne peut que fournir un résultat précis, la réalisation se faisant avec des produits et matériels destinés et attestés à cet effet. C'est ainsi que par exemple, le recours à un laboratoire d'analyse pour un test d'hémoglobine doit fournir un résultat concret de *pourcentage* dans la limite de *valeurs de référence* bien définies, obtenues après examination du sang par le biais des matériels et produits utilisés par le spécialiste. Toute différence pour les données issues du même prélèvement sanguin soumis à des conditions égales et optimales d'analyse dénote une défaillance traduisant une violation de l'obligation de résultat du praticien de la santé. Car soit le matériel utilisé est défectueux, soit une mauvaise ou fausse interprétation est faite par le spécialiste qui procède aux recueils des données. Ainsi, toute incompatibilité relevée dans les résultats fournis lors d'un acte d'investigation dénote une inexécution ou une mauvaise exécution par l'établissement ou par le praticien de son obligation de résultat.

Les dispositions du RGO, texte par excellence de règlement des questions de responsabilité et de réparation seront sollicitées naturellement.[357] Mais, il est important de souligner qu'en matière de

---

[357] Le RGO inspiré du code civil français ne prévoit expressément la responsabilité sans faute du fait de produit défectueux. Et pourtant le rédacteur du code civil a dû l'intégrer suite aux nouvelles exigences des relations juridiques. Par exemple, il prévoit la responsabilité sans faute du producteur lorsque ce dernier est à l'origine de la mise en circulation d'un produit défectueux. La responsabilité du producteur est ainsi recherchée sur la base des anciens articles 1386-1 et suivants du code civil français, qui également prennent source de la transposition d'une directive européenne du 25 juillet 1985. Ainsi, l'élaboration de textes spécifiques s'impose au Mali pour une meilleure prise en compte de certaines règles juridiques telles que le régime

responsabilité du fait des produits défectueux, ou de responsabilité médicale, des dispositions spécifiques devront être envisagées pour une meilleure prise en compte des particularités du domaine médical.[358] C'est pourquoi, l'obligation de résultat si exceptionnelle soit-elle en matière médicale, son invocation suscite la mise en place non seulement de conditions appropriées d'exercice de l'activité médicale mais aussi d'instruments juridiques susceptibles de régir intégralement l'activité médicale, les relations de soins et des conséquences qui y en découlent.

À défaut d'une construction jurisprudentielle, le législateur devrait prendre à bras le corps la problématique de l'obligation de sécurité de résultat des producteurs, fournisseurs ou mêmes des laboratoires d'analyse.

De même, il semble nécessaire de réfléchir sur un système de solidarité à l'image de la France qui prendra en charge l'indemnisation des victimes des actes de prévention.[359] Ce système de solidarité peut réduire le champ de la responsabilité, en exemptant par exemple le patient de la preuve d'une obligation de résultat du professionnel ou précisément du fabricant. Dans l'affaire SMT c/ ASACODJE et PPM,

---

de la responsabilité, de la preuve en matière médicale, de la réparation ou du contentieux médical en général.

[358] Cela est important, puisque pour le cas concret du vaccin, à partir de l'instant où il est établi que malgré l'apport du vaccin dans la prévention des maladies, dans la protection des individus, la vaccination peut provoquer des pathologies graves notamment sur le système nerveux de l'être humain, exceptionnellement et dans peu de cas.

[359] La vaccination comme acte de prévention faisant courir un risque, mérite l'attention d'un système mutualisé supportant les dommages encourus par les bénéficiaires des vaccins. Ce qui est différent de la faute du praticien ayant débouché sur un dommage quelconque distinct du dommage issu de la défectuosité du produit vaccinal. Ce système mutualisé se justifie d'une part par la difficulté de preuve et d'autre part par le caractère général et obligatoire de la vaccination. Donc, la vaccination imposée devrait avoir pour corollaire l'indemnisation des dommages subis par les éventuelles victimes. Ce qui atteste l'obligation de résultat du fabricant ou du promoteur du vaccin qui doivent assurer ou attester la qualité du produit. En cas de défectuosité, les victimes ne doivent pas être laissées dans l'impasse. Ceci étant de la crédibilité et de la responsabilité de l'État garant de la santé des populations, d'où la possibilité d'invocation d'une présomption de faute de l'État, la victime ayant difficilement les moyens de prouver le risque vaccinal.

la responsabilité de la PPM pour mise sur le marché de produits défectueux a été engagée sur la base de l'article 125 du RGO. Bien que l'arrêt n'invoque pas l'obligation de sécurité de la PPM, il précise qu'elle a manqué en tant que fournisseur agréé à son obligation de livrer un produit exempt de vices.

Ce qui a valu la réparation solidaire avec l'ASACODJE du dommage causé au jeune SMT. Sauf que cette responsabilité de la PPM n'est pas déduite d'une présomption de faute, mais d'une expertise qui a établi la relation entre la défectuosité du produit médicamenteux et le dommage subi par le patient. Par conséquent, en l'absence d'une telle preuve, la responsabilité de la PPM n'allait pas être retenue au détriment de la seule responsabilité de l'ASACODJE.

Le juge sénégalais dans l'affaire Anne Marie Agbo[360] s'est montré plus audacieux en retenant la responsabilité sans faute prouvée de la clinique pour défaut de mémoire médical.

La voie empruntée par le juge sénégalais dans cette illustration, dénote le pouvoir créateur de la jurisprudence en présence du seul texte du droit commun en matière de responsabilité et qui n'est pas favorable à une indemnisation des victimes de dommages médicaux, eu égard surtout à la place prépondérante occupée par la faute.

L'article 1 de l'arrêté 92-0779 du 26 février 1992 portant réglementation de la transfusion sanguine prévoit que les meilleures conditions garantissant la sécurité du donneur et du receveur doivent être réunies par les établissements en charge des produits sanguins. Est-ce à en déduire que ces établissements sont tenus d'une obligation de sécurité de résultat envers la population ?

En tout truisme, cela devrait être le cas, puisque la qualité et la sécurité requises relèvent de l'obligation des établissements de santé. En plus, les centres de transfusion sanguine pas moins que les laboratoires d'analyses doivent être tenus à la fourniture de produits non viciés sous peine de voir leur obligation de résultat affectée. Cette situation est valable pour les établissements de soins de santé du fait des matériels et produits utilisés.

---

[360] Tribunal Hors classe de Dakar du 06 Décembre 2000, Anne Marie Agbo contre Clinique Casahous n° 2003.

L'obligation de résultat, loin de s'attacher uniquement aux actes techniques, concerne aussi l'humanisme médical et plus particulièrement le secret qui est un devoir fondamental du professionnel de la santé.

B/ Le secret professionnel objet d'obligation de résultat

Quel que soit le cadre de réalisation de l'activité professionnelle : publique ou privée, le secret demeure une obligation à laquelle le praticien est strictement tenu sous réserve de certaines exceptions légales.[361] Ainsi, la violation du secret serait-elle une maladresse grossière de son détenteur vis-à-vis de sa propre personne, de son métier et de la personne de celui qui le lui a confié. Le devoir de taire ou de se taire vaut certainement pour toutes les professions, car il y va de la protection de la vie, de l'intimité de la personne humaine et aussi de la pérennité des relations entre professionnel et usager. En matière médicale, il est connu sous le nom de secret professionnel du médecin ou secret médical.

Son accentuation pour la profession médicale remonte à l'antiquité ou déjà avec le serment d'Hippocrate[362], le secret était un devoir précieux du médecin vis-à-vis du malade et de la science médicale et il a toujours été gouverné par les règles déontologiques. « Point de secret sans médecin » disait Daniel Soulez Larivière[363], pour témoigner certainement de la pratique médicale comme précurseur de la protection de l'intimité ou de la vie privée de la personne humaine. Ainsi, le médecin plus que tout professionnel, doit soigneusement garder le secret et le partager prudemment. Seule cette prudence dans la

---

[361] À titre d'illustration, il faut évoquer les injonctions judiciaires, les motifs de santé publique ou de sécurité.

[362] « Admis à l'intérieur des maisons, mes yeux ne verront pas ce qui s'y passe, ma langue taira les secrets qui me seront confiés, et mon état ne servira pas à corrompre les mœurs, ni à favoriser le crime ». Extrait du serment d'Hippocrate.

[363] Voir Daniel Soulez Larivière, « La transparence et vertu » in colloque international de Lille II décembre 1998, p. 294.

conservation et la transmission évite à son détenteur une crise de confiance, car la pratique médicale sans confiance atteint difficilement ses objectifs. « Il n'y a pas de médecine sans confiance, de confiance sans confidence et de confidence sans secret »[364] disait Louis Portes.

Si cette antériorité déontologique a su garder toute sa vigueur, la préservation du secret en matière médicale franchira le giron déontologique pour faire l'objet d'une véritable préoccupation juridique.

1°) Le secret : une obligation juridique du professionnel de la santé

Le secret comme objet d'obligation juridique, crée une réciprocité dans le traitement du savoir, puisque celui qui sait ne dit que dans des conditions très déterminées, donc est tenu de taire. *Les relations entre les hommes se départagent sur la question du savoir réciproque : tout ce qui n'est pas dissimulé peut être connu, et tout ce n'est pas révélé ne doit pas être connu ».*[365] Si cette faiblesse langagière est souvent tolérable dans la vie courante[366], il faut préciser qu'elle est absolument condamnable en matière professionnelle au point que le droit en a fait une obligation juridique[367], certainement pour mieux consolider les

---

[364] Louis Portes, *À la recherche d'une éthique médicale*, *op. cit.* p.131, Bruno Py, *Le secret professionnel*, L'Harmattan, La justice au quotidien n° 28, 2005.
[365] Simmel G., Secret et société secrètes, éd. Circé, 1991, p. 26.
[366] Il faut signaler qu'il y' avait au Mali une tradition communautaire de discuter de ce qui touche le voisin sans considérer cela comme une violation du droit à la vie privée. Même la pratique de la médecine traditionnelle qui était la seule, ne voyait en cela une violation, car la discussion sur la santé D'une personne était dans le dessein d'apporter l'aide des autres. En effet, au Mali, comme on n'aime le croire, le « bouche à bouche » inapproprié que cela puisse paraître est traditionnellement, dans nombre de circonstance, un remède efficace à la maladie. Elle permet au voisin d'apprendre, de s'intéresser et de donner son opinion sur l'état de santé de la personne malade.
[367] Le secret comme obligation juridique est présent dans chacune des deux branches du droit : public et privé, et parfois occupe une place mixte comme dans le cas des enquêtes, de l'instruction ou des délibérations. Pour le secteur privé, il s'agit du secret lié à la vie privée et du secret professionnel, ces deux étant particulièrement importants dans la relation médicale.

acquis déontologiques et éthiques. Le respect du secret a été une préoccupation du médecin avant même qu'il ne devienne une obligation imposée par le droit.

Il est un devoir professionnel qui entend préserver l'intégrité morale du patient. Son inscription dans nombre de textes qui régissent l'activité médicale, mais aussi dans les textes de droit commun comme le code pénal [368] et le code de prévoyance sociale en est une illustration.[369]

Contrairement au code de déontologie médicale qui s'exprime en termes de devoir, le code pénal n'évoque ni devoir ni droit, mais prévoit des sanctions pour la révélation du secret. Quant au code de prévoyance, il prévoit que la garantie de la conservation du secret est du rôle du médecin.

Au-delà de la sanction déontologique, la violation du secret peut créer des ennuis judiciaires[370], puisqu'elle invoque également une responsabilité juridique. L'article 10 de la loi n° 85-41 sur l'exercice privé des professions sanitaires en faisant obligation aux membres des professions sanitaires de respecter le secret professionnel, interdit en même temps toute déposition comme témoin des faits dont ils ont connaissance dans l'exercice de leur fonction[371]. De même, l'article 16 de la charte du malade dispose que sont confidentielles les informations concernant la santé et la vie privée du patient. Ces informations et le contenu du dossier médical font l'objet d'une garantie légale. D'où, un caractère plus institutionnel invoquant la responsabilité ou l'implication d'un nombre important de professionnels dans un domaine d'activité bien déterminée. Cette garantie fait du secret médical une obligation du

---

[368] La révélation de secret est prévue et sanctionnée par l'article 130 de la loi 079- 2001 portant code pénal.

[369] L'article 51 du code de prévoyance sociale fait obligation au médecin du travail de prendre toutes les dispositions matérielles pour assurer le secret médical et l'inviolabilité du fichier détenu par le médecin.

[370] Le terme ennui judiciaire est une expression locale couramment employée au Mali pour décrire qu'il peut y avoir de procédure judiciaire pouvant déboucher sur la responsabilité pénale ou civile.

[371] Ceci est illustré dans un arrêt du 8 avril 1998 ou la chambre criminelle française a affirmé qu'elle n'était pas décidée à abandonner le caractère d'ordre public du secret médical. Voir. Droit pénal, août –septembre 1998, comm, note Véron n° 113, p. 11.

médecin qui assure la protection et la sécurité du patient. En revanche, le secret comme obligation traduit une connotation civile de la charge qu'a le médecin débiteur de réparer le dommage issu de la révélation du secret. Par conséquent, un recours en responsabilité civile est ouvert au patient victime pour demander réparation du préjudice à l'instar des autres moyens de recours comme celui disciplinaire.

2°) Faire du secret médical une obligation de résultat au Mali

L'obligation de résultat est une obligation qui lie le médecin à un résultat concret sans aucune possibilité de se défaire. En matière de secret, elle est à la fois source de protection et de sécurité du patient. L'engagement du médecin dans une relation de soins (contractuelle ou pas) fait donc obligation sur lui de se garder de toute diffusion d'information sur l'état de santé du patient. Son obligation est ici identique. Le secret comme obstacle à la libre transmission de l'information n'est pas à négocier. Il se doit d'être conservé sans la moindre diffusion sous peine de laisser croire à une volonté d'assouvir une curiosité quelconque. Ainsi, le secret médical placé dans cette catégorie d'obligation suppose une vigilance du médecin et un renforcement de son assiduité à l'égard des informations dont il a la garde. Son obligation est même de sécurité de résultat, puisque la loi entend garantir à chacun la sécurité des confidences et des informations le concernant.[372]

En définitive, dans un intérêt général et d'ordre public, il revient au professionnel de garder ce qui lui est révélé et ce dont il a connaissance de la situation d'un patient. Pourtant, dans le contexte malien le secret

---

[372]Cf. article 1 de la loi n° 2013- 015 du 21 mai 2013 portant protection des données à caractère personnel en République du Mali. Ces données concernent également le domaine médical, la relation médecin –patient se tissant et s'entretenant actuellement avec l'aide des technologies modernes sans exclure des outils comme le dossier médical (qui est un aspect particulier du secret), le fichier médical etc. L'article 3 de ladite loi inclut les données sanitaires qu'il définit comme toute information concernant l'état physique et mental d'une personne concernée, y compris ses données génétiques ou biologiques.

médical subit parfois une divulgation dans tous les sens. Chacun se croyant libre de discuter de la santé du patient, au motif que l'information vient du professionnel même qui prend le malade en charge. Cette pratique est anti-déontologique, et peut constituer également une inexécution de l'obligation de résultat. *Au cours de la prise en charge d'un enfant dont la séropositivité était avérée, dans un service de pédiatrie de Bamako, le médecin traitant s'est retrouvé face au dilemme d'informer le père de l'enfant ou de limiter l'information à la seule maman qui était déjà au courant, sous peine d'affecter le mariage de cette dernière.*[373]

Ce cas illustre la difficulté liée à la transmission du secret et aux atteintes liées à l'obligation de résultat du médecin, car le père et la mère d'un enfant mineur sont en principe les personnes légalement admises pour connaître la situation sanitaire de ce dernier. Mais, lorsque le médecin se doit de garder d'en informer un, ou de ne le dire du tout à aucun des parents, cela constitue une violation : de leur droit en tant que parent de connaître, du droit de l'enfant de bénéficier d'une prise en charge adéquate et d'une inexécution de sa propre obligation de partager le secret ou l'information avec la ou les personne/s habilitées.[374]

Ainsi, l'obligation de résultat du médecin en matière de secret se voit confronter à plusieurs obstacles : d'abord du côté du patient sur qui pèse la charge de la preuve, il n'est pas toujours facile d'établir le lien entre la révélation et l'attitude du médecin, ensuite le dépositaire est certes le professionnel de la santé, mais dans le cadre de la collaboration ou sur injonction légale ou judiciaire d'autres personnes peuvent prendre connaissance du secret et enfin la limite (par rapport au contenu et aux personnes à informer surtout en matière de VIH) de l'obligation de résultat du médecin n'est pas toujours établie. Le secret comme

[373] Témoignage anonyme recueilli en janvier 2018.

[374] Ici, si la minorité n'est pas un problème du fait de la faculté de représentation des parents, la séropositivité en un bien un. Elle l'a d'ailleurs toujours été lorsqu'il s'agit de confronter le secret médical et la continuité de la prise en charge qui fait intervenir d'autres personnes ou d'autres intérêts. Parlant d'intérêts dans ce cas précis, il y a certainement opposition entre les intérêts du malade ou des malades (la maman y compris) au secret et l'intérêt du mari dont l'attitude du médecin peut exposer à un danger sanitaire pouvant conduire à la dégradation de sa santé, voire pire.

obligation de résultat est une obligation renforcée qui impose la réparation du dommage causé à chaque fois qu'il est établi que le professionnel en est responsable.

Le chapitre suivant aborde le clivage institutionnel et contractuel des obligations du médecin, dans le but de mieux appréhender la nature des relations médecin-patient au Mali.

CHAPITRE II

LE CLIVAGE INSTITUTIONNEL ET CONTRACTUEL DES OBLIGATIONS MÉDICALES

Le contrat découlait de la reconnaissance du colloque singulier entre médecin et patient, lui-même animé par une confiance réciproque de l'un envers l'autre. Mais, même dans ce colloque singulier, l'emprise de la sacralité et du paternalisme médical en toute évidence crée un déséquilibre qui ne favorisait pas l'option contractuelle. Avec l'intervention du droit, les obligations médicales découlent fondamentalement de deux cadres bien distincts, à savoir, le cadre contractuel et le cadre extracontractuel qui est régi par les dispositions légales.

Le cadre extracontractuel dénommé autrement institutionnel dans ce travail, est celui que le système de santé malien a propulsé initialement. Les nombreuses réformes et l'évolution du système de santé n'ont affecté apparemment cette prédominance qui s'épanouit sous une existence latente d'un droit commun des contrats. Le droit commun éclot faiblement dans le domaine des relations médicales. S'il faut appeler cela : balbutiement, loin s'en faut, mais étouffement du contrat, cela semble bien être le cas.

Le balbutiement se retrouve plutôt dans le droit médical français pour lequel il a fallu plus d'un siècle pour que celui-ci trouve véritablement sa voie avec la loi de 2002 consacrant un fondement légal de l'obligation et de la responsabilité médicale. Une atteinte au code civil, gendarme, duquel se dégageait la distinction classique obligation contractuelle médicale et obligation délictuelle médicale. Si cette innovation juridique n'est pas sans conséquence[375], car l'autonomie de

---

[375] Avec l'éloignement du droit commun de la responsabilité, le juge n'a plus la possibilité de compléter les dispositions légales avec ces règles communes et pourtant la loi de 2002 non plus n'envisage pas une réponse à toutes les

la loi française de 2002, réduit le champ du juge et du code civil français, elle a le mérite d'offrir un cadre spécial des préoccupations médicales. Principalement, celui de satisfaire le patient sans empiéter les droits du médecin.

Pour une meilleure appréhension de ce clivage institutionnel et contractuel en matière médicale, il faudra procéder à une tentative de détermination de la nature de la relation de soins au Mali (Section I), avant de s'attarder sur l'analyse de la responsabilité médicale tenant au critère objectif (Section II).

Section I : Tentative de détermination de la nature de la relation de soins au Mali

Après une reconnaissance institutionnelle, la relation de soins au Mali finit par rejoindre le cercle du droit civil qui classiquement, se prête à la grande division des obligations conventionnelles et légales. Cependant, si l'existence théorique d'une telle distinction est réelle, elle ne fait pas l'objet d'un respect strict de chacun de ces fondements dans la pratique médicale. Ce qui ne facilite pas l'appréhension de la nature de la relation de soins au Mali avec toutes les exigences juridiques qui y sont attachées. Ainsi, pour mieux justifier les fondements contractuels et délictuels de la responsabilité médicale,[376] une attention sur la manifestation du contrat médical au Mali est nécessaire (Paragraphe I). De l'analyse de cette manifestation, il sera possible d'asseoir des convictions sur l'assoupissement de la responsabilité contractuelle médicale (Paragraphe II).

Paragraphe I : La manifestation du contrat médical au Mali

Le contrat médical, est un contrat de droit civil. L'application des règles du RGO en la matière le prouve à suffisance. Pourtant, un réel décalage

---

préoccupations en matière de responsabilité contractuelle ou délictuelle médicale.

[376] Supra, p. 81 et 137.

a lieu entre le jumelage droit civil - droit médical et la réalité du terrain, puisque le contrat médical semble ne répondre qu'à une appartenance textuelle durement éprouvée dans le quotidien de l'activité médicale. Ce quotidien dépeint en général une attitude confuse tant de la part du professionnel de la santé, que de la population bénéficiaire des soins. Cela favorise un imbroglio dans l'appréciation de la nature de la relation de soins malgré l'existence de dispositions juridiques. Ainsi, la manifestation de la nature de la relation de soins est perceptible à la fois en fonction de la représentation sociale (A), mais aussi des enseignements tirés principalement du droit commun des obligations et de la charte du malade hospitalisé (B).

A/ La teneur de la relation contractuelle sous l'angle social

Le rapport praticien - patient est un rapport classiquement extrapolé, où interviennent d'autres personnes qui jouent parfois un rôle considérable dans la relation de soins. L'évolution de l'activité médicale concomitamment avec celle de la société malienne ne met pas en cause la tradition d'impliquer d'autres membres de la famille ou d'autres connaissances du patient dans la prise en charge des soins. Cette implication trouve sa justification dans la structuration sociale des rapports humains, qui fait que le bonheur d'un membre de la famille est celui de tous les autres, et il en est de même lorsque survient un évènement malheureux comme la maladie. De la compassion à la participation aux couts financiers des soins ou aux actes matériels, seule la souffrance physique devient l'apanage du malade, les autres (parents, amis et connaissances, etc.) l'assistant parfois in extremis dans tout le processus de prise en charge. Ainsi, seule la douleur physique (interne ou externe) justifie le recours aux soins de santé et la dévotion du professionnel de la santé motive le colloque singulier. Ce colloque praticien-patient exclut tout interventionnisme d'une tierce personne et cela, à tous les stades des rencontres et échanges entre ceux-ci.

Son existence est indéniable dans la relation de soins et conditionne certainement l'existence d'un contrat même en l'absence de toute formalité. Il est ce rapport « extra médical » qui met à la charge de chacune des parties un certain nombre d'obligations ou « Ke ta » en langue bamanan. Mais, l'usage de la contrainte ou « Diagouya » en bamanan à l'égard surtout du praticien est très mal perçu par la conscience collective qui finalement écarte le geste fautif de celui-ci pour blâmer la victime pour sa réplique.

Résumées à une relation sociale de soignant-soigné, les charges du praticien et surtout du patient demeurent mal définies. La seule chose qui importe pour ce dernier et son environnement est l'exécution par le praticien de l'obligation de soins. Mais aussi, limiter le contrat médical au colloque singulier médecin patient, c'est l'amputé des possibilités médicales et juridiques[377] d'une exécution parfaite, et par conséquent, d'une bonne exécution ; ou du moins, cela traduit la réalité du contrat médical en ces temps de révolution scientifique, technique et technologique. Cette limitation aurait mieux réussi dans la société traditionnelle avec une difficulté de près qu'est celle de l'implication massive et parfois excessive de tout l'environnement du malade dans le processus de soins. Ainsi, le contrat comme « Ben kan » en langue bamanan donne droit surtout au praticien d'accéder au corps du patient et d'apporter suivant les règles de l'art médical tout le soin nécessaire. En contrepartie de la prise en charge, la gratification du praticien est déterminée en fonction de plusieurs valeurs sociales : argent, reconnaissance, biens en nature etc. Si l'acte du praticien a trait aux soins de santé, la charge qui pèse sur le patient est extra médical en ce sens qu'il ne demande nullement de compétence et de connaissances médicales. Cette limite des effets de la relation médecin- patient surtout du côté du patient est facteur de déséquilibre, tout comme l'est la position de chacune des parties au moment de la formation et en cours d'exécution du contrat. Dans cette appréhension du praticien au service du bien-être et de la santé de la population et particulièrement du patient, l'étendue du contrat se trouve très mal définie dans le contexte social malien.

Généralement, l'acte du praticien est exempt de tout geste fautif, celui-ci étant imputable à la volonté divine et au cours naturel de l'existence humaine. La confiance socle de la relation contractuelle se maintient

[377] Ces possibilités ont trait d'une part à la participation d'autres confrères et auxiliaires médicaux au processus de soins, et d'autre part à l'usage de certaines modalités juridiques telles que les conditions d'établissement de l'information médicale, de la participation de tierce personne capable de représenter le patient pour certains actes juridiques, etc.

(bon gré ou malgré) même en cas d'exécution défaillante du contrat. Elle découle de la notoriété antérieure du praticien et il y va de la sauvegarde de l'intérêt des futurs patients ayant des liens soit familiaux, soit sociaux avec le patient victime. Il y a une sorte de parentalisation ou de socialisation[378] de la relation privée qui obscurcit l'opérationnalisation du contrat et rend difficile l'application des sanctions afférentes à sa mauvaise exécution ou à son inexécution.

Le constat est que si de manière discutable cette pratique sociale s'adaptait mieux à la thérapie traditionnelle, sa transposition à tout bout de champ aux relations issues de la médecine conventionnelle met en doute l'existence d'un véritable contrat ; et donc, compromet les règles du droit commun applicable au contrat.

Ces règles valables pour toute relation contractuelle médicale sont en conformité avec d'autres dispositions spéciales telle la charte du malade.

B/ Les enseignements tirés du droit commun des obligations et de la charte du malade

L'obligation médicale est une obligation civile qui met en lien volontairement ou involontairement[379] deux personnes : à savoir un médecin et un patient, avec pour objet principal la fourniture par le médecin des soins de santé. Lorsque le cadre, le contenu des soins sont préalablement définis par les parties, la réalité d'un contrat s'offre. Mais au-delà, l'obligation médicale est d'une part, une obligation naturelle[380]

---

[378] Ces liens d'affinités sont créés des deux côtés, donc soit, ils proviennent du côté du praticien, soit du côté du patient, voir même des deux côtés. Ils interférèrent considérablement dans la relation praticien- patient.

[379] Ceci est conforté par l'article 4 du RGO prévoyant que « Les obligations naissent des actes et des faits juridiques ».

[380] L'article 3 du RGO dispose que « L'obligation naturelle est un lien de droit dont l'inexécution n'est pas juridiquement sanctionnée ». Si l'évolution du droit et de la médecine ont permis l'assoupissement ou l'atténuation de cette conception, il y a lieu de souligner que dans nombre de zones rurales du Mali, surtout pour celles rattachées à la pratique de la médecine traditionnelle, l'idéologie selon laquelle le médecin ou le tradi praticien ne fait qu'aider du

qui découle du devoir moral de prêter secours ; et d'autre part ; une obligation juridique, puisque la loi accorde à l'acte du médecin toute la considération qu'il faut, et cela sur la base du seul consensus aux soins.

Pour le contrat, il y a lieu de préciser tout d'abord que cette analyse n'a pas pour objet de revenir sur l'étude du contrat médical réalisée dans le chapitre consacré au fondement de la responsabilité. Elle y a été suffisamment développée, mais il s'agit de déterminer la pertinence de certains éléments qui influencent l'authenticité du contrat médical comme l'autonomie du consentement, la réciprocité et la transparence de l'information et enfin la preuve de l'existence du contrat.

Il s'agit donc de déterminer dans quelle mesure ces éléments nécessaires en matière médicale renforcent-t-ils les exigences contractuelles prévues par le RGO. L'obligation selon son objet est une obligation de donner, de faire ou de ne pas faire.[381] L'adaptation de cet objet au cadre médical retient surtout l'obligation de faire ou de ne pas faire, l'obligation de donner présentant certaines difficultés par rapport au transfert de propriété ou des droits (que le débiteur a sur la chose principale et ses accessoires) tel que prévu par l'article 9 du RGO.

Ainsi, si cette obligation de faire ou de ne pas faire se retrouve en matière médicale, il est à noter qu'elle peut exister dans un cadre contractuel ou extracontractuel, puisque le contenu de l'obligation médicale est invariable comme déjà signalé.

Sauf que l'obligation de faire ou de ne pas faire en matière contractuelle médicale répond à certaines exigences dont le caractère absolu prête à discussion dans certaines prises en charge médicale au Mali. Comme susmentionné, ces éléments se rapportent au consentement éclairé, à la réciprocité de l'information et à la preuve de l'existence du contrat.

Le consentement préalablement développé est un élément clé de la relation contractuelle. La loi est bien claire lorsqu'elle dit : « la volonté de chacun des contractant doit être libre et éclairé. (…) ».[382]

---

mieux qu'il peut persiste encore. Donc, toute défaillance issue de l'acte de celui-ci demeure une fatalité, sauf au médecin ou au tradi praticien d'avoir des remords pour l'inconduite qu'il peut se reprocher lui-même.

[381] Voir section 2, article 9 à 11 du RGO.

[382] Article 35 du RGO *op. cit.*.

Nous manquons permanemment de « Fiche de consentement éclairé », *or il est pour le chirurgien un instrument précieux de travail quel qu'en soit le secteur dans lequel tu fais office de chirurgien. Pour ne pas laisser les patients sans intervention, nous les informons verbalement du déroulement de l'opération et parfois il y a des informations qui sont omises.*[383]

Ainsi, le consentement comme condition de formation du contrat en général et élément non négligeable du contrat médical[384] et de toute relation de soins, est mal appliqué dans la pratique médicale au Mali. Conditionné, à l'information médicale ou découlant de cette dernière, tout consentement vicié est en principe synonyme d'une absence de contrat.

En matière de contrat, l'obligation d'informer du praticien va de paire avec l'obligation de soins qui peut contenir des accessoires dont la connaissance est nécessaire pour le maintien de la relation contractuelle. La dépendance de ces obligations par un lien de principale à accessoire est soutenue par le Professeur Memeteau[385] qui affirme que l'obligation d'information du médecin est toujours liée à l'obligation de soins. Quand l'obligation de soins est contractuelle, l'obligation d'information doit également être contractuelle, *accessorium sequitur principale* dit-on. Mais, si l'obligation de soins s'adapte aux conditions de validité du contrat, l'obligation d'informer s'adapte difficilement[386] dans la pratique, un fossé existant entre le praticien et le patient.

En plus, il est évident que même l'information sur le coût des soins est importante, au point qu'elle est reconnue expressément comme droit dans l'article L.1111-3 du CSP.F. Elle est qualifiée de transparence financière de la relation médicale ; or, dans nombre de cas au Mali le

---

[383] Entretien avec un chirurgien d'un établissement de santé de Bamako le 28 avril 2018.

[384] Voir à titre d'illustration l'article 5 du CPF, article 3 de la loi 09-17 relative au prélèvement, à la greffe d'organes, de tissus et de cellules humains et aussi du code civil français en son article 16, 16-3.

[385] Gérard Memeteau, « Le devoir d'information, ou les moulins à vents », LPA., 7 janvier 2013, p. 4, n° 5.

[386] Voir à ce sujet A.L.F. Serlooten, *L'obligation de soin en droit privé*, *op. cit.*, p. 122, n° 154 et 155.

patient ou ses accompagnants sont peu intéressés par l'ensemble des informations qui entourent l'acte de soins. Seul le résultat final qui est l'espérance d'une guérison ou de l'amélioration de l'état de santé prévaut. Les informations pré ou post-soins pouvant concourir à ce résultat sont souvent, reléguées au second plan.

S'agissant de l'obligation selon ses effets, on y retient les obligations de moyens et les obligations de résultat.[387] L'obligation médicale se soumet à chacune de ses obligations avec une prévalence pour l'obligation de moyens.

Le délit retenu en matière médicale depuis l'arrêt Thouret Noroy fléchissait pour permettre un prolongement de la durée de saisine du juge, mais aussi pour une meilleure prise en compte des revendications des victimes. Il a été soutenu qu'un tel recours n'était justifié dans l'arrêt Mercier, qu'en raison de la prescription trentenaire plus protectrice.[388] Ces auteurs avançaient précisément : C*e que l'on dénomma aussitôt contrat médical, puis contrat de soins, venait de naître paradoxalement de la seule constatation de ses effets avant même que l'on ait bien compris comment il se formait.*[389]

Ainsi, si le contrat médical évoqué dans le contexte sociojuridique malien en l'absence de toute base jurisprudentielle s'appuie sur un fondement légal qui n'est pas propre au domaine médical. Il fait référence au droit commun seulement ou à l'arrêt Mercier déjà contesté.

Ainsi, il serait nécessaire de procéder à une construction locale du contrat médical ou à une considération de l'obligation médicale comme une obligation légale[390] du médecin avec tous les effets qui s'y rattachent. Le cadre règlementaire entretenu par la charte du malade est une excellente opportunité pour mieux asseoir les fondements légaux de l'obligation du médecin. Avec ces 29 articles, la charte du malade, élaborée à la suite des lois de réforme est l'instrument, par excellence, de prévision des droits du malade en République du Mali, et cela, quel

---

[387] Voir section 1, article 7 et 8 du RGO.

[388] Kornprobst L. et Delphin S., *Le contrat de soins médicaux*, p. 13, n° 7, cité par A.L-F. Serlooten, *op. cit.*, n° 146, p. 116.

[389] *Ibid.*

[390] Ce qui amènera pour plus d'efficacité à la mise en place d'une législation spéciale à l'instar du droit commun des obligations.

qu'en soit le cadre d'exercice de la médecine. À l'image d'un code de déontologie médicale, mais plus enclin pour la promotion des droits de la personne malade, la charte confine la relation de soins ou sinon l'obligation médicale dans un cadre institutionnel de protection de la personne malade.

Ainsi, à s'en tenir à la charte du malade, la relation de soins devient une relation légale ou le médecin exécute son obligation de soins en vertu des principes fondamentaux dégagés.

Les droits individuels fondamentaux prévus dans l'article 4 de la charte : « le droit à la non-discrimination, au respect de la personne, de sa liberté individuelle, de sa vie privée, de son autonomie, notamment le droit à l'autodétermination pour choisir son médecin, le droit à l'information, le droit à la liberté religieuse et philosophique », sont des droits qui permettent d'accéder certes au contrat médical, mais qui ont un caractère plus institutionnel que contractuel.

Cela est dû au fait que leur violation équivaut à la violation d'une prescription réglementaire invoquant les règles de la responsabilité y afférentes. Toute violation de ces principes encoure une réparation prévue par ce texte règlementaire et une responsabilité prévue par d'autres règles légales.

C'est dans ce sens que l'obligation d'information ralliée au droit fondamental du patient, c'est-à-dire considéré comme un droit à la dignité a été sanctionnée sur la base du droit commun en France, affaiblissant ainsi le poids du contrat médical en matière d'obligation d'information. L'article 27 de la Charte offre la possibilité de saisir le directeur de l'établissement sans pour autant faire mention de la nature de l'obligation du médecin.

L'analyse de la charte consolide donc la thèse du caractère institutionnel de cette obligation. Alors, face à chacun de ces droits, le médecin doit mettre en œuvre son obligation de moyens en vue de la satisfaction de son obligation médicale.

Sauf que, le caractère institutionnel des obligations du médecin est un facteur d'affaiblissement du contrat. Associé à d'autres facteurs sociojuridiques, ce caractère contribue largement à l'assoupissement de la responsabilité contractuelle.

Paragraphe II : L'assoupissement de la responsabilité contractuelle médicale au Mali

L'existence des fondements contractuels de l'activité médicale devrait favoriser l'application des règles du contrat dans les relations praticiens - patients. Ces fondements, à la fois juridique et extra juridique sont, la plupart du temps, laissés pour compte au profit de règles favorisant l'institutionnalisation de la relation de soins. Cela justifie la mise en œuvre difficile du contrat médical (A) surtout avec la prééminence de l'obligation de moyens tant sur le plan juridique que social (B).

A/ La difficile mise en œuvre du contrat médical au Mali

L'emprise des accords de volonté qui scellent la relation médicale doit être parfaite par d'autres considérations et éléments juridiques sans lesquels la mise en œuvre du contrat médical est difficile. La relation de soins n'est pas une relation ordinaire pouvant être confinée dans un cadre communément défini qui ne subit point d'autres influences. Elle permet l'imbrication des intérêts à la fois privés que publics.[391] Ce qui fait dire à J. Bellisent qu'elle est un « genre de rapports humains d'une nature toute particulière ».

Cette particularité de la relation de soins rend toute prétention à une relation contractuelle ambiguë. Allusion peut être faite ici à la France où le système juridique même avec la manifestation de diverses sources du droit en matière de contrat médical n'a pu aboutir à une

[391] Les soins dans le contexte social du Mali ont toujours généré les mêmes besoins sans qu'on puisse forcément penser à une catégorisation des rapports liant les acteurs aux soins. Cependant avec la consécration d'un droit positif, il y a eu une sorte de redéfinition des lignes directives des différentes relations pouvant s'imbriquer entre les humains. La relation de soins basée généralement sur une relation de pure confiance entre « la seule volonté ou motivation de soigner et l'unique besoin d'être soigné », a dégagé d'autres exigences. D'où la mise en place de nombreux principes, certains inhérents à la protection de la vie humaine, d'autres déterminant les bases des relations interhumaines.

détermination concrète de la nature contractuelle des soins. Pourtant, il est incontestable qu'avec l'arrêt Mercier, par exemple le contrat médical a connu des heures de gloire avant de subir une remise en cause[392] dont la pertinence rime avec le déclin fatal qu'il a connu. Le contrat médical avec toute la particularité qu'elle présente sans exclure son évocation dans un contexte social de faible considération des mécanismes juridiques (sauf référence à la théorie), demeure au Mali dans un état de léthargie justifiée. Cette justification s'amplifie à plusieurs niveaux qu'il faudra étayer à travers le silence du législateur, mais aussi en mettant en lumière les obstacles à la détermination de la faute contractuelle.

Le contrat médical avec les éléments qui ont déjà été analysés, est formé dès que le patient répond à la pollicitation faite par le médecin à travers l'ouverture d'un cabinet, l'installation d'une plaque et toutes les indications nécessaires à l'invitation de patient.[393]

De toute façon, cette pollicitation est synonyme de formation du contrat médical qui s'appuie sur une confiance au praticien. Elle n'est pas négligeable, car c'est sur elle qu'est fondé le principe du libre choix, base de l'exercice privé de la médecine.

Il est reconnu par l'article 8 du code de déontologie médicale du Mali. De cette relation de confiance découlent des obligations multiples, dont la principale est pour le praticien d'offrir des soins en contre partie pour le patient d'honorer la prescription et de payer la rémunération. De par le droit commun, il y a l'existence du contrat médical au Mali qui repose sur l'obligation de soins et renferme une nature civile eu égard au caractère libéral de la profession médicale et la nature de l'acte posé. Les lois 85-41 AN RM du 22 juin 1985 portant autorisation de

---

[392] Il faut citer J. Bellisent, *Contribution à l'analyse de la distinction des obligations de moyens et des obligations de résultat*, LGDJ, 2001 ; M. Girer, *Contribution à une analyse rénovée de la relation de soins. Essai de remise en cause du contrat médical*, 2008, *op. cit.* « Le consentement contractuel : mythe ou réalité. Pour une autre façon de penser les rapports patients-professionnels », *RGDM*, 2004.

[393] L'arrêt X. c/ Mellen l'a affirmé ainsi : « dès que le patient pénètre dans le cabinet de consultation du médecin, prend naissance entre celui-ci et le malade, par lui-même, un contrat de soins professionnels », à se référer aux expressions utilisées par le juge Bissonnette (1957, B.R. 389).

l'exercice privé des professions sanitaires et 86-35 AN RM du 12 avril 1986[394] portant institution de l'ordre national des médecins avec leur décret application, fondent l'exercice privé de la médecine au Mali et par conséquent, admettent l'existence d'une relation contractuelle entre médecin et patient. Nonobstant l'analyse faite du RGO et de la charte entravant une existence parfaite du contrat, le contrat médical demeure soutenu par d'autres assises juridiques qui, à ce jour, sont aussi probablement insuffisantes dans le contenu.

Par ailleurs, l'existence ou la reconnaissance du contrat médical au Mali comme partout devant s'adapter aux nouvelles exigences de la relation de soins non dérogatoires aux conditions de droit commun. Il est du devoir du législateur de tenir compte progressivement de ces exigences indispensables pour la protection des droits de la personne et précisément du patient. Cependant, la doctrine est parvenue à démontrer l'amenuisement de la vigueur du contrat avec l'engagement de nos jours de « l'ordre public de la protection de l'intégrité et de la dignité de l'être humain ».[395]

La réforme de 2002 au Mali est une preuve de ce dessein du législateur d'être conforme aux principes universels de promotion de la santé. Si cette réforme innove beaucoup dans le domaine institutionnel, c'est-à-dire pour ce qui concerne les établissements de santé, elle n'encadre pas suffisamment les relations de soins, leur portée et les conséquences qui en découlent. Or cela intègre des éléments comme l'obligation d'information, l'obligation de sécurité, la preuve des défaillances contractuelles et la réparation des dommages subis. Ceux-ci manquent de précision dans le droit commun des contrats.

Seule l'obligation d'information trouve une inscription dans le code de déontologie médicale, mais sans grande précision. Egalement, la charte du malade de 2008 la considère comme un droit fondamental sans faire mention de l'obligation de sécurité en matière médicale. Consacrées dans la loi de 2002 en France, il est évident que l'obligation d'information assure un certain équilibre dans la relation de soins. Selon certains témoignages : *La réalisation du contrat médical, la prise en compte de l'information médicale dans sa totalité comme droit ou*

---

[394] Modifiée par la loi 17-030 du 14 juillet 2017.

[395] Voir G. Memeteau, Cours de droit médical, 4ème édition LEH, 2010, n° 433, p. 327.

mesure de sécurité, la garantie de la sécurité de certains actes de soins sont entravées par le comportement manifeste ou déguisé de certains acteurs jouant un rôle prépondérant dans la réussite des politiques et actions de santé.[396]

Somme toute faite de la description qui vient d'être réalisée, il est logique que la consécration de règles juridiques qui règlementent intégralement le contrat médical doive permettre une affirmation parfaite du contrat. Actuellement, une construction bridée de la relation contractuelle se présente avec pour fondement juridique plus d'instruments qui se préoccupe du cadre institutionnel de l'exercice de la médecine que du colloque singulier médecin-patient. Il y a aussi l'absence d'une caractérisation des fautes qui sont susceptibles de se rencontrer dans l'exercice privé de la médecine, c'est-à-dire adaptées à la relation médicale privée. Pourtant engager une responsabilité médicale pour faute[397] suppose une distinction nette entre responsabilité délictuelle et responsabilité contractuelle, elle-même découlant d'une faute de même nature à moins qu'une responsabilité légale ne soit reconnue.

Pour démontrer son importance en matière de responsabilité contractuelle, certains auteurs considère la faute comme « une erreur de conduite, moralement blâmable, erreur que n'aurait pas commise l'homme ou (l'établissement) prudent, diligent et avisé placé dans les mêmes circonstances de fait ».[398] La faute contractuelle sous-entend toute inexécution ou mauvaise exécution d'une obligation contractuelle. Par conséquent, il doit exister un contrat, une violation d'une obligation contractuelle et un dommage issu de cette violation qui ne sera invocable que par les parties au contrat. Aussi, il faut noter que la responsabilité contractuelle est engagée seulement si un dommage découle de la faute. Ce dommage est différent de l'inexécution ou de la mauvaise exécution du contrat qui peut être résolue par d'autres moyens

---

[396] Témoignages recueillis en focus groupe lors des enquêtes à Mopti et Ségou en septembre 2017.

[397] Tel est l'appréhension dégagée des quelques décisions rendues en matière médicale par les juridictions civiles et administratives au Mali à ce jour. Elles évoquent tantôt une défaillance dans le fonctionnement de l'établissement de santé, tantôt un agissement fautif de l'agent de santé sans faire mention d'une quelconque faute contractuelle.

[398] B. Stark, H. Roland, L. Boyer, *Obligations ; contrat*, Litec, 1995, p. 607.

juridiques.[399] S'appesantir sur la faute contractuelle du médecin, revient à définir correctement les obligations médicales et à définir la portée des liens médecin-patient, au-delà du cadrage classique public –privé, servant généralement de base de distinction contrat –délit. Il s'agit donc de préciser le contenu de la responsabilité contractuelle, puisque l'imprécision est synonyme d'insécurité juridique. Cet encadrement nécessaire, semble se heurter à de nombreux obstacles[400] rendant l'aspect institutionnel de la relation de soins plus important et indispensable.

Comme le soulignent Malaurie et Aynes : « dans les deux régimes de responsabilité, il y a la déclinaison d'une institution unique qui est celle de répondre des dommages causés par sa faute ».[401]

Au Mali, l'ensemble des obligations médicales pourrait être contenu dans un instrument légal qui dépasse le clivage entre l'aspect contractuel et l'aspect délictuel à travers une unification qui assurera une meilleure protection des droits des acteurs aux soins. Afin de mieux susciter l'engouement du législateur pour donner la priorité à l'aspect institutionnel de la relation des soins, certaines propositions faisant ressortir des facteurs défavorables au contrat médical sont ici avancées :

-L'influence insuffisante du droit commun sur le contrat médical ;
-L'appartenance et l'identité de l'obligation de soins aux deux secteurs d'activité médicale ;
-Le contrat médical, au-delà du droit commun des contrats, demeure mal encadré par les autres textes ;

---

[399] Ces moyens ont trait à l'exécution forcée en cas d'inexécution et de l'exécution par équivalent en cas de dommage. Cependant l'exécution par équivalent est difficile voire impossible eu égard à la nature du dommage qui est généralement corporel en exercice privé.

[400] La proximité en matière des responsabilités délictuelle et contractuelle et la difficulté d'éviter aujourd'hui dans les deux régimes de responsabilité des obligations accessoires comme celle de sécurité qui bouleversent les règles établies. Ainsi, comme l'a bien noté Mme Viney, une réunification des deux régimes de responsabilité a été envisagée par plusieurs pays notamment : la France, le Québec, la Suisse ou la Pologne., le Pays-Bas. Voir G. Viney, *Traité de droit civil ; introduction à la responsabilité*, LGDJ, 1995, p. 423.

[401] P. Malaurie et L. Aynes, *Droit civil ; les obligations* », 1998, Cujas, p. 457 et 461.

-La détermination des différents types de contrats privés (contrat d'hospitalisation et contrat médical ou contrat de soins) ne fait pas l'objet d'encadrement ;
-L'origine historique de la santé au Mali en défaveur du contrat médical ;
-L'autonomie de la volonté, socle de l'obligation contractuelle de droit commun étant susceptible d'être retirée à tout moment en matière médicale, donc, elle n'offre pas suffisamment de sécurité telle que l'exigent les règles du contrat.

En somme, seul le colloque singulier et l'exercice privé de la médecine permettent de maintenir le contrat, or ce colloque singulier s'affaiblit sous le poids de l'intervention de multiples spécialités médicales. Aussi, l'exercice en privé ou en public institutionnalise la confiance. Tout compte fait, que l'on maintienne la formulation actuelle de contrat et délit, ou qu'on aille vers une obligation médicale légale, l'obligation de moyens est celle qui gouverne principalement l'acte du médecin.

B/ La surpuissance de l'obligation de moyens au Mali : une exclusion du contrat ?

Après l'étude de la permanence de l'obligation de moyens[402], il faut en venir à sa surpuissance dans le contexte malien. Comme pour dire que juridiquement, cette « expression » ou « formule » est pleine de sens, au point qu'elle fait un poids non négligeable pour la pratique médicale dont les prouesses incontestables n'ont su offrir une garantie et une certitude absolue.

Le paradoxe obligation de moyens du médecin et contrat médical trouve d'une part, un éclaircissement dans la conception sacrale de la pratique médicale, et d'autre part, dans la nécessité des moyens nécessaires pour tenir un quelconque engagement vis à vis du patient.

Le mystère de la pratique médicale est inhérent au mystère du corps humain, dont les manifestations sont différentes pour chaque être humain. Cela justifie l'omniprésence et la vigueur de l'obligation de

[402] *Supra*, p. 164.

moyens dans toute relation de soins. L'obligation de moyens au-delà de laquelle le praticien ne peut aller, serait de réaliser un miracle. Tout ce qui est miracle est divin. Cette conception sociale de l'obligation de moyens est poussée à un niveau qui va jusqu'à admettre que la poursuite d'un praticien est synonyme d'ingratitude ou de mauvais présage pour la victime du dommage médical.

Il est opportun de souligner que la conception sociale de l'obligation de moyens du médecin prédomine encore et surtout en matière de médecine traditionnelle, car la médecine moderne n'évolue certes pas au même rythme que les instruments juridiques la régissant, mais toute saisine du juge qui met en cause l'obligation de moyens du praticien peut avoir une solution juridique.[403]

Les moyens constituent-ils l'ossature de la pratique médicale ? À cette préoccupation, il faut répondre sans ambiguïté par l'affirmative. Toutefois, mise à part les moyens intellectuels, qui se réfèrent le plus souvent aux données acquises de la science ou aux connaissances spirituelles, religieuses ou ancestrales comme retenu pour la médecine traditionnelle, l'exercice de la médecine requiert des moyens matériels. Ils intéressent beaucoup plus la présente analyse.

Les moyens matériels se rapportent ainsi à l'ensemble des infrastructures, équipements, outils, instruments, appareils, logistiques etc. qui aident le praticien à procéder au diagnostic, au traitement, à l'évaluation des soins et au suivi.

L'obligation de moyens du médecin entendu initialement comme la capacité intellectuelle et humaine de celui-ci à assurer la prise en charge du malade, intègre les moyens matériels devenus nécessaires ou sinon indispensables (dans certains cas) pour la réalisation de nombre d'actes de soins. L'obligation de moyens du médecin considérée comme tous les moyens disponibles pour tenter de réaliser un résultat, renferme à la fois les moyens intellectuels que matériels. Si ces moyens « disponibles » comme mentionné dans l'article 7 du RGO peuvent occulter l'aspect matériel, il faut préciser que les moyens intellectuels ne peuvent faire défaut sous peine de procéder à un exercice illégal de la médecine. En réalité, il faut constater que la pratique médicale,

[403] Principalement le RGO qui définit l'obligation de moyens.

s'exerce dans certains cas sans moyens matériels[404], toute chose que les articles 4 et 14 du code de déontologie médicale interdisent, en imposant au médecin d'exercer dans des conditions techniques et environnementales adéquates.

Néanmoins, c'est surtout l'exercice de la médecine sans connaissance et sans titre qui est fermement condamné au point d'être encadré par la législation pénale en dehors des sanctions civiles et disciplinaires. Ainsi, la surpuissance de l'obligation de moyens se reconnaît par l'invocation permanente des moyens à la fois intellectuels que matériels[405], mais même en absence de moyens matériels, l'obligation de moyens demeure.

Ce qui est tout à fait notoire, car à regarder de près l'évolution de la technique et de la science médicale de manière universelle, il est possible de se rendre compte que même avec la réalisation de progrès spectaculaire dans les pays reconnus comme développés, l'obligation de moyens est celle qui prévaut.

Dans un entretien réalisé en 2017, il a été révélé par certains personnels du tribunal administratif que le juge a conscience de l'obligation de moyens qui pèse sur le médecin et qu'en dépit de cette obligation de moyens, établie par la loi et la jurisprudence, il y a lieu de reconnaître l'atmosphère d'insuffisance cruelle de moyens dans laquelle travail le médecin malien.[406]

Une situation qui met l'ensemble des acteurs de la justice dans un malaise patent lorsqu'il s'agit de traduire un comportement médical devant la justice. À titre d'exemple, l'urgence médicale définit en termes courants comme « une situation de vie ou de mort », cesse d'être une urgence dans nombre d'hôpitaux au Mali, lorsqu'il s'agit de procéder aux actes de diagnostic ou de soins tant les moyens sont défaillants. Ainsi, le médecin avec toutes les compétences et connaissances qu'il détient reste parfois dans l'attente de moyens. Ceux-ci concernent : les médicaments, le sang, le matériel, ou de la

---

[404] Eu égard à l'absence de la nécessité de ses moyens, due à la nature de l'acte ou au déficit réel de moyens.

[405] *Supra*, p. 192 et s.

[406] Recueil de l'entretien avec certains juges du tribunal administratif de Bamako le 2 novembre 2017.

logistique (précisément de l'électricité), pendant que les proches du patient attentent de lui un acte dont la réalisation est tributaire de la réunion de plusieurs moyens. En cas de survenance d'acte dommageable dans ces circonstances, l'obligation de moyens du médecin s'embrouille dans des considérations techniques, matérielles et environnementales qui ne sont, en temps normal, nécessaires pour la recherche d'une culpabilité.

L'absence ou l'insuffisance de moyens est donc une réalité invoquée constamment par le médecin et reconnue par le juge même en l'absence de tout contentieux.[407]

Section II : L'analyse de la responsabilité médicale tenant aux critères objectifs

La faute comme fondement de la responsabilité médicale au Mali suppose que le dommage issu de l'activité médicale est réparé sur la base de l'existence d'une faute et que sans faute, il n'y a pas de responsabilité.

Toutefois, il n'est pas sans exclure que la médecine malienne expose les patients comme toute médecine à des incertitudes et à des risques dont la prise en charge devrait également faire l'objet d'une préoccupation à la fois médicale, sociojuridique et même économique.

Ces risques reconnus sous le vocable d'accidents médicaux, quoique d'origines différentes et de source parfois inconnue, méritent au même titre que les accidents de travail ou les accidents de circulation d'être réparés, pour une prétention à un système de santé de qualité.

---

[407] Elle attire la clémence de la justice, cela est lié à la nature de l'acte médical d'une part et de la précision fournie par la jurisprudence au siècle dernier d'autre part. Mieux l'appréciation judiciaire de la pratique médicale dans un climat de défaillance ou de déficit de moyens assurant l'organisation matérielle des soins n'échappe pas au regard inquisiteur du juge. Elle a toujours attiré la clémence de la société convaincue que le médecin soigne et Dieu se charge du reste. Une conception moyenâgeuse qui semble prévaloir dans la conscience collective des maliens encore à ce jour.

Ainsi, la réparation des risques médicaux sous-entend la reconnaissance et la réglementation de la responsabilité objective sur laquelle sont bâties les notions de risque sanitaire et d'aléa thérapeutique qui se confondent le plus souvent dans la pratique médicale. Il faut leur consacrer une étude dans les deux paragraphes de cette section.

Paragraphe I : La précision de l'aléa thérapeutique et du risque sanitaire

La réduction ou la lutte contre l'aléa si insensée que cela puisse être, favorise incessamment la création, la rénovation et l'amélioration de techniques médicales dont l'efficacité et l'innocuité s'avèrent parfois une incertitude. Ainsi, de cette incertitude liée au corps humain et à l'environnement sanitaire de manière générale, le risque est ce à quoi le patient est fréquemment exposé. L'aléa est le compagnon fidèle de l'activité médicale et à chaque fois que son identification est permise dans un parcours médical, la reconnaissance d'un risque exposant la santé ou la vie du patient est permise.

Pour lever toute équivoque, il est opportun de noter que tout aléa est susceptible de représenter un risque pour le patient, même si le risque de son côté, (malgré les tentatives de circoncision) a un champ d'intervention large qui peut varier souvent en fonction des réalités socio sanitaires ou médicales.

Ainsi, il sera opportun de voir dans quelle mesure le risque sanitaire est inclusif de l'aléa thérapeutique (A), avant de tenter une analyse des infections nosocomiales et des affections iatrogènes comme éléments déterminants de l'aléa (B).

A/ Le risque sanitaire comme facteur de reconnaissance de l'aléa

Le risque sanitaire dans le contexte social malien prend en compte surtout les considérations environnementales, économiques et organisationnelles du système de santé en général ; tandis que sous d'autres cieux; il suscite d'autres problématiques liées à la forte machinisation ou industrialisation de la pratique médicale, de la forte informatisation ou institutionnalisation de la relation médicale. De ce fait, le champ du risque sanitaire devient de plus en plus grand et varié en dehors de l'aléa thérapeutique dont l'immensité limite l'efficacité de pratique médecine. L'aléa, loin d'être le seul aspect du risque, se retrouve dans l'idée de risque, mais il peut en être totalement distinct. Le risque sanitaire se distingue des notions similaires telles que le risque thérapeutique qui concerne exclusivement les actes de soins et le risque médical concernant l'ensemble des actes médicaux, il est donc plus vaste que celui thérapeutique limité aux soins ou au curatif.

Par conséquent, il est important de savoir si l'aléa existe dans chacun de ces risques ou s'il constitue une partie du risque sanitaire seulement touchant à la fois l'aspect institutionnel, fonctionnel et relationnel des soins. En toute évidence, la mise à disposition de certains moyens ou de certaines conditions, permet la prévision de certaines circonstances pouvant nuire à la santé des populations. Ces actions de santé publique contribuent à la diminution du risque sanitaire auquel un grand nombre de personnes peuvent être exposés en l'absence de toute pathologie individuelle.

À titre d'illustration, l'article 7 de la loi sur la vaccination prévoit que doit être immunisée contre un certain nombre de maladies notamment : l'hépatite, la diphtérie, le tétanos, la tuberculose, toute personne qui exerce une profession l'exposant à des risques de contamination d'une autre personne. Une disposition qui s'adresse particulièrement au professionnel de la santé dans le but de réduire le risque d'infection des patients ou d'autres personnes avec lesquels ceux-ci rentrent en contact. Pour plus de précision, l'article 7 note que le personnel des laboratoires d'analyses doit être immunisé contre la fièvre typhoïde.

Les mesures d'hygiène et de prophylaxie contenues dans cet article sont distinctes de celles que doivent prendre les établissements de santé dans le but de réduire le risque d'infection. Cependant, les établissements généralement exposés à un plus grand risque doivent tenir compte de ces mesures d'hygiène et de prophylaxie.

La prévention de la menace sanitaire est prévue par l'article 9 de la même loi sur la vaccination : « En cas de menace ou face à une propagation des maladies transmissibles le Ministre de la Santé propose au conseil des Ministres l'institution d'un état d'alerte sanitaire sur une partie ou la totalité du territoire. Dans ce cas, les mesures obligatoires d'hygiène et de prophylaxie sont appliquées durant toute la période de l'état d'alerte ». Ce sont ces dispositifs qui ont été envisagés activement en 2014 avec la propagation de la fièvre hémorragique Ebola et dont l'écho n'a pas manqué.

Cependant, il faut souligner que malgré le dispositif mis en place pour prévenir cette épidémie, elle a eu à faire des victimes.[408] Une défaillance du système de santé malien, qui au-delà de la responsabilité de l'État, pouvait mettre en jeu celle de l'établissement de santé au sein duquel des cas avérés ont été identifiés.

L'aléa qui recouvre ce risque est celui lié au degré d'incertitude que renferme chaque organisme humain par rapport à l'administration, par exemple, d'un vaccin comme mesure préventive à l'exception de toutes les conditions environnementales et techniques qui doivent être remplies. Suivant des calculs probabilistes, la survenance de risque sanitaire après des actes de vaccination est très minime. Toute survenance de risque est la part d'aléa que pouvait contenir cet acte. Comme déjà signalé, ce risque sanitaire est différent du risque médical et thérapeutique.

Ceux-ci se rapportant à la prise en charge médicale d'un patient souffrant d'une pathologie bien déterminée, l'aléa ici est le degré d'incertitude propre à l'intervention visée. Cet aléa se confond généralement au risque médical encore appelé accident non fautif. Autrement dit, il s'agit de tous les agissements non prévisibles du patient dûs à l'état du matériel utilisé, à l'environnement des soins, aux produits utilisés ou de toute réaction du patient au traitement qui lui est prodigué.

Cet aléa inhérent à l'activité médicale se produit généralement en l'absence de toute faute du médecin ou de l'établissement de santé et son identification est nécessaire pour le reconnaître comme risque. Le risque de manière générale se caractérise par un acte d'une conséquence exceptionnelle et anormalement grave.

Ainsi, l'acte sujet à aléa ou exempt d'aléa présente un risque

[408] Le Mali a enregistré environ une dizaine de victimes dont des cas mortels.

exceptionnel qui n'est pas connu et le dommage est anormal avec une extrême gravité.

Tel a été le cas du jeune Gomez qui, ayant subi une intervention sur la base d'une thérapeutique nouvelle dont on ne connaissait pas toutes les complications possibles a été atteint de troubles neurologiques graves qui ont fini par provoquer une paraplégie de la partie inférieure du corps.[409]

Ou encore du cas de M. Bianchi qui, à la suite d'une artériographie vertébrale, est devenu victime de tétraplégie qui n'avait aucun lien avec sa maladie initiale, même s'il était admis à l'hôpital avec un état de santé très mauvais.[410]

Les risques d'accident au cours d'une artériographie étant très faibles (les statistiques médicales démontrant un cas sur 10000[411]), après expertise il a été confirmé l'absence d'une faute médicale ; donc, la thèse de risque thérapeutique a été retenue.

La gravité se rapporte à l'intensité ou au caractère extrême du dommage subi par le patient et le caractère exceptionnel a trait à la fréquence rarissime du risque.

Le bon sens qui a animé le juge français dans la gestion de ces affaires a conduit à la naissance de la responsabilité sans faute particulièrement dans un but de solidarité à la fois envers les patients que le corps médical.

Bien que la pratique médicale au Mali soit loin de cette réalité judiciaire, il est évident que la médecine moderne universellement omniprésente, où qu'elle soit, finit par exposer à des questionnements sur les risques dont les conséquences sont graves sur l'état de santé des patients.

Les cas les plus plausibles dans le contexte malien peuvent se rapporter aux infections nosocomiales et aux affections iatrogènes sur lesquelles

---

409 CAA de Lyon, 21 décembre 1990, Gomez, Rec. p. 498.

410 CE., Ass., 10 avril 1993, M. Bianchi, Rec. P.127.

411 Cf. P. Aberkane, *Réparation du dommage médical et jurisprudence*, éditions Larcier, 2013, p. 143.

des études médicales[412] sont présentées, mais il n'y a pas véritablement de discours juridiques les concernant.

B/ Les infections nosocomiales et les affections iatrogènes comme critère déterminant de l'aléa

Avec des activités comme la transplantation d'organes, les soins intensifs, la radiothérapie et la chimiothérapie etc., la médecine connue pour caressante est une couverture à double face dans laquelle la place entre la douceur et l'agression n'est pas tranchée.

Dans chacune de ces affections qui revêtent un caractère aléatoire, le dommage subi par le patient présente une certaine gravité et l'expose à un risque d'aggravation de son état qui s'étend à l'invalidité ou à la mortalité même si cela est distinct de son état antérieur.

C'est-à-dire que l'état antérieur du patient est sans lien avec le préjudice qui découle du processus de soins. Ainsi, c'est la gravité du dommage et le risque présenté qui fondent l'aléa thérapeutique.

Les infections nosocomiales et les affections iatrogènes comme aléas apparemment indissociables de l'exercice de la médecine ou plus précisément de la médecine moderne sont présents dans les établissements de santé.

Selon une étude réalisée[413], la prévalence des infections nosocomiales ou infections associées aux soins (IAS) varie entre 10% à 60% en Afrique et représente la troisième cause de mortalité maternelle, la deuxième cause de mortalité néonatale précoce et la première cause de mortalité post opératoire. Parmi les taux de mortalité dans les pays

---

412 Voir, Sékou B. Samaké, Infections nosocomiales en milieu de réanimation au CHU Gabriel Touré : Profil épidémiologique, clinique et bactériologique, Thèse FMOS 2007-2008 ; Site Bamada.net par rapport à l'atelier de formation et d'information organisé par la DNS avec le laboratoire ANIOS à Bamako en 2017 sur la lutte contre les infections liées aux soins.
413 Voir, site www.icpic.com, Session spéciale sur la sécurité des patients et la lutte contre les infections dans les services de maternité en vue de l'atteinte des OMD liés au secteur de la santé en Afrique, 1er et 2 juillet 2011 à l'université de Genève (Suisse).

présentés[414], le Mali avait 14% de prévalence[415]. Toute chose qui est confortée par une étude de l'OMS, où la proportion des patients hospitalisés, touchés par les infections nosocomiales dans les structures de soins, est de 10 à 20% dans les pays en développement et dans certains pays, elle dépasse 25 %. Les quelques études réalisées au Mali ont montré un risque élevé de transmission des infections associées aux soins (IAS) et leur survenue dans les structures de santé[416]. Particulièrement, dans une enquête réalisée en août 2008, le taux de prévalence des IAS était de 7 % au CHU G. Touré. Une autre enquête de novembre 2007 donnait un taux de prévalence de 18, 7%, des infections nosocomiales au CHU du point G.[417]

Dans le cadre de la lutte contre les infections en milieu de soins, la Direction nationale de la santé (DNS) en 2017 avait initié avec le laboratoire français ANIOS un atelier de formation et d'information des professionnels de la santé. L'objectif de l'atelier était fondamentalement de renforcer les capacités des acteurs sociaux sanitaires et autres acteurs de la santé dans la lutte et la prévention des infections en milieu de soins (IAS). La réalisation de ces études et la présentation de certains résultats prouvent qu'elles sont une véritable préoccupation en milieu hospitalier au Mali.

Il faut souligner qu'au-delà de la vétusté de certains établissements, du défaut d'entretien de certains équipements, il y a aussi une réelle inconduite de certain personnel spécifiquement, celui en charge de l'hygiène et de l'asepsie (service de nettoyage, voirie, aide de blocs etc.). Les déchets sanitaires non sécurisés se déversent parfois en cours de route avant de parvenir au dépotoir final. Toute chose qui est

---

414 Il s'agit respectivement du Sénégal 10.9%, de la Côte d'Ivoire 12%, du Bénin 10%.

415 Dans l'enquête de prévalence des IAS réalisée à l'Hôpital G. Touré par Claudine Calvet, Leyla Wenk et Stéphanie D'Incau, elles définissent la prévalence comme une mesure de distribution d'un événement présent à un moment par une population définie. Elle s'exprime par le rapport, le taux de prévalence, entre les personnes soumises à l'évènement et une population totale définie.

416 Propos de A. Ouattara sur Bamada.net, le 24 février 2017.

417 Voir, www. médecine.unige.ch., Rapport de projet d'immersion en communauté à Bamako (Mali), 2008.

interdite par les articles 18 et 19 du décret 01-394/ PRM du 06 septembre 2001fixant les modalités de gestion des déchets solides qui disposent respectivement : « les déchets solides doivent être empilés de façon ordonnée ou liés en paquets pour éviter leur éparpillement et faciliter leur enlèvement », « Tout moyen de transport utilisé pour les fins d'un service d'enlèvement des déchets doit être étanche et ne doit pas laisser tomber des déchets solides sur le sol ». L'article 3 dudit décret classifie par les déchets solides, les déchets biomédicaux. Une pratique qui expose véritablement la population à un risque sanitaire, puisque leur traitement dans des conditions anormales peut porter atteinte à la santé. La série de mesures prises par la mairie du district de Bamako en 2016 à l'encontre de nombre d'établissements privés sert d'occasion pour mettre en place un dispositif qui régit les infections nosocomiales. Il était reproché à ces établissements de n'avoir pas respecté les mesures d'asepsie et d'hygiène recommandées pour l'exercice de la médecine en privé. Pourtant, l'on n'est pas sûr qu'après cette instruction ferme de la mairie mettant en contribution diverses autres autorités pour information, que des actions concrètes aient été posées dans le sens d'une inspection après avertissement ou d'une éventuelle sanction de ces établissements.

Le témoignage du docteur L.K sur le CHU G. Touré de Bamako se recoupe avec la description faite dans « une médecine inhospitalière »[418], sur le climat d'insalubrité générale des établissements publics de santé qui peut être source d'infections contractées dans ces établissements.

Selon lui, s'il est inadmissible que l'enceinte de l'hôpital puisse servir de lieu de dépotoir d'ordures de toute nature sans tri, hé bien c'est cette scène de désordre que patients et personnels de santé observent fréquemment dans cet hôpital de 3e référence. Aux dires du Professeur P.K.J. : *Les cas d'infections nosocomiales ont beau existé, il n'y a jamais de dédommagement ou de constat. Cela est dû au silence et à la*

[418] « Face à l'absence de sanctions hiérarchiques du personnel d'appui, les centres de santé deviennent des espaces d'insalubrité ou tout est crasseux, murs, sièges d'attentes, portes…(…). Les malentendus, conflits et incompréhensions autour de l'hygiène configurent partout les rapports entre personnel et malades. », Voir O. De Sardan, Y. Jaffré, *Une médecine inhospitalière*, *op. cit.* p. 232.

passivité des victimes même. Quant aux affections iatrogènes, il faut avancer qu'elles sont prises en charge par l'arrêté 08-0224 du 30 janvier 2008 sur la pharmacovigilance, dont l'article 2 fait la différence entre l'effet indésirable, l'effet indésirable grave, l'effet indésirable inattendu et le mésusage. Parmi ces notions, c'est l'effet indésirable qui rime avec l'affection iatrogène qu'on a déjà définie comme tout dommage découlant d'un traitement prodigué par un médecin. Il est aussi défini « comme une réaction nocive et non voulue se produisant aux posologies normales utilisées chez l'homme pour la prophylaxie, le diagnostic ou le traitement d'une maladie pour la modification d'une fonction physiologique ou résultant d'un mésusage du médicament ou du produit » et l'effet indésirable grave considéré comme « un effet indésirable létal, ou susceptible de mettre en danger, ou entraînant une incapacité, ou provoquant une hospitalisation ». Le mésusage étant une utilisation non conforme aux recommandations indiquées, il n'est pas constitutif d'aléa thérapeutique.

Les affections iatrogènes, bien qu'étant implicitement prises en compte dans ce dispositif, reçoivent quasiment le même sort au plan juridique que les infections nosocomiales à ce jour. Pourtant, il n'est pas sans omettre qu'elles constituent la cause de beaucoup de circonstances fâcheuses, sans qu'on ne détermine la raison de la complication ou qu'on envisage la réparation de dommages subis par la ou les victimes. L'expertise est l'un des moyens le plus sûr pour situer l'aléa mais faudrait-il qu'on fasse recours à ses services. À ce niveau, la grande difficulté réside au fait que même pour les accidents fautifs, la tendance générale est pour la remise à Dieu. Aussi, la faible capacité économique de la majorité des victimes est facteur dissuasif de solliciter les services de l'expert médical. Par conséquent, les infections nosocomiales et les affections iatrogènes sont en principe connues du monde médical, même si toutes les origines ne sont pas toujours à portée de main.

Paragraphe II : L'encadrement de l'aléa thérapeutique et du risque sanitaire dans le contexte malien

Les droits individuels contenus dans la charte du malade exigent pour leur concrétisation, une prestation de service de qualité. D'ailleurs, l'article 9 de la charte et celui 7 de la loi hospitalière en font mention spéciale. Ce service de qualité s'étend de l'accueil des patients jusqu'à leur sortie de l'établissement après prise en charge sanitaire. L'aléa thérapeutique et le risque sanitaire comme accidents médicaux ont besoin d'une reconnaissance juridique (A) qui contribuera probablement à l'admission d'une responsabilité objective applicable à l'ensemble des accidents sanitaires non fautifs (B).

A/ La nécessité de la reconnaissance juridique de l'aléa thérapeutique et du risque sanitaire

Dans l'étude des fondements généraux de la responsabilité des établissements publics de santé, il avait été évoqué déjà que les infections nosocomiales pour l'instant sont absentes des mentions législatives et jurisprudentielles du Mali.

Le silence du droit malien sur les infections nosocomiales, les affections iatrogènes ou tout autre risque n'est point surprenant, eu égard à la priorité qui était donnée d'abord à l'accessibilité aux soins de santé depuis l'accession à la médecine conventionnelle. Ce silence du législateur se concilie avec l'inaction des patients face aux cas d'infection. Il y a lieu de reconnaître que l'établissement d'un lien entre l'état du patient ou de l'usager et des expositions auxquelles il a fait l'objet au sein de l'établissement de santé ne préoccupe pas trop pour l'instant les relations médicales dans le contexte africain en général[419].

Comme l'avance M. Benie : *Vous savez, même dans les pays développés on ne parvient pas toujours à faire la relation causale entre le mal et son origine, par exemple vous êtes tout de suite assise dans mon bureau, en sortant de cet hôpital, vous commencez à éternuer. Vous allez vous donner la peine d'établir le lien entre le séjour à*

---

[419] En théorie, on estime un délai d'au moins 48 heures après l'admission (ou un délai supérieur à la période d'incubation lorsque celle-ci est connue) est communément accepté pour distinguer une infection d'acquisition nosocomiale d'une infection communautaire. Pour les infections du site opératoire, on considère comme nosocomiale « les infections survenues dans les trente jours suivant l'intervention, ou s'il y a mise en place d'une prothèse ou d'un implant dans l'année qui suit l'intervention. Voir B. Dapogny, les victimes de la médecine, *op. cit.* p. 324.

l'hôpital et la maladie. Je pense que non et d'ailleurs en Afrique ici, on cherche toujours encore à se soigner et non pas faire des liens causaux entre l'état antérieur et les risques d'infections.[420]

La problématique du lien causal est une réalité, puisqu'il est évident que ce n'est pas le patient qui pourra si vite l'établir, sauf à travers une expertise qui, de son côté paraît couteuse pour bon nombre de patients.[421] L'ignorance du concept d'aléa thérapeutique par les patients et même le défaut d'encadrement mérite bien d'être relativisé, car il n'est pas exclu d'entendre dans le langage populaire : « qu'on vient à l'hôpital pour se soigner, mais qu'on n'en sort avec plus grave ». Tieman Diarra dans un ouvrage intitulé « Santé, maladie, et recours aux soins à Bamako – les six esclaves du corps. », il informe qu'une femme de Niaréla se traitait pour des maux d'oreilles. Elle avait commencé par la médecine moderne. N'ayant pas été satisfaite, elle avait fini par la médecine traditionnelle. Elle avait fait des va- et vient pendant trois mois et chaque fois elle payait 600 FCFA. Toujours selon M. Diarra, la dame partait à l'hôpital dans la souffrance, retournait avec la maladie et la souffrance. Elle a perdu espoir et est frustrée. D'après l'auteur, cette femme ne sera plus prête à retourner dans un service moderne de santé parce qu'elle n'y croit plus.[422]

Cela suppose que même si les contours juridiques sont peu connus et peu encadrés, la conscience populaire admet l'existence de l'aléa thérapeutique qui, généralement, se confond avec toute autre faute du praticien ou même avec l'accident médical.

Le concept d'aléa étant mal encadré dans le contexte malien, il convient de s'attarder quelque peu là-dessus pour comprendre s'il répond à l'entendement commun de l'aléa comme « la part d'incertitude inhérente à toute intervention chirurgicale ou à tout acte médical quelle que soit sa nature, du fait des réactions imprévisibles du patient, ou de

---

[420] Entretien réalisé avec un chef des ressources humaines d'un établissement de santé de Bouaké, le 15 juin 2017 à 10 h 30 mn.

[421] La reconnaissance surtout par les autorités et personnels sanitaires du danger d'aggravation ou de mortalité que présentent ces aléas devrait conduire à une réglementation juridique de la question à l'instar des dispositifs médicaux existants.

[422] Tièman Diarra, *Santé, Maladie et recours aux soins à Bamako (Mali). Les six esclaves du corps*, L'Harmattan, 2012, p.239.

circonstances imparables à l'origine d'un dommage sans rapport avec l'état initial ayant justifié la procédure médicale, ne remettant en cause ni la technique, ni l'indication, ni la compétence des soignants».[423] Tout compte fait, l'accident qui se confond souvent avec l'aléa découle d'une erreur ou d'une faute du praticien. Au-delà de cette définition plus technique, l'aléa dans le contexte malien est tout ce qui relève ou provient de Dieu, en ce sens qu'il suscite la clémence ou la colère divine.

Toutefois, l'aléa ou l'accident non fautif étant des risques dont la détermination d'un coupable n'est absolument pas chose aisée, la notion d'équité voudrait tout de même qu'on ne laisse pas les victimes sans réparation. A ce sujet, M. Gazac avançait : « aucun dommage corporel ne peut demeurer sans réparation ».[424] Comme pour dire que l'équité dans les relations de soins précisément est très importante. En effet, une chose est d'élaborer des règles qui régissent le cadre institutionnel et fonctionnel des soins, mais un autre aspect non négligeable est le cadre relationnel et les conséquences qui en découlent.

Au passage, il faut noter que la question de risque sanitaire est traitée également dans le domaine de l'environnement ou une série d'actes réglementaires est élaborée en plus de la loi sur la pollution et les nuisances[425]. Ces actes, en certaines de leurs dispositions, tiennent compte des pratiques nuisibles auxquelles la santé humaine peut être exposée. Il est indéniable que les dommages qui touchent l'environnement comportent des dommages qui affectent la santé humaine, et par conséquent, suscitent la question de risque sanitaire, si

---

[423] Définition proposée par la société hospitalière d'assurance mutuelle SHAM[423] lors d'un colloque à Lyon en 1990. La SHAM est le premier assureur français en matière de responsabilité civile médicale. Voir www. sham.fr.

[424] Gazac G., « La responsabilité sans faute résout-elle les problèmes d'indemnisation ? », *Concours Médical*, 25 mai 1974. Cité par P. Aberkane, *La réparation du dommage médical, op. cit.* p. 137.

[425] Notamment la loi 01-020 du 30 mai 2001 relative aux pollutions et aux nuisances et les décrets du 6 septembre 2001 (celui 01-0394 sur la gestion des déchets solides, et 01-396 fixant les modalités de gestion des pollutions sonores, 01-0397 fixant les modalités de gestion des polluants de l'atmosphère).

ce n'est le risque médical découlant directement des œuvres de la médecine préventive ou curative. En cela, le principe de précaution[426] a fait irruption dans le domaine de la santé, c'est à dire autant dans la médecine de soins que dans la santé publique.[427] De toute façon, le principe de précaution entendu comme « une norme générale de comportement fondée sur le devoir de prudence et de diligence »[428], est une technique de superprévention.[429] Il se traduit en matière de responsabilité médicale comme une obligation de moyens renforcée qui exige une attitude hautement préventionniste et protectionniste. La législation malienne se retient d'une telle affirmation en matière de santé, mais il semble que la prévention du risque sanitaire qui est l'une des préoccupations de la médecine est prise en compte.

L'adoption de la 98-036 du 20 juillet 1998 qui régit la lutte contre les épidémies et les vaccins obligatoires par exemple, témoigne la considération de la sécurité sanitaire parmi les politiques de promotion et de protection de la santé. L'article 4 du décret 01-0324 dispose : « toute personne dont l'activité produit des déchets solides ou qui les détient dans des conditions susceptibles de porter atteinte à la santé humaine (...) est tenue de les éliminer conformément aux dispositions du présent décret ». En plus, l'article 2 du décret 01-396 fixant les modalités de gestion des pollutions sonores prévoit dans l'objet de la gestion des pollutions sonores, la lutte contre les effets nocifs des bruits sur la santé, (…) des personnes. Ces textes qui régissent l'environnement ne sont pas négligeables lorsqu'il s'agit de parler de

[426] Qui est défini par la loi 01-020 du 30 mai 2001 comme « Le principe selon lequel l'absence de certitudes, compte tenu des connaissances scientifiques et techniques du moment, ne doit pas retarder l'adoption de mesures effectives et proportionnées visant à prévenir un risque de dommages graves et irréversibles à l'environnement ». Donc, ce principe initialement apparu il y a environ une trentaine d'années s'est étendu dans le domaine de la santé du fait de l'impact des dommages qui affectent l'environnement sur la santé.

[427] Mais il faut souligner qu'en matière de santé publique, le principe de précaution est évoqué de manière vague sans grande précision lorsqu'il s'agit de la prévention et compte tenu de toutes les difficultés liées à l'appréhension du risque possible.

[428] Lecourt Dominique, *La santé face au principe de précaution*, éd. PUF, 2009, p. 111.

[429] Expression employée par Dominique Lecourt et qui signifie « agir plus vite et plus fort ».

l'encadrement juridique du risque sanitaire. La loi sur la pharmacovigilance en son article 3 prévoit qu'elle « a pour objet la surveillance du risque d'effet indésirable résultant de l'utilisation des médicaments et produits à usage humain titulaires d'une autorisation de mise sur le marché au Mali ». Si ce dispositif encadre le risque sanitaire, il ne prend pas en charge l'aléa thérapeutique qui découle des affections iatrogènes, puisque ces faits sont imprévisibles et non dépendants d'une conduite médicale.

Cet arrêté détermine le cadre fonctionnel de la pharmacovigilance, mais n'encadre pas les conséquences issues d'un aléa thérapeutique lié aux médicaments et autres produits de la santé.

L'article 13 de la loi 06-028 du 29 juin 2006 sur les règles relatives à la prévention et à la prise en charge et au contrôle du VIH / Sida prévoit des sanctions pénales à l'encontre du professionnel qui aura involontairement exposé une personne par maladresse, imprudence, inattention, négligence ou inobservation des règlements ainsi que des directives de protections établies.

Ainsi, l'acte fautif du professionnel à l'origine de l'exposition au risque est pénalement sanctionné.

Ces textes juridiques réglementent de manière étroite l'aléa thérapeutique et le risque sanitaire. Ils demeurent tout de même une ébauche de cette problématique qui a besoin d'un encadrement plus harmonisé et spécifique.

Cependant, la réussite ou la réalisation effective de tout cela demande aussi l'existence surtout de moyens financiers, dont l'importance est incontestable pour la qualité des prestations médicales.

Donc, chaque discipline, chaque praticien qui intervient dans un processus de soins doit être outillé de la manière la plus complète pour garantir la qualité des soins. Toute impécuniosité dans ce domaine expose les patients à des soins défaillants ou à des risques de complication de leur état. À l'instar des moyens économiques, le déficit de communication et la défaillance dans l'information des patients est également source d'insalubrité et de non-respect des mesures d'hygiène dans les établissements de santé. Donc l'aspect comportemental à la fois des patients et des praticiens, joue considérablement dans la lutte contre les infections nosocomiales, les affections iatrogènes ou tout autre risque lié à l'activité médicale. Il faut noter qu'à défaut de réglementation, la jurisprudence peut intervenir dans ce domaine. C'est ce qu'a valu la consécration de la responsabilité objective, véritable moyen juridique de rétablissement de l'équité dans les relations sanitaires, dans d'autres systèmes juridiques comme en France[430] ou en Suisse.[431] En somme, l'encadrement des concepts d'aléa thérapeutique et de risque sanitaire desquels se dégagent ceux des infections nosocomiales et des affections iatrogènes, est une nécessité pour l'admission de la responsabilité objective qui jusque-là est méconnue en matière médicale au Mali. Actuellement, en cas de poursuite d'un établissement, c'est surtout le droit commun de la responsabilité qui sert de base juridique pour orienter le juge. Le régime de la responsabilité délictuelle du fait des choses est invocable dans certains cas.

B/ L'existence d'une responsabilité objective applicable aux accidents sanitaires non fautifs

Il serait inapproprié d'avancer que le législateur malien exclut toute possibilité de réparation du dommage issu d'un risque sanitaire, les lois spécifiques faisant renvoi à des dispositions pénales. Ainsi, le risque sanitaire au Mali est surtout encadré en matière pénale, même si la loi de 2001 ne le prévoit pas expressément. Les nombreuses lois sur la

---

[430] C'est depuis 1988 que le juge administratif français retient la présomption de faute pour dédommager le patient qui subit un dommage sans lien avec son état initial et sans rapport avec l'intervention médicale en question. Selon M. Aberkane, la présomption concerne tout particulièrement deux actes médicaux : les interventions pratiquées dans les salles d'opération, d'accouchement, de réanimation et la responsabilité du fait des médicaments défectueux. Voir P. Aberkane, La réparation du dommage médical, p. 90. Voir également à ce sujet la loi du 1er juillet 1998, relative au renforcement de la veille sanitaire et du contrôle de la sécurité sanitaire des produits destinés à l'homme, celle du 4 mars 2002 relative aux droits des patients et à la qualité du système de santé, articles R. 711-1-1, L. 1142-1 à L. 1142-3 CSP, le décret du 4 avril 2003 fixant les modalités de mise en place de l'ONIAM.

[431] Instauration en 1982 déjà dans les fédérations helvétiques de bureaux d'expertise extrajudiciaires qui mettent à la disposition des parties un réseau d'experts qui sont chargés d'établir si nécessaire la responsabilité civile du médecin concerné.

santé notamment, la loi 98-036 sur les épidémies et la vaccination obligatoire, l'arrêté de 08-0224 sur la pharmacovigilance, la loi 06- 028 sur le VIH, la loi n° 09-059 sur la recherche biomédicale etc. prévoient des dispositions qui prennent en charge le risque sanitaire. Si la prévision d'une responsabilité civile se déduit de l'existence du RGO, la responsabilité pénale, est quant à elle, prévue par l'article 10 de la loi sur les vaccinations qui dispose que toute infraction aux mesures d'hygiène et de prophylaxie sont passibles d'une amende de 5000 à 30000 et d'une peine d'emprisonnement de 5 à 15 jours ou de l'une de ces deux. Ces mesures de sécurité ont un caractère général et absolu et l'intervention du législateur pénal dénote toute leur importance.

Remettre les dommages issus des accidents médicaux non fautifs au compte de la fatalité est un véritable recul du droit de la responsabilité malien. La seule considération des règles du droit commun de la responsabilité ne peut suffire à résoudre ces questions liées à l'activité médicale. Certes, cela peut conduire à la réduction de la vigueur de la faute, mais les dommages médicaux constituent quelque part un enfreint à la protection et à la promotion de la santé sur lesquels l'accent doit être mis afin d'envisager ou de faciliter leur réparation.

Il ne s'agit pas «d'un effacement de la faute » comme avancé par Mme Lambert Faivre,[432] mais d'une révision de l'attitude du droit vis-à-vis des accidents médicaux comme acte de transgression des droits d'autrui à la santé ou au bien-être.

C'est ainsi que la présomption de faute s'est faite une place dans le système français par exemple, ayant été admis qu'une clinique est présumée responsable des infections contractées par un patient lors d'une intervention effectuée dans une salle d'opération. Sauf, pour elle d'apporter la preuve d'une absence de faute.

Sinon, la victime n'avait qu'à établir le lien entre le dommage et l'intervention faite à la clinique, mais pas à apporter la preuve de la faute de cette dernière.[433] La responsabilité sans faute comme notée [434] est inspirée des jurisprudences Gomez de la Cour d'appel

[432] Yvonne Lambert Faivre, *Le droit du dommage corporel*, éd. Dalloz, 1993, n° 596.
[433] Voir arrêt du 21 mai 1996, Bull, Civ. I, n° 219.
[434] Supra p. 225.

administrative de Lyon et Bianchi du conseil d'État français. Ces arrêts reconnaissant la valeur suprême de l'être humain, n'ont pas laissé le risque et l'aléa l'emporter sur la reconnaissance d'un droit à la réparation dont dispose chaque personne ; car, exiger une preuve de la faute pour engager la responsabilité serait de laisser les victimes de risques médicaux dans l'impasse.

À ce sujet, M. Sargos notait : « on souffrait autrefois davantage qu'aujourd'hui de maux de tête pouvant être insupportables mais on ne risquait pas de devenir paralysé des quatre membres par le fait d'un acte d'investigation destiné à déterminer l'origine de ce mal ».[435]

La logique de réparation et d'allègement de la charge des victimes conduira jusqu'à l'admission d'une responsabilité sans faute avec les jurisprudences « Staphylocoques dorées » rendues le 29 juin 1999[436] qui admettaient qu'un médecin et un établissement de santé privé avaient en matière d'infections nosocomiales, une obligation de sécurité de résultat qui est accessoire à son obligation de moyens.

Ainsi, ces épreuves ont conduit et le juge administratif et celui judiciaire français à opter pour l'admission d'une responsabilité de plein droit ou responsabilité indemnisation. Elle est consacrée par la loi du 4 mars 2002. Il convient de noter que même avec toutes les difficultés économiques et les lourdeurs de procédures judiciaires que sont des réalités sociales, un tel régime de responsabilité devrait se concrétiser dans le système malien.

Par rapport au caractère aléatoire de l'acte médical, ce n'est pas M. Sargos qui soutiendrait le contraire lorsqu'il affirme : « l'acte médical n'échappe pas à l'aléa, d'autant qu'il met en jeu la seule certitude de l'être humain, qui, elle, est exempte de tout aléa, c'est-à-dire le fait qu'il va mourir. L'acte médical le mieux conduit peut échouer, blesser, tuer ».[437] Pourtant, ce caractère incertain universellement reconnu, n'a pas empêché comme déjà noté certains pays comme la France, la

---

[435] Sargos Pierre, « Le point de vue d'un magistrat sur l'indemnisation des accidents médicaux », in *L'indemnisation des accidents médicaux*, G. Viney (dir.), Colloque du 27 avril 1997, LGDJ, t. 289, 82.

[436] Cass.1ère civ., 29 juin 1999 : JCP éd. G, 1999, II, 10138, rap. P. Sargos.

[437] Pierre Sargos, « L'aléa thérapeutique devant le juge judiciaire », *JCP* G 2000, I, n° 2002, p. 189.

Suisse, le Canada etc. à l'encadrer juridiquement sans avoir à recourir aux tribunaux.

La responsabilité hospitalière et médicale est intimement liée à l'activité du professionnel et de l'établissement de santé ou plutôt en est une des conséquences. Une activité dont le but ultime est l'amélioration des conditions sanitaires des populations ou plus précisément la procuration des soins de santé à celles-ci.

L'État du Mali s'y est attelé depuis son accession à l'indépendance à travers l'élaboration de politiques nationales de la santé et d'instruments juridiques qui régissent la santé et la pratique médicale. Une règlementation qui dégage des principes indispensables au respect de la personne humaine et assurant la bonne marche de l'activité sanitaire. Toute violation de ces principes et des droits du patient en tant que bénéficiaire du système de santé encourt une responsabilité.

À ce jour, à l'instar de certaines dispositions spécifiques en matière de santé, le droit commun de la responsabilité est l'instrument de régulation des litiges qui peuvent opposer les acteurs aux soins. Son existence juridique, au même titre que les autres dispositions éparses en matière de santé, est indéniable. Mais, son affirmation effective se heurte à une réalité sociale ancrée de laquelle on puise également un fondement de la responsabilité. Par conséquent, la réalité sociale même teintée de pratique moderne est en déphasage avec le droit positif dont la légitimité textuelle a été reconnue avec l'avènement de l'État de droit.

Par ailleurs, il demeure indispensable à l'image de son homologue français, que le législateur malien mette en place un dispositif qui règlemente certaines situations relatives aux concepts d'infections nosocomiales, aux affections iatrogènes, aux produits et matériels défectueux ou à l'environnement général des soins. Cela, conduisant à l'affirmation de la responsabilité objective en matière médicale, il peut être un facteur d'équilibre ou de rétablissement du patient dans ses droits en cas de dommage avéré.

DEUXIÈME PARTIE

LA MISE EN ŒUVRE DE LA RESPONSABILITÉ HOSPITALIÈRE ET MÉDICALE AU MALI

La responsabilité hospitalière est la réaction de l'hôpital à un dommage causé à l'usager de la santé suite à un dysfonctionnement ou à un mauvais fonctionnement dudit établissement. Elle découle le plus souvent d'un agissement fautif d'un de ses agents suite à l'exercice d'une activité médicale du service public hospitalier. Mais, il faudra que l'agent agisse dans le cadre normal de l'exercice des fonctions qui lui sont attribuées.

À défaut d'un tel exercice, sa responsabilité personnelle sera visée en fonction de la faute détachable du service. Même si l'hôpital à proprement parler est une entité distincte des autres établissements de santé, l'appellation responsabilité hospitalière prévaut pour l'ensemble des établissements publics de santé.[438] La responsabilité hospitalière, à l'image de toute responsabilité de droit public, est à l'origine une construction de la jurisprudence. Elle est forgée par les arrêts administratifs[439] qui sont motivés en fonction de la particularité de

[438] Certaines doctrines dissocient tout de même les deux types de responsabilité, c'est-à-dire celle des établissements publics de santé incluant l'hôpital et celle hospitalière tenant compte des spécificités de l'hôpital.
[439] Voir pour la responsabilité administrative en général : arrêt Blanco T.C., du 1er février 1873, pour la responsabilité de l'hôpital : arrêt Chilloux et Isaad Slimane (T.C., 25 mars 1957, Leb., 816 ; D.1957 Conclusions Chardeau ; J.C.P., 1957, II, 10004).La solution jurisprudentielle retenant définitivement la responsabilité de l'hôpital découle de cet arrêt. Des arrêts de 1935 (VION et PHILIPONEAU) basés sur la preuve de la faute lourde n'ont pu faire l'objet d'une unanimité. Avant cela, les jurisprudences judiciaires retenaient que seul l'acte médical pouvait être source de responsabilité, et ainsi les faits dommageables qui en étaient issus engageaient la responsabilité personnelle du praticien (voir à ce sujet : Cass. Civ. 1ère, 9 octobre 1956, A.J.D.A., 1957, p. 153 et Cass. Civ. 1ère, 15 janvier 1957, JCP., 1957 II, 9827, note R. Savatier).

chaque affaire.[440] À l'opposé de la responsabilité hospitalière, la responsabilité du médecin libéral engagée auprès du juge de l'ordre judiciaire est une construction législative qui s'attèle initialement sur le droit commun des obligations et de la responsabilité. Elle découle de tout fait du praticien libéral ayant causé un dommage au patient au cours d'un acte de soins pratiqué dans un établissement de santé privé. Elle peut toucher l'établissement privé de santé, mais le praticien jouissant de toute son indépendance professionnelle, sa responsabilité personnelle est le plus souvent directement ciblée. Ainsi la responsabilité médicale de manière isolée concerne les agissements illicites commis au sein de l'établissement de santé privé et visant directement le praticien ou l'établissement lui-même. Dans le cadre de cette étude, les rares décisions qui ont pu être cumulées et l'expérience juridictionnelle d'autres pays permettront de comprendre les mécanismes de la détermination de chacune de ces responsabilités (Titre I), mais aussi de mieux penser les possibilités d'amélioration des mécanismes de réparation des dommages issus de l'activité hospitalière et médicale (Titre II).

---

[440] Donc difficilement elle se construit par des lois écrites même si ces dernières années il faut constater une intervention législative dans certains pays. L'on peut citer par exemple le Sénégal qui dispose d'un code des obligations de l'administration issu de la loi n° 65-51 du 19 juillet 1965, *JO* 1965, p. 945.

TITRE I

LA DÉTERMINATION DE LA RESPONSABILITÉ HOSPITALIÈRE ET MÉDICALE

L'exercice de la profession médicale au Mali a commencé par le secteur public qui a évolué presque 25 ans avant l'accession à la pratique libérale. Aussi, il a été nécessaire d'étendre cette médecine sur toute l'étendue du territoire à travers des actions prioritaires comme l'adoption systématique de règles en relation avec les politiques nationales de la santé, l'organisation et le fonctionnement des établissements de santé, la règlementation de la pratique médicale etc.

Cependant, ce processus a occulté la prévision dans beaucoup de textes sur la santé ou l'élaboration de règles spécifiques qui encadrent les conséquences de certains agissements médicaux illégaux.

Fort heureusement que le droit commun encadrant toutes les activités de la vie sociale s'applique aussi au secteur médical. Ainsi, calquées sur les règles du droit commun, les fautes qui naissent dans le cadre de l'exercice de l'activité de soins au Mali sont soumises au regard critique des juridictions civiles, administratives et pénales. Seules ces autorités juridictionnelles[441] sont à mesure de déterminer la responsabilité de l'établissement de santé ou du praticien sur la base de la législation en vigueur. La voie pénale n'étant pas trop usitée dans le contexte malien, cette étude ne s'est pas trop attelée sur la responsabilité pénale du médecin. Néanmoins, les règles du code pénal malien en relation avec la responsabilité du médecin sont parfois évoquées. La distinction entre les faits imputables à l'établissement de santé (Chapitre I) et ceux auxquels le praticien est appelé à répondre (Chapitre II) sera analysée dans ce titre.

[441] À l'exception de la juridiction disciplinaire qui statue uniquement que la conduite du praticien face à l'éthique et la déontologie médicale.

CHAPITRE I

LA MISE EN ŒUVRE DE LA RESPONSABILITÉ DES ÉTABLISSEMENTS DE SANTÉ

Les établissements de santé sont de deux grandes catégories, à savoir les établissements de santé publics et les établissements de santé privés. L'activité des premiers étant réalisée par des agents du service public, toute faute qui découle de cette activité repose fondamentalement sur l'administration hospitalière qui les emploie sauf reconnaissance d'une faute personnelle de l'agent. Contrairement à ceux-ci, l'activité libérale de la médecine est l'apanage soit des établissements privés de santé soit des praticiens libéraux. Ces établissements, à l'image de l'hôpital comme établissement public, assurent leur fonctionnement par le biais de personnes privées qui n'ont pas cette fois-ci la qualification d'agent, mais plutôt de praticiens libéraux ou de salariés. Ainsi, les fautes commises dans le cadre de la pratique privée de la médecine engagent la responsabilité de l'établissement pour le compte de qui les actes sont effectués, à des exceptions près qui impliquent la responsabilité du praticien. À cet effet, la plainte de la victime est adressée soit à la juridiction administrative soit à celle judiciaire en fonction de la nature de l'établissement dans lequel l'acte fautif a lieu. Les éléments d'appréciation de la responsabilité de l'établissement de santé publique seront développés (Section I), avant de porter un regard sur la responsabilité de l'établissement de santé privé (Section II).

Section I : Les éléments d'appréciation de la responsabilité de l'établissement de santé publique

La responsabilité de l'établissement public de santé demeure soumise à la trilogie traditionnelle de la faute, du dommage et du lien causal entre ces deux éléments, même si la responsabilité sans faute a pris place progressivement dans les systèmes juridiques contemporains. Cette trilogie classique fait dire à M. Chapus que la responsabilité publique est de même nature que la responsabilité civile de droit privé puisqu'elle est en elle-même une responsabilité civile[442] qui a uniquement pour objectif la réparation du dommage causé et non la sanction de ce dernier. La sanction est tributaire de la responsabilité disciplinaire ou pénale.

Un pôle de règles existe à l'instar de celles jurisprudentielles[443] et est le socle du droit administratif malien en matière de santé. Donc, elles ont vocation à s'appliquer lorsque l'usager de la santé dénonce auprès de l'autorité juridictionnelle compétente un fait du service public ayant porté atteinte à ses intérêts.

Encore faudrait-il que ce fait ait lieu lors d'un séjour au sein dudit service et qu'un lien de causalité existe entre la faute évoquée et le dommage subi par l'usager.

La faute précédant et permettant la détermination des autres éléments d'appréciation de la responsabilité de l'établissement public de santé, il lui sera consacré en premier lieu une attention (paragraphe I) avant d'apporter une appréciation sur le lien causal et le préjudice (paragraphe II).

---

442 René Chapus, *Droit administratif général*, 15e édition, Montchrestien, 2001, Tome I, n° 1213, p. 1427.

443 En matière administrative, la règle jurisprudentielle est essentielle. Elle a été le levier de la mise en place de la responsabilité de la puissance publique. C'est à juste titre qu'il faut évoquer ici l'arrêt Blanco de 1873 qui a marqué un tournant capital, et qui dépasse d'ailleurs le problème de la responsabilité. Cet arrêt pour ce qui est de la responsabilité, pose le principe selon lequel « la responsabilité qui incombe à l'État pour les dommages causés aux particuliers par le fait des personnes qu'il emploie dans le service public (...) n'est ni générale ni absolue ; (...) elle a ses règles spéciales ». L'intérêt de cet arrêt n'est pas seulement de fonder un régime de responsabilité détaché du code civil ; il est aussi de reconnaître implicitement que toutes les activités de l'État sont susceptibles de mettre en jeu, sous certaines conditions, la responsabilité administrative. Particulièrement pour ce qui est de la responsabilité des hôpitaux publics, les arrêts dame P. et veuve L. de 1935 du C.E. français en ont été les précurseurs.

Paragraphe I : La faute comme élément déterminant

Dans cette partie, il est nécessaire de s'attarder succinctement sur quelques réflexions qui contribueront à appréhender les conditions de la responsabilité administrative et de déterminer celles qui sont admises dans le contexte malien.

Le débat sur la faute comme fondement de la responsabilité ou comme une des conditions de la responsabilité n'a cessé de diviser la doctrine[444], même si par la suite la responsabilité pour faute a évolué vers celle sans faute.[445]

Longtemps exclue de la conduite de la puissance publique, il a fini par être établi que celle-ci à l'instar de la personne physique est à mesure de manquer à ses devoirs.

Par conséquent la puissance publique est susceptible de faire l'objet de poursuites et de sanction.

Mais, pour ce faire, il faudra démontrer l'imputabilité de la faute à l'administration. Donc, dans les développements futurs, il faudra analyser la faute liée à l'organisation et au fonctionnement du service public de santé (A).

Une compréhension de ce mécanisme devra conduire vers la détermination des personnes susceptibles de répondre de cette faute (B).

---

[444] Le questionnement de Mme Llorens-Fraysse : « Pourquoi ne pas convenir que si la responsabilité de l'administration est engagée sur la base de la faute, c'est tout simplement parce qu'elle doit remplir certaines obligations, qu'en ne les respectant pas, elle commet une faute, et que c'est précisément cette faute qui fonde sa responsabilité ? » est une belle illustration de la réflexion doctrinale sur la faute. Elle soutenait que la faute puisse être à la fois la condition et le fondement de la responsabilité administrative. Tandis que d'autres voyaient comme fondement de la responsabilité en général la rupture de l'égalité devant les charges publiques.

[445] Ce qui est dû quelque part aux difficultés de fonder à tous les coûts la responsabilité sur un comportement ou sur une anormalité précise dans la réalisation du service.

A/ La faute dans l'organisation et le fonctionnement du service public de santé

Par faute de l'administration, il s'agit non pas d'un écart entre le fait commis et le comportement d'un agent au service de l'administration, mais de l'écart qui a lieu entre le fait passé et les conditions d'organisation et d'exécution du service.

À ce niveau, la faute comme élément dominant de la responsabilité administrative est omniprésente dans tous les secteurs publics même si la santé et l'exercice de l'activité médicale dégagent beaucoup de complexités.

À propos de la complexité du service public de santé, l'analyse de J. Moreau[446] s'adapte bien lorsqu'il dit que la faute comme élément de la responsabilité administrative doit être appréciée au regard du fonctionnement de chaque service public.

Cependant, il y a lieu de souligner que son affirmation selon laquelle « le fondement du régime de responsabilité pour faute de service est le droit reconnu au profit des administrés d'obtenir un fonctionnement normal des services publics » est discutable et que ce fondement serait plutôt la **violation** du droit reconnu au profit des administrés d'obtenir un fonctionnement normal des services publics.

Puisque tant que le respect du droit de jouir des services de l'administration demeurera, il ne sera point mention de quelque responsabilité que ce soit.

Pour reprendre l'adage selon lequel : « les droits sont faits pour être violés », il n'est non plus question de responsabilité sans violation. Donc, seul le fonctionnement anormal du service public est source de responsabilité. Le droit ayant garanti les principes fondamentaux d'accès et de jouissance des prestations du service public, c'est le non-fonctionnement, le mauvais fonctionnement et la mauvaise organisation qui donnent naissance à la faute, élément nécessaire pour évoquer la responsabilité.

---

[446] Jacques Moreau, *La responsabilité administrative*, PUF, « Que sais-je ? », p. 84.

1°) L'organisation et le fonctionnement comme facteurs déterminants des fautes médicales administratives

L'attribution du fait dommageable à l'administration donne lieu à l'existence de deux types de fautes que sont : la faute du service et la faute de service ; et le cas exceptionnel où elle est attribuée à l'agent, la faute est considérée comme détachable du service hospitalier. Cette dernière catégorie de faute fera l'objet d'un développement plus approfondi dans le chapitre suivant consacré à la responsabilité du praticien de la santé.

M. Du Bois de Gaudusson affirmait l'aspect inégalitaire et autoritaire des rapports administration et usager du service public contraignant le patient à l'adhésion aux règles unilatéralement édictées. Ainsi, de ce rapport extracontractuel entre l'administration et l'usager ou entre l'agent de l'administration et l'usager, des agissements illégaux peuvent être commis. Lorsqu'ils nuisent à l'intérêt de l'usager, ils sont généralement attribuables à l'administration au service de laquelle l'agent exerce. Mais, n'empêche que dans certaines circonstances, la faute de celui-ci même est recherchée face au dommage subi par la victime. L'existence d'une pyramide sanitaire accompagnée de la carte sanitaire[447] au Mali doit permettre de mieux situer la responsabilité administrative en matière médicale. En effet, si la pyramide sanitaire

---

[447] La carte quant à elle est un document qui caricature l'organisation en plusieurs districts de santé dans les différentes régions du Mali. Les districts à leur tour sont divisés en aires de santé qui sont au bas de l'échelle et prennent en charge actuellement 60% des soins. Le plateau technique des aires de santé étant peu fourni par rapport à celui des districts, la référence à ces derniers est de mise lorsque la nécessité survient lors d'un processus de soins. Il ne faut tout de même pas exclure les interférences et références qui peuvent exister entre les structures de degrés identiques (exemple : un ASACO qui renvoie à un autre ayant les mêmes capacités d'intervention, ou à un CSCOM), ce qui prête à équivoque si l'on sait que l'organisation consacrée aux éléments de la carte sanitaire doit permettre une répartition égalitaire des ressources. Cette interférence peut être à l'encontre des dispositions établies, mais le principe de l'urgence des soins peut expliquer cette dérogation dans un contexte où les équipements et d'autres conditions externes ne manquent pas de flancher. Il est important de déterminer le rôle joué par chaque structure de la carte sanitaire en cas de préjudice causé à la victime dans de pareilles circonstances.

s'intéresse à l'organisation sanitaire en générale, une organisation interne propre à chaque établissement de santé est établie et matérialisée en général par le règlement intérieur. Quant au fonctionnement, il serait lié à tout ce qui a trait au déroulement efficient du service suivant un type d'organisation préétabli. Donc pour tout fonctionnement, il y a un schéma d'organisation qui est au préalable établi et qui sert de ligne de conduite dans la chaîne des activités à réaliser.

Pour mieux illustrer cette distinction, l'article 3 de la charte du malade prévoit qu'il y a des obligations nécessaires au bon fonctionnement de l'hôpital et auxquelles sont soumis le personnel et les patients.

Ainsi, le bon fonctionnement du service hospitalier est assuré par le commun effort de toutes les personnes (personnel médical, administratif, non médical et usager) qui le fréquentent pour une raison ou pour tout autre et qui finit par se résumer en une expression : intérêt général.

Tandis que l'organisation dont il est question n'est pas du ressort de l'usager et bien au contraire, il doit s'y soumettre pour un bon fonctionnement ou tout au plus, apporter des suggestions. C'est dans ce sens que l'usager du service de santé se démarque du patient de la clinique, car il est tenu au même titre que le personnel au respect des dispositions statutaires et réglementaires dudit établissement. Cependant, il est vrai que le service public hospitalier fonctionne pour l'intérêt de l'usager et que toute anormalité qui affecte ce fonctionnement peut être source de dommage pour celui-ci.

Des multiples fautes liées à l'organisation et au fonctionnement du service public hospitalier se dégagent plusieurs qualifications : faute médicale de droit public, faute médicale administrative, faute médicale de l'établissement hospitalier, faute du service public hospitalier. Le tout se rattachant au fait dommageable dont l'hôpital doit assumer la responsabilité. L'essentiel tourne en réalité autour de deux fautes principales : la faute de service et la faute du service qui selon la doctrine classique[448] sont des hypothèses de toute faute administrative à l'instar de la faute détachable du service.

---

[448] On fait référence ici aux travaux de M. Paillet, J.F. Couzinet sur la faute en droit administratif.

2°) La faute de service et la faute du service

R. Chapus notait que l'expression « faute de service » n'est qu'une fiction qui ne doit abuser personne[449]. Elle se rapporte certes au service, mais en réalité ce sont les agents, qu'ils soient connus ou non, qui sont à mesure de commettre la faute. La faute de service vise la conduite individualisée du praticien dans le cadre de l'activité de l'établissement. Ce qui ne suppose pas pour autant qu'il aura à répondre de ladite faute comme si c'était une faute détachable du service. En effet, ne tirant aucun profit personnel ou particulier dans l'agissement à l'origine de la faute, il est estimé que la maladresse, la négligence ou les erreurs commises dans le cadre du fonctionnement normal d'un établissement motivent la réalisation d'une telle faute. Ainsi cette dernière a un caractère impersonnel et direct.

La faute de service est indissociable de l'établissement, celui-ci étant garant de l'agent et de l'ensemble du matériel qui assurent son fonctionnement. Ainsi « la faute de service » est une faute professionnelle imputable à l'établissement suite à une conduite maladroite ou négligente de l'agent dans le cadre de l'exercice normal du service.

Quant à la faute du service, elle revêt un caractère anonyme en ce sens que l'auteur du fait est inconnu, et le juge administratif est dans l'impossibilité de le déterminer. Dans les hypothèses présentées par M. Paillet, c'est surtout la faute de service en relation avec l'activité de toute une équipe ou d'un ensemble de personnel qui s'adapte au domaine médical contrairement au fait d'une personne inconnue. En effet, l'activité médicale s'exerçant in concerto sur un sujet déterminé et souvent même avec une programmation en amont, il est facile de savoir le moment et les personnes qui ont concouru à la réalisation de l'activité médicale. La difficulté est liée en ce moment à l'imputabilité de l'acte à l'agissement d'une personne précise parmi le personnel, ou le lot de médecins y ayant pris part, surtout lorsqu'un certain nombre de temps s'est écoulé entre l'exécution de l'acte et la constatation de la faute. De la classification faute de service et faute du service admise dans le droit administratif de manière générale et applicable aux

---

[449] René Chapus, *Droit administratif général*, *op. cit.*

établissements publics de santé, il faut dégager particulièrement trois grandes catégories de fautes dans le service hospitalier. Elles concernent la défaillance dans l'administration hospitalière, la mauvaise prise en charge ou la prise en charge tardive des usagers et le fonctionnement défectueux des équipements et autres ressources matérielles du service hospitalier.

Ces trois types de fautes sont inhérents à l'organisation et au fonctionnement défectueux ou au mauvais fonctionnement du service public hospitalier. Le fonctionnement défectueux se reconnaît par exemple dans le cathétérisme qui est effectué à travers un cathéter (proposé par la pharmacie hospitalière ou mal posé par le personnel).[450] Lorsqu'avec le cathéter, une migration de fragment est causée, cela peut engager une faute de service.[451]

Dans l'arrêt A.C. jugé par le tribunal administratif de Bamako, l'œdème provoqué par le cathéter maladroitement placé a été la cause de l'amputation du bras de la fillette A.C.

Donc, il faut avancer dans ce cas d'espèce l'existence d'une faute de service qui découle d'un mauvais fonctionnement du service, l'identification du praticien qui a placé le cathéter étant possible, mais l'imputabilité de la faute à sa personne exclue, à cause de son statut d'agent public.

Mieux, son acte peut être à la base de l'œdème, mais pas forcément de l'amputation, d'autres interventions médicales ayant précédé cet acte. L'incompétence et le mauvais fonctionnement soulevés par la partie civile se rattachent donc à l'activité de l'établissement de santé, l'acte du praticien étant indissociable de cette activité. Mais, la faute du service y trouve également une place, car la patiente a fait l'objet d'une prise en charge multiple après l'alerte donnée par la mère. Ainsi, il n'est pas exclu que l'amputation provoquée soit issue de l'acte de plusieurs praticiens dont l'identification s'avère ici difficile. Il faut convenir avec M. Thiam pour noter que si les juges sénégalais et maliens sont

---

[450] Il est le procédé par lequel on introduit en intra vasculaire une fine tubulure de longueur variable pour l'administration des produits médicamenteux, des substances radio visibles ou pour doser des constantes biologiques.
[451] T.A Lyon, 15 octobre 1981, *RHF* 1982 P.339 et T.A Lyon, 17 mars 1983, *RHF* 1984 p. 287.

rarement saisis pour des fautes liées à la défaillance administrative ou au fonctionnement défectueux du service public hospitalier, ce n'est pas parce que ces cas n'existent pas dans les services. Mais, à côté, se trouve une autre réalité socioculturelle qui entrave l'engagement de la responsabilité des établissements publics de santé.

L'exemple emprunté de M. Thiam sur la confusion de bébés ou de cadavres, notée dans les établissements publics de santé dont respectivement l'une à l'hôpital Albert Royer[452] et l'autre à l'hôpital de Fann[453] à Dakar témoignent de l'existence des défaillances administratives dans nos hôpitaux. La faute pour fonctionnement défectueux du service aussi rarissime qu'elle puisse être, trouve également illustration dans l'arrêt A.C.[454]

Dans le cas d'espèce, la désignation du personnel soignant a été laissée au bon gré d'une aide-soignante et par la suite, une succession d'erreurs a été commise dans la prise en charge par les différents praticiens. Malgré les efforts consentis pour tenter d'éradiquer l'œdème, l'avant-bras de la fillette a été amputé.

De même, dans une affaire Demoiselle Diop c/ État du Sénégal du 27 juillet 1984[455], la responsabilité de l'État a été reconnue pour fonctionnement défectueux du service public hospitalier Aristide le Dantec.

La défectuosité de l'intervention chirurgicale est partie de la rupture du nerf optique provoquée lors d'une opération pour sinusite, et la jeune fille avait perdu l'usage de son œil droit.

Dans cette affaire, la Cour d'appel a relevé qu'aucune raison ne justifiait le manque de surveillance et a estimé que « si le fonctionnement défectueux du service public doit s'apprécier en fonction de la nature du service, des difficultés qu'il rencontre et des

[452] Cas d'un couple guinéen résidant à Dakar.
[453] Cas d'une famille chrétienne. Mais aussi un cas beaucoup plus ancien qui date de 1978 : il s'agissait d'une confusion faite par l'hôpital dans la remise du corps d'un de cujus. TPI, Dakar, 4 mars 1978, Birahim Guèye.
[454] TA de Bamako, 19 janvier 2001, Jgt n° 01, AC c/ Hôpital Gabriel Touré et État du Mali.
[455] CA, Dakar, arrêt n° 501 du 27 juillet 1984, EJDA, p. 76.

moyens dont il dispose pour éviter le dommage,[456] il n'en demeure pas moins que dans le cas d'espèce où la responsabilité médicale est recherchée, les moyens modestes de travail dont fait état le médecin-chef n'excluent pas de sa part une surveillance particulière de l'interne dès l'instant que l'acte chirurgical qui lui est confié revêt un caractère particulièrement grave ».[457] L'article 142 du code des obligations de l'administration du Sénégal est plus clair sur l'appréciation de la faute de service lorsqu'il retient : « La nature du service, les difficultés qu'il rencontre et les moyens mis à sa disposition. Cela sous-entend en principe que la nature publique du service hospitalier conditionne les moyens qui doivent être mis à sa disposition et que les difficultés variant d'un service hospitalier à un autre, elles ne seront pas forcément identiques dans l'hôpital public que dans l'établissement privé de santé ».[458] C'est dans ce sens que l'hôpital G. Touré considéré comme vitrine des hôpitaux de Bamako eu égard à son passé historique et surtout à sa position géographique est constamment confronté à un problème de gestion du flux sans compter toutes les autres difficultés d'ordre financier, matériel[459], et d'aménagement des déchets biomédicaux et ordinaires qui y sont greffées.

Ainsi, ni l'hôpital de 3e niveau ni celui de 1er niveau qui est la première référence ne jouent efficacement leur rôle. En effet, les articles 1, 7, 4, 6 cités s'interprètent d'une liberté de choix, soit de l'établissement de santé, soit du médecin traitant. Tandis que l'article 34, point 2, précise que la carte sanitaire détermine la limite géographique des zones de

---

[456] L'article 142 du code des obligations de l'administration du Sénégal est ici évoqué.

[457] C. À Dakar arrêt n° 501 du 27juillet 1984, Demoiselle Diop C / État du Sénégal, voir code des obligations de l'administration annoté, EJDA, 2014 p. 70.

[458] Avec une différenciation quant aux moyens de financement par le biais des patients accueillis, comme le rappelle C. Maillard *« la seule complémentarité qui ait jamais existé entre les deux secteurs, c'est une complémentarité sociale : les pauvres à l'hôpital et les riches à la clinique ».* C. Maillard : « Histoire de l'hôpital de 1940 à nos jours », Dunod, 1986, p. 32, cité par A. Thiam, *op. cit.*. p. 39.

[459] Pour preuve, nombre d'appareils du département d'imageries médicales de cet hôpital phare de Bamako encore 2017- début 2018 ne fonctionnaient pas pour faute d'entretien et de réparation. Il en était de même du scanner de l'hôpital du Point- G en 2013.

couverture administrative de chaque établissement. Le respect d'une telle disposition voudra dire qu'il doit y avoir une restriction dans le libre choix du prestataire de soins. Certes incompatible avec l'esprit des articles précédents, mais nécessaire pour une bonne organisation et un bon fonctionnement des établissements hospitaliers. C'est pour dire qu'autant l'autodétermination pour le choix du médecin comme droit individuel fondamental ne doit prospérer en public, autant le libre choix de l'établissement prévu à l'article 1 de la loi hospitalière est inopérable en établissement public de santé. Quoique la carte sanitaire puisse exister, cette disposition devient une véritable source de difficultés aujourd'hui puisqu'elle renforce les patients dans la référence anarchique qu'ils effectuent couramment. D'où la nécessité de la mise en œuvre adéquate des articles 7, 12 et 34 de la loi hospitalière,[460] mais aussi de l'établissement d'une cohérence entre la pratique des articles 4, 6 de la charte[461] avec ceux de la loi hospitalière citée.

B/ L'imputabilité de la faute commise dans le cadre du service public hospitalier

L'imputabilité de la faute à l'administration est la somme toute logique de la faculté de celle-ci de répondre des agents à son service et de l'ensemble des actes qui découlent de son organisation et de son fonctionnement. Ainsi, pas plus que la difficulté de prouver l'acte d'un agent, il n'est pas chose aisée pour l'usager victime de distinguer le fait dommageable de l'administration de celui de l'agent.

La présomption de faute est importante à ce niveau pour décharger la victime de toute recherche de preuve pour soutenir ses prétentions suite à la réalisation d'un acte dommageable. Il sera donc opportun de porter

---

[460] L'article 7 garantit l'accès des soins d'urgence ou de soins de référence de qualité dans le service public à toutes les personnes présentes sur le territoire national. L'article 12 dispose qu'en dehors des cas d'urgence, aucun patient ne peut être accueilli et recevoir des soins dans un établissement hospitalier public sans l'accomplissement préalable des formalités administratives et financières. L'article 34 est relatif à l'organisation de la carte hospitalière.

[461] L'article 4 prévoit les droits individuels fondamentaux pour chaque patient et l'article 6 garantit l'accès au service public à toute personne.

une attention sur la faute présumée avant tout développement sur la faute dans la jurisprudence administrative.

1°) La faute présumée du service

La faute présumée du service encore appelée présomption de faute est une construction doctrinale qui a fini par séduire le juge. En effet, cette création à la fois doctrinale et jurisprudentielle accorde le renversement de la charge de la preuve aux dépens de l'administration. En général, il était de principe que l'administration n'est défaillante que sur des faits très précis et souvent complexes. C'est d'ailleurs en cela que la faute du service public excluait toute qualification abstraite pour se focaliser sur des cas variés, mais précis. Ainsi, il était de la charge de la victime d'apporter la preuve de la faute commise par le service public, et en l'absence d'une telle preuve, l'établissement était exempt de toute réparation. Eu égard à la difficulté d'administration d'une telle preuve par les victimes surtout en matière médicale, on a admis l'apport par le service public des éléments qui démontrent que son fonctionnement normal n'a été affecté en aucun moment sous peine de s'engager à réparer le dommage subi par la victime.

La consécration d'un tel régime de faute doit à sa répétition jurisprudentielle surtout en matière d'infection nosocomiale où il est possible de citer l'arrêt Baily du C.E. français du 1er mars 1989.[462]

Cet arrêt prévoit que dès lors « qu'apparaît dans l'exécution du service public hospitalier une situation à caractère anormal s'étant traduite par un dommage physique sérieux subi par un malade et alors que la preuve de faute est impossible à établir », il incombait à l'établissement de prouver que le dommage était sans rapport avec l'affection pour laquelle le patient avait été hospitalisé. C'est pour cela que les infections nosocomiales constituent le domaine de prédilection de la présomption de faute. Compte tenu de leur complexité pour le patient ou même de la méconnaissance du lien causal, il est plus facile pour l'établissement d'apporter la preuve du respect des mesures de prophylaxie et d'asepsie pour être exonéré. Au Mali, si l'on considère

---

[462] Voir arrêt Baily, 1er mars 1989, n° 61406, Rec. Lebon.

que la source des infections nosocomiales provient de la vétusté et du mauvais entretien des infrastructures et des équipements, il faut reconnaître que cette vétusté cumulée à la défectuosité du matériel est en elle-même source de présomption de faute indépendamment de toute infection. Le juge administratif malien se penchant sur la faute médicale, celui-ci émet des réserves par rapport à une qualification de présomption de faute. De telles attitudes ne font que perpétuer une tradition de suivisme ou de transposition de la pratique judiciaire française, qui est mal appréciée par certains auteurs,[463] notamment M. Penneau. Celui-ci notait en 1992 : « Une faute simple suffit dans tous les cas à engager la responsabilité du service, quelle que soit la nature de l'acte, acte de soins ou acte médical ».[464] Cette logique de qualification de la faute n'est pas partagée par d'autres auteurs comme D. Thouvenin qui émet des réserves par rapport à la transformation apportée par cet arrêt, même si le Conseil d'État le considère comme un revirement jurisprudentiel.[465] D'ailleurs, il a été même considéré que la présomption de faute en droit administratif repose sur une faute virtuelle dont la présomption est bien difficile à renverser.[466]

Dans l'affaire A.C. c/ Hôpital Gabriel Touré, l'arrêt a retenu que la faute établie était imputable à l'hôpital Gabriel Touré, eu égard au dysfonctionnement qui a conduit à l'amputation du bras de la fillette. Ce dernier a été condamné à payer à la victime au titre de dommages-intérêts, la somme de 15 000 000 de francs CFA sans compter la condamnation de l'État du Mali à lui accorder l'assistance sociale et post-chirurgicale nécessitée par son état. Donc, nonobstant la responsabilité des agents qui pouvait être recherchée dans ce cas particulier, le juge administratif a retenu celle de l'hôpital.

---

[463] C.B. Esper est également favorable à cette thèse en affirmant : « Le Conseil d'État aligne sa jurisprudence sur celle de la Cour de Cassation : toute faute médicale même légère peut permettre réparation dès lors qu'elle témoigne d'une méconnaissance des règles de l'art ou des devoirs du médecin », Le dernier état de la responsabilité des hôpitaux publics, Gaz. Pal. 12 et 13 juillet 1995, p. 3.

[464] Jean Penneau, *La responsabilité du médecin*, Dalloz 2e édition 1996, p. 61.

[465] Dominique Thouvenin, *La responsabilité médicale*, Flammarion 1995, p. 58.

[466] Voir *Les grandes décisions du droit médical*, François Vialla, (dir.), préc., renvoi n° 5, p. 647.

Cela a exclu toute faute personnelle au profit de celle de service qui est mis en exergue même dans la règle générale, pour des raisons de solvabilité.

Cependant, il est à retenir que le cumul de fautes ou le cumul de responsabilités pouvait jouer dans de pareils cas. Le cumul qui intervient dans le cadre de la possibilité de l'imputation de la faute ou de la responsabilité soit à l'agent hospitalier soit à l'établissement public de santé.

2°) Aperçu jurisprudentiel du traitement de la faute

Dans la première partie de ce travail, la rareté de la gestion juridictionnelle des litiges médicaux a été mentionnée. N'empêche que dans l'étude de la faute hospitalière qui engage la responsabilité de l'établissement public de santé un regard plus appuyé y soit porté.

Dans l'affaire A.C. c/ Hôpital G. Touré la juridiction administrative de Bamako a retenu la responsabilité de l'établissement hospitalier sur la base de l'amputation de l'avant-bras de la patiente mineure. Le juge retient la responsabilité pour faute de l'établissement suite à une série de dysfonctionnements ayant conduit à la perte de l'avant-bras. Une faute découlant de l'incompétence d'un premier agent qui a effectué une ponction veineuse, une autre consécutive à la négligence et à l'imprudence du personnel soignant auquel l'œdème a été signalé sans issue heureuse. Dans cette affaire, la série de manquements établie traduit le mauvais fonctionnement du service de pédiatrie de l'hôpital G. Touré au moment des faits, puisque la décision déterminera que c'est un aide-soignant qui aurait désigné les infirmiers qui ont effectué le premier soin. Ce qui constitue un fonctionnement défectueux du service, l'aide-soignant ne disposant pas d'une telle compétence.

Dans une autre affaire Dr. A.B. c/ le caissier T.A. du CHU Gabriel Touré, il a été constaté que celui-ci tenait un langage très injurieux à l'endroit des usagers. L'acte d'agression qu'il a proféré à l'encontre du docteur conduisait à la saisine de la commission de médiation pour situer la faute de l'agent caissier et trancher à l'amiable le litige qui les opposait.

Donc, indubitablement, il y a faute hospitalière, même si le droit positif malien ne procède pas à la qualification des fautes qui découlent de l'activité hospitalière. Qu'il s'agisse d'un acte technique qui découle des soins ou d'un agissement qui est lié à l'organisation des soins comme il l'a été le cas dans l'espèce qui a opposé le caissier T.A. au Dr. A.B.

Dans l'affaire époux Touré contre M.C. et Hôpital de Ségou, l'avocat de la défense met en conflit deux catégories de fautes. Ces fautes sont d'une part, la faute professionnelle susceptible d'engager la responsabilité disciplinaire du médecin et la faute de service qui engage sa responsabilité administrative ; et d'autre part, la faute pénale pour non-assistance à personne en danger face à la faute d'humanisme. Le dilemme qui se pose est de savoir la faute qui pèse le plus, car dans tous les cas l'acte du médecin devait porter préjudice. Le médecin en laissant mourir la patiente pour absence de son consentement et de celui de son mari à l'acte chirurgical, risquait des sanctions disciplinaires, administratives et pénales. De l'autre côté, la faute d'humanisme est également primordiale conditionnant la responsabilité délictuelle ou contractuelle du médecin pour violation d'un principe fondamental qu'est la protection du consentement du patient et son information. À ce niveau, la position du tribunal est satisfaisante en ce qu'elle tient compte de *la nécessité absolue pour sauver la vie de la patiente*[467] et cela dans une situation d'urgence.

En revanche, est discutable le motif de l'arrêt lorsqu'il soutient que « le défaut d'information tenant à la révélation à la patiente des conséquences après l'opération ne saurait constituer une faute. Une telle information post-opératoire n'étant pas une obligation professionnelle ou déontologique du médecin ». Il faut rappeler ici que le médecin est bien tenu d'une obligation d'information post opératoire, et ne pas informer le patient d'une telle situation est une grave atteinte à son droit de savoir sur son corps et sur son état de santé. Dans le cas d'espèce évoqué, la patiente n'étant pas au courant de l'ablation pourrait continuer à nourrir des espoirs de procréation et à investir

[467] Tels sont les termes employés dans l'arrêt Époux Touré c/ MC et Hôpital de Ségou. L'expression nécessité absolue a tout son sens en ce qu'elle s'appuie sur la sauvegarde de la vie et non de la santé, dans quel cas la nécessité thérapeutique pouvait être retenue.

matériellement, financièrement pour cette cause qui est perdue depuis l'intervention obstétricale qu'elle a subie.

En définitive, le défaut d'information constitue ici une violation des articles 4 et 13 de la charte du malade, et constitue une faute d'humanisme qui engage la responsabilité du médecin.

Ces arguments se justifient à travers le droit français dans lequel la responsabilité pour faute hospitalière a connu une distinction des plus traditionnelles en droit administratif[468] surtout à travers les arrêts Vion et Philiponneau rendus par le conseil d'État français du 8 novembre 1935.

Bien avant cette jurisprudence, la faute simple a longtemps été le terrain idéal pour le juge administratif pour favoriser l'indemnisation des patients victimes. Découlant d'un mauvais fonctionnement ou d'un manque de fonctionnement de l'établissement de santé, le juge fonde ses analyses et sa décision sur cette situation sans considération d'autres aspects médicaux qui peuvent paraître trop techniques et aléatoires. Pour ce qui est de la distinction faute lourde faute simple, à l'image du droit français dont l'influence sur celui malien ne s'est pas estompée, il faut noter qu'elle n'a encore pas été usitée dans la pratique de la responsabilité hospitalière par le juge administratif malien.

---

[468] C'est pour dire que la jurisprudence administrative en tout cas française a accordé un large domaine à la faute lourde qui devait être « nécessaire « pour reprendre les mots de De Forges « lorsque l'activité administrative en cause est rendue plus difficile par des circonstances particulières de temps et de lieu. ». À titre d'illustration citons son admission pour : les activités touchant à la sécurité publique : activité matérielles de police, voir C.E. 10 février.1905, Tomasso Grecco, GAJA, n° 15, les activités de tutelle et de contrôle, voir C.E. Ass.29 mars 1946, Caisse départementale d'assurance sociales de Meurthe-et Moselle, GAJA.n° 66, toutes formes de contrôle des activités des personnes publiques et privées, exemple : C.E. Ass. 9 avr. 1993, D…, G…, et B…, Rec. 110 : responsabilité de l'État en matière de transfusion sanguine, à raison de défaillances dans la surveillance des centres de transfusion sanguine) et aussi la responsabilité de l'État à raison du fonctionnement défectueux de la justice administrative (E.E. Ass. 29 déc. 1978, Darmont, Rec.542 qui il faut le préciser est strictement limité à l'exercice de la fonction juridictionnelle à l'exception des autres actes de fonctionnement de la justice administrative qui sont soumis au régime de la faute simple).

La jurisprudence Vion et Philiponneau admettait la réparation du dommage médical seulement à la suite d'une preuve apportée par la victime sur la faute du service hospitalier et pas seulement, mais sur la faute lourde de ce dernier. La faute simple encore qualifiée de « légère » n'était admise que dans des cas précis, et surtout était favorisée par la jurisprudence judiciaire. Seule la faute lourde dont les caractéristiques se résumaient dans la gravité des faits et la complexité dans laquelle l'activité était effectuée pouvait contraindre l'administration hospitalière à réparation. Il était supposé que l'activité publique se réalisant dans un cadre délicat avec des circonstances particulières, elle ne fléchissait que dans des cas rarissimes d'une importance particulière. Cette jurisprudence qui concevait la faute lourde de l'hôpital ne tardera pas à connaître un effritement progressif avec l'émergence et la promotion des concepts protecteurs des droits des patients et de la victime en particulier.

La difficulté liée au rassemblement d'une telle preuve et à la démonstration d'un lien avec le dommage constituait en premier lieu un obstacle majeur à la satisfaction du droit à la réparation.

C'est dans ce souci d'allègement de la charge des patients que l'arrêt Dame V., C.E. Ass. du 10 avril 1992 a réduit la vigueur de la faute lourde en matière hospitalière. Rejoignant ainsi la jurisprudence judiciaire, il fut admis que toute faute simple, médicale ou non, engage la responsabilité de l'hôpital.[469]

---

[469] En espèce, Mme V, le 9 mai 1979, à quelques jours du terme de sa grossesse a subi un accouchement par césarienne à l'hôpital clinique du Belvédère à Mont-Saint-Aignan (France). Ladite intervention pratiquée sous anesthésie péridurale se compliqua jusqu'à l'arrêt cardiaque fait par la parturiente. Après une réanimation effectuée par le même hôpital, elle a été transférée au Centre Hospitalier Régional de Rouen où elle a subi des soins jusqu'au 4 juillet 1979. L'anoxie cérébrale c'est-à-dire la privation d'oxygène provoquée suite à l'arrêt cardiaque a été à l'origine des troubles neurologiques et physiques dont la patiente fût victime. Dans ce cas d'espèce, la chute de la tension artérielle serait due à une dose excessive de médicaments à effet hypotenseur administrée avant même l'intervention et auquel la patiente réagissait mal à travers des troubles cardiaques et des nausées. L'anesthésie péridurale prévue et administrée contenait un produit contre-indiqué compte tenu de son effet hypotenseur qui a provoqué une seconde fois la baisse de la tension artérielle de la patiente. Après la naissance de l'enfant, elle fit une hémorragie

Cette réalité jurisprudentielle peut se transposer dans le contexte malien, compte tenu de la référence autorisée à la doctrine et à la jurisprudence françaises.

Dans l'affaire A.C., le juge malien, à l'analyse des circonstances ayant conduit à l'amputation de l'avant-bras du patient a situé la responsabilité de l'établissement sur la base de la maladresse et de la négligence de ses agents, mais aussi du manque de qualification notoire tel que souligné dans l'arrêt. Ce qui dénote un dysfonctionnement dudit service, mais aussi « une série d'erreurs »[470] dans les actes médicaux posés par différents agents du service de la pédiatrie.

La prolongation dans le temps de plusieurs actes médicaux non efficaces pour l'état de l'enfant dénote une anormalité dans le fonctionnement de ce service hospitalier. Le constat de ce fonctionnement défectueux à travers les conséquences des actes distinctement posés traduit l'existence d'une faute de l'hôpital ouvrant la voie à des réparations. D'où l'application de manière fréquente du

---

accompagnée d'une troisième chute de tension qui résistera à tous les soins prodigués. Quelque temps plus tard, le plasma décongelé, mais insuffisamment réchauffé a été perfusé et provoqua immédiatement une vive douleur suivie de l'arrêt cardiaque. Selon le rapport d'expertise ce sont ces erreurs successives qui ont été la cause du dommage médical subi par Mme V. Une première décision du tribunal administratif de Rouen a rejeté le 4 avril 1986 la demande formulée par les époux V au motif qu'il n'était pas établi une faute lourde à la suite des actes médicaux effectués. C'est finalement à la suite de l'appel interjeté devant le conseil d'État que les conclusions du Commissaire du gouvernement engageront la responsabilité pour faute du service public hospitalier. Il retiendra que la succession d'erreurs intervenues lors d'un acte médical est forcément la cause de l'accident subi par la parturiente et exclura toute idée de faute lourde pour répondre de cet acte. Dans la même logique d'abandon de la faute lourde jusque-là réservée aux actes médicaux, le conseil d'État français procéda à un revirement jurisprudentiel au profit de l'application du régime de la responsabilité pour faute médicale de l'hôpital. Ainsi la distinction classique faute lourde médicale (pour les actes médicaux, qui sont en général d'une certaine complexité) et faute simple médicale (pour les actes non médicaux concernant surtout l'organisation du service hospitalier) déclina totalement.

[470] L'erreur répétitive en matière médicale est un élément déterminant comme il a été vu avec l'arrêt Dame V. Elle diminue le seuil de tolérance qu'on peut avoir pour les actes illicites médicaux.

régime de responsabilité pour faute médicale par le juge administratif[471], même s'il n'y a pas véritablement une codification de cette responsabilité administrative.

Par ailleurs, en l'absence de jurisprudence pénale médicale au Mali, il est fort admis que la distinction faute lourde –faute simple a toute son importance en droit pénal puisqu'elle permet en fonction de la gravité de la faute de déterminer également la gravité de la peine. À titre d'illustration, et en référence à M. Dapogny l'arrêt de la chambre criminelle de la Cour de cassation du 11 septembre 2001 selon lequel la faute délibérée doit être retenue à l'encontre d'un anesthésiste qui avait inoculé un produit avarié à ses patients en utilisant le même flacon et deux seringues communes à six patients.[472] Pour la faute caractérisée, la conditionnalité est ici que l'auteur soit conscient du risque particulièrement grave auquel il expose la victime. Selon Dapogny, elle se situe à mi-chemin entre la faute délibérée et la faute simple et permet d'incriminer des défaillances graves lorsque les conditions de la faute délibérée ne sont pas réunies. Elle consiste, le plus souvent, en un manquement grossier à la prudence, générateur d'un risque d'une particulière gravité qui ne pouvait être ignorée ou d'une faute d'une particulière évidence ou d'une particulière intensité.[473]

Dans un arrêt du 12 septembre 2006, la chambre criminelle de la Cour de cassation a décidé que c'est à tort que la Cour d'appel avait considéré que le médecin avait causé directement le dommage, mais confirma néanmoins l'arrêt estimant que le médecin, qui n'avait pas les mesures permettant d'éviter le dommage, avait commis une faute caractérisée exposant autrui à un risque d'une particulière gravité qu'il ne pouvait ignorer, au sens de l'article 121-3, al. 4 du Code pénal français. Ainsi, ces illustrations issues des arrêts des juridictions françaises peuvent inspirer le juge pénal malien pour la détermination de la faute médicale pénale. Ainsi, jusqu'à preuve de contraire, la faute demeure le régime de responsabilité applicable à tous les secteurs publics d'activité.

---

[471] Sous réserve que l'appréciation in abstracto en matière médicale ou de responsabilité des établissements publics de santé n'est pas permise dans tous les cas. Ce qui fait que le juge doit adapter un raisonnement à chaque cas d'espèce.

[472] Cf. B. Dapogny, *Les droits des victimes de la médecine*, *op. cit.*, p. 294.

[473] *Ibid.*

La jurisprudence malienne pour l'instant ne se prête pas à une classification de la faute médicale qui pourrait d'ailleurs accroître ou diminuer son intensité dans certaines situations comme il a été le cas par exemple en matière d'infections nosocomiales en France. Cependant, avec toutes les réserves possibles, il faut noter que la distinction classique entre faute lourde et faute simple du service ne connaît pas un grand succès au niveau de la juridiction administrative malienne. À défaut de référence législative, l'arrêt A.C. démontre une orientation du juge malien vers la nature de la faute commise dans l'établissement public de santé et les conditions dans lesquelles, elle se réalise. La juridiction administrative malienne est tentée vers la recherche d'élément palpable qui démontre une défectuosité dans le fonctionnement et dans l'organisation du service public hospitalier pour imputer la responsabilité à l'État garant de tout établissement public. L'intensité de la faute et le rôle qu'elle joue dans la détermination de la responsabilité publique montrent qu'elle est donc une condition indispensable pour engager la responsabilité de l'établissement public de santé.

Loin d'être la seule, elle cohabite avec d'autres conditions dont l'existence est également indispensable à la reconnaissance d'une éventuelle responsabilité. Le dommage et le lien de causalité dont il s'agit feront l'objet de développements futurs.

Paragraphe II : Le lien de causalité et le dommage

Le lien de causalité est le trait d'union entre la faute et le dommage. Le dommage, dernier élément de la trilogie, mais pas le moindre est important en ce qu'il traduit la souffrance endurée par le patient et le changement de statut opéré sur ce dernier. Passant de patient à victime, seul le dommage subi permet ce changement non souhaité.

Cependant, le dommage et le lien causal doivent tous présenter certains caractères.[474] Au titre de l'article 116 du RGO, une relation de cause à

[474] Il s'agit, entre autres, des caractères actuel ou futur, direct et certain. L'article 114 du régime général des obligations du Mali prévoit que « le dommage peut être matériel ou moral, actuel ou futur. Mais il doit toujours

effet doit exister entre le fait générateur de responsabilité et le dommage. Il est conforté par les articles 113 et 125 de la même loi selon lesquels tout dommage qui est causé à quelqu'un par le fait d'une autre personne doit être réparé. Cela traduit la vigueur du lien causal entre la faute et le dommage.

Au même titre que la faute précédemment examinée, une analyse du lien causal (A) et du dommage (B) est nécessaire.

A/ Le lien de causalité

N'étant pas toujours aisé d'établir la causalité, il est important de voir sa manifestation dans le droit commun de la responsabilité au Mali.

1°) La manifestation de la causalité dans le droit malien

La causalité, bien qu'étant établie de manière expresse et implicite dans la législation civile malienne, son appréciation par le juge n'est pas toujours évidente. L'article 116 prévoit une relation de cause à effet entre la faute et le dommage. Cette prévision légale conforme à la définition doctrinale proposée par la théorie de la causalité adéquate encore appelée causalité objective peut faire croire à la simplicité de la détermination du lien causal, puisqu'il s'agit d'établir une relation de cause à effet. Mais, l'article 114 qui précède énonce implicitement qu'il faut un rapport direct et certain entre la faute et le dommage sans préciser ce qu'il y a lieu d'entendre par ces notions.

Cela n'allège pas la tâche du juge qui peut être confronté à un caractère direct et certain dans les deux tentatives positives de causalité, prévues par la doctrine. Fort heureusement que les doctrines sur la causalité et l'équivalence en disent plus. Dans la causalité adéquate, ce rapport direct (immédiat) et certain (sans doute lié à un comportement précis) établi, est ce qui détermine la conviction du juge à engager la responsabilité de l'auteur, et il en est de même dans la théorie de

---

être certain et direct ». « Il est générateur de responsabilité s'il porte atteinte à un droit ».

l'équivalence. La condition sine qua non crée un rapport direct et certain qui ne peut laisser le juge indifférent. Comme pour dire que si le critère de « direct » se retrouve indistinctement dans les deux théories dégagées, il n'est cependant pas évident pour le juge de s'y fier dans tous les cas. Même en l'absence d'une définition jurisprudentielle du lien causal, le juge est enclin à suivre l'une des deux propositions doctrinales sans prééminence de l'une sur l'autre.

En réalité, la compréhension restrictive ou extensive du dommage ne découle pas d'une logique judiciaire. Elle dépend des éléments fournis et de la conviction du juge confronté à la recherche du lien de causalité. C'est l'analyse de ce lot de pièces qui permet au juge de déterminer un lien entre le fait reproché et le dommage subi sans être contraint à l'avance d'être circonscrit dans une position juridique. Là-dessus Demogue[475] prévenait déjà qu'*il s'agit d'une question de bon sens plus que de sens…*

Les articles 113 et 125 édictent respectivement : « la responsabilité emporte obligation de réparer le préjudice résultant soit de l'inexécution d'une obligation contractuelle soit du devoir général de ne causer aucun dommage à autrui ». « Toute personne qui par sa faute même d'imprudence, de maladresse ou de négligence cause à autrui un dommage est obligée de le réparer ».

La cause génératrice de responsabilités comme prévu par ces articles témoigne de la certitude de son existence lorsqu'une faute est consécutive à la réalisation du dommage. Cependant, si l'existence d'un quelconque lien causal ne prête pas de doute face à un dommage, c'est surtout au niveau de l'établissement de la preuve d'un véritable lien causal que les insuffisances juridiques peuvent aussi se révéler.

2°) La preuve du rapport de causalité

Au regard de l'article 9 du Code de procédure civile, sociale et commerciale du Mali (CPCSC), il incombe à chaque partie de prouver

[475] Les positions tenues par Demogue et certains auteurs comme H.L.J. Mazeaud et A-M. Honoré ont été qualifiées de négative en ce sens qu'elles ne penchaient pas vers une définition progressiste de la causalité.

conformément à la loi, les faits nécessaires au succès de sa prétention. Ce qui suppose l'invariabilité de la charge de la preuve dans toutes les conditions de la responsabilité. Elle repose, sauf exception, sur la victime du dommage qui est le plaignant. La victime du dommage médical est ainsi la partie qui a en charge d'apporter la preuve d'un lien de causalité entre le fait du praticien et le dommage existant, quitte à ce dernier de fournir, en contrepartie, des éclaircissements par rapport aux allégations prononcées. En réalité, il est plus difficile aux patients d'apporter la preuve d'un lien direct et certain entre l'acte du praticien et le dommage dont il a souffert (même si c'est ce que la loi lui exige pour obtenir gain de cause) qu'au praticien de démontrer que son agissement soit encadré dans un contexte professionnel et scientifique bien défini. Surtout que dans le cadre de l'activité de l'établissement public, il devient prépondérant d'établir le lien entre une défaillance du service liée ou non au comportement de l'agent public et le dommage qui en découle. Cela est d'autant plus vérifiable dans la corrélation médecine traditionnelle et médecine conventionnelle qui sont les deux principaux acteurs de l'offre de soins au Mali. Il est fréquent dans la pratique médicale au Mali que la prise en charge par la médecine conventionnelle (établissement public ou privé de santé) soit retardée pour la raison que le patient était suivi par un tradithérapeute.

La causalité, notion complexe est encore d'une application plus difficile lorsqu'il ne s'agit pas plus que de l'activité de l'établissement public de santé, du domaine médical. Ce qui a donné naissance principalement à la preuve par des présomptions graves, précises et concordantes et au renversement de la charge de la preuve dans certains cas telles les infections nosocomiales. C'est ainsi que la Cour de cassation française a allégé, en matière médicale, la charge de la preuve par la victime en admettant qu'en présence de présomptions graves, précises et concordantes, les juges du fond doivent retenir le lien de causalité. Ils doivent alors notamment apprécier s'il y a d'autres causes plausibles[476]. C'est surtout en matière de transfusion sanguine qu'une très grande difficulté sinon une incapacité totale se posent à la victime d'établir le lien de causalité. La conviction des juges étant à la base de l'appréciation des présomptions graves, précises et concordantes évoquées, il s'est établi une certaine discordance dans les décisions

[476] Civ. 1ere, 9 juill. 2009, n° 08-11073, cité par Muriel Fabre-Magnan, *Droit des obligations*, 3e éd. Thémis droit, PUF, p. 209.

conduisant à un déséquilibre de réparation pour les victimes. Certes les juridictions maliennes n'ont pas rendu de décisions dans ce sens pour le moment, mais le caractère hautement scientifique de ces examens traduit la difficulté d'établissement d'un lien causal. En général, comme n'importe quelle autre faille médicale, des faits de contamination suite à l'activité d'un centre de transfusion sanguine tombent dans la plus grande impunité, supportée par la fatalité qui anime la conscience collective.

Pour pallier la complexité de la preuve, le juge ordonne généralement des mesures d'instruction légalement admissibles, surtout l'expertise médicale. L'expertise médicale est un moyen par lequel le juge sollicite l'avis technique d'un autre professionnel de la santé dûment agréé pour avoir plus d'éclaircissement sur la conduite du confrère et l'effet que cela a pu produire sur le patient. L'expert agissant dans la limite des compétences qui lui sont attribuées, il ne pourra sortir de ce cadre lorsque son avis est demandé pour établir la preuve d'un lien causal. C'est surtout cet avis motivé qui est constitutif de preuve même si le juge n'est pas tenu par le rapport du technicien.

L'exemple célèbre de la vache de Pothier en dit beaucoup sur l'importance de l'expertise médicale dans l'établissement d'un lien direct entre le fait et l'effet qu'il produit. En l'espèce *il s'agit d'un marchand de vaches qui a vendu à un fermier une vache malade qui contamine tous les bœufs de la ferme, ces derniers meurent (dommage direct), privé de ses vaches, l'agriculteur (fermier) ne peut plus cultiver son champ, et cela a conduit à sa ruine (dommage indirect)*. Les faits comme établis paraissent simples, mais lorsqu'il faut rattacher ceux-ci aux dommages causés à l'acheteur pour une éventuelle réparation, la portée juridique du lien causal devient complexe.

La nécessité de l'expertise médicale est également évoquée par Mme M-F.N.A. experte en évaluation du dommage corporel selon qui, l'expert médical dispose de tous les moyens scientifique, relationnel et professionnel pour déterminer la part d'implication d'un praticien dans la réalisation d'un dommage. L'exemple cité par elle est très illustratif sur le rôle de l'expert dans la détermination du lien causal. En effet : *Il s'agit d'une dame opérée qui a manqué de suivi post opératoire. Elle a signalé qu'il n'y avait pas d'urine dans son bocal, mais personne n'est intervenu. Et son mal s'est compliqué en une fistule urinaire. Elle s'est débrouillée de CHU à CHU pour finir par se retrouver dans une autre clinique. Le chirurgien de cette clinique a essayé de réparer, on a enlevé le méat qui était suturé. Elle a fait une occlusion qui a pu être levée. Mais, malheureusement à la suite de l'occlusion, elle a fait une éventration. Ensuite, elle en a fait une deuxième. Dans ce dossier qui m'a été confié, il était évident que c'est depuis le premier chirurgien qui a fait l'intervention que le mal est parti. C'est parce qu'il n'est plus revenu voir la patiente que le mal s'est complexifié en endommageant d'autres organes. Certes l'infirmier a été alerté et a alerté, mais en clinique, c'est le médecin qui a en charge le patient qu'il a opéré. Cette patiente s'est retrouvée avec le tableau suivant : Insuffisance rénale, méafistule, occlusion, 2e occlusion, éventration, 2e éventration. Dans le rapport sollicité, il m'est revenu d'établir le lien causal entre l'acte du chirurgien et les dommages subis par la patiente et aussi procéder à une évaluation de ces dommages en vue d'une réparation.*[477]

La même prise en charge réalisée au sein d'un établissement public de santé aurait suscité la question de la qualité du fonctionnement du service.

Ainsi, la maladresse et la négligence exercées par le chirurgien et le personnel de suivi auraient signifié certes une défaillance dans le fonctionnement du service, mais un point important allait être l'appréciation de la conduite du chirurgien en secteur public par l'expert.

Puisque la constatation du comportement maladroit et négligent est à même d'influencer la qualification de la faute (de service ou du service) commise.

Ainsi même s'il ne revient pas à l'expert de déterminer ou de qualifier cette faute, l'appréciation technique du lien causal est tout de même déterminante sur l'imputabilité de la responsabilité par le juge.

Qu'on emploie l'expertise médicale ou d'autres moyens de preuve, l'établissement d'un lien de causalité traduit la dénonciation d'un dommage dont l'existence et la gravité sont nécessaires à la reconnaissance d'une responsabilité de l'établissement public de santé.

---

477 Propos recueillis à Abidjan avec Docteur M.F.A. N'Go, Experte en évaluation du dommage corporel, le 19 juillet 2017 à 10 h 30 mn.

B/ Le dommage nécessaire

Le dommage est une condition essentielle de réparation. Car la seule présence de la faute peut engager une responsabilité sans ouvrir droit à réparation. La lecture de l'article 114 RGO consolide cette hypothèse : « Le dommage est générateur de responsabilités s'il porte atteinte à un droit ». Mais, le dommage nécessaire pour la réparation présente indispensablement certains caractères quelle que soit le régime de responsabilité dans lequel il opère et quel que soit sa forme. Ils seront présentés dans les développements prochains.

1°) Le dommage : élément important de détermination de la qualité de victime

Juridiquement, la victime d'un dommage médical est toute personne ayant personnellement souffert de ce dommage et à qui le droit reconnaît cette capacité. Mais, la possibilité d'une définition et délimitation de la victime dans la perception sociale est discutable. Sous cet angle, elle s'entend, par moment, de tous ceux qui compatissent ou qui sont indirectement liés à la victime principale. Ainsi entendu, il y aurait un véritable déséquilibre dans la réparation du dommage qui peut s'extrapoler à tous les nécessiteux, rapprochés ou rattachés à la victime initiale.

Pourtant, jusqu'à une période assez récente, dans la perception populaire au Mali, l'hôpital ne pouvait causer de dommage à ses usagers. Toute chose qui est d'ailleurs compatible avec la vocation initiale de l'hôpital qui est : « un lieu d'accueil privilégié où les personnes les plus démunies doivent pouvoir faire valoir leurs droits y compris sociaux ».[478]

Donc, tout dommage issu de l'activité de l'établissement public de santé doit avoir une réponse auprès des autorités administratives ou juridictionnelles. La population doit cerner cela avant ou en accédant au service public de santé. Il est opportun que l'appréciation juridique

---

[478] Article 8 de la charte du malade.

de la notion de victime se rapproche de la vision sociale pour une meilleure adhésion et application des règles.

De façon unanime, on peut admettre que la victime est une personne qui contre son gré a souffert du fait ou de l'acte d'une autre. Elle est reconnue en langue bamanan sous le vocable de *mogo togno nen*. Donc, le dommage subi par cette personne a forcément une cause extérieure. Il n'a de reconnaissance juridique que si certaines conditions sont réunies. À défaut, il devient un simple fait social auquel aucune considération de droit n'est accordée. Dans ce cas, il y a atteinte sans dommage au sens juridique du terme.

La contribution de la victime à la réalisation de l'acte ou du fait peut ouvrir la voie à un partage de responsabilité ou d'exonération totale ou partielle de l'auteur du dommage. Sauf qu'au Mali, le repli des victimes sur elles-mêmes, loin d'être un respect des coutumes ou une pratique de courtoisie, repose sur une pression sociale ou sur une crainte des préjugés sociaux. L'expression verbale du dommage *togno* est, selon une perception sociale, synonyme de mettre l'auteur du dommage en conflit avec Dieu. Aussi, Dieu pardonne les faits d'une personne lorsque ces faits sont à l'encontre de la divinité même, mais pas lorsque ces faits sont dirigés contre une autre personne.

Dans les rares circonstances où les victimes principales décrient les dommages, celles-ci ne vont pas jusqu'à dénoncer les faits à l'autorité compétente en vue d'obtenir une réparation, à plus forte raison de laisser cette prétention à toute autre qui peut personnellement souffrir du dommage. La question de la légitimité du dommage a ici tout son intérêt.

En effet, rien de plus palpable que l'atteinte qui a affecté le patient, victime première de la violation, mais lorsque la reconnaissance des effets de cette violation doit s'élargir aux personnes proches du patient (victimes par ricochet), la rigueur du droit est plus pesante.

C'est dans ce sens que la mise en mouvement de l'action civile est reconnue selon l'article 4 du code de procédure pénale du Mali à tous ceux qui ont personnellement souffert du dommage directement causé par l'infraction. Cela voudra dire qu'il faut une légitimité juridique de la victime qui a personnellement souffert du dommage. Les sujets de cette action sont limités à ceux qui ont un intérêt légitime et c'est cette légitimité qui permet la recevabilité de la demande en justice pour une éventuelle réparation.[479] L'intérêt légitime juridiquement protégé tel qu'il est appelé en France, à en croire Dorsner-Dolivet, a été abandonné depuis un arrêt de la chambre mixte du 27 février 1970.

En toute précision, elle affirme que *ces caractères ne soulèvent de difficultés que pour certains types de dommages- perte de chance- ou dans certains domaines-obligation d'information ou préjudice en matière de procréation.* Dans l'affaire Hôpital de Ségou, la responsabilité du docteur M. C. a été écartée, le juge ayant décidé qu'il n'y avait aucune faute dans la conduite du médecin. Pourtant, la patiente et son époux dans leur requête initiale, ont trouvé dans la conduite du médecin, un acte négligent et imprudent, celui-ci ayant manqué pour l'ablation de l'utérus de la parturiente, de recueillir le consentement des époux en plus de celui de la personne qui accompagnait. La plainte a été rejetée au motif que le médecin a agi conformément aux règles de l'art et que la nécessité thérapeutique et la vie de la patiente prévalaient sur les grossesses futures évoquées par les conjoints.

Ainsi, même s'il y a préjudice (moral et corporel), le fait générateur de responsabilités manquant, ou étant influencé par le consentement de la personne qui accompagnait la patiente constitue une cause exonératoire qui a dissuadé le juge de retenir la responsabilité du médecin. Dans ce cas, le fait du médecin est exempt de faute, même si une cause de dommage s'avère être l'ablation de l'utérus, qui priverait la patiente de

---

[479] La légitimité de la réparation du dommage ne fût pas reconnue à une femme en France qui avait tenté un avortement sans succès, au motif que la naissance d'un enfant n'est pas un préjudice en soi réparable. Même si cette naissance est considérée par certains comme préjudice du fait que la maman a convenu avec le chirurgien un arrêt de grossesse qui a échoué à la surprise du médecin et de la patiente, il a été décidé par la haute juridiction française qu'il n'y a pas lieu de verser des dommages-intérêts, la souffrance ressentie n'étant pas juridiquement réparable. C'est pour dire que la légitimité a trait autant aux sujets qu'à la matière, c'est-à-dire au dommage reconnu par le droit comme réparable. L'analyse de la juridiction française est pertinente à ce niveau, puisqu'il est inadmissible voire immoral de dire à un enfant que sa naissance a été un préjudice et que cela a même valu une indemnisation à sa maman. Le choc d'une telle information est également constitutif de préjudice et cela ne doit pas être entretenu par le droit. Civ. 1re, 25 juin 1991, n° 89-18617.

toute autre procréation. Dans l'affaire AC c/ Hôpital Gabriel Touré du tribunal administratif de Bamako, ce sont les parents de la fillette qui ont réclamé à la suite du dommage subi par celle-ci. Une action en justice qui pouvait s'effectuer à double titre, c'est-à-dire une action concernant les parents représentant l'enfant et réclamant les intérêts de celui-ci, aussi en leur propre nom pour tous les dommages qu'ils ont pu personnellement souffrir à partir de l'hospitalisation de l'enfant A.C.

L'analyse de ces cas de figure démontre indubitablement que le concept de victime n'est pas soumis à la même appréciation en droit que dans la perception sociale et que son interférence avec le dommage qui est gage de la reconnaissance de la qualité de victime ne produit pas dans les cas les effets juridiques escomptés. Ainsi, les règles juridiques existantes ne sont d'application que dans la mesure où un patient victime ou ses proches s'estimant lésés dans leurs droits activent les moyens juridiques mis à leur disposition. C'est à travers la saisine du juge ou d'un professionnel du droit que la victime est à mesure de déterminer les différents chefs de préjudices dont il peut demander réparation. Aussi, il faudra apporter la preuve du dommage réparable pour que cette détermination soit facile.

2°) La preuve du dommage réparable

Toutes les catégories de dommages recouvrent indistinctement les caractères décrits. Pour les préjudices découlant du dommage, on peut en distinguer deux principaux : les préjudices d'ordre patrimonial et les préjudices d'ordre extrapatrimonial sans omettre la perte de chance ou d'opportunité qui est reconnue dans le droit malien. Cependant à ce sujet il y a tout de même des réserves sur l'existence d'une décision judiciaire clairement rendue en matière médicale.

En termes clairs, le préjudice patrimonial affecte le patrimoine de la victime en ce que celle-ci, du fait du dommage causé, effectuera des dépenses ou recevra des pertes de gain consécutives au ralentissement ou à l'arrêt de son activité. Ainsi, les dépenses occasionnées par l'achat des médicaments, la réalisation des examens biologiques et radiologiques, les frais médicaux et d'hospitalisation et souvent de kinésithérapie, etc. constituent des préjudices patrimoniaux. Ils peuvent faire l'objet d'une évaluation pécuniaire. Quant au préjudice extrapatrimonial, il se retrouve dans le dommage corporel et moral. Il a trait à la souffrance physique endurée (pretium doloris, quantum doloris) ou morale (*pretium affectionis*) ressentie par la victime et ses ayants droit. Le dommage subi peut aboutir aussi à une diminution du bien-être de la victime. Avec ces préjudices, remarque Y.L. Faivre[480] : *L'atteinte à l'intégrité physique de la personne se conjugue au verbe être. C'est l'essence même de la personne victime, corps et âme, qui est touchée par ces préjudices que l'on appelle non économiques, moraux, personnels ou extrapatrimoniaux.*

Dans les 2 procès réalisés suite à l'amputation d'un membre des enfants A.C. et S.M.T., le dommage corporel causé était évident. Aussi, il est tout à fait juste de noter qu'un préjudice esthétique pouvait être retenu, les séquelles de l'amputation restant gravées à jamais sur leur corps.

En France, dans la nomenclature de Dintilhac[481] par exemple, l'ensemble des chefs de préjudices est dégagé : le déficit fonctionnel, le préjudice esthétique, le préjudice sexuel, le préjudice d'établissement, le préjudice d'agrément, la douleur, etc. Cependant, loin de procéder à une énumération exhaustive, il peut être dégagé d'autres types de préjudices immatériels laissés à la libre appréciation du juge en fonction de chaque cas concret. Mais, la détermination exacte des frontières entre ces différents préjudices émiettés dans une classification controversée est incertaine à cause du risque d'une répétition d'indemnisation d'un poste de préjudice.

Cette préoccupation est résolue en matière médicale en France depuis l'instauration de l'Office national d'indemnisation des accidents médicaux ONIAM et la détermination de tous les critères d'indemnisation y compris l'élaboration de barèmes officiels.[482] Donc,

---

[480] A. Dorsner- Dolivet, *op. cit*, n° 129, p. 143.

[481] En France, la nomenclature de Dintilhac est un outil qui a amélioré l'indemnisation des victimes de dommages corporels, puisqu'elle permet l'évaluation poste par poste des préjudices subis par celles-ci. C'est-à-dire, l'évaluation de tous les préjudices ayant un lien avec la faute commise. Utilisée dans les transactions avec les assureurs, elle sert également les juridictions de l'ordre judiciaire.

[482] Le barème officiel est effectivement un moyen rassurant pour procéder au calcul des différents foyers de préjudices dont la victime a souffert.

il revient de procéder à un cumul des droits issus de la réalisation du dommage et de l'équivalent monétaire. Précisément, pour que ces droits intègrent la perte de chance comme préjudice en matière médicale, il faut que celle-ci présente un caractère certain et réel. Ceci pose problème souvent même avec le concours des experts qui peuvent avoir des avis divers. Ces éléments sont à défaut d'une expertise convenue, laissés à la libre appréciation du juge dans la détermination de quantum de réparation.[483] Mais, lorsqu'il est établi qu'il y a perte de chance, elle devient un préjudice indemnisable. C'est sur la base d'un calcul de probabilité que l'indemnisation est faite.

À ce sujet, M. Le Tourneau précise que la perte de chance ne constitue un préjudice indemnisable que *si la chance perdue est sérieuse, c'est-à-dire si la probabilité que l'évènement heureux survienne était importante.*

En l'absence de la connaissance d'un procès qui concerne la perte de chance, il y a lieu de souligner cas même sa reconnaissance dans le droit malien. Il s'agirait par exemple des nombreux cas, où le traitement du dossier d'un candidat pour un concours ne sera fait ou se fera tardivement.

Précisément en matière médicale, il s'agirait du cas où la perte d'un dossier médical n'aura pas permis de faire une prise en charge adéquate et dans un délai raisonnable, ou de toutes les lenteurs procédurales que les dossiers administratifs et judiciaires peuvent connaître. Cela peut faire perdre à l'usager un gain ou un droit dont la réalisation était liée à cette diligence. Le témoignage d'un accompagnateur de patient en état de coma illustre bien la conviction de celui-ci au fait que la lenteur du

---

L'imputation globale du dommage réparable est à cet effet réalisable sur la base du barème officiel qui détermine préalablement le montant de chaque préjudice.

[483] Il faut rappeler que déjà en 1932, en France, la chambre des requêtes, par trois arrêts, avait posé le principe de la réparation de la perte de chance : « Attendu que, s'il n'est pas possible d'allouer des dommages et intérêts en réparation d'un préjudice purement éventuel, il en est autrement lorsque le préjudice, bien que futur, apparaît aux juges du fait comme la prolongation certaine et directe d'un état de choses actuel et comme étant susceptible d'estimation immédiate », Cass. Req. 1er juin 1932, D. 1933.1 102 ; S. 1933. 1. 49, note H. Mazeaud.

service a contribué à la diminution des chances de vie du patient qu'il avait amené :*lorsqu'on est arrivé, on a attendu longtemps avant que quelqu'un puisse s'adresser à notre patient. Par finir, un médecin est venu vers nous et nous a dit de l'amener ailleurs sans aucune autre explication et sans le toucher. Malheureusement notre patient est décédé avant qu'on ne franchisse la porte du prochain établissement de santé. C'est vrai que Dieu décide de la vie, mais de telles attitudes de la part du personnel médical ne peuvent que réduire les chances du malade.*[484]

Cependant, il n'est pas sans oublier qu'il est du devoir de la victime ou de ses ayants droit d'apporter la preuve que ses chances de voir son état s'améliorer ou d'espérer sur une guérison étaient liées à la diligence du praticien.

C'est cela l'esprit de l'article 262 du régime général des obligations du Mali lorsqu'il édicte que : celui qui réclame l'exécution d'une obligation doit en prouver l'existence.

Celui qui prétend être libéré doit justifier le paiement ou le fait qui a **réduit** *(sic)*[485] l'extinction de son obligation.[486] La diligence du praticien a trait ici au diagnostic ou aux soins convenables à l'état de santé du patient. Après l'étude des conditions d'engagement de la responsabilité de l'établissement public, il est judicieux d'examiner la responsabilité des établissements privés de santé devant les juridictions de l'ordre judiciaire.

Section II : La mise en œuvre de la responsabilité des établissements de santé privés

De prime à bord, il faut signaler qu'au Mali, l'exercice de la médecine à titre privé est règlementé par la loi n° 85-41 du 22 juin 1985, le décret 91-106 du 15 mars 1991, et l'arrêté du 3 octobre 1991 qui déterminent

---

[484] Témoignage d'un usager de la santé, recueilli à l'Hôpital G. Touré, le 11 janvier 2018.
[485] Ainsi, il y a surement une erreur d'orthographe dans l'article 262 de la loi sur les obligations civiles et commerciales. L'expression « produire » correspondant plus que « réduire ».
[486] Ancien article 1315 du code civil français.

les modalités d'organisation de cet exercice.[487] Une liberté d'exercice qui est soumise au respect de certaines conditions[488] indispensables, relatives à la fois à la personne[489] qui exerce l'activité médicale et à l'établissement dans lequel elle la pratique.[490] L'ensemble de ces

---

[487] L'article 1 de ladite loi prévoit que toute personne physique ou morale à titre individuel ou en groupe peut pratiquer la profession sanitaire de manière libérale.

[488] L'ouverture de l'établissement privé de santé est conditionnée à l'obtention de l'agrément. L'accréditation à l'exercice libéral d'une profession de santé (hormis les professions de médecine traditionnelles) est précédée de l'obtention d'un diplôme et de la reconnaissance par l'ordre concerné à travers l'accomplissement d'une procédure d'inscription au tableau de l'ordre. Cette démarche administrative est succédée de l'obtention de la licence d'exploitation de l'établissement privé délivré par le Ministère de la Santé sur avis de l'ordre indiqué. Voir Article 10 de l'arrêté n° 91-4319 précité.

[489] L'article 3 de l'arrêté n° 91-4319 du 3 octobre 1991 énonce que « nul ne peut exercer la profession de médecin, à titre privé, s'il ne réunit pas les conditions suivantes : être de bonne moralité, être titulaire d'un diplôme d'État de docteur en médecine et e pharmacie ou de tout autre diplôme reconnu équivalent, être âgé de 21 ans révolus ; être de nationalité malienne ou ressortissant d'un État accordant la réciprocité, être inscrit au tableau de l'ordre des médecins. Les articles 4, 5, 6 et 7 concernent les conditions d'exercice des professions de chirurgiens, de sages-femmes et d'autres professions paramédicales.

[490] Par rapport aux conditions d'établissement, il faut noter d'abord qu'il existe différentes catégories d'établissements privés à savoir : les cliniques, les cabinets de consultation, les laboratoires d'analyse biomédicales, les laboratoires d'explorations fonctionnelles, les centres de cure, les centres de rééducation, les centres de radiologie, les cabinets de soin (physiothérapie, kinésithérapie et soins infirmiers. Article 9 de l'arrêté n° 91-4319 précité.

Dans ce lot d'établissements privés il est important de préciser que certains ont une finalité lucrative et d'autres non. Ce qui fait la différence entre les centres de santé communautaire (CSCOM), les centres confessionnels de santé et les établissements typiquement privés tels que les cabinets et les cliniques déjà cités. À l'instar de cette catégorie d'établissements existent les cabinets privés de consultations et de soins traditionnels, d'herboristerie et d'unité de production de médicaments traditionnels améliorés. Décret n° 94-0282 du 15 aout 1995 déterminant les conditions d'ouverture des cabinets privés de consultations et de soins traditionnels, d'herboristerie et d'unité de production de médicaments traditionnels améliorés. L'article 2 du décret n° 94-282 détermine les types d'établissements de médecine traditionnelle qui

conditions ayant trait à la personne du praticien et à l'établissement dans lequel elle exerce sa profession, cela confère au praticien un monopole qui distingue la profession médicale et paramédicale de toute autre.

Ce monopôle d'exercice laisse entrevoir en même temps la responsabilité de ces établissements en cas de violations de leurs obligations. Ainsi, pour l'engagement de la responsabilité de l'établissement privé, doivent être réunies certaines conditions (paragraphe I), en vue de déterminer la sanction applicable à celui-ci si cette responsabilité est établie (paragraphe II).

Paragraphe I : Les critères d'engagement de la responsabilité liée à la personne de l'établissement

En règle générale, les établissements privés sont animés soit par leurs propriétaires, soit par ceux–ci et leurs coassociés soit à travers un contrat de travail liant l'établissement au personnel médical et non médical. Ainsi, il faudra distinguer, selon le statut du médecin libéral ou salarié. L'établissement de santé répond de la faute des salariés dans la mesure où il est lié au patient par un contrat d'hospitalisation et de soins. Il faut que le salarié s'exécute dans la limite des tâches qui lui sont assignées. Mais, lorsque le praticien exerce sa fonction à titre libéral au sein de l'établissement privé de santé, c'est sa propre responsabilité qui sera engagée en cas d'acte fautif et non celle dudit établissement. Ainsi à « exercice personnel » tel que veut la règle, « responsabilité personnelle » du praticien. Tout compte fait, il est d'usage que l'établissement étant une sorte de vitrine entre les clients et les praticiens, il soit de son devoir de répondre des agissements illégaux dont ses clients peuvent être victimes. Agissements qui sont comme soulignés soit du fait du personnel employé par l'établissement privé de santé ou non inhérent à celui-ci.

Cela conduit à analyser la responsabilité du praticien de la santé comme commettant (A) avant de porter un regard sur les obligations de l'établissement privé de santé (B) en tant qu'employeur.

---

sont : les cabinets de consultation et de soins traditionnels, les herboristeries, les unités de production de médicaments traditionnels améliorés.

A/ Le praticien de la santé comme commettant

Le rapport commettant-préposé naît d'un contrat de travail, aussi tacite qu'il puisse être entre ceux-ci. Le contrat par lequel le médecin devient le salarié de l'établissement change carrément la donne, puisque c'est celui-ci qui acquiert dans ce cas la qualité de préposé vis-à-vis de l'établissement tenu de répondre de ces faits. Cette situation où l'établissement de santé est le commettant sera développée dans la partie suivante. Cependant, l'intérêt de cette réflexion est de voir dans quelles mesures le praticien aussi peut se substituer à l'établissement de santé personne morale. L'approfondissement d'une telle réflexion nécessite la fusion des règles du droit social et du droit privé, puisqu'il s'agit de la participation d'une personne privée à l'activité d'une autre personne physique de droit privé. Autrement dit, il s'agit d'un contrat de travail entre deux personnes privées dont l'une est l'employeur ou le commettant et l'autre l'employé ou le préposé. Une réalité juridique qui convient parfaitement à la situation du médecin libéral qui confie une partie de son activité à d'autres personnes qu'il estime qualifiées, mais qui demeurent sous son autorité.

Les choses, dans une première vue, paraissent simples, puisque l'exercice individuel de la médecine est accordé et confère au médecin le statut de médecin libéral (article 1, loi n° 85-41). Le médecin libéral, propriétaire de son établissement peut ainsi en être *le seul maître* et *le seul employé* ou encore il peut engager du personnel qui l'accompagnera dans l'exécution des activités ; ce personnel est en principe le préposé du médecin libéral (employeur) qui a la charge de déterminer sa mission. Mais, à ce niveau il y a lieu de rappeler l'article 3 al.5 du Code du travail qui dispose que l'établissement peut ne comporter qu'un seul travailleur. Ce qui rejoint certainement l'esprit de l'article 1 de la loi n° 85-41 sur l'exercice privé des professions sanitaires qui énonce la possibilité d'exercer en *groupe* ou à titre *individuel*.

Donc, c'est l'exercice à titre individuel qui fait du médecin libéral en même temps *le seul travailleur* de l'établissement. Il est à la fois le représentant de l'établissement et le médecin. Un représentant qui intervient dans l'acte médical, puisque son statut de médecin lui attribue ce monopole (article L. 4161-1 CSP). Plus précisément, il s'agit de la liberté prévue par le code de déontologie médicale et d'autres textes et qui est la garantie de l'exercice d'une médecine indépendante. L'article 5-c du code de déontologie médicale du Mali n'édicte pas expressément ce monopole, mais il est sous-tendu lorsqu'il exige l'obtention d'un diplôme pour accéder à la profession sanitaire. L'article 9 du même code précise que l'indépendance du médecin est préservée en toute circonstance et en tout lieu. Il est important au passage de rappeler le rapport de collaboration qui peut lier le médecin libéral à d'autres confrères et qui est exempt de tout lien de subordination. Cela est soutenu par l'article 3 al. 2 et 3 du Code du travail qui prévoit que « l'entreprise est une organisation de formation juridique déterminée, propriété individuelle ou collective, employant des travailleurs sous l'autorité d'un organe investi du pouvoir de direction et ayant pour objet une activité déterminée commune d'ordre économique, destinée à la production ou à la vente de biens ou à la prestation de services déterminés.

L'entreprise peut comprendre un ou plusieurs établissements. Chaque établissement constitue une unité technique composée d'un groupe de personnes travaillant en commun en un lieu déterminé sous une même autorité directrice ».

Bien que l'établissement constitué de groupe de médecins n'a pas pour objet une activité économique, de production ou de vente, cette disposition par analogie peut s'appliquer d' autant plus que la prestation de services prévue est une des activités majeures de l'établissement de santé et est l'objet de la pratique médicale en privé. Le service prêté ici a trait aux activités de diagnostic, de prescription et de soins.

Ce rapport de collaboration fait appel également au concept d'associés réunis dans un établissement commun pour exercer leur activité libérale. Ce qui renvoie à l'idée de médecins libéraux constitués en société et employant des personnels médicaux et non médicaux pour les besoins de leur activité médicale. Par conséquent, ces médecins libéraux deviennent les commettants du personnel employé dans la limite des conditions d'exercice prévues. Lorsque le médecin exerce sa profession sans lien de subordination avec la clinique, il est tout à fait normal que sa responsabilité contractuelle soit recherchée vis-à-vis des actes qu'il peut commettre à l'égard du patient. Cependant deux cas de figure peuvent être dissociés. Lorsque le patient a conclu directement avec le praticien qui exerce à titre libéral au sein de la clinique et le cas où le patient fait recours à la clinique suite à la notoriété que cet établissement se fait. Dans ce second cas, c'est à travers la clinique que le patient rentre en relation avec le praticien. Le fait de contracter directement avec la clinique pour des raisons de notoriété ou de clientèle implique celle-là dans la réparation du dommage subi par le patient.

L'exemple de la Cour d'appel de Paris répond bien à ce schéma. En effet, elle a reconnu la responsabilité de la clinique du fait de l'activité d'un médecin libéral.[491]

Le chirurgien et la clinique ont dû répondre *in solidum* du fait que la patiente avait contracté directement avec la clinique et que c'est celle-ci qui a adressé la patiente au chirurgien esthétique. Donc à cause du choix opéré par la patiente, la clinique a vu sa responsabilité solidaire engagée.

De cette jurisprudence, deux relations distinctes ont été dégagées : une relation patient-clinique et une relation patient praticien libéral.[492] D'où une distinction des responsabilités qui, selon les mots de P. Aberkane : « la décision de la Cour ne permet pas d'envisager une convergence de responsabilité médicale ».

Mais, lorsque le patient conclut directement avec le médecin, ce dernier devient responsable de tous ses actes tant médicaux que non médicaux (organisationnels). Par conséquent, les actes posés par les préposés (personnel de soins) et non médicaux sont imputables au médecin ou au chirurgien ayant contracté avec le patient. L'article 144 de la loi sur les obligations civiles et commerciales du Mali ou RGO dispose que : « les commettants répondent des dommages causés par une personne soumise à leur autorité, lorsque celle-ci encourt dans l'exercice de ses fonctions une responsabilité à l'égard d'autrui. (…) ». C'est dans ce contexte que la responsabilité d'un chirurgien a été engagée pour

---

[491] Cour d'appel de Paris, 25 février 1994 (Juris-Data n° 020728) ; Rev. Dr. Sanit. et soc. 31 (2) avril-juin 1995, *p.* 310-311.

[492] Voir Y. Lachaud, « Responsabilité des établissements de santé privés du fait de l'activité des médecins libéraux », Médecine et Droit, 1996, n° 17, p. 16.

n'avoir pas assuré le suivi post opératoire d'un patient qu'il avait abandonné à la clinique aux bons soins de l'infirmier seul. Une fustille urinaire post opération signalée à l'infirmier qui n'a pu diligenter les services du médecin chirurgien s'est compliquée en une occlusion. Ainsi, bien que l'infirmier était en charge de la surveillance du malade, il a été conclu qu'il était de la responsabilité du chirurgien d'assurer le suivi post opératoire de ce patient.[493]

En principe, tout comme le salarié de l'établissement privé, celui qui met son activité à la disposition du praticien libéral n'est soumis à une aucune responsabilité lorsqu'il exerce sa mission dans les limites des missions qui lui ont été attribuées. En tout cas, c'est ce que veut le principe du lien de préposition.[494] Une tout autre situation est le cas où l'établissement privé de santé emploie en son sein du personnel médical et non médical pour la réalisation de ses activités.

B/ L'établissement privé de santé comme employeur

L'établissement privé de santé comme employeur est tenu à des obligations ayant trait aux conditions de recrutement des salariés, d'installation et de maintenance du plateau technique et bien d'autres obligations subséquentes dont la violation peut engager sa responsabilité. Les obligations des établissements privés sont à la fois générales comme spécifiques.[495] À propos de leur responsabilité,

---

[493] Témoignage du docteur M.-F.N.A., *op. cit.*

[494] La précision faite par le Professeur G. Viney est assez délicate en ce sens qu'elle ne fait pas de la subordination, le critère du lien de préposition comme il était entendu autre fois, mais trouve l'essence dans le fait que le préposé agit pour le compte d'autrui. Ce qui dénote l'idée d'autorité, mais bien plus, fait apparaître l'idée d'intérêt. Et c'est intérêt qui conduit le commettant à mettre à la disposition du préposé tous les moyens pour la mise en œuvre et de fixer les objectifs.

[495] Les obligations générales ont trait à la qualité du plateau technique, au recrutement de personnel médical et paramédical qualifié, à la présence de produits médicaux lors des interventions chirurgicales, la présence d'un service administratif fonctionnel. Les obligations spécifiques sont relatives à l'alimentation de qualité fournie par la clinique, aux conditions de literie, à l'hébergement, à la surveillance des biens des patients, à la réglementation des

l'article 144 énonce : « Les personnes agissant pour le compte d'une personne morale engagent dans les mêmes conditions la responsabilité de celle-ci ». Lorsque les praticiens de la clinique sont des salariés, il doit en principe y avoir un contrat de travail. Le contrat dans le cas de l'exercice médical en privé peut être triangulaire. Un premier contrat entre clinique et praticien et un second entre la clinique et le patient. Cette particularité du contrat médical justifie le caractère atypique de l'établissement de santé lorsqu'il est constitué en société.

L'indépendance professionnelle tributaire de l'exercice de la profession de médecin (article 9 code de déontologie médicale) ne doit en principe heurter le traditionnel lien de subordination, puisque le médecin reste débiteur des soins et des soins de qualité. Il en est ainsi, quel qu'en soit le cadre de l'exercice médical.[496] Dans l'option salariale, il conjuguera donc cette autonomie d'exercice avec le pouvoir de contrôle de la clinique (employeur). Un pouvoir de contrôle qui donne à celle-ci le droit de sanctionner lorsque les conditions d'exécution de la prestation de soins font défaut du côté du praticien.

La trilogie prestation, rémunération et lien de subordination se retrouve incontestablement lorsque la clinique emploie des praticiens pour pratiquer l'activité médicale. Même si cette relation contractuelle du médecin salarié et de la clinique assimilable au contrat de travail est marquée par la liberté d'exercice du médecin, cette spécificité (liberté d'exercice) ne veut pas non plus dire que l'exercice de la médecine fait exception à toute règle de droit commun.

Par ailleurs, il est judicieux de noter que le praticien peut être le propriétaire et le seul employé de son établissement. Du moins c'est cela l'esprit de l'article L.3 al.5 du Code du travail lorsqu'il dispose que l'établissement peut ne comporter qu'un seul travailleur. Quelle que soit la forme d'exercice choisie (seul) ou à travers des salariés, la clinique-employeur est responsable des fautes commises par son personnel. Mieux, il répond des fautes commises par le matériel ou les produits de santé qu'il met à la disposition des clients. Cela voudrait dire que la réparation de tous les dommages subis par les patients, clients de la clinique lui incombe en principe. Cette consécration

---

heures et conditions des visites et au respect des mesures d'asepsie et de salubrité.

[496] Article 69 du code de déontologie harmonisé de l'OOAS.

jurisprudentielle en France est le résultat de la reconnaissance du lien de subordination entre la clinique et le médecin. La reconnaissance du lien de subordination entre la clinique et le médecin a eu des retombées sur la responsabilité qui incombait respectivement à ceux-ci.

Ainsi, la clinique tout comme l'établissement public de santé, devrait répondre de la faute de leurs préposés.[497] Cela équivaut à un refoulement des positions doctrinales et jurisprudentielles[498] qui admettait le médecin comme seul responsable des actes qu'il posait en clinique. Une position soutenue par P. Jourdain qui notait que le contrat médical ne peut être conclu qu'entre un médecin et un patient. D'une part, le patient choisit librement le médecin, et d'autre part, les actes médicaux sont réalisés uniquement par les médecins.[499]

Avec la reconnaissance d'un contrat hospitalier unique, seule la clinique est responsable des actes de son personnel (médical et paramédical). Ce contrat unique qui lie le patient à la clinique contient à la fois le contrat hospitalier et le contrat de soins. Mais, faudrait-il que le médecin préposé agisse dans la limite des missions qui sont confiées. Ce qui signifie que l'établissement privé de santé est tenu responsable du fait du médecin salarié qui met son activité à sa disposition, mais pas du médecin qui exerce de manière libérale.[500]

L'article 149 de la loi sur les obligations du Mali est plus que clair lorsqu'il prévoit que « toute personne est responsable du dommage causé par le fait des choses (…) dont on a la garde ».

C'est d'ailleurs la consécration de la responsabilité de l'établissement du fait des dommages que peuvent causer les équipements et autres produits défectueux qui a débouché sur la naissance de l'obligation de sécurité résultat.[501] Tout compte fait, le principe est qu'il revient à la

[497] Voir arrêt du 4 juin 1991 (Cass. 1re civ., D. 1991, IR, p.179) qui a levé l'inégalité opposant les médecins du secteur privé à ceux du secteur public.
[498] Voir par exemple arrêt de la Cour d'appel de Lyon du 5 décembre 1974, JCP éd. G. 1975, IV, 222. La faute médicale n'engage que la responsabilité du médecin, et non celle de la clinique.
[499] P. Jourdain, *RTD Civ.* 1992, p.123, cité par Pierre Aberkane, *La réparation du dommage médical et sa jurisprudence.*
[500] À propos de cette limitation, voir arrêt de la Cour de cassation (Civ. 1re, 26 mai 1999, n° 97- 15.608, *Bull. civ.* I, n° 175).
[501] *Supra* p. 90

clinique en tant qu'employeur et établissement privé de santé de répondre des fautes commises en son sein, soit par son personnel, soit par le fait des instruments et produits avec lesquels les actes médicaux et de soins sont réalisés.

Nonobstant l'existence de règles juridiques à ce sujet, l'action de la victime sert d'assaut à l'engagement des poursuites contre l'établissement fautif, c'est-à-dire celui au sein duquel la violation a eu lieu. Cependant pour envisager des mesures de réparation, il faudrait établir que la faute découle de l'activité de la clinique et /ou de l'acte du praticien.

Paragraphe II : La faute médicale avec ses exigences de régimes de preuve

« La faute est tout manquement à une obligation préexistante». Cette définition de Planiol reprise par le législateur malien en l'article 126 du RGO en ces termes : « La faute est un manquement à une obligation préexistante de quelque nature qu'elle soit » cela dénote l'existence de la responsabilité civile pour faute dans le droit malien. La proposition « de quelque nature qu'elle soit » facilite sa transposition au domaine médical qui ne crée pas un régime de responsabilité propre en soi, mais reste le prolongement du droit commun de la responsabilité. Certes dans le cadre de l'établissement privé de santé, le patient conclut deux contrats distincts, l'un avec la clinique et l'autre avec le praticien, mais cette dualité de relation contractuelle ne crée pas deux fautes médicales, mais une seule, la faute de la clinique et du praticien ne formant qu'une seule. Ce qui suppose que la faute médicale de la clinique est une faute contractuelle de droit privé.Il faudra dans un premier temps accorder un intérêt au régime de la faute médicale dans le secteur privé (A), avant de déterminer la nature des sanctions applicables (B).

A/ Le régime juridique de la faute médicale

La faute médicale dans le cadre de l'établissement privé de santé est une faute contractuelle, le patient se trouvant dans une situation de contrat avec l'établissement ou avec le praticien comme mentionnée dans le paragraphe précédent. Elle découle de la violation des obligations qui repose sur le professionnel de la santé et emprunte nécessairement les règles de droit commun qui régissent la faute.

La faute pouvant être considérée comme une atteinte à une obligation contractuelle ou légale préétablie, il faudra voir sa manifestation dans le secteur privé médical. À ce titre il faut rappeler la définition de Marcel Planiol qui prévaut à tous les âges de l'évolution du droit de la responsabilité et se traduit comme suit : « la faute est tout manquement à une obligation préexistante». Cette définition civiliste du concept de faute s'accorde parfaitement avec l'étude de la faute commise dans les établissements privés imputable soit au praticien, soit à l'établissement et qui est qualifiée de faute médicale.[502] Par faute médicale, il s'agit de la violation d'une obligation qui s'imposait à l'homme de l'art. C'est une violation d'une obligation liée à la technique médicale ou d'une obligation née de l'humanisme médical.[503] Il est important de revenir sur la distinction faite par le Doyen Savatier[504] entre la faute technique médicale et la faute d'humanisme médicale et à qui la paternité de cette distinction est attribuée. Cette distinction permettra de voir dans quelle catégorie se rangent principalement les différents types de fautes médicales.

Ajar notait dans *La vie devant soi :* « Le docteur Katz entrait, tout de blanc vêtu, et venait me caresser les cheveux, je me sentais mieux et c'est pour ça qu'il y a la médecine ».

« *Quoi de plus humain qu'un médecin traitant qui dicte à son patient la dose de médicament à prendre et la conduite à tenir avant le prochain rendez-vous, en cas de plaintes signalées par ce dernier ».*[505] Donc, il

[502] Il a déjà été souligné que la faute médicale existe également dans le secteur public, la seule précision se rapporte au caractère différencié de la faute médicale en droit privé qui est contractuelle et en droit public où elle est extracontractuelle.

[503] Le doyen R. Savatier Savatier est à l'origine de la distinction technique médicale et humanisme médical dans leur traité de droit médical.

[504] R. Savatier, J. Savatier, J.M. Auby, H. Pequignot, *Traité de droit médical*, éditions techniques, 1956, *op. cit.*, n° 310.

[505] Propos d'un patient, recueillis au CHU G. Touré, le 12 janvier 2018 à 10 h40.

y a de la médecine parce que la médecine est humaniste. Laissée pour le compte de la technique, elle ne sera que robotisme où le sentiment qui joue un grand rôle dans le réconfort et parfois dans la guérison ne sera qu'émietté.

L'humanisme médical est cette morale qui anime le médecin au-delà de toute aptitude technique d'accorder une attention humaine au patient. Il est défini par la doctrine comme « toute théorie philosophique, sociale ou politique ayant pour but suprême le développement illimité de toutes les possibilités de l'homme, et le respect de la dignité de la personne humaine, matériellement et moralement ».[506] Sa récente juridicisation ne doit heurter en rien sa présence innée chez toute personne qui exerce la profession de médecin par vocation. Mais, évidemment, c'est cette prise en compte juridique qui justifie sa considération accentuée par le juge dans les affaires de responsabilité médicale. La loi hospitalière, la charte du malade et d'autres textes tiennent compte des principes comme l'obligation d'information du malade, le respect de la dignité et de l'intégrité physique de celui-ci, l'obligation de recueillir son consentement etc. La faute est définie par M. Harichaux-Ramu comme « la violation par le médecin de ses obligations et devoirs dictés par l'exercice de la profession et orientés vers le respect de la personne du malade, de sa dignité, de son intégrité physique : information, obligation de recueillir un consentement éclairé, respect de l'intégrité physique ».[507] Autrement, elle définit la faute comme « le pivot de la réparation des dommages médicaux et chirurgicaux. En cela, elle constitue le fondement de la responsabilité civile médicale ».[508]

Parmi les fautes d'humanisme, il faut citer le défaut d'information du patient, le défaut de recueil de son consentement éclairé, le non-respect de la dignité et de l'intégrité physique de la personne, le non-respect de la vie privée du patient, le défaut de tenu du dossier médical ou de sa mise à la disposition du patient. Bien qu'il n'y a pas une classification

[506] Grand Larousse Encyclopédique, Voir « Humanisme ». Voir également R. Savatier Les métamorphoses économiques et sociales du droit civil aujourd'hui, « première série, panorama des mutations », Dalloz, 3e édition, 1964, n° 14.

[507] Michèle Harichaux-Ramu, Jurisclasseur civil, fasc. 440-1, n° 43.

[508] Michèle Harichaux- Ramu, « La responsabilité médicale. Principes généraux », in *Droit médical et hospitalier*, éd. Litec, 2001 fasc.18, p. 14.

législative expresse des fautes d'humanisme, il faut reconnaître que nombre de textes[509] au Mali prévoient le respect de ces principes qui conditionnent le renforcement de la qualité des soins. L'expression *la plus grande attention* prévue par l'article 25 du code de déontologie médicale des médecins de 1986 témoigne de la considération de l'humanisme par le législateur malien et de son rôle dans le soulagement du patient.

À l'instar de ces éléments non moins importants dans la relation praticien-patient, puisque leur violation est source de sanction, la technicité du soignant est un élément fondamental sans lequel il ne saurait avoir ni médecin ni soin.

En cela les dispositions des lois 17-030, 17-031, 17-032, 17-033, 17-034 du 14 juillet 2017 concernant les ordres de la santé du Mali conditionnent l'inscription au tableau de l'ordre afférent à l'obtention d'un diplôme pour prétendre par la suite à l'exercice d'une profession de la santé.

De même, l'exercice illégal est interdit par l'article 17 du code déontologie médicale et l'article 12 du code de l'OAAS dispose : « le praticien doit maintenir et améliorer ses connaissances médicales et ses compétences de façon continue afin d'être en mesure de pratiquer en conformité avec les principes scientifiques et éthiques reconnus ». Ces articles confortent l'idée que l'exercice de la médecine n'est pas à la portée de tous, mais seulement de ceux qui ont acquis la connaissance et la compétence nécessaires. Le doyen R. Savatier ne se trompait pas dans son affirmation allant dans le sens que : « le médecin remplit un ministère pour lequel des examens légalement organisés, et la surveillance déontologique de l'ordre médical, justifient normalement une présomption de conscience professionnelle, jusqu'à démonstration d'une « faute caractérisée ».[510] Cela exclut toute possibilité d'assimilation du médecin à « l'homme de la rue ». Par conséquent, sa faute est d'une spécificité incontestable qui demeure même avec la remise en cause du concept de faute lourde-médicale opérée par le célèbre arrêt Dame V. Une spécificité qui conduit le Doyen Savatier à

[509] Voir Code de déontologie (articles 2,3, 25, 27), Charte (articles 11, 13, 16, 17, 19), Loi hospitalière (articles 3, 4) Loi 09- 17 relative au prélèvement humain (Article 2, 3, 7,) etc.

[510] René Savatier, note sous Cass. civ., 30 octobre 1963, D.1964, p. 81.

affirmer que la responsabilité des médecins n'était subordonnée ni à une faute « lourde », « grave » ou « inexcusable », mais, à une faute « caractérisée ».

Bien avant ces dispositions rattachées tous au caractère technique de l'activité médicale, l'arrêt Mercier de 1936 en France avait bien raison lorsqu'il clamait « (…) la conformité de l'acte du médecin avec les données acquises de la science ». Cette conformité fait de son acte une obligation de moyens et non de résultat.

Ainsi, il y a faute technique, lorsque les soins sont quelconques, c'est-à-dire non consciencieux et non attentifs.[511] Cela est défendu par les codes de déontologie et les différentes lois maliennes qui tiennent compte du respect de la personne humaine reconnue d'ailleurs par le texte fondamental du 25 février 1992 comme « sacrée et inviolable » (article 1). La faute technique connaît une évolution liée à celle de la science médicale et de la réalité juridique d'une époque. Cependant, il faut la catégoriser en deux types de fautes : la faute objective et la faute subjective. La faute objective intervient à chaque fois qu'il y a une violation d'une obligation légale ou contractuelle établie, c'est dire qu'elle fait référence à l'obligation pénale, civile, administrative et disciplinaire tandis que la faute subjective intervient dans l'appréciation de la conduite d'un médecin diligent et prudent.

Des cas de faute technique dans l'exécution des soins concernent l'oubli fréquent de matériel de chirurgie dans l'organe du patient ou l'erreur que l'orthopédiste commet en opérant la jambe saine à la place de celle qui est malade. L'erreur commise par le praticien au cours d'une intervention est tout de même distincte de la faute et par conséquent n'a pas la même portée. Cette distinction favorise une appréciation de la faute tenant surtout au caractère objectif. À y regarder de près, ces illustrations susceptibles de traduire la faute du médecin ou de l'établissement privé de santé ne sont que quelques-unes prises parmi

[511] La négation employée ici marque l'exercice de l'activité médicale en l'absence de moyens matériels, de compétence requise, c'est-à-dire qui ont trait au diagnostic, à la prescription et au suivi des soins), de risque justifié et motif médical sérieux (article 30, 47, 145 code de déontologie de l'OOAS), et à la non utilisation de méthodes diagnostic ou thérapeutiques augmentant les chances de guérison ou de survie du patient (article 107) autrement l'utilisation de moyens contribuant à la perte de chance.

toute une série. L'existence d'une faute médicale, qu'elle soit technique ou d'humanisme, demeure insuffisante lorsqu'il est de la tâche de la victime d'apporter une preuve pour que le dommage soit réparé. Si elle est un facteur de démotivation de nombre de victimes ne disposant des capacités intellectuelles, matérielles encore moins financières, elle demeure tout de même juridique.

B/ Le fardeau de la preuve de la faute médicale

La règle générale impose que ce soit la victime qui apporte la preuve de la faute médicale du praticien ou de l'établissement de santé. Au soutien de sa prétention, il peut se servir de nombre d'instruments comme le registre d'admission au sein de l'établissement, le dossier médical, les fiches de suivi, le registre, les bonnes pratiques ou constats d'expert, le règlement intérieur de l'établissement, d'autres dispositions de portée générale comme les lois, décrets et arrêtés régissant certains aspects de la profession et du comportement du praticien, et les revues sur l'actualité scientifique médicale. Cette dernière pièce est facilement accessible à l'expert médical, qu'à la victime profane de la science médicale et de son évolution.

Il est important de signaler que l'appréciation des faits doit être conforme aux données acquises de l'époque de la réalisation de ces faits et non pas à une période ultérieure où ces données ne seront plus en vigueur. Un procès en responsabilité médicale s'échelonnant en général dans le temps, il est possible que les données de la science connaissent entre temps une évolution. Cette évolution ne doit influencer l'appréciation des faits reprochés au praticien. Tel est par exemple le cas au Mali de l'affaire A.N. c/ M.K. qui s'est déroulée il y a plus d'une dizaine d'années et n'a pas encore connu son épilogue. En de pareilles situations, dans l'appréciation des faits, on ne doit pas tenir compte des innovations scientifiques de l'époque actuelle.

Cependant, en réaction aux allégations de la victime, il faudra que le praticien apporte la preuve que les soins apportés étaient ceux du bon père de la famille. Autrement dit, la conduite d'un professionnel diligent, prudent et compétent. L'article 9 du RGO, emprunté de l'article 1137 (ancien) du Code civil français dispose que de telles conduites doivent être adoptées par le praticien de la santé. Pour le prouver, l'article 6 du CPCCS énonce qu'à l'appui de ses prétentions, il doit alléguer des faits propres à les fonder. Donc, il s'agit de faits qui correspondent aux données d'un moment précis, pour éviter une appréciation au regard des règles de l'art qui ne sont plus en vigueur.

La règle de principe en matière contractuelle, rappelée par M. Dejean De La Batie Noël et qui est l'appréciation in abstracto de la faute médicale est certainement celle qui est admise par le juge judiciaire malien. Cette appréciation in abstracto signifie que le juge doit apprécier la conduite du débiteur de l'obligation en fonction d'un modèle abstrait « le bonus pater familias » ou bon père de famille, en plus de l'abstraction faite des évènements qui ont concouru à la réalisation du dommage. Cette lecture de l'appréciation in abstracto est prise en compte par l'article 129 du RGO selon lequel : « le juge apprécie les faits et qualifie la faute par rapport à la conduite d'un homme prudent et diligent en tenant compte des circonstances de l'espèce ». La faute abstraite de diligence et de prudence comme définie par J. Penneau et Dejean De La Batie est appréciée en fonction d'un cadre général duquel se spécifie ou s'individualise une faute proprement dite du praticien. Dans l'affaire A.N. c/ M.K., il a été présumé que ce modèle de médecin averti a manqué dans la conduite du praticien. Ce qui a valu à ce dernier et à l'assistante anesthésiste une inculpation judiciaire.

Cependant, si le juge doit accorder une attention aux capacités intellectuelles ou émotionnelles du praticien, il va de soi que l'appréciation in abstracto soit affectée au profit d'autres considérations internes. Le médecin étant un humain comme tout autre, on ne saurait faire fi de cela dans tous les cas. C'est ce qui a valu d'ailleurs les divergences entre les positions de M. Dejean De La Batie Noël et MM. Mazeaud, Chabas.

Le premier démontrant la possibilité d'avoir ou de voir dans la conduite d'un homme raisonnable, des déficiences corporelles d'une part, et des aptitudes supérieures d'autre part[512] et les seconds s'opposant à l'admission de circonstances internes dans la conduite du débiteur

[512] Noël Dejean de la Bâtie, *Appréciation in abstracto et appréciation in concreto en droit civil français*. Paris, LGDJ, 1965,316 p.

d'une obligation.[513] Entre l'imprudence ou l'inattention d'un homme ordinaire et celle d'un homme suffisamment averti, la faute doit pour la seconde être caractérisée[514], mais si cela ne favorise pas la réparation du dommage subi à la victime de par la complexité de la preuve, il est tout à fait logique de soutenir la faute simple, c'est-à-dire toute faute médicale même légère donnant lieu à réparation. Selon R. et J. Savatier et coauteurs, c'est cette complexité qui fait qu' « apparaît le légitime embarras du juge, simple profane au regard de la technique et chargé pourtant d'apprécier la faute du médecin ».[515]

Cette appréciation n'est intéressante que pour réparer le dommage de la victime. En cela, bien que l'appréciation *in concreto* soit accentuée en établissement public de santé et celle in abstracto en établissement privé, on se rend compte qu'une distinction absolue n'est guère évidente et que parfois et la faute publique et celle privée peuvent être soumises à la fois à des éléments abstraits et concrets.

Cependant, l'expertise est un excellent moyen d'éclairage du juge également pour la faute médicale de droit privé. Sauf qu'il y a lieu de reconnaître qu'il n'y a pas toujours consensus entre les rapports d'expertises ou que le juge peut ne pas être emballé par ce qui y est conclu.

En effet, le juge français a opté pour la théorie de la faute virtuelle sur la base du fait que « certains résultats et plus particulièrement l'anormalité des conséquences d'un acte font présumer la faute ».[516] Une piste qui pourra être explorée par le juge malien, la présomption de faute étant retenue lorsque le dommage découle des actes courants ou du défaut de matériel.

Bien que l'affaire A.C. a impliqué un établissement public de santé, l'on peut convenir que la faute à son origine était provoquée dans le cadre d'un acte courant de soins qui est la ponction veineuse, et d'ailleurs le

---

[513] Henri Mazeaud, Léon Mazeaud et Jean Mazeaud, *Leçons de droit civil*, tome II, cité par François CHABAS, 8e édition, n° 449.

[514] La faute caractérisée ici rime avec la faute spécifique étroitement liée à la pratique de l'art médical, même si certains auteurs (R. Chapus) ont mis un garde- fou entre celles-ci et la faute lourde.

[515] René Savatier, Jean Savatier, Jean-Marie Auby, Henri Pequignot, *op. cit.*.

[516] Voir, Les droits des victimes de la médecine, *op. cit.*. p. 198.

juge a rappelé cet état dans sa décision.[517] Cela aurait été en clinique privée, en guise d'allègement de la charge de la preuve de la victime, le juge pouvait retenir la présomption de faute pour donner droit à réparation du dommage causé.

Toutefois, le renversement de la charge de la preuve ne signifie pas l'exonération de la victime d'établir l'existence d'un lien causal entre la faute et le dommage subi, puisqu'il ne doit s'agir d'une faute quelconque, mais de celle en relation avec la souffrance endurée par la victime. Le droit médical malien, de manière générale, étant encore en construction, il serait approprié de penser à une meilleure élaboration de la faute médicale pour en donner une définition et en dégager une classification plus admise.

---

[517] *… que de telles maladresses pour accomplir un acte de soin aussi courant que banal que constitue le placement de sérum, dénote d'un manque de qualification notoire si non d'une négligence coupable des agents de la pédiatrie de l'Hôpital Gabriel Touré.*

CHAPITRE II

LA MISE EN ŒUVRE DE LA RESPONSABILITÉ DES PRATICIENS DE SANTÉ ET DE LA RESPONSABILITÉ EN ÉQUIPE

Le praticien en établissement de santé est tenu à des obligations dont l'exécution se rattache à la réalisation des missions décrites par des dispositions légales et règlementaires. Ces obligations contenant une certaine similitude dans les deux secteurs de la santé (public et privé) ont pourtant des points de démarcation qu'il faudra voir. Cependant, quel que soit le secteur d'activité du praticien, l'inexécution ou la mauvaise exécution des missions qui rentrent dans le cadre de ses fonctions, suscite la problématique de l'engagement de sa responsabilité personnelle ou collective lorsque l'agissement reproché s'est réalisé dans le cadre d'une tâche commune. En plus des régimes de responsabilité dont certains ont été déjà dévoilés dans le cadre de cette étude, le praticien peut être traduit devant ses pairs pour répondre des violations en relation avec les règles professionnelles et déontologiques.

Ainsi, ce deuxième chapitre s'attèlera à la responsabilité personnelle et en équipe du praticien de la santé (section I) qui est autrement appréciable par des confrères dûment habilités par les textes et règlements en vigueur, il s'agit de sa responsabilité disciplinaire (section II).

Section I : La responsabilité personnelle du praticien et la responsabilité en équipe

Il vient d'être signalé que peu importe l'établissement dans lequel exerce le praticien de la santé, sa responsabilité en tant qu'agent soumis à des prescriptions législatives et règlementaires est envisageable.

Également, dans le cadre de l'exercice en équipe, ces mêmes questions de responsabilité peuvent revenir. Les deux paragraphes de cette section y accorderont un intérêt particulier.

Paragraphe I : La responsabilité personnelle du praticien hospitalier

En règle générale, c'est exceptionnellement que le praticien hospitalier engage sa responsabilité personnelle. Par conséquent, la faute qu'il commet et qui ne rentre pas dans les limites des tâches à lui confiées, constitue une faute détachable du service (A). Dans le cadre de l'analyse de cette faute, il faudra considérer le cumul de fautes (B) qui regroupe la faute du praticien et celle de l'établissement.

A/ La faute personnelle détachable, une exception au principe de la responsabilité administrative

La faute personnelle détachable est celle qui engage la responsabilité de l'agent suite à un acte qui ne rentre pas dans le cadre des missions qui lui ont été assignées pour le fonctionnement du service. C'est une faute d'une exceptionnelle gravité qui se rattache à l'incurie de l'agent.[518] S'agirait-il d'une faute qui n'a aucun lien avec l'exercice des fonctions confiées à l'agent ?, c'est-à-dire qui ont trait à sa vie privée (l'exemple de l'agent hospitalier qui pratique des soins à domicile moyennant rémunération rime bien avec ce cas), ou s'agirait-il des fautes qui n'ont pas été commises à l'occasion du service, mais pas dépourvues de tout lien avec celui-ci ? Une conception matérielle de la faute personnelle détachable admet ses hypothèses.

Cependant, à suivre M. De Forges de près, *la faute peut être commise dans le service ou à l'occasion de l'exercice des fonctions tout en étant considérée comme « personnelle »*. Dans ce cas il s'agit de fautes

[518] L'expression « agent » s'entend dans ce contexte de l'ensemble des praticiens au service hospitalier. Donc, son usage ne se limite pas seulement au seul personnel de soins.

psychologiquement détachables du service, et qui permettent à la victime d'opérer un choix de juridictions à partir du moment où la faute n'est pas dépourvue de tout lien avec l'établissement. L'agent fautif est dans ce cas doté d'une intention de nuire soit à l'intérêt du service soit à l'intérêt des usagers.

Elle se manifeste à travers une conduite de l'agent du service public qui n'a aucun lien avec l'organisation ou le fonctionnement de l'établissement et serait rattachée plutôt au comportement et à la volonté de celui-ci. Autrement dit, elle est une faute personnelle de l'agent du service public. En guise d'une définition qui distingue ces deux types de fautes, Laferrière affirmait : « la faute de service est celle qui révèle **un administrateur plus ou moins sujet à erreur** tandis que la faute personnelle révèle **l'homme avec ses faiblesses, ses passions, ses imprudences** ».[519] Ainsi, les actes médicaux en fonction des spécialités ou même de la généralité pouvant être connus, il est possible de tenter de répertorier les fautes personnelles détachables pouvant être commises dans le cadre de l'activité médicale. Toute faute qui ne ressort pas de ce cadre sera rattachable à l'activité de l'établissement de santé. Cette proposition a été faite par M. De Forges pour ce qui concerne la catégorisation des fautes personnelles administratives de manière générale. Son application en matière médicale est une logique qui ne peut que faciliter l'identification des actes anormaux qui se rattachent plus aux intérêts privés des agents que de l'intérêt de l'établissement de santé.

Ce critère rapproche considérablement la faute personnelle de la faute intentionnelle qui, dans ces conditions, se rencontre peu fréquemment à la charge des médecins. Mais, la faute personnelle c'est aussi, depuis, la faute qui, bien qu'accomplie dans le service, pendant le temps de service, est considérée comme telle en raison de sa gravité bien au-delà de la faute lourde. La jurisprudence administrative ou judiciaire française en fournit quelques exemples. C'est le fait d'adresser à un collègue du même établissement une lettre dont les propos outrageants sont contraires au code de déontologie[520]ou celui de se rendre coupable de délit d'omission de porter secours.[521] C'est également le fait de

[519] T. confl., 5 mai 1877, Rec., 437.
[520] CA Dijon, 1ère ch., 29 mai 2000, *Gaz. Pal.*, 2001, Somm. de jurisp. 1837.
[521] Cass crim 2 avril 1992, Bull. crim., n° 140.

s'enfuir de la salle d'accouchement en laissant la patiente aux prises avec un incendie provoqué involontairement par une sage-femme[522] ou celui, pour un médecin de garde de refuser de se déplacer au chevet d'un malade qui décèdera par la suite.[523] Au contraire, en l'absence de gravité suffisante, ne constitue pas une faute personnelle le fait pour un chef de service de n'avoir pas pu prévenir les défaillances d'un interne et d'une infirmière[524] ou les blessures involontaires consécutives à une carence thérapeutique.[525] Ce n'est qu'en définitive, dans les cas extrêmes, la faute commise par un médecin hospitalier public à l'occasion de ses fonctions, est de nature à engager la responsabilité personnelle de l'intéressé.

Comme déjà mentionnée, c'est la jurisprudence Pelletier[526] de manière générale qui a permis la distinction de la faute de service et la faute personnelle.

En particulier, il n'y a pas de coïncidence entre la faute constituant un élément caractéristique d'une infraction pénale et la faute personnelle. L'homicide ou les blessures involontaires ne constituent pas nécessairement une faute personnelle.[527] Bien que commise dans le cadre du service public hospitalier, elle se distingue ainsi de la faute de service, qui est commise par l'agent, mais est imputable à l'administration. La réparation de la faute détachable du service incombe à l'agent personnellement.

La juridiction administrative française, a affirmé dans trois arrêts[528] que *le manquement à la déontologie professionnelle d'un praticien*

---

[522] Cass crim., 2 octobre 1958, JCP, A958, éd.G, II,10834.
[523] CE, 4 juillet 1990, D., 1991, *Somm. comm.*, Obs. P. Bon et P. Terneyre.
[524] Cas. Crim., 21 mai 1985, D ., 1987, *Somm. comm.*, 27, note J. Penneau.
[525] Cass crim., 7 octobre 1986, *Bull. crim.*, n° 274,D.,1987, *Somm. comm.*, 422, note J.PENNEAU.
[526] Tribunal des conflits du 30 juillet 1873 Pelletier, GAJA.n° 2, Rec. Lachaume, p. 459.
[527] Cass crim., 27 novembre 1984, D.,1985, Somm. comm., 404, note J. Penneau ; Cass crim., 7 octobre 1986, *Bull. crim.*, n° 274, D ;1987, *Somm. comm.*, 422, note J. Penneau.
[528] T. confl., 15 décembre 1980, n° 02177, Préfet de Haute Corse ; CE., 4 juillet 1990, n° 63930, Société d'assurances Le Sou Médical ; CE., 28 décembre 2001, n° 213931, M. Valette.

hospitalier revêtant un caractère d'une inexcusable gravité constitue une faute personnelle détachable du service alors même que les faits incriminés ont été commis dans le cadre du service. Il en va ainsi du décès d'un patient imputable au retard apporté par un médecin hospitalier à pratiquer l'intervention chirurgicale nécessaire à réparer les blessures justifiant l'hospitalisation, le retard ayant pour unique cause le refus du médecin de se rendre au chevet du patient alors qu'il était de garde et informé à plusieurs reprises par l'interne de service de l'état inquiétant du malade. Peut également constituer une faute personnelle détachable du service le fait pour le chef de service de radiologie, connaissant l'erreur à l'origine du grave choc septique subi par le malade, de n'informer que trois jours plus tard la famille et les médecins du service de réanimation de l'hôpital dans lequel a été transféré le patient. Lorsque la responsabilité de l'établissement hospitalier et celle de l'agent sont avérées, le juge administratif est seul compétent pour déterminer la contribution finale à la charge de réparation accordée à la victime compte tenu de l'existence et de la gravité des fautes respectives de l'agent et du service hospitalier.[529]

Au Mali, aujourd'hui, nombre de comportements des agents de la santé qui n'ont rien à voir avec les objectifs et les missions assignés à l'établissement de santé sont constatables. À ce sujet, on peut évoquer la vente ou le détournement des médicaments des patients, ou même la soustraction de ceux-ci au niveau de la pharmacie hospitalière ; le détournement des patients au profit de l'établissement privé (la concurrence déloyale), l'agression physique de l'usager de la santé par l'agent, le mauvais usage du matériel médical en vue d'une orientation des patients vers les laboratoires et cliniques privés, la souillure de la réputation de l'établissement ou d'un médecin au profit d'un autre[530], le refus injustifié de donner des soins[531], etc. Cette énumération démontre qu'il s'agit ici des fautes qui sont commises soit à l'intérieur

---

[529] Voir Les grandes décisions de la jurisprudence, F. Vialla, *op. cit.*, p. 551.

[530] À titre d'exemple, voir T. Confl. 12 juin 1961, Picot c/ Lachèze, Rec. 1170 sur les propos diffamatoire d'un directeur d'hôpital contre un médecin de l'établissement.

[531] Voir T.C. 25 mars 1957, Arrêts Chilloux et Isaad Slimane, Rec. 816, comme exemple de refus de soins. Mais c'est deux arrêts ont été qualifié à cette époque de faute lourde du service hospitalier même s'ils pouvaient être considérés comme des fautes personnelles de l'agent.

de l'établissement de santé, soit au cours d'une activité extérieure de l'agent qui n'ont aucun lien avec l'organisation et le fonctionnement de l'hôpital.

La faute personnelle de l'agent dans l'établissement public de santé invoquant les règles du droit civil, la compétence du juge judiciaire peut être mise en jeu. Ainsi, il peut s'agir de la responsabilité civile ou de la responsabilité pénale du praticien hospitalier.

Par rapport aux fautes pénales, la particularité réside dans l'intention de nuire de l'agent hospitalier. Les fautes pénales volontaires réalisées dans le cadre du service public hospitalier sont des fautes personnelles qui engagent la seule responsabilité de l'agent et les infractions involontaires issues de l'imprudence ou de la négligence de l'agent sont considérées comme des fautes de service.

Le principe de la légalité et de la personnalité des peines et des délits, proclamé par l'article 9[532] de la Constitution vaut pour tous les citoyens du Mali sans distinction de profession.

La réalisation de cette violation par une équipe médicale signifie l'engagement de la responsabilité pénale de chacun des praticiens qui constitue cette équipe et qui y aura participé.

Dans l'établissement public de santé, ces incriminations peuvent avoir trait aux activités courantes de l'agent (organisation du service, maintien ou entretien des équipements etc.) et aussi aux activités techniques et spécifiques de l'établissement telles que l'activité médicale proprement dite, la recherche clinique ou biomédicale, l'activité chirurgicale etc. Les articles 19 -23 du titre 4 de la loi n° 09-059 du 28 septembre 2009 régissant la recherche biomédicale sur l'être humain contiennent des sanctions pénales et interdictions à l'encontre des praticiens qui dans le cadre d'une recherche biomédicale, transgressent les prévisions de ladite loi. À l'instar de ce texte, nombreux sont les textes sanitaires qui prévoient des dispositions pénales ou renvoient à la loi pénale générale. Ce qui ne sous-entend pas la création d'un droit pénal sanitaire, mais la pénalisation de certains

---

532 « La peine est personnelle. Nul ne peut être poursuivi, arrêté ou inculpé qu'en vertu d'une loi promulguée antérieurement aux faits qui lui sont reprochés. (…) ».

faits relevant du domaine médical. D'où une extension du droit pénal à des faits médicaux nouveaux ou spécifiques, qui ne fait pas du droit pénal sanitaire un droit particulier, mais un prolongement du droit pénal commun. Tout compte fait, le principe d'engament de la responsabilité pénale reste basé sur les trois conditionnalités, à savoir la faute pénale, le lien causal et un dommage subi par la victime. Mieux, la demande en réparation de ce dommage devant le juge pénal suppose l'existence d'une action publique préalable ou concomitante à l'action civile en réparation. À défaut d'une telle action, la victime ne peut demander réparation que devant le juge civil sur la base de la responsabilité délictuelle du praticien.

Quant à la faute personnelle du praticien qui invoque les règles civiles, elle traduit l'idée d'une atteinte à un bien ou à l'intérêt soit du patient soit de l'établissement de santé même. La responsabilité civile du praticien hospitalier contrairement à l'agent du secteur privé n'est que délictuelle. N'existant point de contrat entre le patient et celui-ci, il ne pourrait être question de responsabilité contractuelle.

Parmi les exemples susceptibles de traduire la faute personnelle de l'agent ou de l'équipe médicale tout entière, il faut citer : la fermeture de la salle d'accouchement par l'équipe de garde d'un service public hospitalier de Bamako, négligeant ainsi les urgences jusqu'à une heure avancée de la nuit, ou le refus des médecins internes face à des situations urgentes et compliquées de faire appel au médecin de garde au motif que celui-ci les blâmerait pour avoir perturbé son sommeil.[533]

Dans l'affaire S.M.T c/ Asacodje, et plus particulièrement dans celle qui opposait A.C. à l'hôpital G. Touré, la maladresse effectuée lors de la ponction veineuse suivie de la négligence des agents lorsque la mère a alerté sur l'œdème de sa fille, pouvait être constitutive de faute personnelle détachable du service. Mais, il faudrait que des investigations dans ce sens révèlent l'intention de nuire de par les comportements maladroits et négligents des agents.

Quoique dans chacune de ces affaires, la maladresse de l'agent de santé était constatable, elles ont toutes les deux fait l'objet d'une indemnisation par l'établissement de santé concerné. Ce qui dénote que

[533] Propos recueillis de certains personnels de la santé lors de nos enquêtes à l'Hôpital Gabriel Touré en janvier 2018.

la poursuite de l'agent sur la base de la faute personnelle ne favorisant pas toujours la réparation du dommage subi par la victime, celle de l'établissement de santé tirée du principe général de la responsabilité administrative est admise. L'admission d'un tel principe a donné naissance à la théorie du cumul.

B/ Le cumul de fautes et de responsabilités

D'ores et déjà, faisons la distinction entre le cumul de fautes et celui de responsabilités. Le cumul de fautes est évoqué lorsqu'à la base d'un même dommage se trouvent plusieurs actes fautifs imputables à la fois à l'établissement public de santé et à la personne de l'agent qui a effectué l'acte de soins. Cela suppose que les deux ont intimement concouru à la réalisation de la faute : l'agent par négligence, imprudence ou inattention et l'établissement pour mauvais fonctionnement ou fonctionnement défectueux et mauvaise organisation. Le cumul de fautes donne la possibilité à la victime de choisir une seule voie juridictionnelle pour la réparation du dommage. C'est-à-dire qu'elle saisira soit la juridiction judiciaire pour engager la responsabilité personnelle de l'agent, soit la juridiction administrative pour faute de service.[534]

Contrairement à ce concept, le cumul de responsabilités puise sa source d'un seul et même fait qui cause le dommage. Ainsi, même si c'est l'acte de l'agent qui est à la base de la faute, source du dommage subi par la victime, cet acte a été commis dans un cadre public offrant des conditions matérielles et environnementales pour sa réalisation. La responsabilité de l'établissement public de santé ne peut être évoquée en l'absence de l'utilisation des moyens qu'il met au service de ces agents et des usagers. Donc les deux types de fautes sont cumulés en un pour réaliser le même dommage. C'est ce qui a conduit le commissaire du gouvernement Blum dans l'affaire Lemonnier à annoncer que « la faute se détache peut- être du service (…), mais le service ne se détache pas de la faute ». Comme pour rassurer que ce sont les deux fautes (de

[534] La solvabilité avérée de la puissance détermine la plupart du temps le choix de la juridiction administrative qui pourra également se retourner plus tard contre son agent pour la part de responsabilité de celui-ci.

l'agent et du service) qui auront facilité la commission du dommage. Pour la réparation d'un tel dommage, la victime peut demander singulièrement à l'un des deux ou peut agir respectivement contre les deux. Sauf qu'elle ne pourra, comme dans le cumul de fautes, solliciter une double réparation du dommage.

La description des faits de l'affaire A.C. établit une série d'erreurs marquant un dysfonctionnement incontestable du service de pédiatrie. Sur l'existence d'une responsabilité administrative pour faute de service, les juges du tribunal administratif n'en portent aucun doute en condamnant l'établissement au payement de dommages et intérêts. Pour ce qui est de la faute personnelle des agents dudit service, il a été souligné un peu plus haut qu'elle pouvait bien être envisagée, vu que la maladresse et la négligence commises par certains agents ne font l'ombre d'aucun doute non plus. Ainsi, dans cette affaire A.C. c/ Hôpital G. Touré, il y a lieu de noter qu'à l'origine du même dommage, existent plusieurs fautes, certaines imputables au service et d'autres imputables aux agents donc, sont constitutives de fautes personnelles. Cet état de droit renvoie à la notion de cumul qui suppose la possibilité de joindre dans un dommage unique une faute de service et une faute personnelle. D'où la possibilité pour la victime de faire le choix entre la juridiction judiciaire et la juridiction administrative. La juridiction administrative offrant plus de garanties en termes de solvabilité de l'établissement public, cela explique son choix et les procès en responsabilité médicale pour faute ne font pas exception à cette règle. Mais, il y a lieu de rappeler qu'il ne doit y avoir une double poursuite devant des juridictions différentes pour obtenir une double réparation.

Ainsi, le cumul de fautes est différent du cumul de responsabilités qui puise sa source d'une faute unique : la faute de service et la faute personnelle pour la raison que l'activité de l'agent est réalisable grâce aux moyens mis à sa disposition par le service. L'agent de santé, compétent qu'il puisse être, a forcément besoin de moyens matériels et d'un cadre environnemental adéquat pour exercer son activité. C'est pourquoi l'établissement dans nombre de cas ne saurait se soustraire totalement de la responsabilité de celui-ci.

Tel est le cas d'un employé de l'hôpital qui commet un accident de circulation avec le véhicule de service qu'il utilisait à des fins personnelles ou en dehors des heures de service. Les biens ou les moyens du service hospitalier ayant servi à commettre la faute, ils amènent à retenir la faute personnelle de l'agent, mais aussi celle de son service. Ce cumul de responsabilités joue pour la victime qui a le choix entre l'une des juridictions indiquées ci-haut pour demander réparation.

Dans un cas d'espèce, la négligence présumée d'un laborantin à fournir du sang en urgence à une patiente conduisait au décès de cette dernière. Une action en justice notamment une plainte devant le juge pénal a été exercée et a abouti à la détention de l'agent.[535] A ce sujet, la question qui se pose est de savoir comment déterminer le régime de responsabilité applicable, autrement dit s'agit-il d'une faute de service ou d'une faute personnelle du laborantin ? Le juge pénal dans le cas d'espèce a qualifié les faits de non-assistance à personne en péril, prévue et punie par les articles 220 et 221 du Code pénal du Mali. L'article 221 s'applique particulièrement au professionnel ayant manqué à son devoir de porter secours dans le cadre de l'exercice de ses fonctions. Une disposition de droit commun qui est à mesure de régir la situation du laborantin, s'il s'avère que les éléments caractéristiques de l'infraction reprochée sont réunis. Dans ce cas, le praticien de la santé même en l'absence de dispositions sanitaires spécifiques règlementant les infractions relatives à la pratique de leur profession, reste soumis à la règle commune à tout professionnel ou à tout individu, comme prévu par l'article 221 CPM. L'établissement de la preuve de la non-assistance engage la faute personnelle de l'agent et plus précisément sa faute pénale.

Cependant, l'agissement reproché s'étant réalisé dans le cadre d'un service public de santé, il est important de voir le lien qu'il peut y avoir entre la conduite de l'agent et les règles de fonctionnement et d'organisation de ce service.

Ainsi, le mauvais accueil de la part du laborantin soulevé par le conjoint de la victime rentre dans le cadre d'un fonctionnement défectueux, celui-ci devant s'assurer de la mise à disposition des usagers des agents dévoués pour la cause du service. Mieux, le retard signalé dans la livraison de la poche de sang sollicitée est également synonyme d'une défaillance du service même si à ce niveau le juge s'est plutôt appesanti

[535] Cas constaté au niveau du tribunal de grande instance de la Commune V du district de Bamako en 2017.

sur le devoir d'assistance de l'agent pour retenir la qualification pénale des faits.

De cette analyse, il s'ensuit que la défaillance du service de santé ne doit être écartée au profit de la seule faute personnelle de l'agent. Il y a donc un cumul de fautes susceptible d'engager à la fois la responsabilité du centre de santé pour faute de service et celle personnelle de l'agent.

Dans les notes à venir, il faudra voir la responsabilité du praticien libéral qui n'a pas les mêmes implications eu égard à son statut et à sa relation avec les autres collaborateurs.

Paragraphe II : La responsabilité du praticien libéral et la responsabilité en équipe

La liberté d'exercice a pour corollaire la responsabilité dont les formes sont diverses et impliquent par moment la recherche de la justification de l'acte de plusieurs personnes. Ces personnes intervenant toutes dans la prise en charge d'un même patient, cela explique la multidisciplinarité et la multitude d'actions en vue de l'atteinte des objectifs de soins. Ainsi, l'étude de la responsabilité du praticien libéral (A) amènera à porter une attention sur l'équipe médicale susceptible aussi de répondre des agissements commis en son sein (B).

A/ La responsabilité civile et pénale du praticien libéral

Il y a lieu de préciser que le praticien salarié en établissement privé de santé n'a pas le même statut que celui qui exerce à titre privé (de manière individuelle ou en association) avec d'autres confrères. La responsabilité du commettant du fait du préposé étant largement développée, il faut s'attarder particulièrement sur la responsabilité personnelle du praticien libéral comme il a été le cas pour le praticien hospitalier dans le paragraphe précédent. Cette responsabilité peut revêtir un caractère civil ou pénal en fonction de la violation commise par le praticien dans l'exercice de son activité libérale, sans tenir compte de la responsabilité disciplinaire qui fera l'objet d'une section distincte.

Par rapport à la responsabilité civile, l'article 113 du RGO en énonçant ceci : « la responsabilité emporte obligation de réparer le dommage résultant de l'inexécution soit d'une obligation contractuelle soit de la violation du devoir général de ne causer aucun dommage à autrui » associe les principes de la responsabilité contractuelle et délictuelle. Contrairement au Code civil français auquel il emprunte ces principes et qui les prévoit séparément dans ses articles 1231 et 1240 à la place des articles 1134 et 1382 de l'ancien code.

Ainsi, la violation par le médecin des dispositions légales et réglementaires en relation avec l'exercice privé de la médecine conduit à l'engagement de sa responsabilité délictuelle. Ces cas de responsabilité peuvent-être engagés dans trois hypothèses précises : à chaque fois qu'il y a absence de contrat entre le praticien et le patient et que l'acte de celui –ci est porteur d'un préjudice, à chaque fois que la victime décide de porter son action devant la juridiction pénale et en cas de dommage extérieur au cadre contractuel fixé par les parties.

L'absence de contrat se rencontre dans la prise en charge du patient en état d'urgence ou en situation d'incapacité sans possibilité de rentrer en contact avec les représentants légaux. Elle est invoquée également en cas de nullité du contrat qui porte par exemple sur une expérimentation sans but lucratif portée sur une personne en dehors des prévisions de la loi sur la recherche biomédicale.

L'exercice de l'action civile concomitamment à l'action publique mise en œuvre pour la réparation du dommage met en jeu les règles de la responsabilité délictuelle. Un principe qui est tiré de la reconnaissance de la nature contractuelle de la relation médicale.

Ainsi, toute maladresse, imprudence et négligence réalisées hors du champ contractuel qui causent un dommage au patient et qui seraient prévues par la loi pénale, peuvent être réprimées par la juridiction pénale (articles 203 et 210 du Code pénal du Mali). Le dommage hors du cadre contractuel est par exemple la situation d'un patient qui, après consultation par le médecin, trébuche dans la toilette de la clinique et subit une entorse.

L'imputabilité de la responsabilité délictuelle est basée sur la preuve d'une inconduite dans l'agissement du praticien, et il revient au patient d'en apporter la preuve.

La jurisprudence malienne ne fournit pas d'illustration concrète de responsabilité civile du praticien, mais sa prévision par les dispositifs légaux dénote une possibilité d'une prise en charge judiciaire au-delà de tout l'emprunt que le juge malien fait du système juridique et judiciaire français.

D'ailleurs l'obligation de réparation des dommages est prévue par l'article 117 du RGO sans précision du cadre dans lequel le dommage est causé (contractuel ou délictuel).

Pour ce qui est de la responsabilité contractuelle du praticien du fait d'autrui, il faut reconnaître que l'absence de jurisprudence évoquée vaut également pour la doctrine au Mali qui n'est pas trop fournie.

Lorsqu'il existe entre le médecin et son confrère un simple rapport de collaboration, la question de la responsabilité contractuelle du fait d'autrui peut être soulevée, mais dans quelle mesure ? Celui-ci ayant une indépendance professionnelle comme prévue par l'article 9 du code de déontologie médicale et 4 du code de déontologie de l'OOAS « sous quelque forme que ce soit et sous aucun prétexte, le médecin ne doit aliéner son indépendance professionnelle », au même titre que son confrère, il doit répondre des faits qui lui sont imputés.

C'est en vertu de cette indépendance qualifiée pour certains de principe général du droit[536] que le tribunal des conflits en France a rendu une décision très intéressante relative à la qualification de l'indépendance du médecin et son impact sur la responsabilité : *Eu égard à l'indépendance professionnelle dont bénéficie le médecin dans l'exercice de son art qui est au nombre des principes généraux du droit, il est loisible au patient, indépendamment de l'action qu'il est en droit d'exercer sur un fondement contractuel à l'encontre de l'établissement de santé privé, de rechercher, sur le terrain délictuel, la responsabilité du praticien lorsque dans la réalisation d'actes médicaux, celui-ci a commis une faute.*[537]

[536] Voir BONM, n° 04 avril 2007, Le patient, le médecin et la société- Dix principes pour une confiance partagée ; www.conseil-national.médecin.fr. L'ordre précise à propos du 9e principe que la liberté de prescription est un principe historique cardinal d'indépendance.
[537] T. confl., 14 fév.2000, *Bull. civ.* n° 2.

En tout état, cette indépendance est le corollaire de son autonomie dans la prise de décision et dans les actes médicaux ou chirurgicaux qu'il pose. Le patient devant subir une intervention chirurgicale peut conclure uniquement avec son médecin qui établira le contact avec le chirurgien et l'anesthésiste. Ainsi, le médecin n'a pas à répondre des fautes commises par l'anesthésiste ou par le chirurgien dans le cadre d'une intervention organisée par lui, mais sa responsabilité contractuelle du fait d'autrui est invocable. C'est pour cela qu'en droit français M. Becque évoquait les théories de la force majeure, du cas fortuit et de l'extériorité **des personnes tierces**, intervenant dans l'inexécution du débiteur, autrement dit de la clinique ou du médecin.[538]

Cependant, il est prudent de se réserver de toute confusion avec la responsabilité délictuelle du fait d'autrui. Quant à la responsabilité pénale, elle a comme principe la légalité et la personnalité des peines.[539] Elle constitue une violation de la loi pénale portant atteinte à l'intérêt général de la société et aussi à celui de la victime qui a subi un dommage.

Transposé en matière médicale, il signifie que seul le praticien est responsable des infractions qu'il commet dans l'exercice de ses fonctions. Par praticien dans ce cadre, il faudra comprendre chaque personne singulièrement prise qui intervient dans un processus de soins. Il s'agira donc du médecin, de la sage-femme, du pharmacien, du laborantin de l'infirmier, du kinésithérapeute, bref de tous ceux qui effectuent des actes médicaux et de soins. Mais aussi d'autres acteurs de la santé tels que les établissements de santé, les agents de l'administration de la santé. Ce qui signifie que les auteurs des infractions pénales en matière médicale ou sanitaire de manière plus large sont d'une diversité très élargie. La responsabilité pénale médicale est un principe vieux, dont l'origine remonte aux temps ancestraux et qui n'a aucunement fléchi.[540] Les codes des temps modernes

[538] Voir A. Thiam, Thèse précitée, p. 177.

[539] Article 9, Décret 92-0731 PCTSP du 25 février 1992 portant constitution du Mali.

[540] Article 218 du code d'Hamourabi disposant que « *si un médecin opère un homme pour une blessure grave avec une lancette de bronze et cause la mort*

s'évertuent à adapter les infractions pénales aux réalités sociales, surtout celles médicales qui se diversifient de plus en plus. Parlant des infractions pénales en matière médicale, il y a lieu de préciser qu'il existe des infractions de droit commun et des infractions spécifiques, c'est-à-dire propres au domaine médical. Les infractions de droit commun sont celles qui sont prises en compte par la législation pénale générale et qui sont valables pour tout citoyen ou tout professionnel. Il s'agit globalement de la révélation du secret[541], du faux en écriture[542], de l'usurpation de titre[543], de l'attentat à la pudeur[544], de la non-assistance à personne en danger[545], de l'empoisonnement et de l'administration de substance nuisible[546], de l'interruption volontaire de grossesse[547], de la publicité mensongère[548], des atteintes volontaires et involontaires à l'intégrité physique.[549]

Par rapport aux atteintes volontaires et involontaires à l'intégrité de la personne, il y a lieu de signaler que l'acte médical et l'acte chirurgical plus précisément, sont de nature à affecter le corps de la personne humaine. C'est pourquoi ils ne font l'objet d'aucune appréciation pénale sauf lorsqu'ils dépassent le cadre thérapeutique et professionnel indiqué. C'est-à-dire qu'une violation sanctionnée par la législation pénale est constatée dans la conduite du praticien. Certaines de ces infractions de droit commun ont une certaine réciprocité avec les obligations professionnelles du médecin. À ce titre, il faut citer essentiellement l'obligation d'assistance continue et le secret médical qui sont avant tout des devoirs séculaires du médecin dont le non-respect entrainait des sanctions morales et disciplinaires.

Quant à l'exercice illégal de la médecine qualifié en droit commun d'usurpation de titre, elle n'est pas une infraction médicale. L'infraction

---

de cet homme, ou s'il ouvre un abcès à l'œil d'un homme avec une lancette de bronze et détruit l'œil de l'homme, il aura, le doigt coupé ».

[541] Article 130 CPM.

[542] Article 102 CPM.

[543] Article 166 CPM.

[544] Article 125 CPM.

[545] Article 221 CPM.

[546] Article 200, 213 CPM.

[547] Article 211 CPM.

[548] Article 279 CPM.

[549] Article 199, 203,207, 210, CPM.

médicale signifiant que l'auteur avait la qualité de médecin ou entretenait un lien avec le milieu médical comme c'est le cas des agents de l'administration sanitaire par exemple. Donc la personne qui s'adonne à l'exercice illégal de la médecine est un individu ordinaire qui se prévaut du titre de médecin sans qu'il y soit reconnu légalement, ainsi la qualification d'infraction médicale ne rime pas avec cette pratique.

Ces infractions de droit commun n'étant pas les seules usitées en matière médicale, il y a lieu d'énumérer certaines infractions relatives uniquement à la pratique de l'art médical, réalisables seulement en établissement de santé ou concernant les produits de santé. Ces infractions pénales de droit médical sont entre autres, toutes infractions en lien avec le prélèvement ou la vente d'organes humains, celles relatives à la recherche biomédicale, celles relatives à la santé de la reproduction, celles relatives à la délivrance et à la mise sur le marché des produits de santé présentant un caractère dangereux soit pour la santé publique, soit dans le cadre d'un acte de soin etc.

La responsabilité délictuelle de la PPM pour mise sur le marché de produits de santé dangereux a été engagée dans l'affaire S.M.T. c/ Asacodje et PPM. Selon la décision de la Cour d'appel de Bamako[550], *il apparaît clairement, des analyses effectuées par le Laboratoire national de la santé, que des particules insolubles non conformes aux spécifications de la solution injectable de l'ASL ont été trouvées dans le produit (...)*. Ce qui a valu l'amputation d'une jambe du jeune S.M.T. suite à une thrombose artérielle.

L'activité médicale étant connue pour le risque qui l'entoure, à défaut de code de la santé publique, il pourrait être envisagé la codification de certaines lois (infractions médicales) dans le Code pénal en vue d'une meilleure visibilité des infractions médicales et des sanctions y afférentes. À titre d'illustration, la mise en danger d'autrui dont il est question dans ce cas d'espèce peut concerner à la fois l'agent de l'établissement de santé, personne morale.

La responsabilité pénale du praticien libéral est sollicitée par la victime devant le juge répressif à travers une plainte avec constitution de partie

---

[550] C.A. Bamako, arrêt n° 93 du 8 février 2006, R. G. n° 583.

civile ou par voie d'intervention à l'action déjà enclenchée par le ministère public. Dans ce cas, sa constitution en tant que partie civile est greffée à l'action du ministère public sans qu'il y ait une plainte séparée. L'objectif de la poursuite pénale du praticien par la victime est : soit la réclamation de la réparation du dommage subi, soit la répression de l'acte fautif, en joignant son action à celle du ministère public. Dans ce second cas, la constitution de partie civile est dégagée de son aspect indemnisation et est motivée par le seul souci de « corroborer l'action publique et d'obtenir que soit établie la culpabilité du prévenu ».[551]

En pratique, au Mali les décisions pénales contre les praticiens de la santé sont très peu nombreuses, même si les poursuites pénales dépassent celles devant les autres juridictions. Ces poursuites pénales dans la majeure partie des cas sont sans issues eu égard à des considérations d'ordre socio judiciaires propres certainement à la réalité malienne.

Aucune des affaires en responsabilité médicale pénale impliquant des agents de manière générale n'a, à ce jour, connu son épilogue. Il faut citer notamment les affaires A.N c/ M.K, B.D.D c/ Clinique pasteur, et C. VI, c/FB. Ces poursuites ont toutes fait l'objet d'une enquête préliminaire, et d'une instruction préparatoire, mais le blocage se situe effectivement à cette phase de la procédure où la décision du magistrat instructeur (non-lieu ou transmission devant la juridiction de jugement) fait l'objet d'une attente ou d'un suspens dont le délai est souvent indéfini.

Est-ce à dire que l'instruction en matière médicale est si complexe qu'elle aboutit tardivement sur une décision du juge pénal ? À l'évidence, cela ne doit pas être une raison valable, le magistrat instructeur étant muni de tous les moyens procéduraux pour parvenir à une conclusion. Parmi ces moyens, il faut citer : l'audition des parties, les opérations de perquisitions et de saisies, l'expertise médicale, etc.

Par ailleurs, il y a lieu de signaler que la réalisation d'une faute n'est pas dans tous les cas synonyme d'engagement de la responsabilité du praticien. Certaines circonstances extérieures à l'acte du médecin

---

[551] Cass. crim., 8 juin 1971 : D.1971, p. 594, note Maury, cité par Sylvie Welsch, *La responsabilité du médecin,* éditions Litec, 2003.

peuvent valoir l'exonération de sa responsabilité pour son fait personnel ou pour le fait d'autrui. Ces causes exonératoires de responsabilité sont susceptibles de produire une rupture ou une altération du lien causal entre le fait et le dommage. Les causes d'exonération de la responsabilité du praticien de son fait personnel sont, la force majeure, le fait de la victime et le fait d'un tiers. Les causes d'exonération sont valables pour tous les régimes de la responsabilité (pénal, civil, administratif).

La survenance d'évènements imprévus peut écarter toute mesure de réparation du dommage subi par la victime. Ces évènements réunissent trois caractères bien reconnus : la force majeure, le cas fortuit et le fait du tiers.

En matière de responsabilité pénale médicale précisément, les causes d'exonération et d'atténuation sont de deux grands ordres à savoir la justification pénale du médecin et la non-imputabilité au médecin. La justification pénale concerne l'ordre de la loi et l'autorité légitime, dans ce cas le médecin est obéissant à une injonction dans la commission de l'infraction pénale. Ainsi, le médecin qui dans la réalisation d'une mission expertale porte une atteinte au corps ou transmet certaines informations commet une infraction justifiée par l'ordre de la loi et de l'autorité légitime.

La nécessité médicale est prévue par l'article 5 du code des personnes et de la famille : « il ne peut être porté atteinte à l'intégrité physique de la personne qu'en cas de nécessité médicale pour la personne ». Donc, il s'agit ici des agissements conditionnés à l'existence d'une nécessité médicale permise par la loi.

Il n'est pas identique à l'état de nécessité qui suppose que le médecin, face à une situation de danger imminent, ne puisse l'éviter qu'en posant un acte infractionnel. Dans un processus médical, le médecin peut très souvent être amené à faire le choix de commettre une infraction pour éviter un danger plus imminent.

Un cas fréquent est celui du gynécologue qui sauve la vie de la mère en laissant celle de l'enfant pour des raisons souvent sociales. Ce qui fait dire à P. Misttreta que : *la justification pénale du médecin passe alors par une comparaison des valeurs sociales protégées et sacrifiées.* L'état de santé d'un malade qui requiert une intervention urgente conduit parfois celui-ci à adopter une réaction urgente au cours de laquelle il n'a d'autres solutions que de commettre une infraction. Ainsi, *le danger créé par l'intervention médicale d'urgence est justifié s'il est inférieur au péril encouru par la victime.*[552]

Par ailleurs, il existe des causes de non –imputabilité que sont généralement l'erreur et la contrainte. Dans le cas de l'erreur, il revient au médecin de démontrer qu'il croyait à la légitimité de son acte et d'apporter la preuve de l'erreur. Donc, l'erreur ne porte pas sur la matérialité de l'acte (erreur sur la victime ou sur la fiche d'examen), mais elle doit être de droit. Un médecin interdit temporairement d'exercice qui se permet de pratiquer la médecine avant la notification de l'acte d'interdiction par son conseil. Pourtant, le rejet du pourvoi en cassation formulé par lui était déjà significatif du maintien de l'interdiction.[553] Quant à la contrainte, elle est très peu évoquée en matière médicale pour la préférence de l'état de nécessité par les médecins. Pourtant en France l'affaire « Humbert » a débouché sur un non-lieu du juge instructeur qui a motivé son ordonnance sur la base de la contrainte morale infligée au médecin par le patient tétraplégique tenant à ce qu'on mette fin à sa vie.[554]

En effet, à la suite de la demande du jeune -homme, le médecin -réanimateur avait finalement administré une injection mortelle pour abréger la souffrance de Vincent Humbert. Une décision d'espèce qui ne fait pas l'unanimité dans la jurisprudence française, mais était une décision d'opportunité traduisant la capacité de ce système judiciaire à porter une sensibilité à certaines réalités humaines. Ainsi, la contrainte en matière médicale demeure une rareté eu égard au fait qu'elle est difficile à réaliser.

Quoique la faute pénale soit une faute personnelle du praticien, il ne faut pas occulter que l'activité médicale se réalise dans la plupart du temps en équipe. Donc, en cas de commission d'une faute qui est traduisible sur le plan pénal, il y a lieu de déterminer la part de responsabilité de chacun des participants à la réalisation de l'acte

---

[552] Sophie Hocquet-Berg et Bruno Py., *La responsabilité du médecin*, Hdf, coll. Droit professionnel, 2006, n° 169.
[553] Cass. crim., 13 fév. 2007, n° 06- 84624
[554] TGI Boulogne-sur-mer, 27 fév. 2006, ord. Juge d'instruction n° 03012089, Dict. per. Bioéthique et Biotechnologies, Bull., n° 160, p. 6456.

médical commun. L'étude consacrée à l'équipe médicale dans la partie qui va suivre en dira plus.

B/ La responsabilité de l'équipe médicale, une expectative au Mali

L'équipe est le regroupement de plusieurs personnels médicaux et de soins dans la prise en charge d'un même patient pour une même pathologie. Certains auteurs l'ont définie comme « l'ensemble des professionnels intervenant dans la prise en charge du patient ».[555]

Même en l'absence d'une définition législative sinon juridique, la notion est appréhendée par le code de déontologie médicale du Mali et le code de l'OOAS sous différents angles et dans des dispositions différentes.

Sur un plan judiciaire, il est à noter que les juridictions maliennes n'ont pas encore tranché de litiges qui engagent la responsabilité de l'équipe médicale, pénale ou civile soit-elle.

Mais il reste fort possible qu'elles soient amenées dans les temps à venir à se prononcer sur la responsabilité d'une entité certes dépourvue de personnalité juridique, mais disposant de tous les traits caractéristiques d'un groupement de personnes qui œuvre pour une cause commune. Il en est de même pour l'absence de saisine des instances disciplinaires, qui ne signifie pas qu'il n'y a pas de plaintes liées aux conflits confraternels.

Pour mieux illustrer la responsabilité dans le cadre relationnel de l'équipe, il s'est avéré nécessaire de se référer à la jurisprudence française qui a largement contribué depuis le XXe siècle[556] à la construction de la responsabilité de l'équipe médicale, et aussi aux nombreux témoignages obtenus lors de l'enquête. Pour une prise en charge commune et efficace, il doit exister entre les différents

---

[555] Il s'agit de M. Grasser, C. Manaouil, A. Verrier, O. Jarde, « L'équipe médicale à l'hôpital », *RGDM*, 2004, n° 14, p. 13.

[556] Voir par exemple : Trib. Civ. Grenoble, 16 mai 1956, M. … c/ Dlle R. …, Cass. 1re civ., 18 octobre 1960, Cass. 1re civ., 27 mai 1970, n° 98-12606, Pancrazi.

professionnels de la santé, un rapport de bonne confraternité tel que prévu par l'article 45 du code de déontologie médicale. Le maintien de ce rapport de bonne confraternité est le gage de toute collaboration fructueuse entre praticiens, mais aussi la réussite de toute opération de soins.

Dans les codes de déontologie, il est prescrit la nécessité d'une relation confraternelle entre médecins d'une même équipe. Les témoignages auprès des médecins et personnels de certains établissements de santé, décrivent une relation sereine et d'entente entre les membres (médecins et personnels) d'une équipe médicale. Ce qui n'est pas pour autant l'opinion de certains administrateurs qui trouvent ces réponses biaisées et distantes de la réalité du terrain dans beaucoup de cas.

M.K. témoigne que dans son établissement de santé : *Beaucoup de personnes sont décédées pour cause de rivalité entre les médecins ou de conflits d'intérêts dans les équipes médicales. Suite aux plaintes des victimes, on procède au niveau interne à un règlement à l'amiable sans tenir à ce qu'un conseil de discipline ait lieu.*[557]

Donc en pratique, l'existence d'une parfaite confraternité paraît illusoire tant l'on sait qu'une parfaite collaboration et compréhension est souvent difficile à maintenir.

Avec des domaines de compétences différents, chaque praticien joue un rôle déterminé au sein de l'équipe, un rôle dont la réussite dépend aussi de la relation que le praticien entretient avec les autres nonobstant son indépendance professionnelle et sa liberté de prescription, qui est la marque du caractère personnel de l'exercice de la médecine.

L'article 41 du code de déontologie de l'OOAS dispose que : « la pratique de la médecine est personnelle, chaque praticien est responsable de ses décisions et de ses actes ». Ce qui sous-entend que l'exercice dans une équipe médicale ne minimise en rien l'indépendance et la liberté d'exercice contenus par exemple dans les articles 8 et 9 du code de déontologie du Mali.

Il est à juste titre précisé par l'article 69 du code de déontologie médicale de l'OOAS qu'« en aucune circonstance, le praticien ne peut

---

[557] Entretien avec un administrateur du CHU G. Touré, le 9 janvier 2018 à 12 h.

accepter de limitation de son indépendance dans son exercice médical de la part d'un autre praticien, de l'entreprise ou de l'organisme qui l'emploie ». Une indépendance et une liberté qui sont le corollaire de la responsabilité personnelle du praticien même lorsqu'il intervient dans une équipe médicale.

En effet, chaque praticien qui intervient dans la prise en charge d'un patient engage sa responsabilité personnelle en cas de faute susceptible de lui être reprochée. La différence ou l'équivalence de spécialité n'a aucun impact sur la faute commise par un praticien agissant en commun accord avec les autres.

Cela explique la dissociation de la responsabilité du chirurgien et de l'anesthésiste dans une équipe médicale. Le patient ayant conclu avec le chirurgien, il va de soi que la responsabilité contractuelle de celui-ci est engagée. L'article 24 du code de déontologie médicale prévoit que lorsque le praticien accepte de prendre en charge un malade, il s'oblige à lui donner au besoin, avec l'aide d'un tiers qualifié, tous les soins médicaux nécessaires pour son état.

En engageant la pleine responsabilité du chirurgien, les juges de la Cour de cassation française s'appuient sur la relation de confiance qui existe entre le patient et le chirurgien, qui d'ailleurs amène celui-ci à accepter les services du chirurgien. Par conséquent, c'est à lui de réunir tous les moyens à la fois humains, matériels et scientifiques pour la réalisation de l'acte chirurgical.

L'article 36 du code de déontologie médicale conforte ces notes lorsqu'il précise que « le chirurgien a le libre choix de son ou de ses aides opératoires ainsi que de son anesthésiste ». Ce choix s'effectue en principe dans le seul intérêt du patient qui doit bénéficier pour l'ensemble de l'intervention des soins consciencieux, attentifs et conformes aux données acquises de la science.[558]

Ainsi le chirurgien est entièrement responsable des actes médicaux réalisés par l'équipe y compris des actes de l'anesthésiste. Sa responsabilité contractuelle du fait d'autrui est engagée même en l'absence d'un lien de préposition entre eux. Par contre cela n'exclut pas la poursuite de l'anesthésiste sur le terrain délictuel, s'il s'avère que

---

[558] Cass. civ. 1re, 18 oct. 1960, JCP G 1960, II, 1186.

ce dernier a joué un rôle dans la commission de la faute. Cependant, lorsque le patient a conclu indépendamment avec le chirurgien et avec l'anesthésiste, il va de soi que la responsabilité contractuelle de chacun des praticiens est mise en jeu.

Un arrêt de la Cour de cassation française[559] illustre à bon escient le devoir de surveillance réciproque des médecins au sein de l'équipe. En l'espèce, Une fois l'intervention chirurgicale pratiquée sur un patient souffrant d'une amygdalite terminée, le chirurgien et l'anesthésiste partaient de la clinique, laissant le patient seul pendant un certain temps. Plus tard, le patient est retrouvé inanimé par une infirmière qui n'a pas tardé à signaler la situation. Il en succombera après une longue période de coma suite à un arrêt cardio-respiratoire. L'insuffisance de surveillance anesthésique postopératoire serait à la source des lésions cérébrales subies par le patient. Dans sa décision, la Cour d'appel relaxa le chirurgien, au motif qu'il était du devoir de l'anesthésiste de procéder à la surveillance postopératoire, et manquant à cela, sa responsabilité a été établie. Une décision non approuvée par la Cour de cassation qui jugea que « si la surveillance postopératoire incombe au médecin anesthésiste pour ce qui concerne sa spécialité, le chirurgien n'en est pas moins tenu, à cet égard, d'une obligation générale de prudence et de diligence ». Ce qui revient à dire que même n'étant pas spécialiste, le praticien est tenu d'accorder de l'attention à l'ensemble des soins prodigués, autrement dit à ce que les autres confrères peuvent poser comme actes, même si cela ne relève pas de ses connaissances. Une obligation de soins qui d'ailleurs n'exige pas une connaissance spécifique, l'objectif d'une telle attention étant de se garantir que le patient dispose des soins et des surveillances d'un personnel qualifié.

Les autres membres de l'équipe qui, ayant conclu un contrat personnellement avec le patient, seront tenus en revanche de répondre également de leur faute personnelle sur le terrain de la responsabilité contractuelle. La notion de pluridisciplinarité concomitante se prête bien à ce jeu. Au-delà du chirurgien, tous les spécialistes (radiologue, pneumologue, rhumatologue, gynécologue etc.) qui tissent un lien contractuel avec le patient verront leur responsabilité contractuelle engagée en cas de faute personnelle. Cette situation donne lieu à la possibilité de l'engagement de la responsabilité solidaire des praticiens

---

[559] Ass. Plén., 30 mai 1986, n° 85- 91432, Bull. Ass. Plén., n° 8.

ou d'un partage de responsabilité entre ceux-ci.[560] La responsabilité solidaire engage différents professionnels ayant pris part à la prise en charge du patient. Qu'il s'agisse de personnel médical, de personnel aux soins ou de professionnels du médicament et des produits de santé.

Dans l'affaire S.M.T., la PPM a vu sa responsabilité solidaire engagée pour mise sur le marché de produit de santé insoluble. Une décision de la Cour d'appel qui infirme le jugement rendu par la juridiction de première instance, écartant toute responsabilité de l'établissement chargée de la mise sur le marché de produits pharmaceutiques. Le régime général des obligations du Mali a qualifié cela de solidarité passive dans son article 16 où il est mentionné que « la solidarité passive entre les débiteurs d'un même créancier permet à celui-ci de poursuivre l'un quelconque des codébiteurs de son choix pour le tout et jusqu'à complet paiement ». Ainsi, la responsabilité de l'un des praticiens n'écartant pas la responsabilité de l'autre, il va de soi que chacun est condamné à la réparation du dommage de manière solidaire. Au-delà de cette responsabilité solidaire, il peut être contraint de réparer intégralement le dommage, quitte à lui de se retourner plus tard contre les autres praticiens.

Les autres membres de l'équipe se trouvant sous la subordination du chef de l'équipe, il est de principe que ce dernier réponde des fautes commises par le personnel de soins et autres personnels paramédicaux. Cependant, la responsabilité délictuelle du personnel de soins et autres paramédicaux peut être engagée. Les difficultés qui découlent de la détermination de la responsabilité pénale des membres de l'équipe trouvent leur illustration parfaite dans le cas du chirurgien et de l'anesthésiste une fois de plus. Avant l'arrêt du 30 mai 1986 de l'assemblée plénière de la Cour de cassation française[561] qui mettait fin aux tiraillements, la Cour d'appel de Paris avait exclu la responsabilité du chirurgien dans le décès du patient opéré pour amygdales au profit de la seule responsabilité de l'anesthésiste considérant que *le médecin anesthésiste est responsable de ses actes pendant la période préopératoire et opératoire, mais également au cours du temps*

[560] Sur la différence entre la responsabilité solidaire et conjointe, V. *Eléments de responsabilité civile médicale*, Suzanne Phillips-Nootens *et al., op. cit.*, p. 102.

[561] *op. cit.*

postopératoire, car il est en même temps réanimateur (...) Le malade, à partir du moment où il a quitté la salle d'opération est sous l'autorité propre et exclusive du médecin anesthésiste réanimateur tenu des soins relatifs à son réveil dont le chirurgien est normalement dispensé.[562]

La Cour d'appel de Versailles, saisie de la même affaire après un renvoi, confirmera cette décision en admettant que la mission de réveil incombait à l'anesthésiste et le chirurgien n'étant pas co-anesthésiste, *il avait cessé d'exercer son pouvoir de direction sur l'anesthésiste très qualifié qui l'avait assisté.*[563] Si l'illustration la plus fréquente porte sur l'équipe composée de professionnels spécialistes, précisément le chirurgien et l'anesthésiste, il faut retenir que les autres personnels (infirmiers, aides-soignants etc.) peuvent également se sentir concernés par des questions de responsabilité pénale.

Dans les situations ou le fait du préposé ou de l'apprenant est la source de l'infraction, il est plus aisé d'engager la responsabilité civile du chef d'équipe ou du professionnel sous le contrôle duquel celui-ci se trouve, que de penser à une responsabilité pénale du fait d'autrui[564].

En plus, le préposé ou l'apprenant se trouvant sous la direction et l'assistance du chef, la responsabilité personnelle de ce dernier est plus facile à déterminer en cas de manquement à ses obligations.

La responsabilité en équipe fait aussi appel à une autre notion de la collaboration médecin conventionnel et médecin traditionnel dans le contexte malien. D'abord, il est intéressant de s'entendre sur la signification de la collaboration dans de tels cas.

Elle n'est pas synonyme de la saisine d'un pair plus spécialisé et intervenant dans le même domaine de la médecine conventionnelle, mais plutôt d'un véritable travail d'équipe réalisé sur la base d'une concertation et d'une détermination du rôle de chacun (médecin traditionnel et conventionnel) dans la prise en charge de la maladie.

---

[562] CA. Paris, 24 février 1983, JCP G, 1984, II, 20303, note A. Dorsner-Dolivet.

[563] CA Versailles, 4 mars 1985, *Gaz. Pal.*, 1985, I, p. 300.

[564] Sur la question, voir M. Véron, « La responsabilité pénale au sein d'une équipe médicale : Homicide et blessures involontaires », obs. sur Cass. crim. 16 janv. 2007, *Gaz. Pal.*, 24 nov. 1996.

Ainsi l'équipe étant le regroupement de plus d'un professionnel de la santé lors d'une intervention précise sur un patient avec l'appartenance de chacun à un corps de santé spécifique pour un résultat unique, il est à affirmer que le thérapeute et le médecin moderne, quoi qu'ayant un statut et des mécanismes différents sont à mesure de former une équipe médicale. Une telle affirmation devrait être soutenue de textes réglementaires servant de base juridique à la responsabilité découlant des actes fautifs d'une telle équipe.

Cependant à ce sujet, en l'absence d'un dispositif spécial s'intéressant à la responsabilité du thérapeute ou de l'équipe que ces deux professionnels peuvent dresser, c'est surtout le droit commun des obligations qui reste l'instrument de référence.

À l'instar des régimes de responsabilité étudiés, un autre régime de responsabilité existe. Applicable au praticien de la santé par une juridiction tout à fait particulière, il s'intéresse surtout à l'aspect disciplinaire de la conduite du professionnel de la santé.

Section II : La responsabilité disciplinaire du praticien de la santé

À ce jour, le Mali dispose de cinq ordres de la santé qui sont constitutifs de la plupart des praticiens de la santé qu'il s'agisse de médecins, chirurgiens-dentistes, infirmiers etc. Ainsi l'étude de la responsabilité disciplinaire du praticien concerne l'ensemble de ces acteurs médicaux et aux soins.

À travers le contenu du code de déontologie des médecins qui jadis concernait principalement les médecins et les chirurgiens-dentistes, il est nécessaire d'avoir une vue d'ensemble de la réglementation corporative qui s'applique aux praticiens de la santé de manière générale.

Un regard sur le contenu du code de déontologie médicale du Mali (paragraphe I) permet de comprendre les contours de ce vieux précepte qu'est la discipline et dont l'encadrement selon les règles du droit positif permet d'asseoir la responsabilité disciplinaire (paragraphe II).

Paragraphe I : Le contenu du code de déontologie médicale du Mali

De prime à bord, il est à noter que le Mali s'est doté d'un code de déontologie médicale seulement en 1986, soit vingt-six ans après les indépendances. Sans constituer une critique de l'intervention tardive du législateur dans la réglementation de la profession de médecin, cela retrace peut-être le manque d'urgence qui a existé jusqu'à cette époque. Si chronologiquement le code de déontologie médicale du Mali est arrivé un peu après celui de nombre des pays de la sous-région[565], il est tout de même venu à point nommé. En effet, avec la privatisation du secteur de la santé, l'exercice libéral de la profession de médecin s'est engagé en créneau afin de permettre un profit large des prestations de la santé et d'absorber le chômage qui gagnait du terrain.[566]

Ainsi, si les années 1960 ont connu un recrutement massif à la fonction publique de l'État des diplômés de la médecine et d'autres sciences de la santé, très vite les crises économiques suivies des réformes d'ajustement structurel conduiront à un affaiblissement de la capacité de l'État. Donc, il fallait accompagner la privatisation par l'instauration des dispositifs législatifs et règlementaires qui régissent tant la pratique médicale que les abus susceptibles d'en découler. Le code de déontologie médicale est né de cet élan avec en amont une loi créant l'ordre des médecins et des chirurgiens-dentistes du Mali. Le code de déontologie annexé à la loi sur l'ordre et aussi la loi portant exercice

---

[565] Le Sénégal et la côte d'Ivoire par exemple qui ont eu un code respectivement en 1967 et 1962.

[566] En dehors du chômage, la privatisation intervenue en 1985 avait plusieurs autres raisons selon M. Sidibé et coauteurs. Ils avancent l'énumération suivante à ce sujet : permettre une plus large couverture sanitaire du pays en donnant la possibilité à des acteurs, autres que l'État, d'ouvrir des établissements sanitaires, de créer des emplois pour les futurs diplômés que l'État continue de former et ne peut plus recruter dans la fonction publique, faire émerger une médecine de qualité par l'appel aux investissements privés, l'emploi de spécialistes nationaux et étrangers de haut niveau, améliorer le plateau technique médical global du pays, car les ressources de l'État sont limitées, enfin un souci de justice, car d'autres professions avaient déjà le droit d'exercer leur art ou métier dans le secteur privé (….). Voir la politique sanitaire et sociale du Mali (1992-1997), p. 234.

privé de la profession sanitaire servaient de cadre législatif de reconnaissance de la pratique médicale au Mali. Sans oublier la loi portant statut général des fonctionnaires de l'État dont la dernière monture date de 2002.[567]

L'attention accordée au contenu du code a pour intérêt de faire ressortir l'appréhension de la faute déontologique (A), et les sanctions disciplinaires y afférentes (B).

A/ Par rapport à la faute déontologique

En médecine, la culture du sens de la responsabilité des malades doit demeurer à tout moment (...). C'est dire que « *le médecin est responsable de la vie du malade qui se confie à lui après Dieu.*

Ces propos viennent d'un éminent professeur de la médecine au Mali qui précise que : *Par conséquent, il doit veiller à reculer la mort pour toute personne, prendre toute personne comme sa propre sœur, ou son propre frère.*

Ce n'est pas M. Balique qui dira le contraire lorsqu'il affirme que : *La médecine de qualité est celle que l'on souhaite pour son père, sa mère et ses frères.* Ainsi, la pratique médicale nécessite la culture en soi d'un sentiment altruiste inégalé et l'adhésion aux principes déontologiques et éthiques formulés dans des instruments divers. Le rôle de la discipline dans la médecine n'a cessé d'être évoqué de l'antiquité avec le serment d'Hippocrate à nos temps modernes avec les codes de déontologie internes que communautaires. Fidèle à cet ancêtre aux prescriptions insensibles à toute érosion, les instruments nationaux érigés dans la plupart des cas en code d'éthique et de déontologie médicale contiennent tous des dispositions relatives à la conduite d'un bon professionnel de la santé[568]. L'éthique et la déontologie, socle des

---

[567] Loi n° 02-053 du 16 décembre 2002 portant statut général des fonctionnaires. Décret n° 05-164/P-RM du 05 avril 2005 fixant les modalités d'application du statut général des fonctionnaires.

[568] Le bon professionnel de la santé à l'image du « bon père de famille, *praeter famulus* », comme le disait les Romains, a une obligation de veiller à ce qui lui a été confié, comme il le fait avec la prunelle de ses yeux. Ce qui appelle à

devoirs professionnels permettent d'éviter la réalisation de toute inconduite susceptible de se traduire en faute.

1°) L'éthique et la déontologie médicale : vecteur de refoulement de la faute professionnelle

L'exercice de la profession médicale fait recours à trois corps de règles : la morale, l'éthique et la déontologie qui se rattachent chacune à la conscience, à la confiance et à la compétence du médecin.

La moralité et la probité prévues par l'article 3 de la loi sur l'ordre des médecins fait effectivement renvoi à ces règles de conduite antiques auxquelles s'attache particulièrement la médecine. Reconnues comme des règles de conduite sociale, parallèles au droit, avec parfois des interférences et des oppositions, elles gouvernent valablement la manière de faire de l'homme dans la société ou au sein de n'importe quel groupement. Même si le progrès social a conduit à l'émergence de la règle de droit et à sa reconnaissance légitimée comme instrument régulateur. C'est surtout la règle déontologique qui est encline à une imbrication harmonisée de ces règles de conduite et cela, de par leur formulation, comme devoir jusqu'à la sanction susceptible d'en découler.

De manière classique, les termes éthique et morale partagent la même signification de quelque chose en conformité avec les usages et les mœurs, en ce sens même l'expression *bonnes mœurs* est très usitée. En latin « *moralis* », il se traduit chez les Grecs comme « *ethikos* » autrement dit quelque chose qui est accepté et répété. La communauté de bon sens ne permet cependant pas de donner à tous les coups une même signification à ces deux termes. L'éthique est le principe de la morale ou l'ensemble des règles de conduite, tandis que par morale il faut entendre, ce qui est purement intellectuel ou conforme aux bonnes mœurs. Elle s'oppose dans ce cas, aux règles juridiques pour s'allier à

---

une discipline sans relâche. Le respect de la discipline marque l'estime de soi-même, et est garant d'une acceptation par les autres. C'est en ce sens que le soignant peut se mettre à l'abri du regard critique des compères, qui après celui de Dieu était le plus rabaissant, et traduisait une impéritie avérée.

d'autres valeurs subjectives telles l'honneur, la conscience. Cependant dans l'éthique il y a une dose d'orientation qui évite de s'agripper sur des conceptions codifiées ou orthodoxales de la communauté de vie. Ce caractère orienté de l'éthique fait dire à A. Kane que « l'éthique est une morale en mouvement qui tente de concilier le pluralisme moral en établissant de nouvelles valeurs qui tiennent compte des réalités actuelles tout en s'attachant à trouver un consensus par-delà les différences et les conflits éventuels ».[569]

Jean Bernard définit l'éthique comme un « ensemble des normes que s'assignent un groupe ou une société qui veulent garder le sens de la mesure ».[570]

Pour Marc Nollevaux[571], l'éthique médicale, est la pratique d'être cohérent dans son projet de vie professionnelle médicale avec une relation interprofessionnelle respectueuse à l'égard de tout individu malade et dans une certaine mesure vis-à-vis de l'entourage. Avant tout, le médecin responsable, pose les actes nécessaires à son art, dans le respect des principes éthiques et en conformité avec le sens moral.

Ainsi, l'éthique découlerait-elle de la morale pour mieux asseoir les règles professionnelles ? À s'en tenir à l'activité médicale, il faut se conformer à la position[572] que l'éthique comportant une dose de morale est concentrée sur une dynamique consensuelle dans l'établissement des règles communes pour l'exercice de cette profession. En réalité le

---

569 A. Kane, L'éthique le soignant et la société, *op. cit.*, p. 36.

570 Maurice Tubiana, *Les chemins d'Esculape, Histoire de la pensée médicale*, Paris Flammarion, 1995, p. 713.

571 Marc Nollevaux, *La responsabilité médicale dans les aléas des soins de santé*, Évolution des droits du patient, indemnisation sans faute des dommages liés aux soins de santé : le droit médical en mouvement, Geneviève Schamps (dir.), LGDJ, Paris / Bruylant, Bruxelles, 2008, p. 536-551.

572 L'éthique ne doit pas se contenter de se conformer aux mœurs communément admises même si elle ne saurait les ignorer. Elle doit surmonter les tabous et se pose comme un compromis « démocratiquement » accepté par des personnes soucieuses de vivre ensemble, dans le respect des uns et des autres, on ne construit donc pas une « éthique » par des certitudes, mais à partir d'une prise de conscience qu'il faut chercher un terrain d'entente avec l'autre qui détient une partie de la solution. « L'éthique ainsi définie n'est donc pas un comportement spontané ; il dépend de la volonté commune de vie commune », A. Kane, L'éthique le soignant et la société », *op. cit.*. p. 37.

manquement aux règles éthiques transgresse la probité fidèlement protégée par un cadre déontologique qui est susceptible de recourir à la responsabilité disciplinaire du fautif, et ce n'est qu'à travers le sens du devoir accompli[573] que le médecin échappe à toute prise de conscience. Quant aux règles déontologiques établies, elles ne sont serviables que si les adhérents adoptent un comportement éthique vis-à-vis de la profession, c'est-à-dire une conduite imbibée de morale et respectant les lignes directrices convenues entre membres d'une même profession pour la réalisation optimisée des activités.

En même temps, quelle que soit la conscience ou la confiance qui les justifie, ils se démarquent de la déontologie[574] qui existe en général dans un domaine professionnel et exige la quête et la pratique des connaissances ou compétences suivant des valeurs morales et éthiques suffisamment encadrées.[575] Autrement dit par déontologie, il s'agit des règles et devoirs qui réglementent les comportements des membres d'un corps professionnel entre eux ou dans leur relation avec la pratique ou avec les tiers.

A ce sujet, A. Kane disait à la suite du Professeur Louis Portes que : « dans la confiance qui rejoint librement une conscience, le médecin aura mérité le respect et l'estime de tous ».[576] Ainsi, au-delà de ce que peuvent prescrire les textes, il est de coutume que le médecin s'adapte à chaque situation qui se présente et tente de tenir la conduite adéquate. Dans la paraphrase de J-M. Auby et coauteurs, la déontologie tendrait à se confondre avec les usages et traditions qui fixent les règles

---

[573] Voir en annexe lettre d'un médecin africain dévoué qui sacrifia sa vie dans le sauvetage des hommes.

[574] Selon la revue des sciences religieuses (82/1, 2010), la déontologie serait apparue en 1825 au même moment que la responsabilité médicale, qui tire ses racines modernes d'une affaire d'amputation illégale en 1835. Quant à celle médicale, elle date de 1839.

[575] À titre d'exemple, le Comité National d'Éthique pour la Santé et les Sciences de la Vie (CNESS) au Mali, sous la tutelle du Ministère de la Santé peut faire des recommandations aux instances ordinales dans l'élaboration des règles déontologiques.

[576] Louis Portes, « Du consentement à l'acte médical », communication à l'Académie des Sciences morales et publiques, 30 janvier 1950, in À la recherche d'une éthique médicale, Paris, Masson et PUF, 1995, p.163 cité par A. KANE, *op. cit..*, p. 47.

d'exercice de la profession.[577] D'une telle acception, De Forges a caractérisé la déontologie à différents points de vue[578] : au niveau des sources et de la finalité.[579]

Ainsi les caractères qui permettent d'asseoir la particularité de la règle déontologique sont entre autres le caractère personnel qui découle du fait que les règles édictées visent uniquement les membres de la profession et pas autres personnes, le caractère sanctionnateur en ce sens que leur violation est susceptible de faire subir au professionnel fautif des mesures coercitives, et le caractère autonome qui suppose que la règle déontologique est particulière et ne vise que le domaine d'activité ciblée. C'est en ce sens que la déontologie médicale est considérée par certains auteurs comme un droit particulariste[580] qui trouve son origine dans l'irrespect non plus des règles de l'acte médical, mais de la règle de déontologie elle –même.[581]

La règle de déontologie est autrement qualifiée par E. Terrier comme « la science des devoirs »[582] surpassant ainsi le seul cadre du droit pour se greffer à d'autres phénomènes sociaux susceptibles d'encadrer une conduite professionnelle.

En l'absence d'une loi, la notion de déontologie est acquise et apprise lors de la formation générale en médecine. L'absence de source légale au Mali longtemps après les indépendances n'est donc pas significative de méconnaissance des règles déontologiques, les bases académiques de la déontologie existant tout de même. Le code de déontologie, loin

---

[577] J-M. Auby, H. Pequignot, R.et J. Savatier, *Traité de droit médical*, *op. cit.*, n° 125.
[578] J.-M. De Forges, in *Déontologie et santé*, Louis Dubouis (dir., *Droit sanitaire et social*, Sirey 1997, p. 99-100.
[579] Au niveau des sources, elle demeure irréductiblement un ensemble de règles d'exercice qu'une profession se donne à elle-même. Elle se caractérise par un élément fondamental d'autorégulation, d'autodétermination collective. Au niveau de sa finalité, elle garantit l'image d'une profession dans le public en assoyant l'identité et l'autorité de la profession.
[580] René Savatier, *L'origine et le développement du droit des professions libérales*, LGDJ, p. 60.
[581] E. Terrier, *Déontologie médicale et droit*, Les études hospitalières, coll. Thèses, Bordeaux, 2003, p. 376.
[582] *Ibid.*

d'être le seul instrument régulateur des fautes médicales, est accompagné par d'autres instruments juridiques comme le Code pénal. Ce qui suppose l'existence d'autres mécanismes d'appréciation du comportement du professionnel de la santé. L'émergence avec le temps, de ces instruments et mécanismes n'ont point réduit la valeur du jugement corporatif.

Pour être soumise aux règles déontologiques ou éventuellement au conseil de discipline (dans le cas d'une faute commise), le préalable nécessaire est la reconnaissance du médecin par l'ordre.[583] Cet élément est essentiel à tel enseigne que le code de déontologie harmonisé de l'OOAS[584] a pris le soin de définir ou de délimiter dans son préambule ce qu'il faut entendre par médecin et par chirurgien-dentiste.[585] La loi sur l'ordre des médecins du Mali n'en fait pas moins lorsqu'il prévoit qu'il est institué au Mali un ordre qui regroupe les médecins et les chirurgiens-dentistes habilités à exercer leur art (article 1).[586] Au code de déontologie de préciser dans son article 55 que l'obtention de l'inscription à l'ordre est précédée de la connaissance et de l'engagement au respect de ses dispositions. Ainsi, les violations advenues à ces dispositions contenues dans les codes de déontologie

[583] Le corps professionnel est soumis à une reconnaissance statutaire dont l'appellation la plus commune est « l'ordre ». L'ordre des médecins du Mali institué en 1986 a comme mission de veiller aux principes de moralité, de probité et de dévouement indispensable à l'exercice de la profession, à la défense de l'honneur et de l'indépendance de la profession, au respect par tous les membres, des devoirs professionnels, d'autres règles édictées par le code de déontologie médicale. En tant qu'instance suprême, il est fédérateur de l'ensemble des médecins exerçant leur métier suivant les règles prescrites. Soigneusement édictées et mises à la connaissance de tous avant obtention de l'agrément, leur transgression est considérée comme une faute avec des conséquences variables.

[584] L'Organisation Ouest Africaine de la santé, instituée en mars 2013 est une organisation technique de la CEDEAO qui regroupe les 15 pays membres de la Communauté Économique des États d'Afrique de l'Ouest.

[585] Le terme « Médecin » désigne toute personne qui prétend exercée la médecine et est enregistrée par le conseil approprié. Le terme « chirurgien » désigne toute personne qui prétend exercée la chirurgie-dentaire et est enregistrée par le conseil approprié.

[586] À ce niveau il faut préciser que depuis 2017, une scission s'est opérée entre l'ordre des médecins et celui des chirurgiens- dentistes.

médicale sont retenues comme des fautes déontologiques dont la sanction est envisagée selon des règles disciplinaires.

2°) La faute déontologique : revers des devoirs édictés dans le code

Les actes du médecin tantôt formulés en obligation de ne pas faire (interdiction), tantôt en obligation de faire (devoir) sont constitutifs de fautes et même de fautes graves lorsque le praticien flanche dans leur réalisation.

La faute déontologique, issue de la violation des règles professionnelles, éthiques ou morales, peu importe l'ordre qu'on donne à ces règles, reste une transgression de la conduite dictée ou souhaitée.

La faute déontologique médicale est une conduite ou un acte du professionnel de la santé contraire aux prescriptions du code. Le code de déontologie considéré comme renfermant beaucoup de devoirs et très peu de droits pour le médecin[587] ne dévie pas de sa raison d'être, car il est une sorte de boussole qui oriente le professionnel dans la pratique quotidienne de son art. C'est pour cela que certains n'hésitent pas à le considéré comme le recueil des devoirs du praticien.

Qu'il s'agisse des devoirs, des interdictions édictées dans le code de déontologie, leur transgression ou leur manque de respect traduisent un comportement fautif de la part de l'auteur.

Le cadre qui prévoit leur violation et les sanctions y afférentes leur octroie le caractère de faute déontologique. Mme Dorsner-Dolivet decrit les caractères de cette faute comme l'inaccomplissement ou le mauvais accomplissement d'un devoir inhérent à l'exercice de la profession.[588] Il faut ajouter à ces caractéristiques l'accomplissement d'une interdiction légale. Ainsi, la faute déontologique dégage un triple caractère lié à l'accomplissement d'un acte prohibé, à l'inexécution d'un devoir ou à sa mauvaise exécution. De par la largesse de cette définition, on comprend que la qualification de la faute déontologique

[587] Issu des discussions lors du congrès du syndicat des médecins du Mali en 2016.
[588] Annick Dorsner-Dolivet, La responsabilité du médecin, *op. cit.*, p. 404.

médicale est laissée à l'appréciation souveraine du conseil ordinal, qui, doté d'un esprit corporatif, n'est pas à l'abri de toute subjectivité. Cependant, la faute déontologique reconnue de la compétence de l'ordre (instance corporative) est dans certaines circonstances susceptibles de mettre en marche l'appareil juridictionnel.

À ce niveau, il y a lieu de préciser qu'il peut y avoir dualité entre la faute déontologique médicale et les fautes pénale et civile, surtout dans les conditions de réalisation. Le régime des sanctions et leur mise en œuvre étant distincts, l'autonomie de chacune des règles s'affichera.

Au code comme instrument qui matérialise l'encadrement législatif ou décrétale, s'ajoute un comportement éthique difficilement sélectionnable par les textes.[589]

À titre d'illustration, il faut attirer l'attention sur le fait que le législateur béninois à travers le code de déontologie et d'éthique[590] a tenté de faire une compilation des comportements déontologiques et éthiques.

Un aperçu du contenu du code béninois ne fournit pas une nette distinction de ces comportements, mais il est possible d'avancer qu'il y a là une volonté du législateur d'interpeller la communauté scientifique et médicale sur la prise en compte dans leur conduite permanente, de tout ce qui peut être éthique. Ainsi, les règles déontologiques identifiées sont drapées d'un vaste champ d'éthique dont la limite n'est pas légalement fixée.

L'ordre ne doit être changé, car l'appréhension de la science sans la conscience ne conduit qu'à une pratique machinée et robotisée aux

---

[589] À ce sujet A. Kane notait que le code de déontologie, censé organisé la discipline (Au sens juridique) en vue du respect d'une certaine éthique n'est pas superposable à l'éthique, car celle-ci ne saurait se limiter à un corpus de règles et de directives. De plus le droit ayant parfois une longueur de retard sur le progrès médical et les mutations de la société, l'éthique peut être amenée à chercher des solutions acceptables et adaptées à une situation donnée là où les règles déontologiques peuvent être figées ou désuètes : ainsi, la réflexion éthique sur la fin de vie et sur l'avortement a été en avance sur les lois et les codes de déontologie. Voir L'éthique le soignant et la société, *op. cit.*, n° 3, p.47.

[590] Loi n° 2010-40 du 8 décembre 2017 portant code d'éthique et de déontologie pour la recherche en santé en République du Bénin.

appâts du gain ou d'autres considérations moindres[591] par rapport à la santé du patient. « Science sans conscience n'est que ruine de l'âme », disait Rabelais.

La place de l'humanisme et de la conscience est soigneusement dépeinte par Marie De Hennezel dans le livre intitulé : « souci de l'autre ». Comme pour dire que certes la connaissance de l'art médical est indispensable à sa pratique, mais cette connaissance a à tous les niveaux, besoin de moral pour un traitement humain du malade. D'ailleurs, une telle considération quoique subjective est également une astuce non négligeable pour la réussite des soins.

En dehors de tout ce que le médecin peut posséder comme connaissance et de tout ce que la science et la technique peuvent fournir comme garant de la réussite des soins, l'accompagnement moral est facteur de maintien du patient dans un état d'esprit serein et réconforté. Cela n'est pas négligeable dans le processus de soin.

L'assistance morale dans les relations de confrérie[592] est si importante que le code de déontologie la considère comme principe des relations médicales. Elle commence de ce fait, par le rapport des professionnels entre eux avant d'atteindre le cadre singulier de la relation soignant – soigné. Le devoir de confraternité énoncé dans les articles 45 à 52 du titre 4 précède les devoirs des médecins envers les membres des professions médicales et paramédicales contenus dans les articles 53 à 55 du titre 5. Dans l'ensemble, ils ont trait à la courtoisie, la bienveillance et au respect des confrères et autres auxiliaires médicaux.

Il faut noter que, comme instrument communautaire, le code harmonisé de déontologie renferme beaucoup d'innovations pour ce qui concerne la formation continue, la participation à la santé publique et à l'éducation, la collaboration avec les autorités de santé, etc. Par ailleurs, il est tout à fait naturel que des mesures soient prises, afin de sanctionner les éventuelles violations ou de rétablir les droits de la victime. Pour la protection de la profession et l'équilibre entre les

[591] C'est ainsi que se présente actuellement la situation de la pratique médicale au Mali.

[592] L'article 45 du code de déontologie du Mali prévoit que les rapports de bonne confraternité et d'assistance morale doivent être les principes qui régissent les relations entre médecins.

parties aux soins, la législation ordinale a intégré également les types de sanctions susceptibles d'être appliqués.

B/ Les sanctions disciplinaires

Au-delà de sa mission d'élaboration des règles déontologiques, le conseil de l'ordre a la compétence d'exercer son pouvoir disciplinaire en cas de violation de ces règles. C'est à ce niveau qu'apparaît le caractère coercitif de la règle déontologique à l'image des règles du droit pénal dont le recours est également admis par la législation professionnelle. Cela conforte cet adage selon lequel: « le médecin est jugé par Dieu et par ses pairs ».

À cet effet, l'article 20 des nouvelles lois sur les professions de la santé rappelle que tout manquement aux devoirs professionnels et aux règles déontologiques dans le cadre de la pratique de la médecine expose l'auteur à des sanctions disciplinaires.

La sanction disciplinaire serait celle prononcée par un conseil ordinal ou tout autre organe administratif ou de sécurité sociale à la suite de l'irrespect des règles et devoirs établis. Elle a une nature purement professionnelle et ne saurait être source de condamnation du praticien à une réparation financière à l'endroit de la victime.

1°) Les sanctions prévues par la règle ordinale

Un aperçu des termes de l'article 23 de la nouvelle loi sur l'ordre des médecins présente le caractère extrapatrimonial des sanctions disciplinaires dont peut faire l'objet le professionnel de la santé. Elles vont de la simple prévention jusqu'au bannissement de l'auteur.

Les lois sur les autres professions de santé font également une énumération exhaustive de ces sanctions à travers précisément le contenu de leur article 23. Cela sous-entend l'application du principe de légalité en matière disciplinaire également, les sanctions susceptibles d'être prononcées étant prévues par les textes en vigueur.

Ces sanctions de degrés variés sont principales par rapport à d'autres sanctions dites secondaires. Elles ont trait généralement au paiement des frais de l'instance et la privation d'autres droits corrélatifs à l'exercice de la médecine. L'innovation de la loi HPST[593] en France mérite d'être mentionnée pour une complétude des mesures que le conseil ordinal au Mali peut engager vis-à-vis d'un médecin. Ainsi l'article L. 4124-6-1 ajouté aux dispositions du code de la santé publique prévoit que : « lorsque les faits reprochés à un médecin, un chirurgien-dentiste ou une sage-femme ont révélé une insuffisance de compétence professionnelle, la chambre disciplinaire de première instance peut, sans préjudice des peines qu'elle prononce éventuellement en application de l'article L.4124-6, enjoindre à l'intéressé de suivre une formation telle que définie par l'article L. 4133-1 pour les médecins, L.4143-1 pour les chirurgiens-dentistes et L. 4153-3 pour les sages -femmes».

Pour revenir aux sanctions prévues par les lois de création des ordres, l'avertissement qui se traduit en une simple interpellation et une prévention du praticien par rapport à une conduite contraire aux prescriptions est la sanction la plus mineure. Le blâme une sanction de degré supérieur suit l'avertissement et consiste selon l'article 24 des différentes lois à la privation du professionnel pendant un délai de trois ans de son droit de faire partie du conseil national de l'ordre concerné. Quant à l'interdiction temporaire, le législateur prévoit un délai d'un an pour l'inaccomplissement de toute activité médicale.

Enfin la sanction maximum est la radiation qui est l'exclusion totale du professionnel du conseil de l'ordre et également de tous les autres organes représentatifs du conseil, tant bien au Mali qu'à l'extérieur. Le code harmonisé de déontologie dans ses articles 44-45 est unanime sur la compétence du conseil de l'ordre lorsqu'une faute est commise. Tout au plus, il fait mention expresse de la latitude du conseil de prendre d'autres mesures appropriées si cela s'avère nécessaire.

---

[593] Loi n° 2009-879 du 21 juillet 2009, portant réforme de l'hôpital et relative aux patients, à la santé et aux territoires, (*JO* du 22 juillet 2009) article 62-XV.

Par ailleurs, la radiation considérée comme la sanction la plus grave a un impact sur la vie professionnelle du praticien même si elle est prononcée par une juridiction pénale. Cela démontre la nécessité de collaboration ou de communication entre les juridictions de droit commun et les instances disciplinaires. En effet l'article 35 prévoit la prévention du conseil de l'ordre avant l'engagement de toute poursuite contre un professionnel de la santé.

Cela permet à chaque institution de prendre des précautions pour une mise en garde, mais aussi pour un éclaircissement de l'ensemble des acteurs sur la conduite de l'auteur.

L'article 25 de la loi nouvelle prévoit un délai d'un an pour enclencher toute poursuite disciplinaire. Contrairement à son homologue de 1986 qui ne mentionnait aucun délai de prescription pour la poursuite, ce nouvel article est une avancée considérable en ce sens qu'elle oriente le patient ou la victime sur le temps pendant lequel il peut exercer son droit d'action. Certes, il parait très court, mais il a l'avantage de saisir l'organe compétent pendant que les données sur le comportement reproché sont encore récentes et exploitables à bon escient. Si cela va dans l'intérêt des parties au conflit, la brièveté du délai peut également faire penser à une réserve faite pour mieux protéger le professionnel et éviter que les plaintes abondent. Ce qui risquerait d'envahir l'instance disciplinaire. L'exercice illégal de la médecine et l'usurpation de titres prévus par les lois de création des ordres (article 19) sont constitutifs de délit pénal. Ainsi au-delà de la poursuite disciplinaire, ces pratiques peuvent donner lieu au prononcé d'une mesure répressive sur la base de l'article 166 du Code pénal tacitement évoqué sous le vocable de lois et règlements en vigueur par l'article 19 cité. Contrairement à l'article 62[594] de l'ancienne loi qui affichait clairement les sanctions pécuniaires découlant de ces pratiques frauduleuses de la médecine, l'article 19 est silencieux sur l'amende que le professionnel peut être amené à verser. Ceci est compréhensif dans le sens du maintien d'une certaine cohérence entre la portée des sanctions pécuniaires contenues

[594] L'article 62 de la loi sur l'ordre des médecins qualifie l'exercice illégal de la médecine de délit et le sanctionne de 100 000 à 500 000 FCFA avec possibilité d'une confiscation matérielle du bien ayant servi. L'usurpation de titre est également un délit pénal dont la sanction est renvoyée à l'article 133 du code pénal malien.

dans les instruments de référence et dans les lois portant création des ordres.

A l'instar des sanctions principales énoncées dans la législation disciplinaire, des sanctions parallèles sont prévues par l'article 35 de la loi nouvelle avec pour réaménagement la suppression de la mention de la poursuite devant les juridictions pénales.[595]

Le prononcé des sanctions disciplinaires a pour conséquence majeure, l'impossibilité pour le praticien d'exercer son art pendant la période indiquée ou de se faire reconnaître par les siens. Cependant, cette période une fois passée, l'hypothèse d'une réhabilitation est admise et est faite à la demande du praticien concerné.

2°) Le régime des sanctions disciplinaires

Ce régime obéit au principe de légalité des peines qui soumet le prononcé d'une décision disciplinaire au seul respect des dispositions législatives et réglementaires en vigueur.

Si l'analyse des lois sur les ordres professionnels médicaux présente des sanctions à l'encontre des praticiens, elle ne permet pas en ce moment de déceler d'éventuelles mesures contre les organes de l'ordre ou d'autres instances disciplinaires lorsque ceux-ci prononcent illégalement des sanctions qui préjudicient aux intérêts des victimes.[596] Cette prévision pourtant s'avère juste, la sanction disciplinaire contre les faits d'un praticien étant distincte de celle contre les agissements illégaux des instances disciplinaires dans la réalisation de leur mission de juge professionnel.

Au-delà de la saisine de la juridiction administrative comme juridiction de second degré (qui d'ailleurs se réfère à la plainte initiale portée

[595] Il faut préciser que l'ancien article 51 faisait mention expresse de la possibilité d'une saisine de la juridiction répressive en plus des poursuites au civil et devant la législation du travail.

[596] Cf. Cons. dép. ordre médecins des Alpes-Maritimes, Rec. tables, 986, pour illustrer un cas d'appréciation de la mission de l'organe disciplinaire.

devant les autorités ordinales), des dispositions dans le sens de l'encadrement des agissements illégaux des organes pouvaient parfaire ou soutenir le principe de la légalité des sanctions disciplinaires.

Un autre principe est celui du non-cumul des sanctions. Cependant l'instance disciplinaire peut être amenée à considérer l'interdiction d'exercice prononcée par une juridiction pénale en conciliant une telle sanction avec les siennes. À ce sujet, notons qu'en vertu de la *règle non bis in idem*, deux sanctions disciplinaires même de degrés différents ne pourront pas être prononcées à l'encontre de la même personne pour les mêmes actes. Tout comme en matière juridictionnelle, la décision d'un premier organe disciplinaire obtient autorité de la chose jugée et n'ouvre droit qu'à un recours devant la juridiction administrative.

Toutefois, le praticien peut être sanctionné à la fois par la juridiction pénale et par l'instance disciplinaire. Par exemple, le non-respect des dispositions des articles 5 et 25 en relation avec le secours apporté à la personne en état de péril est doublement sanctionné sur le plan disciplinaire, mais aussi au pénal à travers la mise en œuvre des règles prévues dans les articles 220 et 221 du Code pénal du Mali. La sanction pénale de la non-assistance à personne en danger est d'ailleurs renforcée au double pour tout professionnel ayant manqué à cette obligation.

Il est nécessaire d'être clairvoyant entre la consécration d'un document et l'application des règles de procédure pour une mise en œuvre de la responsabilité professionnelle du praticien.

Paragraphe II : La mise en œuvre de la responsabilité disciplinaire des professionnels de la santé

Tout d'abord il faut préciser que les professions de la santé sont actuellement représentées par 5 ordres à savoir : l'ordre des médecins[597], des pharmaciens, des chirurgiens-dentistes, des sages-

---

[597] Rappelons que l'ordre des médecins s'est dissocié de celui des chirurgiens avec cette nouvelle réforme. À ce sujet, tout porte à croire que l'unicité de l'ordre des médecins et chirurgiens en un seul ordre trouve son origine au Mali dans le faible nombre de personnels médicaux qualifiés que les années 1970

femmes et des infirmiers et infirmières. Si cette révision a conduit à l'éclatement de l'ordre des médecins et des chirurgiens- dentistes, créant ainsi celui des chirurgiens-dentistes, il a de même institué celui des infirmiers et infirmières d'État.

Un aperçu du contenu de ces dispositions montre une similitude presque parfaite entre ces lois, cela dénote une certaine transposition d'une disposition à une autre.

Partant de cette remarque, il faut s'atteler sur la loi portant création de l'ordre des médecins pour apprécier la responsabilité disciplinaire de l'ensemble des professionnels de la santé.

L'ensemble des lois de création des ordres est favorable à l'engagement des poursuites disciplinaires lorsque le praticien enfreint aux dispositions qui régissent l'éthique et la déontologie. La responsabilité disciplinaire qui découle de la violation d'une règle propre à l'organisation interne ou à la pratique d'une profession est une responsabilité source de sanction.

Elle est jugée par les pairs du professionnel dont la conduite est remise en cause. Indépendant des procédures juridictionnelles, elle peut être engagée avant ou après celles-là, mais très généralement la responsabilité disciplinaire du praticien fonctionnaire a lieu après le prononcé d'une décision de justice.

Elle peut être engagée par des organes habilités au sein de l'établissement public de santé ou par des instances ordinales en fonction du statut du professionnel. Cela suppose une dissociation entre la responsabilité disciplinaire déontologique et la responsabilité disciplinaire des établissements de santé qui feront l'objet d'un développement.

---

ont connu. Ce serait avec l'école nationale de médecine et de pharmacie (ENM-P) que les structures de santé se sont vues dotées de médecins seconds qui généralement exerçaient les fonctions de chirurgien. C'est-à-dire s'occupait de tout ce qui est médecine curative, intervention chirurgicale. Dans cette dynamique de renforcement de la capacité personnelle des établissements, la séparation par spécialité était plutôt d'ordre organique et fonctionnel que corporative à la base de laquelle se trouvait une réelle formation de spécialiste.

A/ La responsabilité disciplinaire déontologique

Pour la détermination de la responsabilité déontologique, le conseil national en tant que formation disciplinaire est seul habilité à recevoir les demandes formulées par les plaignants. Pour ce faire, il peut appliquer les règles générales qui prévalent pour la profession médicale uniquement.

Mais lorsque le praticien relève d'un établissement public, ces règles sont conformes ce contexte particulier. À ce niveau, il faut préciser que le praticien hospitalier public qui exerce une activité libérale ou qui commet une faute détachable du service public hospitalier sera soumis aux règles générales. Cependant, l'ordre fonctionnant par le biais d'un organe disciplinaire qu'est le conseil, le rôle de celui-ci est important dans la détermination de la responsabilité du praticien. Bien avant l'engagement de la responsabilité disciplinaire, le conseil s'impose une organisation interne qui facilite l'identification des appartenances professionnelles.

1°) Une organisation interne nécessaire à l'engagement de la responsabilité par le conseil

Conformément au règlement intérieur[598] de l'ordre des médecins, parmi les organes du conseil national figure une commission disciplinaire. L'article 19 du règlement prévoit la création d'une commission disciplinaire au niveau de chaque section et de chaque conseil régional. Il y a lieu de préciser que les sections dans l'ancienne loi catégorisaient les professions de médecins et de chirurgiens- dentistes en généralistes exerçant dans le secteur privé, privatistes exerçant dans le secteur privé, spécialistes exerçant dans le secteur privé et tous les autres médecins et chirurgiens ne rentrant pas dans cette catégorie. Cette prévision de l'article 4 (ancienne loi sur l'ordre) était l'expression d'une

[598] En attendant l'adoption d'un texte règlementaire déterminant la formation des sections et les conditions d'inscription et de radiation du tableau comme prévu à l'article 12 de la loi nouvelle portant création des ordres respectifs, il faut se limiter aux dispositions du règlement intérieur de l'ordre des médecins qui est à mesure d'éclaircir.

organisation interne qui permettait de distinguer les généralistes des spécialistes, mais aussi de faire la part entre praticiens évoluant dans le secteur privé et ceux qui sont au public.

Ainsi, chaque section était administrée par un conseil central qui, lorsqu'il siégeait comme commission disciplinaire, était assisté par un magistrat[599] avec voix consultative. Les décisions prises par le conseil central étaient notifiées dans un délai de 15 jours au conseil national.

Quant au conseil régional, il avait une représentation dans le district de Bamako et dans chacune des régions du Mali, il administrait les médecins et chirurgiens-dentistes se trouvant dans l'une des sections prévues par l'article 4 et était également assisté d'un magistrat avec voix consultative.

Chaque conseil disposait d'une commission disciplinaire composée de deux membres élus et d'un magistrat à qui la présidence de la commission était confiée.

Certes l'adoption d'un décret d'application est prévue par l'article 37 de la loi nouvelle, mais en attendant sa mise en place, le règlement intérieur de l'ordre des médecins (qui reste d'application) peut valablement expliciter les conditions procédurales pour la détermination de la sanction de l'instance disciplinaire. Sans compter que les règles déontologiques contenues dans le code restent d'une application sans faille.

2°) Les conditions procédurales au niveau du conseil de l'ordre

Le conseil national dans sa fonction de juridiction disciplinaire est permanemment appuyé par les commissions disciplinaires des différents conseils qui instruisent en quelque sorte les affaires avant de

[599] Le magistrat en tant que spécialiste du droit accompagne chaque commission disciplinaire et la formation disciplinaire aussi lors de l'audience, cependant il est désigné au Mali par le ministre de la Justice sans précision aucune dans le règlement de l'ordre d'où il vient. Par contre à titre d'illustration, le code de la santé publique française mentionne que ce magistrat relève de l'ordre administratif (article L. 4124-7, CSP).

les faire parvenir au conseil. Elles font un travail préalable d'examen des demandes de poursuite avant de faire une des propositions de sanctions au conseil national.

Ainsi, les commissions disciplinaires n'ont pas qualité d'une juridiction disciplinaire, mais appuie seulement la formation disciplinaire du conseil national dans l'instruction du dossier et dans la détermination de la sanction susceptible d'être prononcée. Avec leur capacité à formuler des plaintes contre les pratiques indignes à la profession, les commissions disciplinaires peuvent devenir plaignantes, donc parties au procès disciplinaire. Elles ne sont pas les seules habilitées, car l'initiative de la poursuite est formulée également soit par le ministère de la santé, soit par le ministère de la justice, soit par les parties. Ces sujets définis par l'article 21 de la loi sur l'ordre sont chargés de la saisine du conseil national.

Le praticien mis en cause a le droit de se faire assister soit par un avocat ou par un représentant médecin de son choix pour défendre ses intérêts.[600] Le règlement intérieur précise que jusqu'au jour de l'audience le médecin peut se renseigner sur le contenu du dossier par l'intermédiaire de son défenseur.

Le procès disciplinaire, à l'instar de tout autre procès, admet les principes du procès équitable à savoir le droit à la contradiction, le droit à la défense, le droit à une décision impartiale excepté ici que la publicité des audiences fait défaut. En effet, l'article 30 du règlement dispose que les audiences en matière disciplinaire ne sont pas à la portée du public. Cette exception parmi tant d'autres se justifie naturellement par le caractère sensible des questions débattues et par la personnification de la pratique médicale au Mali. Le législateur français, par un décret du 5 février 1993 a résolu, la question de la publicité des audiences disciplinaires. Ce qui a d'ailleurs permis à la Cour de Strasbourg, par un arrêt du 19 avril 1993, de condamner le secret de l'audience qu'elle considère comme contraire à la notion de

[600] Article 28 des lois de création des ordres « Le praticien mis en cause peut se faire assister d'un défenseur médecin ou un avocat. Les conditions d'exercice des droits du praticien en matière disciplinaire seront précisées dans le règlement intérieur. Le praticien peut exercer le droit de récusation dans les conditions déterminées en matière civile ».

procès équitable instaurée par l'article 6-1 de la convention européenne des droits de l'homme et d'affirmer que le procès disciplinaire peut se rattacher aux droits de caractère civil visés par ce texte.

Le Conseil d'État[601] ne reste pas en marge de toute appréciation lorsqu'il avance que la publicité de l'audience est nécessaire au regard de l'article 6-1 dans la mesure où les décisions prises par les instances ordinales sont susceptibles de porter atteinte au droit d'exercer la profession de médecin qui est un droit civil au sens du texte de la convention.

Cependant, quoique l'article 6-1 admet le principe de la publicité, il émet certaines réserves par rapport à l'accès à la salle d'audience à la presse et au public pour la totalité ou pour une partie du procès pour la préservation de l'intérêt de la moralité, des parties au procès, ou de la justice. Cela sous-entend que même avec l'autorisation de la publicité du procès disciplinaire eu égard à son enjeu considérable pour le respect de certains principes fondamentaux, le huis clos est également admis dans certaines circonstances et peut relever de l'appréciation souveraine du président. Le législateur malien pourrait s'inspirer de telles évolutions et son application dans les instances disciplinaires permet d'assurer la transparence du procès et mettre en confiance les parties (surtout le patient).

Le déroulement de l'audience disciplinaire est identique à celui ordinaire qui obéit à la lecture du dossier initial par le président (ici elle est faite par le magistrat représentant du ministère de la justice), ensuite le président du conseil interroge le praticien sur les faits reprochés, recueille des témoignages si nécessaire avant de donner la parole aux plaignants. Le mot revient au praticien ou à son défenseur à la dernière position.[602]

En cas de nécessité, l'article 29 de la loi sur l'ordre autorise l'instance disciplinaire à procéder au recueil d'informations supplémentaires pour être suffisamment éclairée. Pour ce faire, cet article précise les conditions de la réalisation d'une telle enquête : soit les informations seront présentées devant lui, soit il ordonne un transport sur les lieux.

---

[601] CE, 26 juillet 1996, req. n° 163585.
[602] Voir article 29 du règlement de l'ordre.

Lorsqu'il estime être suffisamment éclairé du contexte de la violation des règles, l'instance disciplinaire rend sa décision. Elle est basée uniquement sur la violation du devoir professionnel, donc ne peut porter sur d'autres aspects de la conduite du praticien sous peine d'empiéter la compétence d'une autre juridiction.

Raison pour laquelle les décisions se rapportant à la sanction prononcée par cette juridiction disciplinaire doivent être motivées. Elles comportent les mentions se rapportant aux membres de la formation, à la sanction et d'autres informations nécessaires. Le recours contre les décisions de la formation disciplinaire est porté devant la juridiction administrative[603] qui assure le contrôle de légalité.

L'article 38 du règlement met les frais de l'action à la charge du praticien sanctionné qui se doit de les rembourser. Ces frais sont initialement versés par le conseil national de l'ordre.

Par rapport aux délais, le magistrat président de la commission disciplinaire notifie dans un délai de 15 jours au praticien la demande de sanction adressée à lui. Il instruit le dossier avec l'aide d'un rapporteur et des autres membres de la commission avant de statuer sur la saisine dans un délai qui ne peut excéder 15 jours également.

Pour donner du crédit à la décision disciplinaire, la formation ou le conseil disciplinaire de manière générale se drape de la présence et de l'avis du magistrat reconnu d'office comme spécialiste de l'appréciation des fautes. Il est de pratique dans certains pays que le conseil ordinal se réfère par moment à la jurisprudence judiciaire ou administrative pour apprécier la faute commise et soutenir la décision disciplinaire prise contre le professionnel de la santé.

Conformément à l'article 27 de la loi sur l'ordre de juillet 2017 : « aucune sanction disciplinaire ne peut être prononcée sans que le médecin ait été entendu ou appelé à comparaître dans un délai de 30 jours à compter de la saisine du conseil national de l'ordre ». Aux termes de l'article 30 du règlement intérieur, l'instance disciplinaire à qui la décision finale appartient dispose d'un délai de trois mois pour statuer lorsque le praticien est présent. Dans le cas contraire, ce délai est porté à six mois. La décision prise doit être sans délai notifiée aux

---

[603] *Ibid.*, article 33.

présidents des sections et dans un délai de 10 jours au ministre de la santé publique et aux conseils régionaux.

L'action disciplinaire au plan déontologique contre un praticien se prescrit dans un délai d'un an à partir de la commission de la faute.[604] À ce niveau, il y a lieu de signaler l'innovation faite par la loi nouvelle, puisqu'il a été estimé de penser au délai de prescription qui ne figurait point dans l'ancienne loi. Cela est salutaire bien qu'il soit très limité. En effet, il ne donne pas beaucoup davantage au plaignant et particulièrement au patient lésé de saisir la juridiction disciplinaire après l'écoulement d'un certain temps.

Or, celui-ci étant muni de très peu de moyens pour prouver, et ignorant même souvent l'existence d'un droit d'action, il a besoin d'une certaine marge afin d'être orienté, de se décider ou de rassembler les éléments nécessaires. Le silence d'antan du législateur malien cautionnait l'imprescriptibilité du délai de saisine. Ce qui veut que le plaignant pût à tout moment demander que la faute commise soit sanctionnée.

Le délai d'un an est retenu également pour l'interdiction temporaire d'exercer la profession[605] contrairement à l'ancien article 40 qui prévoyait 3 ans en cas de prononcée d'une sanction de ce genre. Là, il y a une réduction considérable du délai d'interdiction d'exercer. Cela se comprend dans le sens de la réinsertion rapide du praticien dans le cadre professionnel. Trois ans d'inactivité peuvent être source d'une démotivation du praticien pour le métier de médecin et source de remise de ce dernier sur le banc des sans-emplois.[606]

Certes une sanction est largement analysée avant d'être prononcée et qu'elle se veut proportionnelle à l'acte posé. Mais vu la variété de sanctions à des degrés différents, le juge pouvait en décider plus lourd en décidant de l'interdiction définitive d'exercer, faute de cela, rien

[604] Voir article 25 du règlement de l'ordre sur le délai de prescription.

[605] Article 24 des lois de juillet 2017 sur les ordres.

[606] Le marché de l'emploi malien cumulé aux difficultés sociales de reconversion, il est très mal aisé de voir des praticiens abandonner la profession médicale suite à un découragement dû à la longue attente du temps de suspension. Peut -être dira-t-on qu'un médecin suspendu ou exclu vaut mieux qu'une inconduite ou qu'une victime de plus, mais loin de tout sentimentalisme le métier de médecin est couvert d'aléa et d'espoir.

qu'une année d'inactivité, permet au praticien de se mettre en conformité avec les règles fixées par la législation disciplinaire et de se doter davantage d'une conscience professionnelle.

Pour la radiation, elle prive définitivement le praticien du droit d'exercer la profession, il sera rayé du tableau de l'ordre auquel il appartient et n'a pas la possibilité de s'inscrire sur un autre.

La réhabilitation du praticien sanctionné (sauf cas de radiation) est possible après un délai de 5 ans. À cet effet, il adresse une demande au conseil national de l'ordre qui informe le ministre chargé de la santé. L'acceptation de la demande de réhabilitation ne produit d'effet que pour l'avenir. À ce niveau, il faut noter d'ailleurs que les décisions disciplinaires ne sont pas rétroactives. Elles produisent toujours des effets pour l'avenir.

L'article 34 du règlement intérieur prévoit que les décisions prises par la formation disciplinaire sont inscrites dans un registre spécial lequel, côté et paraphé, ne peut faire l'objet d'une divulgation auprès des tiers. Mais cela n'empêche que la décision en tant que telle est connue du tiers, la loi n'interdisant pas la connaissance d'une décision à valeur de jugement par les personnes intéressées.

La poursuite disciplinaire pour des manquements déontologiques ou d'éthiques n'obstrue pas la voie à d'autres actions en responsabilité (poursuites au civil et sur la base de la législation sociale) contre le même praticien pour des mêmes faits lorsque ceux-ci emportent des impliques pénales ou civiles. Sauf que l'article 35 du règlement intérieur précise qu'une information doit être donnée au conseil national à cet effet. Cela est important, car il permet au conseil par exemple d'être au courant des condamnations devenues définitives et de prendre des mesures idoines à cette fin.

Il y a lieu de noter qu'une double poursuite peut avoir lieu concomitamment contre un praticien pour un même fait. Ces sanctions ne seront pas cumulables, mais la sanction la plus lourde est exécutée au détriment de la plus faible. L'indépendance des différentes juridictions (disciplinaires, civiles, pénales et sociales)[607] fait de telle sorte qu'elles ne sont pas liées par une même décision.

---

[607] Cf. article 35 des lois sur les professions sanitaire privées.

Cependant, s'il s'avère qu'une décision de condamnation a été prise par la juridiction pénale, celle-ci s'applique et aura la priorité.[608]

La responsabilité disciplinaire du thérapeute traditionnel est également envisageable. Mais cela s'applique aisément lorsque celui-ci évolue au sein d'une association professionnelle comme la FEMATH. Le patient a la latitude de porter plainte devant cette association sous la tutelle de laquelle se trouve le thérapeute.[609]

Au Mali les thérapeutes traditionnels agréés étant sous l'autorité de la FEMATH, il peut revenir à cet organe de procéder à une interpellation par rapport au comportement du praticien traditionnel. Pour mieux asseoir son autorité, cet organe doit se doter d'un code d'éthique et de déontologie. Le Mali devait déjà disposer de cet instrument pour la régulation professionnelle des conduites illicites en matière de médecine traditionnelle.[610]

L'article 42 du règlement intérieur confère la possibilité au conseil de l'ordre de saisir les autorités compétentes chargées de statuer sur leur responsabilité disciplinaire notamment pour ce qui concerne les actes exercés dans le privé. L'ordre, les établissements publics hospitaliers et autres établissements de santé sont tous des organismes personnalisés[611] avec des missions et des compétences distinctes. Par conséquent, les obligations des sujets qui les animent quoique identiques sur certains points ont forcément des points de différences. La conséquence d'une procédure disciplinaire exercée à l'encontre du professionnel de la santé est la souillure de son honneur et de sa renommée. L'éviction d'une telle humiliation est certainement l'une des raisons de la confidentialité

---

[608] Cf. article 161 du code de déontologie harmonisé qui prévoit le suivi par l'organe ordinal, après examen des circonstances d'une décision de condamnation définitive du praticien, prononcée par la juridiction pénale.

[609] www.droitsdu patient.ch/documents -Faute_déontologique.cfm.

[610] Il faut rappeler que dix ans avant la déclaration d'Alma Ata sur les soins de santé primaires, le Mali avait déjà un institut de phytotérapie et de médecine traditionnelle. Et une première association de thérapeutes traditionnels pour la promotion de cette médecine verra le jour en 1977.

[611] Cf. article 43 de la loi n° 2014-049 du 19 septembre 2017 sur la création des services publics, article 1 de la loi 2017-030 du 14 juillet 2017 sur l'ordre des médecins et des lois respectives (031 à 034) sur les autres professions de la santé.

qui entoure la décision disciplinaire. Ce qui crée le dilemme entre d'une part, la protection des intérêts privés et de ceux du professionnel et d'autre part la réfutation de ceux du patient. Elle a le désavantage de ne pas rassurer les patients ou la société de l'impartialité de l'organe disciplinaire. Dans la partie suivante, la responsabilité disciplinaire du praticien libéral et celle de l'établissement public seront analysées.

B/ La responsabilité disciplinaire dans le cadre du service public de la santé et la responsabilité disciplinaire libérale

Il est prévu l'inscription de tous les médecins (y compris les autres praticiens qui sont constitués en ordre) au tableau de l'ordre pour l'exercice de la profession médicale en République du Mali. La grande innovation de l'article 10 de la loi sur l'ordre est l'extension de cette obligation à tous les médecins sans **exception**. Ainsi, qu'il s'agisse des praticiens du secteur public, du secteur privé ou d'un cadre spécial (exemple : armée), tous les médecins désirant exercer leur profession au Mali sont assujettis à cette obligation légale. Le tableau de l'ordre est ainsi un répertoire général qui permet l'identification de toute personne exerçant la profession médicale au Mali.

Ainsi la conformité du praticien aux exigences du code de déontologie et des lois ordinales n'exclut pas leur soumission aux règles législatives et réglementaires propres aux établissements dans lesquels il évolue. D'où l'idée de l'indépendance des responsabilités disciplinaires déontologique et administrative. Si la responsabilité déontologique est conduite par l'instance ordinale, celle administrative au contraire est de la prérogative du service employeur du praticien et lorsque celui-ci relève du service public de la santé, c'est l'administration qui s'en charge.

1°) La responsabilité disciplinaire dans le cadre du secteur public

La responsabilité disciplinaire administrative des fonctionnaires est encadrée par des dispositions légales et réglementaires auxquelles ils ne peuvent déroger[612], puisque ces textes régissent leur conduite quotidienne au regard de l'administration et des usagers. La loi portant statut général des fonctionnaires du 16 décembre 2002, prévoit que le fonctionnaire est, vis-à-vis de l'administration, dans une situation légale et règlementaire.

Par conséquent, le fonctionnaire doit mettre tout son effort et toutes ses compétences à la réalisation des objectifs de cette administration. Ce que vaut l'exécution du service avec dévouement, loyauté, intégrité et dignité comme prévu par l'article 10 de ladite loi.

La responsabilité du fonctionnaire, quel que soit son rang dans la hiérarchie de la tâche qui lui a été confiée, est mentionnée par l'article 13, et est personnelle, puisqu'elle résulte d'une inconduite de l'agent. Ce caractère personnel tant dans la commission des actes que dans la faculté d'y répondre est l'une des similitudes de la responsabilité disciplinaire avec celle pénale. Sauf qu'en matière disciplinaire, cette responsabilité découle de la violation des devoirs moraux, mais aussi des aspects techniques ou relationnels, c'est-à-dire des autres obligations professionnelles.

Le manquement à ces obligations ouvre la voie à une sanction disciplinaire infligée par l'administration à travers le service désigné à cet effet. Bien avant l'engagement d'une procédure disciplinaire, il y a lieu de signaler que l'établissement de santé a la faculté de recevoir la plainte du patient qui se sent lésé dans ses droits et d'y donner une suite dans les 30 jours qui suivent. À défaut, il transmet l'affaire devant l'organe disciplinaire lorsqu'il estime que le manquement est en lien avec une obligation professionnelle.

Le patient qui n'obtient pas satisfaction de cette démarche au niveau de l'établissement a la possibilité de saisir la juridiction administrative pour une sanction indemnitaire, puisque la logique voudrait que la plainte du patient soit orientée surtout vers une compensation financière. Sauf faute grave, le directeur de l'établissement ou le service en charge des conflits praticien-patient procède dans un premier temps à une conciliation entre les deux parties. Suite à l'échec d'une telle tentative, la voie disciplinaire peut être ouverte à l'établissement et celle

---

[612] Cf. Loi sur le statut général des fonctionnaires, loi n° 96-032 du 12 juin 1996 sur les établissements publics à caractère professionnel.

administrative en vue d'une indemnisation du patient victime. Par rapport à la procédure, il y a une différence entre le pouvoir d'instruction disciplinaire et le pouvoir de sanction disciplinaire[613]. L'instruction disciplinaire a la faculté d'ouvrir l'action disciplinaire dès que la faute est commise ou constatée. Tandis que celle qui est chargée du pouvoir de sanction détermine la sanction si les éléments d'éclaircissement sur la violation professionnelle sont établis.

L'autorité disciplinaire rend les sanctions de premiers degrés à l'encontre de l'agent fautif. Pour toute sanction de second degré, l'avis et la proposition de sanction du conseil de discipline sont requis. À cet effet, il recueille toutes les informations nécessaires à la manifestation de la vérité (témoignages, observations, enquêtes, etc.), les rapports transmis par l'autorité compétente avant de retourner une proposition motivée de sanction à l'autorité investie de pouvoir de sanction disciplinaire.

Toute autorité compétente qui constate une omission de procéder à l'exercice du pouvoir disciplinaire, a le devoir d'interpeller l'instance en charge par rapport à l'ouverture d'une instruction et la prise d'une sanction. Encore faudrait-il que ces interpellations et plaintes se fassent dans le délai ? À propos de délai, l'article 78 prévoit 5 ans pour la prescription des poursuites disciplinaires devant l'administration sauf pour le crime qui ne déroge pas au délai du droit commun. À ce niveau, il y a lieu de constater le décalage qui existe entre le délai en matière déontologique (un an) et celui devant l'administration publique de la santé qui se réfère à la règle générale.

La prescription de la faute déontologique étant plus écourtée que celle administrative, le praticien fautif peut toujours voir sa responsabilité engagée plusieurs années après la commission des faits. Ce qui a l'avantage de maintenir le dispositif de sanction, mais si la logique de la traçabilité des faits doit demeurer comme en matière déontologique, la prescription quinquennale sera-t-elle pleinement favorable à leur conservation et à leur démonstration.

La facilité dans l'administration des moyens de preuve découle du fait que les personnes aptes à enclencher la responsabilité disciplinaire administrative sont plus limitées que les personnes qui engagent celle

613 Cf. article 77 de la loi portant statut général des fonctionnaires.

déontologique. Plus précisément ce sont les directeurs des établissements de santé, le ministre chargé de la santé, les conseils ordinaux, le procureur de la République qui sont à mesure de saisir l'autorité compétente pour l'ouverture d'une action disciplinaire.

Au regard des dispositions de l'article 84, toute procédure disciplinaire pour infliger une sanction de second degré doit prendre fin dans un délai de 4 mois avec possibilité de prorogation jusqu'à 6 mois à compter de la date à laquelle le fonctionnaire a été traduit devant le conseil. La prorogation à 6 mois vaut pour les cas d'interruption de la procédure. Par rapport aux sanctions de premier degré, le délai de clôture de la procédure est laissé à l'appréciation de l'autorité disciplinaire. Pour le recours devant la Cour suprême, dans les 15 jours de la notification de la sentence, les recours doivent être introduits. Ils ne sont pas suspensifs de l'exécution de la sentence disciplinaire et le fonctionnaire, est le cas échéant, rétabli dans ses droits rétroactivement. Le fonctionnaire sanctionné a la possibilité, après 5 ans, de faire une demande de réhabilitation auprès de l'autorité administrative compétente lorsqu'il n'est pas exclu du cadre.[614]

Une demande d'explication doit être notifiée au fonctionnaire avant le prononcé de la sanction d'avertissement ou de blâme, pour lui permettre de se justifier dans un délai imparti. Une fois ce délai clôturé, la procédure disciplinaire est considérée comme close.

Les autres principes du procès équitable sont envisagés par la législation, notamment le respect du principe du contradictoire à travers la comparution du praticien devant le conseil de discipline[615], le recours devant une autre juridiction pour obtenir gain de cause.[616] En principe, la procédure disciplinaire étant engagée devant une juridiction qu'on qualifie d' « administrative », la procédure devant elle est écrite. D'où la nécessité de présenter les moyens de droits et de faits dans des mémoires écrits. Cependant, la loi n'exclut pas l'oralité pour certaines interventions, notamment les présentations du fautif et les déclarations des témoins cités soit par ce dernier soit par l'administration. Les sanctions disciplinaires sont classées par l'article 74 par ordre de gravité commençant par l'avertissement, suivi par le blâme,

---

[614] Article 86 de la loi portant statut général des fonctionnaires.
[615] *Ibid.*, article 82.
[616] *Ibid.*, article 85.

l'abaissement d'échelon, l'exclusion temporaire, la rétrogradation, la révocation sans suspension des droits à pension, à la révocation avec suppression des droits à pension. Elles sont cumulables aux sanctions prononcées par l'instance déontologique.

Les sanctions d'avertissement et de blâme sont du premier degré, les autres sanctions sont du second degré. Les récidives de fautes conduisent à la gradation de sanctions de la plus faible à la plus sévère.

À titre d'illustration, l'article 74 énonce que « le fonctionnaire qui durant l'année où il a été puni de l'avertissement commet une nouvelle faute passible d'une sanction du premier degré est puni de blâme. Si le fonctionnaire a déjà été puni d'un blâme dans l'année, il fait d'office, l'objet en cas de nouvelle faute, d'une procédure de sanction de second degré ». Ainsi, la récidive de violation des obligations professionnelles vaut passage d'une sanction de degré inférieur à la sanction supérieure. La révocation avec suppression des droits à pension exclut définitivement le fautif de la fonction et est précédée d'une procédure disciplinaire.

Au-delà de ces sanctions, d'autres mesures complémentaires peuvent être envisagées à l'encontre du praticien fautif, notamment l'abaissement de la notation jusqu'à « passable » selon les termes de l'article 92 de la loi. Cette note est attribuée au fonctionnaire ayant bénéficié d'une sanction de second degré et peut influencer sur son avancement. Cependant, seuls les fonctionnaires soumis au régime du statut général de la fonction publique sont concernés par cette mesure. D'autres agents du service public de la santé n'y sont pas soumis, leur statut étant différent. Par conséquent, ils ne sont pas également soumis au même régime de responsabilité disciplinaire.

2°) La responsabilité disciplinaire du praticien dans le cadre de l'exercice privé

Lorsque le praticien évolue uniquement dans le privé, la commission d'une faute dans ce contexte fait intervenir différentes règles du droit commun ayant des champs d'actions différentes. Ainsi le Code du travail, le Code pénal, le règlement intérieur de la structure, d'autres règles, du droit privé peuvent intervenir indépendamment contre le fait d'un même professionnel. Le principe de l'indépendance des juridictions demeure à cet effet.

Liés à l'établissement de santé par un contrat, les agissements fautifs qui découlent du non-respect des obligations contractuelles sont soumis aux dispositions du Code du travail[617], des contrats et conventions collectives[618], du code de prévoyance sociale ainsi que d'autres dispositions législatives et règlementaires régissant le secteur privé.

Le règlement intérieur prévu par le Code du travail[619] et qui doit figurer dans tout établissement privé comporte des dispositions relatives à la discipline. Le non-respect de ce dispositif constitue un motif d'engagement de la responsabilité disciplinaire du praticien libéral. L'appréciation de ses fautes professionnelles peut aboutir à un licenciement du travailleur. Ainsi la responsabilité médicale du praticien libéral conduit à une mesure de licenciement lorsque le temps de suspension est long ou lorsque la sanction prononcée a trait à la radiation du praticien libéral. La condamnation à une peine d'emprisonnement assez longue d'un professionnel qui exerce en établissement privé est source de licenciement selon les règles du Code du travail. Comme en matière déontologique, l'exercice de la responsabilité disciplinaire ne fait obstacle à aucune autre action judiciaire (article 73) et il peut y avoir cumul de sanctions pénales et disciplinaires.

---

[617] L'interprétation in abstracto de l'article L. 34 du code du travail qui prévoit que « la suspension pour garde à vue ou pour détention ne doit excéder 6 mois » sous-entend que toute détention qui va au-delà de cette limite fixée peut conduire à un licenciement du travailleur. Par conséquent, le praticien libéral qui subit une sanction disciplinaire en faveur de l'interdiction d'exercer ou de la radiation peut voir son contrat de travail rompu de justesse.

[618] Il est prévu dans l'article L. 89 du code du travail que les personnes liées par une convention collective ou un accord d'établissement peuvent intenter une action en dommages-intérêts contre ces autres personnes ou aux groupements liés par la convention qui violeraient à leur égard les engagements contractés. L'article 90 autorise la participation collective des membres d'une convention ou d'un accord d'établissement à une instance juridictionnelle déclenchée par un membre ou par un groupement lorsque l'intérêt collectif est menacé.

[619] Voir articles 62 et 64 du code du travail, *op. cit.*

TITRE II

LA RÉPARATION DU DOMMAGE ISSU DE L'ACTIVITÉ HOSPITALIÈRE ET MÉDICALE AU MALI

Autant le droit à la santé est un principe fondamental, autant la réparation du dommage corporel en est un. Ainsi entendu, c'est l'intégralité des préjudices qui doit être réparée. Ces préjudices à la fois d'ordre économique et non économique suscitent l'idée d'une compensation ou d'une satisfaction de la victime.

Cependant, la réparation du dommage médical est d'une rareté extrême dans le contexte malien et en général en Afrique où La majeure partie de la population perçoit la compensation du préjudice issu d'un dommage corporel ou patrimonial comme insensée voire inhumain, car aucune compensation financière ne saurait restaurer la situation antérieure. Pour reprendre les mots de Razafiarison dans sa thèse la responsabilité médicale à Madagascar, *réparer n'est pas effacé*.[620] Ce qui suppose qu'à travers une somme d'argent, on ne peut pas effacer un préjudice moral.

Les instruments juridiques qui régissent la réparation du dommage se rapportent généralement au droit commun. Ainsi, il est opportun de porter un regard sur les dispositifs existants de réparation du dommage médical (Chapitre I), avant d'analyser des voies d'amélioration de la réparation du dommage médical au Mali (Chapitre II).

---

[620] Tahiry Anja Razafiarison La responsabilité médicale à Madagascar, Thèse précitée, p. 173.

CHAPITRE I

L'IMPRÉCISION DU DISPOSITIF DE RÉPARATION EXISTANT

La réparation étant une sanction civile est ouverte à tout patient qui se sent lésé dans ses droits et est invocable devant n'importe quelle juridiction. Pour la mise en œuvre de la réparation, il faut noter l'existence dans la charte du malade d'un mécanisme de réparation de nature gracieuse offert aux patients victimes de dommage lors de leur séjour hospitalier.[621] Cependant, il y a lieu de préciser que ce recours gracieux est facultatif ; le patient disposant toujours de la faculté d'opter pour le recours juridictionnel.

La réparation a également une appréhension contextuelle et sociologique qui la rend variable en fonction des valeurs culturelles, religieuses ou même des règles juridiques qui fondent chaque société. C'est pour cela que la confiner dans une logique juridique rigide serait ignorer les valeurs contributives à la stabilité et à la sécurité d'une société.

Ce qui ne consiste pas à la détourner de sa conception juridique (qui sous-entend l'obligation pour toute personne dont l'œuvre porte préjudice à autrui de restaurer l'équilibre perdu), mais qui s'apparente plutôt à une adaptation du droit à une réalité sociale donnée. Cependant, la société reste rattachée aux modes alternatifs de règlement de conflit et de réparation (Section I), même avec l'existence du droit positif qui préconise la voie contentieuse de réparation du dommage médical (Section II).

---

[621] Aux termes de l'article 27 de la charte du malade sus évoquée, le patient victime voulant faire usage du recours gracieux, doit au préalable saisir l'administration d'une demande écrite et c'est en cas d'insatisfaction de la plainte par l'administration pendant un délai raisonnable que la victime saisie l'autorité juridictionnelle.

Section I : La faible capacité des modes alternatifs de règlement dans la réparation du dommage médical

L'engagement de la responsabilité (qu'il y ait ou non une faute à la base) crée, entre le professionnel de la santé et la victime des intérêts divergents.

L'autorité juridictionnelle n'est pas la seule impliquée souvent pour rétablir l'équilibre entaché. Des modes extra judiciaires font également preuve de capacité de règlement amiable des différends médicaux et d'établissement de consensus par rapport à la réparation du dommage causé.

Ces modes extrajudiciaires autrement appelés modes alternatifs au procès se manifestent généralement à travers la médiation, la conciliation, la transaction, voire l'arbitrage et l'expertise. Ce sont des procédés conventionnels qui permettent de mettre fin à un conflit par l'entremise d'une tierce personne. Cependant, ce travail s'intéresse principalement à la médiation, à la conciliation et à la transaction comme modes de règlement amiable.[622]

Dans le contexte malien, ils jouent plutôt pour l'apaisement des conflits médicaux et du climat social. La voie contentieuse admet l'intervention de l'assurance, un tiers payeur entre la victime et l'auteur du dommage qui intervient pour tout besoin d'indemnisation.

Ce tiers payeur en l'absence ou en cours de contentieux peut transiger en faveur de la réparation du dommage subi par la victime. Très usités au Mali, les modes alternatifs dont l'organisation reste à revisiter

[622] Il est à préciser que dans la pratique les notions de médiation et de conciliation sont très proches, mais présentent des distinctions dans leur réalité. C'est surtout la médiation qui est prévue par la charte et le code pénal, même si elle est insuffisamment règlementée en matière médicale. La conciliation et la médiation généralement précèdent toute action juridictionnelle. Mais à la différence de la médiation, la conciliation comme procédure amiable de règlement du différend exclut parfois la possibilité de faire recours à un tiers, sauf pour la conciliation faite à l'initiative du juge. Donc, la médiation est également une technique de conciliation qui admet l'intervention d'un tiers.

retiendront l'attention à travers une réflexion sur la conciliation et le régime assurantiel (paragraphe I) et sur la médiation (paragraphe II).

Paragraphe I : Le régime assurantiel et la conciliation comme modes de règlement amiable

Si la démocratie sanitaire instituée depuis la déclaration d'Alma ata et l'initiative de Bamako demandent une plus grande participation des populations aux actions de santé, elle devrait avoir pour corollaire un questionnement et une appréciation par celles-ci des relations professionnelles de la santé-patient et des conséquences qui peuvent en découler.[623]

Dans une société de plus en plus encline à accéder à la médecine conventionnelle sans en avoir toujours les moyens et sans comprendre les principes qui la gouvernent, se crée un imbroglio d'ignorance, de laissés-pour-compte, de rattachement aux valeurs séculaires (de pardon, d'entente, et de résignation), d'éclosion de règles et de procédures juridiques.

L'ambiguïté de comportements des victimes face au dommage médical crée un enchevêtrement des différentes actions menées par les patients en vue d'une réclamation de leurs droits.

Parfois un réel balbutiement existe entre le choix de la voie contentieuse et les autres modes extrajudiciaires de règlement du conflit et de réparation du dommage causé, sans que cela n'aboutisse réellement à une réparation du dommage.

La seule procédure non contentieuse à ce jour, qui est à même de conduire à une réparation efficiente du dommage médical, est le règlement par le biais de l'assurance responsabilité civile dont il convient de voir l'application en matière médicale au Mali.

---

[623] À ce jour, cela intéresse très peu de personnes qui se consolent dans la résignation ou se réfugient dernière le règlement à l'amiable, modèle très usité au Mali pour apaiser les situations conflictuelles.

A/ L'assurance comme **moyen de réparation amiable du dommage médical**

« Une mauvaise négociation vaut mieux qu'un bon procès ». Il est intéressant de savoir la portée de cet adage en matière médicale ou plus précisément pour ce qui concerne la réparation du dommage médical.

1°) Le contexte sociojuridique de l'assurance professionnelle des médecins

La négociation a une force inouïe dans la société malienne. Raison pour laquelle elle parvient à étouffer beaucoup de conflits. Donc, même si l'auteur du dommage reconnaît sa responsabilité, la négociation aboutit à une entente entre les protagonistes ou tout simplement à un pardon dans la plus grande résignation ou ignorance de la portée de l'acte du praticien, c'est-à-dire des conséquences dommageables.

Pourtant, cette entente entre praticien et patient opérée souvent avec l'intermédiaire des instances administratives, des ordres professionnels ou des notables de la communauté pouvait adjoindre le paiement des indemnités à travers la souscription d'une police d'assurance responsabilité par les professionnels de la santé. D'autant plus que la reconnaissance de la responsabilité[624] au-delà du cadre social est prévue par le droit comme étant une clause qui peut être greffée au contrat d'assurance.

Le contrat d'assurance est une convention par laquelle une personne appelée souscripteur, moyennant paiement d'une cotisation, obtient d'une autre, appelée assureur, le paiement à soi-même ou à un tiers, d'une certaine prestation pour la couverture d'un événement prévu au contrat appelé risque. Ainsi, l'assurance est une technique de substitution de l'auteur du dommage à une tierce personne, un professionnel agréé qui se charge de la réparation du dommage causé. Elle est très peu souscrite au Mali, la législation n'en faisant pas une obligation pour l'exercice de la profession médicale.

---

[624] Voir article 53 du code CIMA.

Ni la loi de 1986 ni celle de 2017 qui l'a remplacée ne font mention de la police d'assurance responsabilité parmi les conditions d'exercice d'une profession de santé. Mais cette absence législative ne devrait pas être une raison pour ne pas souscrire, car la pratique médicale est permanemment accompagnée de risques. Paradoxalement, le risque censé motiver la souscription d'une assurance responsabilité est ce qui est couramment utilisé pour se désengager de toute responsabilité. Car l'obligation de moyens subit un usage abusé faisant que dans la conscience collective et surtout du professionnel de la santé, le médecin ne peut mal faire, puisqu'il ne lui est pas donné de guérir.

Donc, cette absence de souscription d'une assurance professionnelle par les médecins de manière individuelle est due à la sous-estimation des risques d'une part, mais aussi au fait que l'État n'en a pas fait encore une exigence légale comme en matière d'assurance automobile.

L'assurance pour la responsabilité civile médicale, c'est un marché exigu. Le chiffre d'affaires est négligeable. C'est même méconnu par quelques professionnels sauf certains initiés. Il y a souvent des fautes professionnelles, mais c'est chacun pour soi et Dieu pour nous tous. La société malienne est organisée de telle sorte qu'il y a une assistance mutuelle sociale. En cas de problème on fait plutôt recours aux liens sociaux. Cette solidarité handicape la saisine des institutions mises en place.[625]

Sans vouloir retourner à cette conception moyenâgeuse de la pratique médicale qui contribue à un déni de responsabilités, il paraît juste que l'autorité étatique fasse de la souscription de l'assurance professionnelle des médecins une réalité absolue.

La prise en compte de ce critère dans les conditions d'exercice de la profession est nécessaire en ce sens qu'il permet de mieux couvrir les professionnels même contre les risques de leur profession, mais aussi d'accéder à une garantie de la réparation des dommages médicaux.

L'interventionnisme étatique permet une protection des patients victimes, mais également une couverture du praticien contre les risques juridiques du métier que beaucoup sous-estiment. Contrairement à la

[625] Témoignage d'un directeur commercial d'une société d'assurance recueilli le 16 janvier 2018 à 15 h 30.

proposition de A. Thiam, pour l'assurance risque thérapeutique[626], qui ne fait que conforter certains médecins dans leur position « d'user seulement des moyens pour parvenir à la santé », l'assurance responsabilité civile du professionnel de la santé vise mieux la faute du praticien consécutive au dommage subi par le patient. Le risque thérapeutique lié à l'état d'évolution de la maladie comme évoqué par A. Thiam ne peut être imputable à un fait du médecin. Mais, il faut convenir avec celui-ci que le patient ne doit pas être laissé sans réparation, car *il n'y a pas de dommage plus important que celui qui touche à l'existence, à la vie, au corps humain, à son intégrité.*[627]

La loi française du 4 mars 2002 a fait de l'assurance responsabilité des professionnels de la santé une obligation générale et a, par la suite, tenu compte de l'intérêt des assureurs en revoyant le montant des primes d'assurance versées par les professionnels de la santé[628], car le risque couvert est plus grand et plus sensible. L'expression « Sensible » est utilisée par les assureurs au Mali, qui, également, sont pour la plupart, réticents pour la couverture des risques sanitaires auxquels les malades sont exposés. Pourtant, le code de la Conférence interafricaine des marchés d'assurance (CIMA) vise aussi la réparation des dommages. Sauf que s'il fait de l'assurance dans le transport et dans celui des accidents de circulation une obligation, l'assurance dans le domaine médical reste implicitement évoquée. Donc facultatif pour les

---

[626] En effet, en définissant le risque thérapeutique comme celui qui concerne exclusivement les actes de soins, les traitements, les actions curatives, M. Thiam avance que *le médecin ne peut pas tout prévoir surtout en ce qui concerne la thérapeutique, car toute thérapeutique comporte une incertitude de réussite. En effet cette incertitude peut être liée à l'acte ou à l'état d'évolution de la maladie. Et dans tous les cas elle est source de dommage des fois très graves au point de laisser le patient sans réparation.* Thèse sur l'offre de soins et la responsabilité médicale : cas du Sénégal, *op. cit.*. p. 215.

[627] Alioune Thiam, *op. cit.*, p. 216.

[628] Il faut rappeler que c'est suite à la réticence des sociétés d'assurances pour couvrir le risque sanitaire ou l'augmentation colossale de leur prime que la loi du 30 décembre 2002 a apporté des aménagements dans la loi du 4 mars 2002 en France. Cette loi dès son entrée en vigueur imposait sous peine de sanctions disciplinaires et pénales, une obligation générale d'assurance aux professionnels de la santé notamment ceux exerçant à titre libéral et les personnes morales exceptés l'État. Ce qui démontre que la crainte des assureurs maliens s'avère réelle.

professionnels de la santé qui généralement souscrivent la police d'assurance pour garantir leurs équipements et installations.

En prévoyant l'assurance responsabilité civile professionnelle de manière générale, le code CIMA n'exclut pas les professionnels de la santé. Mieux, les sous branches « accidents et risques divers » qui composent la branche IARD peuvent bien contenir l'assurance pour le dommage médical. Surtout qu'il n'est pas sans occulter que l'un des objectifs du traité CIMA, était de mettre en place des facilités pour les marchés nationaux et régionaux d'assurance en vue de souscrire et de gérer les grands risques.[629] De ce fait, la législation de la CIMA devrait intégrer pleinement l'assurance responsabilité civile des professionnels de la santé contribuant à la réparation des dommages médicaux. D'autant plus qu'il prévoit en son article 225 soit la procédure judiciaire soit la transaction entre les parties.

La transaction est l'accord de volontés entre l'assuré et la victime ou de tout accord de volonté entre ceux-ci et l'assureur. Contrat de droit privé, en matière de responsabilité civile, elle permet au professionnel de la santé d'édicter des clauses accessoires ou parallèles au contrat médical initial, incluant la possibilité d'un règlement non juridictionnel. Ainsi, l'assureur auprès duquel le praticien est affilié à travers une expertise amiable apprécie la responsabilité du professionnel de la santé, et lorsqu'elle est établie, la société d'assurance procède à la transaction. Elle a pour effet de prévenir ou de terminer une contestation entre les parties. Ayant force de chose jugée, cette procédure amiable détermine le montant de la dette et les modalités de réparation du dommage. Elle n'est remise en cause que dans le cas où la victime constate une aggravation du préjudice subi. Elle vise l'éviction d'une procédure judiciaire longue et complexe en remettant la victime dans ses droits par le concours de l'assureur et des avocats si nécessaire. Mais arrivés au bout d'un accord, l'assureur et le professionnel doivent se garantir à travers la signature d'un désistement d'instance judiciaire par rapport à la réparation qui a fait l'objet d'une transaction. D'où la nécessité pour la victime aussi de se prémunir de toutes les garanties. L'acceptation de la transaction doit être documentée. À défaut d'un consensus, la voie judiciaire reste ouverte à la victime pour la réparation du dommage.

[629] Voir article 1 du traité CIMA.

2°) La prévision étatique d'un mécanisme d'assurance professionnelle médicale

Les États, de manière universelle ayant fait de la promotion et de la protection de la santé une garantie constitutionnelle, il est tout à fait normal d'inscrire le risque sanitaire dans la mission des institutions d'indemnisation des dommages notamment les sociétés d'assurance. Cela se pratique déjà dans nombre de systèmes juridiques, même si les sociétés d'assurance ne prennent pas forcément tous les aspects de ce risque en compte.[630] Il semble bien envisageable d'autant plus qu'il existe un barème fonctionnel indicatif des incapacités de droit commun.[631] Donc, il ne reste qu'à l'adapter aux dommages médicaux. Cette adaptation demande la définition des plafonds des primes d'assurance que les professionnels de la santé doivent verser en fonction des dommages couverts, la mise en place d'organes de contrôle et de régulation des relations professionnelles de la santé et assureurs, etc.

Les États africains, avec le code CIMA peuvent bien réaliser cela surtout en association avec l'Union Économique Monétaire Ouest Africaine (UEMOA) qui dispose d'une directive relative à l'établissement des médecins dans les pays membres. Donc ensemble avec les instances nationales et avec l'apport du code CIMA, l'UEMOA peut assurer l'instauration d'un mécanisme d'assurance pour l'indemnisation des dommages médicaux. A la suite de M. Thiam, il

---

[630] Par exemple en France, les assurances s'occupent de la responsabilité médicale classique, tandis que la solidarité nationale instaurée, prend en charge les dommages qui ne donnent pas lieu à responsabilité, c'est-à-dire l'aléa thérapeutique : accident médical où il n'y a aucune faute à l'origine du dommage, infections nosocomiales et affections iatrogènes. Cependant il faut préciser que dans le cas des infections nosocomiales, un régime bicéphale se présente faisant que la responsabilité de l'établissement de santé est de plein droit, sauf preuve d'une cause étrangère. Les infections dont les conséquences sont graves ouvrent droit à réparation par la solidarité nationale. Mais si l'ONIAM estime que la responsabilité peut être engagée, il met en œuvre une action subrogatoire contre l'établissement. Donc, même s'il y a responsabilité, l'indemnisation au titre de la solidarité nationale reste une voie qui est ouverte, à condition qu'un certain seuil d'incapacité soit atteint.

[631] Voir Code CIMA, p. 58.

faut avancer que ce mécanisme peut être fonctionnel à travers la commission régionale d'indemnisation des accidents médicaux, avec ses branches locales dans chaque pays membre de l'Union.

Ainsi, avec l'obligation générale d'assurance qui sera envisagée, chaque commission nationale pourra au préalable engager une procédure amiable de réparation des dommages médicaux pour lesquels elle est saisie. Bien entendu que les conditions de saisine et de réparation par la commission devront être mûrement réfléchies pour la mise en place d'une telle instance. Mais, elle ne se substitue pas aux compagnies d'assurance nationale dont l'offre de police d'assurance en matière de dommage médical est une nécessité.

L'assurance est donc une réponse à la réparation du dommage médical dans un cadre extra juridictionnel, même si l'apport d'autres techniques de conciliation n'est pas négligeable.

B/ La conciliation et ses limites en matière médicale au Mali

La conciliation vient du latin « *concilio* » qui veut dire unir, rapprocher ou rassembler. C'est une procédure permettant aux parties d'aboutir à un accord, seules ou avec l'aide d'un tiers qui dispose de certaines qualités liées à l'impartialité, la diligence et l'expérience. La relation de soins ne se passant pas le plus souvent sans altercations (dues à l'attitude de l'une comme de l'autre partie) c'est surtout lorsque le professionnel est à l'origine d'un acte fautif qui cause un dommage au patient que le conflit peut être plus accentué. Ainsi, lorsque surgissent des conflits entre les parties aux soins, la conciliation peut être choisie en vue de faciliter le règlement et elle porte sur des droits dont celles-ci ont la libre disposition.

1°) La réalité de la conciliation médicale au Mali

Au Mali, en l'absence de structures officielles destinées à cette fin, ce sont les autorités hiérarchiques vers lesquelles les patients se dirigent généralement qui jouent ce rôle et pas forcément suivant une règle établie. Raison pour laquelle, si la conciliation aboutit le plus souvent à un apaisement du climat social, elle n'offre pas au contraire à la victime la garantie d'une réparation du dommage médical. Surtout que la saisine des autorités pour la conciliation ne signifie toujours pas la quête d'une réparation d'un dommage. Elle peut intervenir à chaque fois que le patient n'obtient pas satisfaction des services qui lui ont été fournis ou qu'un malentendu l'oppose au personnel sans que cela soit constitutif d'un véritable dommage. La pratique est également admise au sein des instances ordinales ou séparément de la sanction disciplinaire infligée au médecin dont la faute est établie, la commission disciplinaire peut procéder à une conciliation du professionnel avec la victime ou les proches de celle-ci.

Selon un membre du conseil de l'ordre des médecins du Mali : *Ce n'est pas de l'arbitraire que le conseil fait, mais plutôt la quiétude sociale qu'il cherche à maintenir ou à établir. Car un médecin privé de sa liberté engendre beaucoup de conséquences que le seul acte d'emprisonnement.*[632] Donc, tout porte à croire que cette conciliation ordinale vise plus un apaisement du climat conflictuel que la réparation du dommage causé au patient. Au-delà de la dimension sociale, il y a lieu de signaler que les outils juridiques préconisent de plus en plus la conciliation.[633] La conciliation peut être totale ou partielle.

---

[632] Entretien au siège du CNAOM, le 12 octobre 2017 à 13 h 20 mn.

[633] Au-delà du code de procédure civile commerciale et sociale, l'arrêté n° 08-2716/MS-SG du 06 octobre 2008 portant charte du malade dans les établissements hospitaliers dispose que « si la personne hospitalisée ou ses ayants droit estiment avoir subi un préjudice lors du séjour dans l'établissement, ils peuvent saisir le Directeur de l'établissement d'une réclamation préalable en vue d'obtenir réparation ». « Le directeur doit mettre en place une fonction de médiation entre l'établissement et les patients afin d'instruire dans les meilleurs délais les demandes de réparation pour préjudice et donner à leurs auteurs les explications nécessaires ». La loi n° 06-045 du 5 septembre 2006 portant loi d'orientation agricole en prévoit en son article 79 la création de commissions foncières communales et locales. Ces commissions sont composées des acteurs locaux et des autorités étatiques. Ainsi, le législateur opte pour la conciliation à travers la médiation lorsqu'un conflit foncier oppose deux personnes. La loi n° 01-004 du 27 février 2001 portant Charte pastorale au Mali privilégie le règlement amiable. Son article 60 dispose que : « les conflits liés à l'exploitation des ressources pastorales sont réglés par voie judiciaire en dernier recours », « Le recours aux

Lorsqu'elle est partielle, les points de désaccord sont constatés et la voie contentieuse est toujours à la disposition de la victime. Lorsqu'elle est totale, le différend entre le professionnel et la victime par le biais de la conciliation conduit à une transaction pour la réparation du dommage. Pour la réparation, dans la majeure partie des cas, il y a une renonciation à toute offre financière. Sauf à accepter le franc symbolique (*worosongo* ou une somme forfaitaire) qui, d'ailleurs, devient aujourd'hui, plus une expression verbale qu'un véritable geste. Ainsi, la conciliation sans l'implication du juge, c'est-à-dire se résumant à la négociation entre les parties et avec un particulier, conduit rarement à la réparation du dommage médical. Il faut noter à ce sujet que la personne du conciliateur peut être source de désistement de beaucoup de personnes par rapport à la réparation du dommage. Donc en faire l'objet d'une institutionnalisation dans le domaine médical aurait peut-être permis de donner plus d'assise à la réparation des dommages médicaux. La victime peut être plus à l'aise pour recevoir une indemnité de la part de l'auteur du dommage médical. Car il est à préciser que l'influence sociale et religieuse à ce jour entache fortement la volonté de beaucoup de personnes par rapport à une décision ou à un acte à poser.

2°) La nécessité d'une conciliation médicale plus encadrée

La conciliation est un phénomène social répandu au Mali, surtout en matière médicale, mais comme noté, elle n'est pas forcément synonyme de réparation. Au regard des dispositions du code de procédure civile, commerciale et sociale (CPCCS) la conciliation est soit judiciaire soit privée[634]. Précisément l'article 3 dudit code dispose que « (…). Il (le juge) a, en outre, la faculté de tenter la conciliation des parties. Cette conciliation peut intervenir à tout moment. Les parties peuvent se concilier d'elles-mêmes ou à l'initiative du juge. Les parties peuvent toujours demander au juge de constater leur conciliation. La teneur de l'accord, même partiel est constatée par un procès-verbal signé par les parties ; il (procès-verbal) est directement revêtu de la formule

---

juridictions compétentes doit être précédé d'un arbitrage des instances locales de gestion des conflits ». Ainsi, les modes alternatifs interviennent indistinctement dans la résolution des conflits.

[634] Voir les articles 3 et 127 du CPCCS.

exécutoire à la diligence des parties. Le procès-verbal de conciliation n'est susceptible d'aucun recours. La non conciliation est constatée par un procès-verbal qui est joint à la requête et aux autres pièces ; le tout est transmis au tribunal compétent ».

Avec un tel régime juridique, on comprend qu'il n'est pas donné au législateur de déterminer le contenu de la conciliation. D'ailleurs même le conciliateur requis (juge ou autre personne) ne saurait prétendre à une telle détermination. Seule la volonté des parties au conflit prime dans ce contexte. Mais pour favoriser la réparation des dommages médicaux, la consolidation des missions des organes de conciliation doit être envisagée. Par ailleurs, au-delà du régime juridique prévu par le CPCCS, le seuil de la réparation et toutes les autres conditions de la réparation doivent être légalement fixés. Cela permet de combattre la culture de la partialité et de la dépendance pour les organes de conciliation dont l'opérationnalité est aujourd'hui une nécessité.

Contrairement à son existence dans chaque établissement de santé, des commissions peuvent être créées dans chaque région en vue de la prise en charge des plaintes qui résultent des établissements de santé de cette localité. Mais une certaine articulation doit exister entre elles et une structure centrale qui sera chargée de coordonner leurs activités.

L'exemple français de transformation des commissions de conciliation dans les établissements de santé en Commission régionale de conciliation et d'indemnisation (CRCI) peut inspirer pour une meilleure prise en compte des dommages médicaux.

Le seuil supérieur fixé à 24 % est aussi symbolique de la rigueur qui est nécessaire pour la réparation de dommages médicaux par voie de conciliation.

En outre, il faut rappeler que la France a institué cette pratique depuis l'ordonnance du 24 avril 1996 (n° 96-346, JO du 25 avril) portant réforme de l'hospitalisation publique et privée. De la fonction de médiation du directeur instaurée par la charte du patient hospitalisé, elle légalisait donc la notion de commission de conciliation. Ainsi, « dans chaque établissement est instituée une commission de conciliation chargée d'assister et d'orienter toute personne qui s'estime victime d'un préjudice du fait de l'activité de l'établissement et de lui indiquer les voies de conciliation et de recours dont elle dispose ».[635] Plus tard, la loi du 4 mars 2002 sur les droits des malades et la qualité du système de santé va substituer à ces commissions de conciliation, les commissions de conciliation et d'indemnisation des accidents médicaux, des affections iatrogènes et des infections nosocomiales (CCI), qui également deviendront des commissions régionales de conciliation et d'indemnisation (CRCI).[636] Selon l'article R.1142-23, CSPF, la commission peut déléguer la conciliation à un membre de la commission ou à un médiateur indépendant. Ces commissions permettent de déjudiciariser le conflit et de retrouver un terrain pacifique pour le règlement du différend.

Paragraphe II : La médiation en matière médicale, une pacification des rapports entre parties par intermédiaire

Elle est une technique de règlement pacifique du conflit par laquelle, le médiateur, un intermédiaire, amène les parties à une solution amiable sans pour autant que cette proposition ne vienne d'elles. Toute chose qui est différente de la conciliation où des propositions émanent du conciliateur. Elle se démarque également de la conciliation de par sa prise en compte par un instrument spécifique comme la charte du malade. La médiation requiert plus d'expérience, d'indépendance et de neutralité même si le rôle joué est plus actif.[637] Elle est soit conventionnelle soit judiciaire. Elle est conventionnelle[638] lorsque la désignation du médiateur provient de l'initiative des parties en conflit et judiciaire lorsque le médiateur est désigné sur proposition du juge. Les lois processuelles civiles et pénales prévoient la médiation[639], mais seul le code de procédure civile, commerciale et sociale (CPCCS)

[635] Alain Garay, « Le conciliateur à l'hôpital », *Gaz. Pal.*, 23-24 oct.1998, p. 56.
[636] Voir article L. 1142-5, CSP.
[637] Elle suppose que la personne intermédiaire dispose d'une certaine compétence agissant sur la qualité de la médiation et fondant la confiance des parties à accepter une solution mutuellement dégagée.
[638] Dans la médiation conventionnelle, une diversité de personnes peut intervenir.
[639] Voir articles 3-1 du CPCCS et 52 du CPP.

préconise la conciliation[640] comme mode de règlement pacifique. Le CPCCS ne fait pas une différence notable entre ces deux modes de règlement et en l'absence d'une précision légale, l'on retient surtout que la matière médicale adhère à chacun de ces modes de règlement en vertu des lois évoquées, puisqu'elle ne se dissocie point du droit commun.

Pour la médiation en matière médicale, les articles 3-1 du CPCCS et 52 du CPP sont bien applicables lorsqu'un différend oppose le praticien au patient. Donc, en dehors de la médiation prévue par l'article 27 de la charte du malade, organisée par le directeur de l'établissement, de la médiation sociale encore appelée médiation traditionnelle, le juge saisi d'un litige médical, peut procéder à une médiation suivant les règles du droit commun.

Compte tenu du rôle de la médiation dans la réparation des dommages médicaux (B), il s'avère judicieux de porter au préalable une vue d'ensemble sur l'évolution et les formes de la médiation au Mali (A).

A/ L'évolution et les formes de la médiation au Mali

Les relations sociales ou socio-professionnelles ont toujours été favorables à la résolution du conflit par la voie de la médiation. La médiation au-delà de faire intervenir une personne tierce dans la résolution du conflit acceptait pour sa réussite et en fonction des coutumes locales, des activités et pratiques rituelles telles que les sacrifices, les offrandes, les aveux, etc. Les tierces personnes qui interviennent comme médiateurs avaient des profils divers ; autrement dit, elles étaient soit des griots, d'autres hommes de castes tels les forgerons et les cordonniers, les chefs religieux, soit des sages de la communauté.

La forme de médiation par laquelle ceux-ci procédaient était généralement conventionnelle. Cela s'accorde avec la définition selon laquelle la médiation est « tout processus structuré, quelle que soit la dénomination, par lequel deux ou plusieurs parties tentent de parvenir à un accord en vue de la résolution amiable de leurs différends, avec l'aide d'un tiers, le médiateur, choisi par elles ou désigné, avec leur

[640] Voir les articles 3, 139, 140, 263, 270,668, 674, 675, 676, 740-1, 740-12.

accord, par le juge saisi du litige ».[641] La médiation conventionnelle comme forme la plus répandue dans la société se présente sous plusieurs aspects : elle est sociale ou traditionnelle[642], institutionnelle et même professionnelle. Fortement présente dans la résolution de toutes sortes de conflits y compris les conflits médicaux, chacune de ces formes a pour objectif d'aboutir à une solution négociée, dans un bref délai et à moindre coût, suite au conflit. Elle puise sa force de la volonté commune des parties. C'est-à-dire, sur la base du principe, selon lequel, les conventions légalement formées tiennent lieu de loi à ceux qui les ont faites (article 77 RGO).

Pour l'activité hospitalière ou médicale, la résolution de conflits par la voie de médiation est prévue par la charte depuis 2008. Elle est un mode commun de résolution des conflits médicaux. Cette médiation appelée par certains[643] « médiation sanitaire » est protéiforme en ce sens qu'elle peut être soumise à une procédure administrative légalement instituée[644] ou à l'intervention de certains acteurs sociaux comme les syndicats, les autorités coutumières (chefs religieux et traditionnels, etc.), ainsi elle devient une médiation sociale qui obéit à une diversité de règles ou de procédures qui ne sont pas forcément formelles.

Pour la médiation soumise à une procédure administrative, elle est prévue par l'article 27 de la charte alinéa 2. Pour illustrer le cas de l'hôpital Gabriel Touré, en application de la charte ci-dessus citée, une commission de médiation a été mise en place par décision n° 092/DG-HGT en date du 17 juin 2013. Cette commission avait pour président un professeur titulaire en plus de six autres personnes, notamment le représentant de la commission médicale d'établissement, le

---

[641] Ordonnance n° 2011-1540 du 16 novembre 2011 portant transposition de la directive 2008/52/CE du parlement européen et du Conseil du 21 mai 2008 sur certains aspects de la médiation en matière civile et commerciale.

[642] La médiation traditionnelle nécessite l'intervention d'une diversité de classes sociales ou professionnelles parmi lesquelles il faut citer : les griots, les chefs religieux, les chefs de quartiers, les syndicats, les ordres professionnels, mais aussi des pratiques coutumières comme le cousinage et la parenté à plaisanterie.

[643] Bouréma Kansaye, « La médiation sanitaire en milieu hospitalier malien, une question à multiples dimensions ». *Revue sociale des sciences sociales et de la santé publique,* Vol. *15* (1) juillet décembre 2017, p. 50-60.

[644] Article 27 de la charte du malade, *op. cit.*

représentant de la commission des soins infirmiers, le représentant du service social, le chef du personnel, le représentant des usagers de la santé, le conseiller juridique. Ainsi, la réclamation de la réparation est faite à travers la saisine du directeur par une plainte écrite. Suite à cette plainte de la victime, l'administration de l'hôpital saisit officiellement la commission de médiation. Elle se prononce sur toutes les plaintes formulées avant la session mensuelle, soit le dernier jeudi du mois. Elle a pour vocation de diligenter l'affaire et de transmettre le résultat obtenu à la hiérarchie. Si les parties parviennent à un accord, un procès-verbal de conciliation est dressé et signé par chacune d'elle. La commission a un mois soit 30 jours pour statuer. À défaut, la voie contentieuse reste une alternative pour le patient qui s'estime lésé dans ses droits. Le Professeur Kansaye précise que c'est surtout au niveau des CSCOM que la médiation traditionnelle de règlement des conflits a le plus de poids.

Ces établissements de santé étant plus proches des populations et gérés par celles-ci, il y a lieu d'éviter à tout prix qu'un conflit entre ces acteurs devienne contentieux. Donc, la couture du tissu social s'obtient facilement par la médiation.

Il faut rappeler que pour la gestion de tous conflits, particulièrement, les griots jouent un rôle capital dans la société malienne. Cela est dû à leur fonction de communicateur et à la valeur sacrée de leur verbe et de leur personnalité. Ce qui est conforté par J. P. Sauvé lorsqu'il avance que « les griots sont d'abord reconnus pour leurs fonctions de communicateurs : toutes leurs activités de messagers, d'historiens ou de conteurs s'inscrivent dans un rôle de médiation sociale ».[645]

La parentalisation des liens sociaux joue également un rôle dans la médiation. Ces liens de parenté ne sont pas forcément sanguins et le plus réussi est la parenté à plaisanterie et le cousinage qui fortifient les liens entre différentes ethnies ou parents considérés tous comme des frères et sœurs. Selon R. Ndiaye, la parenté à plaisanterie est « un ensemble de liens conviviaux, privilégiés établis par l'ancêtre, activés dans une démarche personnelle renouvelée et qui fonctionne sur la base

---

[645] Jean Philippe Sauvé, La culture des griots face à la modernisation : représentation de l'évolution de leur musique et de leur rôle social à Saint-Louis du Sénégal, UQAM, avril 2007, mémoire, p. 62.

de l'humour et la dérision courtoise ».[646] Pour reprendre les mots du professeur Kansaye : « elle se présente comme un outil de détente des situations de crises ». Seule la dégénérescence du lien conduit à la saisine des autorités judiciaires qui constituent l'ultime recours pour les parties au conflit.

1°) La médiation entre immaturité contractuelle et immaturité du contrat médical

À ce sujet, il y a lieu de souligner que la médiation conventionnelle retenue est généralement spontanée et informelle. Donc, ne découle pas d'une relation contractuelle qui lie les parties. D'ailleurs, l'immaturité du contrat médical au Mali fait que les clauses de médiation et de conciliation[647] envisageables dans plusieurs domaines sont absentes de la relation contractuelle médicale. Celles-ci se réalisent généralement sur la base du consensualisme sans aucune trace écrite. Cependant, même en cas de formalisme, il y a lieu de se demander si de telles clauses doivent être admises en matière médicale. L'objet du contrat médical portant sur les soins de santé qui visent directement le corps humain. Si la liberté contractuelle est un droit fondamental, elle ne doit pas faire obstacle à la protection des intérêts constitutionnellement prévus. Ainsi, l'option des modes alternatifs de règlement, précisément de la médiation en matière médicale, doit tenir compte de l'ordre public. La prévoir dès le début d'une prise en charge sanitaire, serait en quelque sorte encourager un affaiblissement des règles de responsabilité qui sanctionnent toute violation des droits du patient, sauf prévision des cas dans lesquels la médiation peut particulièrement être envisagée en amont.

L'instauration de l'État de droit a abouti à la création de la forme la mieux élaborée de médiation, dénommée médiation institutionnelle[648]

---

[646] Raphaël Ndiaye, *Pluralité ethnique, convergences culturelles et citoyenneté en Afrique de l'Ouest.* Enda Tiers Monde 2004, p. 9.

[647] Elles fondent les principes et déterminent les modalités d'organisation du type de règlement amiable choisi.

[648] Sous l'appellation de Ombudsman, elle fait son apparition en Suède en 1713. Le médiateur ou Ombudsman a pour mission de protéger les droits de l'homme dans sa fonction d'intermédiaire entre l'administration et le public.

dont le rôle n'est pas moindre dans la résolution des conflits. Dans le souci de conforter le respect des droits humains, vecteurs de tout État démocratique, l'institution de médiateur de la République semble indispensable à l'instar de tous les autres dispositifs existants. Mais elle opère dans un domaine plus spécifique des relations entre les administrations et les administrés de manière générale.[649]

2°) La médiation médicale cadrée dans un contexte institutionnel et judiciaire

La médiation institutionnelle a été instituée par la loi n° 97-022 du 14 mars 1997. Celle-là a été modifiée par la loi n° 2012-010 du 08 février 2012, en vue d'étendre les compétences du médiateur. L'objectif de la médiation institutionnelle est de régler les différends entre les institutions et les usagers, personnes physiques ou morales. Principalement, c'est un processus qui vise le rétablissement de la quiétude sociale, mais elle est distincte de la médiation traditionnelle. Une distinction qui joue au niveau de l'ensemble des moyens et mécanismes instaurés. Elle intervient généralement lorsque tous les recours sociaux et professionnels sont devenus vains. Ainsi, il est aisé d'avancer que les conflits issus de la réparation des dommages médicaux peuvent être connus par la médiation institutionnelle. C'est en ce sens que le bureau du médiateur de la République a connu les affaires MK c/Ministère de la Santé et KS c/Ministère de la Santé[650] et Ministère de l'Économie et des Finances en 2013.[651]

Sous la tutelle d'un médiateur de la République, sa mise en œuvre demande l'implication de médiateurs à statuts variés. Ceux-ci sont soumis à une déontologie nécessaire pour la pratique de la profession. Ils sont donc censés aboutir au règlement amiable en employant une capacité d'écoute, d'impartialité, d'explication, d'ouverture et de conciliation. Au-delà du règlement amiable, ils parviennent également

[649] C'est pour cela que tous les médiateurs des différents services publics sont sous la tutelle du médiateur de la République.
[650] EID 2013, dossier n° 0170.
[651] EID 2013, dossier n° 0124.

à prévenir les conflits entre l'administration et les usagers. À travers ce rôle de prévention, le médiateur institutionnel se rapproche du médiateur professionnel ayant pour mission au sein d'une structure déterminée de prévenir la survenance de conflits ou de contribuer à leur règlement amiable.

La voie contentieuse comme ultime recours est contournée à travers la médiation judiciaire. Elle fait intervenir le juge soit dans la désignation du médiateur, soit dans la dévotion personnelle de celui-ci à ce rôle. Comme alternative au procès, elle est prévue par les instruments procéduraux du Mali et par d'autres textes juridiques nationaux.

Cependant, précisément en matière pénale, l'article 52 du code de procédure pénale n'est applicable aux situations médicales que dans la mesure où une infraction est causée par le professionnel de santé. Puisqu'il est une disposition de portée générale visant toute faute pénale.

Ainsi, son application suppose l'inculpation du professionnel de santé pour une violation de la loi pénale. C'est dans le cadre de l'action publique exercée que la médiation pénale est mise en jeu en vue de réparer le dommage causé au patient. Vu la rareté du procès pénal en matière médicale au Mali, l'application de la médiation ne doit pas aboutir à une réparation du dommage médical à ce jour.

En somme, la médiation, comme mode alternatif ou équivalent de règlement de conflits et de réparation sur la base d'une transaction, est bien contenue dans le dispositif juridique du Mali. L'existence d'une procédure de médiation, bref de tout mode de règlement amiable s'inscrit effectivement dans la dynamique de parvenir à un apaisement du climat social et à une réparation du dommage causé. Mais cette dernière fonction à lui dévolue est-elle réellement réalisable ?

B/ Le rôle de la médiation dans la réparation des dommages médicaux

Avec plusieurs acceptions, la vocation la plus admise de la médiation dans la société malienne est le rétablissement de l'équilibre perdu. D'où l'option de la réparation en nature au-delà de l'excuse présentée à la victime. Cette réparation en nature est symbolique le plus souvent et soulage la victime sans le versement d'une véritable indemnité compensatrice.[652] Sauf qu'en dehors de la réparation du lien social ou professionnel, une autre réparation non négligeable est à mesure de rétablir l'équilibre perdu. Il s'agit de la réparation financière qui permet à la victime d'obtenir une stabilité économique par rapport à la prise en charge de certaines dépenses dont la survenance du dommage l'a privées. Surtout qu'il est incontestable que l'argent occupe de plus en plus une place importante dans les relations sociales. C'est pour cela que même les instances de médiation sont influencées par l'offre faite par la partie la plus aisée financièrement.

C'est surtout la problématique des moyens financiers pour la réparation du dommage qui est récurrente. Que ce soit la médiation suivant une procédure administrative au sein de l'établissement de santé ou suivant d'autres procédures, il ne faut pas occulter que mise à part la médiation institutionnelle et judiciaire, aucune des autres formes de médiation n'est réalisée par des organes dotés d'une capacité financière qui favorise leur autonomie.

Une absence d'autonomie financière des commissions ou organes est susceptible d'entacher la qualité des décisions rendues, la commission mise en place devant jouir de cette autonomie pour pouvoir écarter toute influence extérieure.

La décision doit être prise en toute objectivité pour permettre la réparation amiable du dommage médical. Donc, si la médiation devait avoir pour fonction la réparation du dommage médical, une certaine indépendance des organes mis en place devrait être de mise.

La médiation institutionnelle opérationnalisée par le bureau du Médiateur de la République du Mali soutient la réparation du dommage médical. La médiation institutionnelle est parvenue à l'obtention de la réparation d'un certain nombre de dommages médicaux dont la gestion des conflits a fini par être présentée à l'espace d'interpellation démocratique. Les affaires MK c/Ministère de la santé et KS c/Ministère de la santé et Ministère de l'économie et des finances en

---

[652] Elle se traduit par des offrandes, des pratiques rituelles telles que les sacrifices d'animaux ou d'objets symboliques, la promesse de l'auteur de la faute d'adopter un certain comportement vis-à-vis de la communauté et de la victime.

2013,[653] suite auxquelles le bureau du Médiateur de la République a sollicité et obtenu une suite favorable pour la réparation des dommages médicaux, illustrent la capacité de la médiation institutionnelle à réussir.

Cependant, même cette médiation rencontre des difficultés de manière générale quant au suivi et à l'exécution des décisions prises. Ce qui a conduit à la révision législative de 2012 dont l'un des points fondamentaux était l'extension des capacités du Médiateur de la République. La mise en œuvre des recommandations issues des sessions de l'EID est suivie par le Médiateur de la République conformément au décret n° 2012-17/P-RM du 24 février 2012. Les différentes procédures de médiation évoquées coexistent avec le mode juridictionnel de réparation du dommage médical.

Section II : La voie contentieuse de réparation du dommage médical entre immaturité et insuffisance

La voie contentieuse, option offerte par le droit, est empruntée pour de nombreuses raisons juridiques. Aussi, la réparation comme finalité de toute question de responsabilité n'est pas exclue de ces raisons, mais bien au contraire, confère à l'idée de justice sa véritable raison d'être. Un regard dans l'histoire de la responsabilité médicale ou précisément de la réparation du dommage corporel rappelle qu'en France, c'est l'arrêt Teffaine[654] qui a jeté les bases d'une conscientisation collective sur la nécessité d'une réparation du dommage corporel. Jules Favre à ce propos fulminait : « Il y a des souffrances imméritées ». C'est pour alléger ces souffrances que des mécanismes et des institutions accompagnent toute activité y compris celle des soins. Donc, l'autorité juridictionnelle fait partie de ces institutions dévolues et dévouées pour la cause de ceux qui souffrent illégalement. La voie contentieuse paraît être une voie sécurisée, mais aussi une voie périlleuse que beaucoup de victimes et de professionnels craignent.[655] Reconnue comme voie de

[653] EID 2013, dossier n° 0124, *op. cit.*

[654] Cass. 1ère chambre civile, 16 juin 1896.

[655] Une crainte fondée sur le coût, le temps et tous les autres labyrinthes de la procédure juridictionnelle. La quête de la réparation du dommage médical

réparation du dommage médical, elle réserve à la victime une véritable bataille judiciaire pour laquelle un justiciable incompétent se retire dans la plupart des cas sans daigner connaître l'épilogue. Pourtant « l'efficacité des droits… ne s'éprouve réellement que dans la lutte judiciaire » écrit Motulsky ».[656] C'est pour cela qu'au-delà de la consécration du droit d'ester en justice, de l'accès à la justice[657], l'assistance juridique et judiciaire est une option fiable qui est envisagée par le législateur malien, même si sa concrétisation demeure difficile.

La voie contentieuse de réparation du dommage médical met à l'épreuve particulièrement la sagacité du juge qui peut se faire appuyer par le concours de l'expert.

Ainsi, il faudra déterminer dans un premier paragraphe le préjudice indemnisable par le juge administratif et judiciaire et dans un second paragraphe, la réflexion portera sur le juge du travail qui semble être isolé dans la réparation des dommages médicaux.

Paragraphe I : La détermination du préjudice indemnisable par le juge administratif et judiciaire

Le juge judiciaire et le juge administratif sont principalement impliqués dans cette mission. Comme pour dire que la responsabilité liée aux actes médicaux n'a pas seulement pour objectif une quelconque récrimination de l'acte posé, mais bien plus une réparation juridictionnelle des souffrances endurées. La saisine du juge pour la réparation d'un dommage médical nécessite la détermination par celui-ci du préjudice supporté par la victime. Le droit français a admis des

---

dans une procédure complexe qu'est celle de la justice peut s'avérer lassante surtout pour une victime épuisée et amoindrie par les séquelles de l'accident médical.

[656] Écrits, I, *Études et notes de procédure civile*, Paris 1973, p. 85, cité par Philippe Hoonakker, in « Procédure(s) et effectivité des droits » p. 61.

[657] Cf. article 70 de la constitution de Mali qui dispose que « (…) les droits civiques et les garanties fondamentales accordés aux citoyens pour l'exercice des libertés publiques, les sujétions imposées par la défense nationale aux citoyens en leur personne et en leurs biens », et article 16 de la déclaration universelle des droits de l'homme et du citoyen.

divergences entre l'appréciation faite par le juge judiciaire et celle faite par le juge administratif[658], même si les préjudices indemnisables sont identiques au niveau des deux ordres de juridiction. Le principe indemnitaire découle de l'existence d'une faute dans les deux cas. Mais la rareté jurisprudentielle du contentieux médical en matière judiciaire ne favorise pas l'affirmation d'une telle opposition dans le système malien. Néanmoins, il est opportun de tenter une appréhension des techniques d'appréciation du préjudice indemnisable qui conduisent à la réparation du dommage médical. Cela se fera à travers l'analyse des textes du droit commun et de certaines décisions de justice.

L'évaluation du préjudice en vue d'une indemnisation (A) admet l'implication de l'expertise médicale (B) dont le rôle est capital.

A/ L'évaluation du préjudice en vue d'une indemnisation

Pour la réparation du dommage, l'évaluation du préjudice est une nécessité absolue sur laquelle le juge administratif ou civil doit se pencher, car il ne suffit pas de réparer, mais de réparer intégralement le préjudice si grand ou si petit qu'il soit. Les deux ordres de juridictions peuvent connaître de réelles difficultés pour parvenir à cette fin. Pour ce faire, l'évaluation *in concreto* est un moyen important utilisé par le juge. Il est au gré du principe indemnitaire selon lequel : « tout le préjudice, mais rien que le préjudice » doit être réparé. Aussi, le cumul des indemnisations ou la surévaluation de dommages-intérêts sont des pratiques illégales.

Ainsi, les techniques comme le système de barèmes (employé par les sociétés d'assurances, les fonds de garantie ou le législateur), la hiérarchie des juridictions, etc. permettent une adaptation de la réparation sollicitée. Nonobstant ces techniques théoriquement pensées, l'évaluation du préjudice se heurte à la problématique de la réparation intégrale du dommage dans la pratique juridictionnelle.

---

[658] Les fondements sur lesquels les ordres de juridictions civils et administratifs se basaient étaient distincts. La juridiction administrative a tardivement admis la réparation du dommage médical à la charge de l'État. Voir à ce sujet P. Aberkane, p. 190.

Les cas de réparation du dommage médical connus par la justice malienne sont peu nombreux. Mais à travers les affaires S.M.T. et A.C. qui ont abouti au versement d'une indemnité, il est possible d'avoir un aperçu sur l'appréciation faite par les juges par rapport à la réparation. Dans cette affaire Asacodje et PPM c/S.M.T., le juge judiciaire a estimé de façon globale une somme de 20 000 000 FCFA comme montant de la réparation du dommage subi par le jeune S.M.T., sans spécifier les différents préjudices que la victime a pu subir. L'analyse du dispositif démontre que ce montant vaut pour l'ensemble des préjudices subis par la victime. Il faut souligner qu'au-delà de la réparation du préjudice de la victime directe en la personne de S.M.T., les parents de celui-ci en qualité de victime par ricochet pouvaient solliciter la réparation du préjudice que l'amputation du tiers moyen de la jambe[659] de leur fils leur a causée. Un préjudice qui est à la fois économique et moral. Mais une telle abstention de la part des parents ne donne pas droit au juge d'y statuer. Celui-ci étant dans l'impossibilité de statuer ultra ou infra petita, il ne peut prendre en compte le dommage subi par les parents.

La réparation décidée par le juge administratif dans l'affaire A.C. c/Hôpital G. Touré s'élevait à une somme de 15 000 000 FCFA au titre des dommages-intérêts, en plus de la condamnation de l'État malien à accorder à la victime l'assistance sociale et post chirurgicale requise par son état.

Visiblement, la réparation effectuée dans cette affaire englobait plus d'un poste de préjudices, le juge du tribunal administratif ayant procédé à une répartition des différents volets de réparation, mais également a procédé au rejet du surplus de demandes formulées par les plaignants.

Il semble que ces montants alloués dans les deux cas de figure ont trait au pretium doloris (préjudice pour la douleur physique), c'est-à-dire qu'en fixant respectivement les montants de 20 000 000 et 15 000 000 FCFA, les juges ont tenu compte des disgrâces physiques subies par les victimes S.M.T. et A.C.

---

[659] En médecine, le tiers moyen renvoie à la moitié d'un organe, contrairement au tiers supérieur ou au tiers inférieur qui indiquent respectivement la partie supérieure ou inférieure de l'organe.

Sans avoir la prétention de remettre en cause les montants de réparation fixés par les juges, une détermination légale du barème et une précision de l'ensemble des chefs de préjudices subis traduiraient une plus grande exactitude dans l'appréciation du préjudice. Car, il est évident que l'estimation globale faite dans certains cas ne favorise pas l'exactitude appropriée dans la détermination des montants.

L'atteinte à l'intégrité corporelle se réparant sur la base d'une prise en compte des frais engendrés (hospitalisation, soins pharmaceutiques et médicaux voire les autres conséquences pécuniaires telles que les déplacements effectués dans le cadre de la prise en charge), les souffrances physiques encore appelées pretium doloris, le préjudice esthétique, les troubles dans les conditions d'existence qui sont des troubles considérés comme les plus divers résultant du dommage corporel, la perte de chance. Le montant de la réparation est ainsi laissé à la libre appréciation du juge malien.

Or, par souci d'équité, il ne doit pas y avoir de demi-mesure dans la réparation, l'évaluation étant ce procédé qui permet au juge d'apprécier à sa juste valeur, le dommage subi par la victime et par conséquent de demander une réparation équivalente à la situation antérieure du patient. Si c'est ainsi que l'équité joue pleinement son rôle, l'accession à une telle demande formulée par le plaignant ne doit paraître utopiste ni aux yeux du juge ni aux yeux de la loi ».

Par conséquent, il revient en premier lieu au législateur, d'adopter des règles idoines qui favorisent l'évaluation du préjudice et qui permettent la réparation intégrale du dommage. Dans l'espace africain, le code CIMA dispose d'un barème fonctionnel des incapacités en droit commun[660] qui est, en principe, applicable en matière médicale puisqu'elle ne fait pas l'objet d'une exclusion expresse de l'assurance responsabilité civile professionnelle prévue par cet instrument. Les articles 257 et suivants de la section VII du chapitre IV du code CIMA déterminent les préjudices indemnisables en matière d'accident de circulation. Les différents postes de préjudices[661] constitutifs

[660] Il renferme les principes de base admis pour l'attribution à chaque fonction d'un taux plafond, pour l'utilisation d'un calcul dégressif en cas d'infirmités multiples tenant compte de la capacité restante. Ainsi, le taux de 100 % correspond à la perte de toutes les fonctions physiologiques.
[661] Il s'agit du préjudice physiologique, économique et moral.

d'incapacité permanente (IP) sont contenus dans l'article 260 du code CIMA. Pour les souffrances physiques et les préjudices esthétiques, l'article 262 prévoit qu'ils sont indemnisés séparément suite à une expertise médicale et suivant un barème légalement fixé.

À l'instar de la nomenclature de Dinthilhac, ce code institué spécialement en matière d'assurance peut servir de référence pour l'élaboration d'un instrument juridique. Ce qui favorise l'évaluation des préjudices médicaux dans le but d'une meilleure réparation. Puisqu'à ce jour hormis les barèmes fonctionnels des incapacités de droit commun pour l'indemnisation des dommages corporels[662], et les règles de réparation de droit commun[663], qui d'ailleurs peuvent être source de disparité, il n'existe pas d'instrument spécifique susceptible de permettre une évaluation des préjudices médicaux.

C'est le régime de la responsabilité qui détermine celui de la réparation du dommage. L'article 125 du RGO appuie la motivation du juge judiciaire dans l'appréciation de la réparation. Par exemple, il a servi de considérant de principe dans l'appréciation de la réparation du dommage subi par S.M.T. du fait de l'acte de l'agent de l'Asacodje et du produit fourni par la PPM. Donc, il est à déduire que c'est à travers les seules règles de la responsabilité civile de droit commun que le juge malien s'appuie pour procéder à l'appréciation du préjudice médical, aussi rare soit-il. L'élaboration d'un barème unique en matière médicale découle d'une nécessité d'homogénéisation des bases d'indemnisation, qui même en présence d'une réelle rareté des poursuites judiciaires pourra être anticipée, pour éviter la problématique d'une disparité du montant des indemnisations et des mécanismes qui favorisent cette indemnisation. Ce barème « d'évaluation des dommages médicaux » pourra être également un instrument spécial qui renferme tous les critères et méthodologies d'évaluation des préjudices issus de l'activité médicale.

Certes le montant de l'indemnisation peut différer en présence d'un même dommage, mais dont les répercussions ne sont pas les mêmes pour des personnes qui se trouvent dans des situations sociales distinctes. Ainsi la réparation du préjudice médical subi par un

[662] Voir Code CIMA.
[663] Voir RGO, CPCCS.

travailleur n'est pas forcément identique à celle d'une personne en inactivité. À ce niveau, à titre d'exemple « le préjudice de carrière » évoqué par l'article 263 du code CIMA joue considérablement pour la détermination du montant de la réparation.

Ensuite, le juge saisi en vue d'une réparation du dommage médical est appelé à user de l'ensemble des moyens mis à sa disposition (y compris son appréciation intime) pour parvenir à cette réparation une fois que le bien-fondé du dommage est établi.

La difficulté (matérielle et temporelle) d'établir l'ensemble des préjudices subis par la victime fait qu'en plus de la principale réclamation faite par la victime et des éclaircissements fournis par l'expertise, le juge se fie à sa conviction personnelle pour d'éventuels préjudices, cela peut favoriser l'augmentation du montant de l'indemnité. À ce sujet, la souveraineté du juge de constater l'existence du préjudice et d'apprécier l'étendue[664] joue certainement.

Un juge administratif relate que : *Une victime amputée des deux jambes, en plus de perdre l'usage de membres inférieurs, perd en agrément, en commodité et devrait substituer cette perte par des solutions alternatives comme son accompagnement par une autre personne dans nombre de ses besoins. Donc, l'assistance* (matérielle ou humaine) *permanente étant ce qui lui permettra d'assurer une certaine mobilité, il revient au juge d'en tenir compte en plus de la réparation des préjudices moraux et économiques que la victime peut solliciter.*[665]

Ainsi, la saisine du juge habilite celui-ci dans la limite de ses compétences, à déterminer la réparation après reconnaissance des postes de préjudices. Cela n'aboutit pas dans tous les cas à une réparation intégrale du préjudice.

Cette réparation qui suppose la remise effective de la victime dans tous ses droits sans exclusion aucune, l'appréciation devant se faire par poste de préjudice.

---

664 O. Matuchansky et M. Guyomar, « Le contrôle du juge de cassation en matière de réparation du préjudice économique », Séminaire 26 avril 2007 sur « La réparation du préjudice économique », p. 1, cité par P. Aberkane, p. 281.
665 Arrêt AC c/Hôpital Gabriel Touré, *op. cit.*

Confirmé par la jurisprudence de la Cour de cassation française dans un arrêt de principe, celui-ci retient : « le propre de la responsabilité est de rétablir aussi exactement que possible l'équilibre détruit par le dommage, et de placer la victime, aux dépens du responsable, dans la situation où elle se serait trouvée si l'acte dommageable n'avait pas eu lieu ».[666] Ainsi, il revient au juge judiciaire pas moins qu'au juge administratif de replacer la victime dans son état de santé initial pour apprécier le ou les différents préjudices et évaluer le montant de la réparation.

À ce niveau, la problématique du préjudice évolutif peut également être soulevée. Mais il revient toujours au juge de procéder à l'évaluation et à la détermination du montant en fonction des techniques dont il dispose y compris avec l'apport de ses convictions personnelles. Par ailleurs, le juge a la possibilité de recourir à l'expertise pour la détermination du montant de la réparation.

B/ La nécessité d'une expertise médicale

L'article 276 du CPCCS[667] prévoit la nécessité d'une expertise dans les cas où une constatation ou une consultation ne pourraient suffire à éclairer le juge. L'article 165 du CPP[668] aborde dans le même sens lorsqu'il dispose : « Toute juridiction d'instruction ou de jugement, dans le cas ou se pose une question d'ordre technique, peut, soit à la demande du ministère public, soit d'office, ou à la demande des parties, ordonner une expertise ».

L'ignorance de la technique médicale par le juge savamment décrit par le Doyen R. Savatier est ici à rappeler. En effet, celui-ci avançait que « toute technique savante a ses initiés et ses profanes. Le juge initié à la

---

[666] Cass. 2e civ., 28 octobre 1954, JCP 1955, II, 8765, note R. Savatier.

[667] Plus d'une vingtaine d'articles de la section consacrée à l'expertise dans ce code traitent les modalités de désignation, les missions, l'avis et tout ce qui est en rapport avec la procédure d'expertise.

[668] Le code de procédure pénale consacre également plus d'une dizaine d'articles à la procédure d'expertise.

technique juridique, où le médecin est profane, a paradoxalement, à juger ; bien que profane, d'une conduite médicale d'initié ».[669] Les limites du juge s'affichent précisément en matière de connaissance des données techniques, c'est-à-dire des données propres à la médecine où il faut recourir à l'éclairage d'un spécialiste. La nécessité pour le juge d'interroger le spécialiste de l'art médical sur un comportement dont la maîtrise lui est étrangère est une réalité indéniable. Elle conduit la chambre des requêtes de Paris dans un arrêt de1862 à avancer qu'« il est de la sagesse du juge de ne pas s'ingérer témérairement dans l'examen des théories ou des méthodes médicales, et prétendre discuter des questions de pure science ».[670]

Ainsi, le juge et l'expert commis sont tous deux techniciens dont les domaines de connaissance sont différents. Mais ces domaines se concilient pour une cause commune qui est la résolution du litige médical, c'est-à-dire la détermination d'une responsabilité, d'un préjudice et d'une réparation le cas échéant.

Selon M. Sapanet et coauteurs : « Les expertises en matière de responsabilité médicale comportent deux niveaux : dans un premier temps, il s'agit de déterminer si la responsabilité du praticien est en cause, le plus souvent grâce à un collège d'experts. Que cela soit devant des juridictions ou dans un cadre amiable, ce sont habituellement des médecins spécialistes du domaine médical qui se prononcent sur le respect des obligations de moyens et des éventuelles obligations de résultat. Il en est de même lorsque la responsabilité pénale d'un praticien est engagée. Au second niveau, une fois le problème des responsabilités résolu, c'est l'évaluation des dommages de toutes sortes qui a lieu. Cela génère des expertises qui peuvent être confiées essentiellement à des spécialistes du dommage corporel ».[671]

C'est précisément ce second cas qui intéresse la présente analyse. Le rôle capital occupé par l'expertise fait que nombre de dispositions lui sont consacrées dans divers instruments juridiques. Les articles 252 et 262 du code CIMA prévoient la nécessité d'une expertise médicale pour

---

[669] René Savatier, *La responsabilité médicale en France*, *RIDC*, 1976, p. 493 cité par Cyril Clément, *op. cit.*, p. 374.
[670] Cass. Req., 21 juillet 1862, S. 1862, 1, p. 818.
[671] M. Sapanet, G. Creusot, G. Dumasdelage, C. Carbonnié, D. Rougé, *Expertises médicales*, 7e édition, Elsevier Masson, 2012, p. 5-6.

la détermination des indemnités. Cela concerne plus les dommages issus de l'accident de circulation, mais ces dispositions peuvent s'adapter aux dommages issus de l'activité de soins. Le barème qui est indiqué en pourcentage du SMIG annuel dans l'article 262 pour le dédommagement des souffrances physiques et esthétiques peut être applicable en matière d'accident médical. L'article 22 de la loi n° 94-006 AN-RM du 18 mars 1994 portant organisation et fonctionnement du tribunal administratif prévoit que « pour tout ce qui concerne les différends de vérification, les règles de procédure applicables sont celles prescrites par le CPCCS ». Ce qui signifie que les dispositions du CPCCS relatives à l'expertise sont applicables en matière de contentieux administratif. Par ailleurs il faut noter que le médecin expert, qu'il agisse dans le cadre judiciaire ou dans le cadre privé, est soumis, comme tout médecin, aux dispositions du code de déontologie médicale. Les articles 43 et 44 du code de déontologie médicale disposent : « Nul ne peut être à la fois médecin-expert et médecin traitant sauf accord des parties, un médecin ne doit accepter une mission d'expertise dans laquelle sont en jeu les intérêts d'un des clients, d'un de ses amis, d'un de ses proches, d'un groupement qui fait appel à ses services de même que ses propres intérêts ».

Dans le cadre du dommage corporel, l'expertise permet de décrire un dommage ; d'évaluer les séquelles d'un dommage ou d'appréhender son évolution ; de contrôler un évènement pathologique par rapport à un contrat d'assurance de personne ; d'arbitrer un conflit ; d'évaluer un risque dans le cadre d'une assurance contractuelle.[672] La détermination de la personne et du dommage pour lesquels l'expertise va se pratiquer est nécessaire.[673]

Mais le risque de partialité du confrère médical commis pour donner son expertise s'affronte avec le principe selon lequel le juge n'est pas lié par le rapport d'expertise. Ce qui est une mesure qui combat le risque de partialité et garantit la victime de tout arbitraire de la part du praticien. Aussi, l'expert médical doit se familiariser avec la terminologie juridique courante ne serait-ce que pour le besoin des

---

[672] M. Sapanet, G. Creusot, G. Dumasdelage, C. Carbonnié, D. Rougé, *Expertises médicales*, *op. cit.*

[673] Par exemple s'il s'agit d'un salarié les problèmes d'expertise sont inhérents aux arrêts de travail.

recours judiciaires qui lui sont adressés. Cette adaptation, quoique parfois difficile, est impérative au dire de Mme Yapo[674] qui trouve que l'ensemble des instruments juridiques sont importants pour l'éclairage du légiste et de l'expert dans sa mission d'appui au juge. Surtout pour la détermination du préjudice indemnisable, et par ricochet pour la manifestation des circonstances qui entourent le dommage médical.[675]

Au Mali, les experts médicaux au compte des compagnies d'assurance ou de la justice font des opérations d'expertise couramment, mais il est rare de voir une expertise médicale porter sur un accident médical. Or, si l'expertise intervient pour asseoir la conviction du juge, elle devrait également être de mise pour toute atteinte à l'intégrité corporelle du patient, qu'il s'agisse de dommages ayant occasionné la mort ou tout au moins d'autres incapacités. Pour les pertes en vie humaine consécutives aux dommages médicaux, l'autopsie, une pratique expertale, pouvait être un moyen efficace de déterminer les circonstances exactes du dommage.

Plus ironique, Sganarelle ne disait-il pas : « (…) les bévues ne sont point pour nous ; et c'est toujours la faute de celui qui meurt. Enfin, le bon de cette profession est qu'il y a parmi les morts une honnêteté, une discrétion la plus grande du monde ; jamais on n'en voit se plaindre du médecin qui l'a tué ».[676] Cette illustration théâtrale du silence du mort démontre la nécessité de l'expertise ou précisément de l'autopsie pour faire parler le mort, ou plutôt pour briser le silence du médecin fautif.

Mais l'autopsie n'est pas encouragée dans le contexte malien pour des raisons socio-culturelles, religieuses et économiques, car il n'est pas

---

[674] Mme H. E. Yapo est médecin légiste et Professeur de médecine légale en Côte d'Ivoire.

[675] Autrement dit, rien que le caractère précieux du renseignement fourni par l'expert l'oblige à être très habile dans le choix des terminologies employées dans son rapport, puisqu'il n'a pas non plus à basculer vers une qualification juridique des faits ou à établir la culpabilité d'un praticien par rapport à l'acte commis. Ainsi, son avis est médical, mais pour une finalité juridique. Le médecin donne un avis technique, mais n'a pas à confirmer ou à infirmer une décision. Le juge ou l'assureur demandent un avis technique supplémentaire qui leur permette de prendre une décision.

[676] Molière, *Le médecin malgré lui*, Actes III, Scène 1ère, édition Bordas, Paris 1963, p. 72.

sans oublier que la capacité financière des personnes surtout privées ne permet pas, à tous les coups, d'accéder au service parfois indispensable du légiste. Donc, elle est culturellement et économiquement impraticable ou rarement pratiquée en milieu africain et particulièrement au Mali.[677] Mais selon Mme Yapo, l'absence de moyens financiers n'est pas la première cause du non recours au service de l'expert ou du légiste. La cause réelle réside dans l'ignorance et dans la désinformation des populations. Elle précise qu'« en Côte d'Ivoire, il y a trop de gens à côté qui soustraient de l'argent et après les victimes n'ont plus les moyens pour payer les certificats. Mais ils attendent ou passent par des chemins biaisés et c'est quand les choses se compliquent qu'ils viennent solliciter l'autopsie pour obtenir un certificat ».[678] Ce certificat fourni par le médecin expert est indispensable pour la réparation du dommage.

À ce sujet le Professeur Kanikomo[679] explique que deux types de certificats médicaux sont produits par le légiste, à savoir un certificat provisoire et un certificat définitif, dans lesquels il fait le rapport entre les blessures constatées sur la victime et le comportement fautif pour laquelle la justice est saisie. Dans le rapport provisoire, c'est surtout les lésions subies qui sont décrites et si possible elles sont rattachées à l'objet. Autrement dit, l'expert indique si les lésions constatées sur la victime sont la suite du comportement mis en cause. Il revient au légiste de déterminer l'incapacité totale de travail (ITT). C'est-à-dire de préciser si les blessures, les lésions faites à la victime sont telles que cette dernière ne pourra pas reprendre ses occupations professionnelles pendant un certain nombre de jours. Le rapport permet au juge de faire l'évaluation des préjudices corporels, matériels causés à la victime et de faire l'évaluation des dommages et intérêts. Quant au certificat définitif, il précise trois préjudices qui sont : l'incapacité partielle permanente (IPP), le pretium doloris ou souffrances endurées et le

---

En effet si l'autopsie est un moyen qui fait parler le mort ou qui parle pour le mort, il est évident que sa très faible pratique au Mali ne profite pas aux victimes.

[678] Entretien avec Mme Yapo, réalisé à Abidjan, le 24 juillet 2017 à 10 h.

[679] Médecin-légiste, médecin du travail et neurochirurgien à l'hôpital G. Touré, qui a tenu un entretien sur la pratique de sa profession dans l'éditorial « le Mali »en septembre 2015.

préjudice esthétique.[680] Le code CIMA qui prévoit l'appui de l'expert est un précieux outil pour le calcul de ces préjudices. L'article 259 dispose : « La durée de l'incapacité temporaire est fixée par expertise médicale ». L'article 260 prévoit le taux d'incapacité permanente en cas de préjudice physiologique, économique et moral.

Toujours par rapport à l'évaluation du préjudice, Mme Yapo affirme : *Ils (les experts) se réfèrent au code CIMA pour ne pas être en dehors de nos marchés d'assurance. Mais si on estime que l'IPP est 5 %, on peut mettre 6 % pour tenir compte du préjudice moral sans pour autant discuter de tout cela. Il y a aussi le préjudice d'agrément et la perte de chance qui est reconnue aujourd'hui surtout en matière de rééducation fonctionnelle. Il n'y a pas de disposition, mais le juge regarde si certains cas ont fait jurisprudence, et il en tient compte.*

L'expertise admise dans tout contentieux juridique et pas que cela favorise ainsi, la restauration des droits de la victime et la réparation du dommage médical. Une réparation qui ne laisse indifférent, ni le juge civil, ni le juge pénal et administratif. Mais pour ce qui est de la compétence du juge du travail (un juge totalement indépendant), dans la réparation des dommages médicaux, elle mérite une attention particulière pour une compréhension approfondie.

Paragraphe II : Le rôle du juge du travail dans la réparation des dommages médicaux

Au regard de l'article 192 du code du travail du Mali, les tribunaux du travail sont compétents pour connaître les différends individuels pouvant s'élever à l'occasion du travail entre les travailleurs et leurs employeurs, concernant les conventions collectives ou au décret en

[680] Elle décrit les séquelles qui ont eu des répercussions au plan fonctionnel et dont la gravité est étalonnée selon un taux allant de 0 à 100 pour cent. La notation du pretium doloris se fait sur 8 points (avec des notions comme « léger », « nul » ou « exceptionnel ». Le préjudice esthétique évalue les disgrâces laissées par les lésions après cicatrisation. Et sa notation se fait également de 0 à 8. Et le Professeur Kanikomo précise que chaque point ou pourcentage correspond au niveau de la justice à une indemnisation.

tenant lieu et au contrat d'apprentissage. Ils sont également compétents pour les différends nés entre les travailleurs ou employeurs à l'occasion du travail et les litiges se rapportant à l'application des dispositions du code de prévoyance sociale.[681]

Une telle disposition vaut pour toute relation de travail ou particulièrement toute relation individuelle de travail dans laquelle survient une contestation. Si elle est applicable aux relations de travail entre les établissements privés de santé et leurs employés (quel que soit le statut que ceux-ci peuvent recouvrir : médecin, auxiliaire médical ou personnel d'appui), elle exclut par contre les contestations nées entre les patients et les professionnels de la santé (établissements ou praticiens) dans le cadre d'une relation médicale.

Ces contestations relèvent de la compétence des tribunaux civil et pénal de droit commun en fonction de la nature de l'acte reproché qui détermine une éventuelle responsabilité de l'établissement ou de l'agent de santé employé en vue de la réparation du dommage causé. Ce qui dénote en principe l'isolement du juge du travail dans la résolution des conflits médicaux, même s'il est plus apte à trancher en cas de survenance de conflits à l'occasion du travail.

Néanmoins la réalisation de prestations de soins de santé dans le cadre de l'exécution d'une prestation de travail crée un rapport triangulaire susceptible de créer un enchevêtrement de fait des rapports employeur-employé-patient et susceptible de les répercuter sur la continuité des relations employeur-employé en cas d'incident malheureux. Les principes de droit étant très clairs sur la responsabilité médicale, le patient est un tiers au contrat de travail qui rentre en relation de soins avec l'établissement de santé qui met à sa disposition des employés.

Ainsi, l'imbrication des relations médicales dans un rapport préexistant de travail entre l'employeur et l'employé suscite une attention par rapport à une éventuelle implication du juge du travail dans la résolution et plus précisément dans la réparation du dommage médical. Les possibilités de saisine du juge du travail suite à une faute médicale qui

[681] L'article 227 du code de prévoyance sociale reconnaît la compétence du tribunal du travail pour juger des contestations opposant les bénéficiaires des dispositions dudit code, les employeurs et l'institut.

engage la responsabilité du praticien de la santé (A) seront analysées, avant d'avancer vers une discussion sur l'isolement du juge du travail dans la réparation des dommages médicaux (B).

A/ La saisine du juge du travail suite à une faute médicale du praticien de la santé

La faute médicale de l'agent de santé est-elle une cause de licenciement par l'employeur ? La réponse à cette question est d'une importance capitale, en ce sens qu'elle détermine l'opportunité d'une saisine du juge du travail lorsqu'une telle mesure est prise par l'établissement de santé et surtout lorsqu'une négation y est apportée. Cette négation dénote un licenciement abusif qui nécessite la reprise du travail par l'employé.

Autrement dit, le licenciement du praticien de la santé (employé) par son employeur donne probablement l'opportunité d'une saisine du juge du travail, lorsque d'une part, celui-ci se sent lésé dans ses droits ou invoque un licenciement abusif et d'autre part, l'employeur entend condamner une violation des règles qui assurent le fonctionnement normal de l'établissement. Ainsi, entre les causes de rupture et le fonctionnement défectueux de l'établissement liés à l'acte du praticien, il faut situer la faute lourde et la faute grave de celui-ci qui sont des motifs légitimes de licenciement et peuvent donner droit à l'employeur de licencier le praticien.

De prime abord, le législateur malien fait abstention de la mention de la faute grave. C'est surtout la faute lourde qui est inscrite dans de nombreuses dispositions du code du travail. Par contre la faute grave trouve inscription dans l'article L. 122-6 du code du travail de la France, en plus de la faute lourde prévue par les articles L.223-14 et s. La faute lourde est une faute particulièrement grossière commise par un professionnel qui trahit une incurie « poussée à un degré étonnant » ; même s'il n'y a pas intention de nuire ou malhonnêteté[682]. L'assimilation de la faute lourde au dol par les juristes romains est

[682] Civ. 1re, 15 nov. 1988, D.1989. 349, définition jurisprudentielle de la faute lourde tirée de l'exemple de la faute commise par un banquier.

empruntée à la jurisprudence française qui la considère parfois comme équivalente au dol. Si elle constitue une cause de licenciement du travailleur, elle a également servi à la reconnaissance de la faute médicale[683] en vue d'une éventuelle réparation du dommage encouru. Mais cette prévalence s'est amoindrie aux yeux des juges administratifs et judiciaires chargés d'autres questions que celles relatives à l'acte qui est à l'origine du différend entre le travailleur et l'employeur.

Le législateur malien ne fournit pas une liste de fautes établies comme fautes graves, mais il revient au juge d'apprécier en fonction de chaque litige si le motif soutenu par l'employeur pour licencier le travailleur est réellement une faute grave. La référence à la définition donnée par la Cour de cassation française selon laquelle la faute grave de l'employé est « comme un fait ou un ensemble de faits imputables au salarié qui constituent une violation des obligations découlant du contrat de travail ou des relations de travail d'une importance telle qu'elle rend impossible le maintien du salarié pendant la durée du préavis ».[684] Ainsi, seule l'appréciation in concreto permet au juge de qualifier une faute de « grave ». Excluant toute clause contenue dans un document qui matérialise l'existence d'une relation de travail, celui-ci se base sur son appréciation personnelle ; et également sur les fautes qui ont un caractère professionnel (autrement dit celles qui sont commises dans le cadre et en période du travail), c'est-à-dire sur les faits constitutifs d'une violation des obligations professionnelles.[685] Par ailleurs, cette

---

[683] Il est fait référence ici aux arrêts Loiseau et Philipponeau (C.E. Sect., 8 nov. 1935) qui ont contribué à l'admission de la faute lourde comme faute nécessaire à la reconnaissance de la faute médicale. Même s'il n'est pas sans oublier que l'arrêt Dame Vergos du 10 avril 1992 a plus tard été à l'origine de l'abandon d'une telle distinction. Loin de vouloir réduire la réparation des dommages médicaux, le juge administratif français de l'époque a voulu mieux protéger l'activité médicale surtout lorsqu'elle est pratiquée à l'hôpital.

[684] Soc. 26 février 1991, *Bull. civ.* V, n° 97 ; *RJS* 4/91, n° 448. Il faut signaler que les juges de fond ne sont pas souverains pour donner à la faute commise cette qualification. Le contrôle de cette qualification est laissé au juge de la Cour de cassation. Et ce n'est pas non plus sur la base de clauses contenues dans une convention ou un accord collectif, dans un contrat de travail ou un règlement intérieur qu'on qualifie un fait (comportement ou abstention) de grave.

[685] Mais exceptionnellement, la Cour de cassation française a qualifié de fautes graves, les comportements du salarié eu égard à ses fonctions et à la finalité

faute grave doit conditionner le départ immédiat du travailleur. Donc, tout préavis délivré par l'employeur le prive en principe du droit d'invoquer la faute grave. Le cadre d'exercice salarial de la profession de santé reconnaît indéniablement la faute grave, étant entendu qu'elle est une catégorie de faute susceptible de découler de la conduite de l'agent.

L'appréciation de la faute lourde par le juge est expressément prévue par le Code du travail, même si celui-ci ne donne aucune définition de la faute lourde. Autant elle met fin au contrat en cas de contrat de travail à durée déterminée (CDD), autant elle donne droit à l'employeur de se passer de toute formalité relative au préavis.

Ceci dénote que la faute lourde est un motif légitime de licenciement, car elle est une cause valable de rupture du contrat de travail de laquelle l'employeur peut se prévaloir.

L'article 41 conforte cette affirmation en disposant : « Le contrat de travail peut être rompu sans préavis en cas de faute lourde, et sous réserve de l'appréciation du juge ».

Ainsi, le caractère sérieux de la faute lourde fait que le législateur prive l'employé de tout droit au préavis et protège plus les intérêts de l'employeur en autorisant une rupture le plus rapidement possible et au bon gré de l'employeur.

En même temps, elle prive l'employé de l'indemnité de précarité prévue par l'article 24 CT, de l'indemnité de licenciement et de services rendus prévue par l'article 53 au-delà de la sanction de licenciement.

Le motif légitime est donc ici celui qui est justifié et proportionné à la faute commise. Il va plus loin pour empêcher d'accord parties, au travailleur licencié pour faute lourde de ne pas exercer une activité de nature à concurrencer l'employeur pendant une période de 6 mois et dans un rayon de 15 km autour de son lieu d'emploi. Il faut s'interroger si cette dernière mesure peut s'appliquer en matière médicale pour deux principales raisons, l'une contextuelle et l'autre d'utilité. Le contexte

---

propre de l'entreprise, lorsque ceux-ci créent un trouble caractérisé au sein de l'établissement. Soc. 20 nov. 1991, *RJS 1*/92, n° 3. Il s'agissait d'un vol commis par un agent de surveillance d'une société de gardiennage au détriment d'un client de l'entreprise, et en dehors du temps de travail.

social du Mali et de l'Afrique en général fait que la population est très peu regardante sur les inconduites du praticien de la santé, même si la rumeur ou la mauvaise rumeur est quelque chose qui peut suivre pendant un long moment. Donc un praticien licencié pour acte dommageable peut servir dans l'établissement le plus proche, même en deçà des 15 km fixés sans que cela n'inquiète personne. Ce ne serait ni la réputation de l'ancien établissement ni celle du nouveau qui l'emploie qui seront souillées. Mais c'est surtout dans les cas de mort d'homme que la population est plus affectée, et même là ce n'est pas la faute du praticien qui est mise en exergue, mais la fatalité.

Pour la seconde raison qui a trait à l'application de cette disposition en matière de relation de travail entre établissement et praticien de la santé, elle est très peu d'utilité, eu égard à la pratique routinière de l'activité des établissements de santé dans la majeure partie du temps. La crainte de « la concurrence de l'employeur en s'inspirant de méthodes, ou en utilisant toute information acquise dans l'établissement » précisée par l'article 17 du code du travail semble rarissime pour ce qui concerne la connaissance médicale ou pour l'activité des établissements de santé. Ceux-ci ayant un caractère scientifique ou à la limite administratif, ce dispositif qui protège les intérêts commerciaux semble dépourvu de sens.

L'article 277 du code du travail dispose qu'en cas de faute lourde, la mise à pied provisoire qui est une sanction moindre peut être infligée par l'employeur en attendant la décision définitive. Donc, le licenciement de l'employé n'est pas la seule sanction envisageable. Mais lorsqu'il y a une contestation de la décision de licenciement relative à la faute lourde, l'appréciation du juge du travail est requise pour trancher ledit litige. C'est effectivement cette appréciation du juge du travail qui fournira plus d'éclairage sur l'éventuelle considération de la faute médicale comme faute lourde lorsqu'un licenciement intervient au cours de l'exercice médical en établissement de santé privé, c'est-à-dire dans le cadre du salariat.

L'article 39 du code du travail dispose que la faute lourde est laissée à l'appréciation souveraine de la juridiction compétente. La preuve du motif légitime de licenciement prévu par l'article 51 du code du travail peut être un moyen efficace qui contribue à l'éclaircissement du juge pour la détermination de la faute lourde.

Selon la position de la Cour de cassation française, seule la faute lourde qui suppose *l'intention de nuire à l'employeur ou à l'entreprise*[686] exige une preuve. Ainsi, si la faute commise par le praticien de la santé est d'une particulière gravité, son maintien au sein de l'établissement peut être source d'altération des intérêts de celui-ci au-delà du dommage causé au patient (et que la juridiction judiciaire est chargée de régler), d'où l'admission d'une responsabilité civile de l'employé visant le paiement par celui-ci des dommages-intérêts. Un principe prétorien selon lequel : « la responsabilité du salarié n'est engagée envers son employeur qu'en cas de faute lourde ».[687]

Ainsi, la faute lourde retenue par le code du travail du Mali est un acte d'une particulière gravité qui conduit à une sanction civile au profit de l'employeur, au-delà du licenciement qui également peut être prononcé à l'encontre de l'employé. La faute lourde joue ici un rôle important, puisqu'elle permet l'admission d'une responsabilité civile qui n'est contenue ou prévue ni dans les conventions collectives ni dans les autres instruments qui régissent l'établissement. Ceux-ci (conventions et instruments) ne peuvent inclure de responsabilité pécuniaire de plein droit. Elle est une exception au principe posé par l'article 1231(1147 ancien du code civil français) et est rarement utilisée[688], la faute lourde comme intention de nuire étant une règle d'ordre public et dolosive en droit civil.

Ces principes de portée générale en matière de relation de travail, trouvent application indéniablement dans le domaine médical qui admet des contrats de travail, des conventions et accords collectifs, bref des mécanismes et procédures inhérents au droit du travail. D'où une imbrication des relations médicales dans le droit du travail.

Partant de tout cela, la considération d'une faute médicale comme faute lourde peut donner lieu au licenciement du praticien en dehors des sanctions susceptibles d'être prononcées par différents juges, c'est-à-

---

[686] Soc. 31 mai 1990, *Bull. civ.* V, n° 260.
[687] Soc. 23 sept. 1992, *Bull. civ.* V, n° 466.
[688] Elle découle généralement d'une demande reconventionnelle de l'employeur formulée après une plainte de l'employé qui conteste le licenciement ou réclame des indemnités de rupture.

dire par le juge du travail, le juge civil ou le juge pénal. L'intention de nuire à l'activité de l'entreprise ou à l'employeur dénote un comportement punissable pénalement dans le cas où les conditions de réalisation d'un acte infractionnel se réunissent. Autrement dit, il s'agit de l'élément matériel, intentionnel et légal. Donc, au-delà des mesures prises par l'employeur, le travailleur peut être poursuivi par le juge pénal et civil.

Aussi, hormis les sanctions disciplinaires prévues par la législation du travail, la condamnation du praticien de la santé à une peine d'emprisonnement, à une interdiction temporaire ou (définitive) d'exercer prononcée par les juridictions judiciaires peuvent impacter le cadre professionnel de la relation employeur et praticien. L'article 34 du code, prévoit la suspension pour 6 mois du contrat de travail en cas de garde à vue ou de détention provisoire, mais au profit de cet article, il faut noter qu'une suspension prorogée peut donner droit à un licenciement du travail qui ne saurait maintenir l'employeur dans une attente excessivement longue.

Donc l'acte dommageable du praticien qui se solde par une peine d'emprisonnement d'une certaine durée peut être un motif de licenciement individuel effectué par l'établissement et inhérent à la conduite de l'agent. Sans compter la réparation du dommage qui peut être sollicitée doublement. D'une part, à travers l'action de la victime devant la juridiction civile[689] et d'autre part, la sanction pécuniaire[690] qui est infligée par l'employeur et liée au dommage causé à l'établissement. Ainsi, le licenciement est une forme de sanction du praticien de la santé suite à la commission d'un acte dommageable. Cet acte dommageable peut conduire également à une réparation sollicitée auprès du juge civil ou aboutir à une responsabilité civile auprès du juge du travail.

---

[689] L'action de la victime n'est possible que si le praticien a outrepassé ses missions dans le cadre de l'exercice salarial.

[690] La sanction pécuniaire a généralement trait à une privation de l'employé aux différentes indemnités (congés-payés, service rendus, de rupture, etc.) auxquelles il a droit. Elle est une sorte de justice personnelle réalisée par l'employeur qui évite la saisine du juge pour une action en responsabilité civile.

B/ Le juge du travail, un juge isolé dans la réparation des dommages médicaux

La réparation du dommage médical réalisé dans un contexte d'exercice salarial est l'œuvre de l'employeur, mais exceptionnellement peut incomber au praticien de la santé. Sauf qu'il semble que dans chacun de ces deux cas, vu que le fait dommageable affecte les intérêts d'un tiers, c'est surtout des actions devant d'autres juridictions de droit commun qui sont les mieux indiquées.

Il est de principe que l'action en réparation du dommage subi par la victime ou que la responsabilité civile du travailleur pour acte dommageable qui excède le cadre fixé par l'entreprise ne relève pas de la compétence du juge du travail. Il ne revient pas en principe au travailleur de réparer les dommages subis par les tiers dans l'exercice de ses fonctions. Sauf dans le cas où il aura excédé les limites de la mission qui lui a été confiée. Ainsi, c'est à l'employeur commettant de procéder à la réparation de tout dommage subi par une tierce personne au cours de la réalisation d'une activité de l'entreprise.

L'article 144 du RGO en prévoyant : « Les commettants répondent des dommages causés par une personne soumise à leur autorité, lorsque celle-ci encourt dans l'exercice de ses fonctions une responsabilité à l'égard d'autrui », se forge ainsi une place considérable dans n'importe quelle relation de travail y compris celle entre le praticien et son établissement de santé. Ainsi, en cas de délit pénal (dont la victime est l'employeur même ou une autre personne), c'est le juge de droit commun qui est compétent pour engager la responsabilité du travailleur. Le vol de médicaments ou d'appareils commis par un agent de la santé est punissable au regard des dispositions du droit commun. Sur l'action civile, le juge civil engage soit la responsabilité de l'employeur soit celle du travailleur en fonction de la nature et du cadre de réalisation du dommage. Lorsque l'employeur est lui-même victime, à travers une plainte avec constitution de partie civile, le juge se prononce sur une éventuelle réparation à son profit. Exception est faite en cas de faute intentionnelle du salarié (faute dolosive), ou l'employeur a la possibilité de rechercher la responsabilité civile de celui-ci devant le juge du travail (conseil des prud'hommes en France). Ainsi, en dépit d'une création prétorienne du versement de dommages intérêts à l'employeur en cas de faute lourde de l'employé, le juge du travail ne se retrouve dans la réparation d'aucun dommage subi par une tierce personne à l'issue d'une activité professionnelle. Ce chevauchement des compétences entre juge civil et juge du travail étant exclu, la réparation est exclusivement civile. Donc l'employeur, en participant à la réparation du dommage médical, n'a pas de responsabilité vis-à-vis de la législation sociale, mais plutôt envers celle civile. Il y intervient suivant les règles de la responsabilité du fait du préposé, mais dispose de la possibilité d'intenter une action récursoire[691] à l'encontre de l'agent de la santé fautif.

Au-delà du principe civiliste de la responsabilité du fait du commettant, qui exige la réparation du dommage par la personne morale (employeur) c'est la solvabilité de celle-ci qui favorise son rôle actif dans cette fonction qui a pour objectif de remettre la victime dans ses droits. Le recours éventuel du commettant contre le préposé qui aurait commis l'une de ces fautes est emprunté à la jurisprudence française qui depuis l'arrêt Costedoat, ne l'admet que si le préposé a outrepassé ses fonctions ou a commis un délit pénal (dans ce cas, la responsabilité du commettant est exclue). Autrement dit, il faudra que celui-ci ait commis une faute personnelle, que le dommage soit issu d'un cumul de fautes où l'établissement ait également une part de responsabilité, et qu'il y ait un cumul de responsabilités où l'établissement, après avoir indemnisé la victime, a la possibilité de se retourner contre le ou les praticiens responsables. Il faut souligner que la mise en œuvre de l'action récursoire est plus exploitable par les établissements privés de santé que par les établissements publics. Car, le contexte socio-administratif du Mali crée une certaine tolérance des débordements

[691] L'action récursoire est certes analysée ici dans le contexte des relations privées employeur-employé, mais elle vaut autant pour le service public dont l'État-puissance publique est le principal tenu à une obligation d'indemnisation, que pour les établissements privés.
Du latin « re cursus » qui signifie recours, il est défini par le dictionnaire « Petit Robert » comme « l'action que le défendeur intente à l'encontre d'un tiers pour obtenir le remboursement de sommes dont il est redevable par suite d'une condamnation ». Donc, le recours dont il est question ici est valable pour les personnes morales de droit public autant que pour les personnes morales de droit privé.

effectués par les agents du service public en général.[692] Il faut signaler que l'État n'exerce pratiquement jamais d'action récursoire contre les agents fautifs et cela, pas seulement dans le domaine de la santé.[693] Les rares directeurs ou chefs de services qui tentent de l'exercer sont traités de traîtres et de « faiseurs de renommée ».[694] En effet il est inscrit dans l'entendement populaire que la chose qui appartient à l'État[695] ou au service public appartient également à tous et on en fait une jouissance et une utilisation souhaitée.

Ainsi, au lieu de la préserver et de la défendre, le commun des mortels[696] dans l'administration du Mali est plutôt tenté de l'extorquer et d'en profiter au maximum. Toute personne qui s'oppose ou qui ne se prête pas à ce jeu est considérée comme l'ennemi du peuple dans le langage et dans la perception populaire.[697] Un entendement de la chose d'autrui qui se répercute au plus bas niveau (dans les structures qui n'ont pas un grand nombre d'employés) ou même dans un contexte

---

[692] Dans l'audience solennelle marquant la rentrée des Cours et Tribunaux de 2008, la problématique de l'exercice de l'action récursoire au Mali était à l'ordre du jour, tant, selon les propos de la présidente de la Cour suprême de l'époque Diallo K. Kayenta, « les comportements irrévérencieux et désinvoltes de nombre d'agents du service public de l'État étaient constants ».

[693] Pour reprendre les mots de la Directrice Générale du Contentieux de l'État Ba Haoua Toumagnon : « La simple évocation de l'action récursoire provoque toutes sortes de sentiments, de sensations qui vont de l'appréhension au souci, en passant par l'inquiétude et l'anxiété ». Et pourtant, elle vaut pour « (...) qu'au médecin de garde, dont le refus d'assistance entraîne l'amputation d'une patiente de 4 ans de son bras droit. Tous par leurs comportements, engagent la responsabilité de l'État-puissance publique (...) et l'action récursoire est une arme redoutable de responsabilisation des agents de l'administration, qui est inspirée par le souci de redresser la conscience administrative des agents et permet d'éviter les conséquences néfastes de l'irresponsabilité des agents cachés derrière la personne publique ». Voir, Actualités juridiques et judiciaires, Revue trimestrielle de droit et d'informations juridiques et judiciaires, n° 002, 2011, p. 73.

[694] *Tôgôgnini na* en Bambara.

[695] *Faso* ou la chose publique.

[696] Avec quelques exceptions près.

[697] Ce qui est tout le contraire de l'entendement universel et logique de la chose publique, un entendement qui a prévalu dans la société ancestrale malienne et qui prévaut à présent dans le vocabulaire quotidien à l'exception des milieux ruraux où les valeurs ancestrales tanguent de plus en plus.

privé, où la chose de l'entreprise (chose de l'employeur) ne doit inquiéter que celui-ci. Pour souligner la désuétude, de l'action récursoire[698], Mme Toumagnon, disait : « Il existe un fossé entre une disposition formelle, la possibilité d'exercer l'action récursoire, et son application concrète ».[699] Bien plus, elle précisait : « Jamais encore l'État n'a, à notre connaissance, fait jouer ce dispositif prévu dans les textes et qui lui permet de se retourner contre l'un des agents en lui présentant tout ou partie de l'addition, (…) or une mise en œuvre plus systématique de la procédure de l'action récursoire (au moins à partir d'un certain niveau hiérarchique) aurait un effet symbolique fort. Sans doute aussi elle aurait de réelles conséquences pratiques du fait du changement d'attitude que cela pourrait engendrer de la part d'un certain nombre de responsables administratifs. Cependant, il ne s'agit pas seulement de faire des textes dans ce domaine, mais de pouvoir ou même de vouloir les appliquer ».[700]

Donc, même si l'exercice de l'action récursoire relève d'une pure opportunité dont le recours n'est nullement contraignant pour l'administration, elle devrait être de mise puisqu'au-delà de la garantie qu'elle constitue pour la victime, elle s'avère être un instrument de moralisation de l'administration.[701]

En somme, il y a lieu de noter qu'en plus de l'exclusion de l'action récursoire du champ de la législation sociale, cette législation, au même titre que le juge du travail, n'est pas non plus investie de l'indemnisation des préjudices médicaux. Le dommage issu de l'accident du travail est ce qui requiert le plus les services du juge du travail. Celui issu de l'activité médicale relève de la compétence d'autres juridictions notamment celle civile, lorsqu'il s'agit de la réparation des dommages médicaux. Ainsi, l'indemnisation du dommage médical, pas moins qu'à travers les modes alternatifs de règlement est très faiblement usitée. Des

---

698 À ce niveau, il faut rappeler qu'elle est prévue par les articles 140 à 148 du RGO, l'article 343 du CPCCS (décret n° 99-254/P-RM du 15 septembre 1999), l'article 17 de la loi n° 93-008/AN-RM du 11 février 1993, déterminant les conditions de la libre administration des Collectivités Territoriales.

699 Actualités juridiques et judiciaires, *La responsabilité de la puissance publique et l'action récursoire,* Syndicat libre de la magistrature, Revue trimestrielle de Droit et d'informations juridiques et judiciaires, n° 002, p.82.

700 *Ibid.*, p. 83.

701 *Ibid.*, p. 80.

voies d'amélioration devront être recherchées pour une réparation efficace du dommage médical.

CHAPITRE II

L'AMÉLIORATION DU DISPOSITIF DE RÉPARATION DU DOMMAGE MÉDICAL AU MALI

M. Chapus notait : « Le droit à la réparation des préjudices ne peut être reconnu que si, d'abord sont réunies les conditions d'engagement de la responsabilité. Il est nécessaire qu'existe un préjudice et qu'il soit la conséquence directe du fait considéré comme dommageable. Ce que doit être ce fait en lui-même est variable : il doit ou non être fautif ».[702] La faute et sa preuve sont également prévues par la législation malienne pour prétendre à une responsabilité et à une réparation du dommage subi.

Cependant, la réparation doit être privilégiée pour une activité, sujette à aléas comme la médecine. Raison pour laquelle, il y a le recul de la faute dans certains droits[703] au profit de la suprématie du dommage comme alternative d'implication inconditionnée des autorités dans le règlement des questions liées à l'indemnisation. La solidarité et l'assurance préconisées dans nombre de pays notamment la France, le Canada, et la Suisse sont de véritables canaux qui permettent l'indemnisation des victimes. L'examen du droit comparé ou précisément de certains systèmes étrangers à propos de l'indemnisation apportera des réponses sur l'organisation des fonds, les modalités et les procédures d'indemnisation. Cela servira aussi de moyen d'appréciation du système malien (Section I), en vue d'une proposition de son amélioration, qui nécessairement passe par une réforme législative en matière de responsabilité médicale et d'indemnisation des préjudices médicaux (Section II).

---

[702] René Chapus, *Droit administratif général*, *op. cit.*

[703] Par exemple, pour le droit français, G. Viney, *Le déclin de la responsabilité individuelle*, édition LGDJ, Lextensionéditions, coll. Anthologie du droit 2014.

Section I : L'appréciation de l'indemnisation des préjudices médicaux à la lumière du droit comparé

La jurisprudence censée donner de la lisibilité à la responsabilité médicale n'est pas parvenue encore à se faire un ancrage dans le système de santé du Mali.

Néanmoins, l'activité médicale étant une activité à risques, les dommages qui en découlent méritent réponse même en l'absence d'une contribution active de la justice juridictionnelle. Pour ce faire, un régime protecteur des droits du patient-victime doit être établi.

La charte du malade le prévoit à l'instar d'autres textes de droit commun. Mais face à l'insuffisance de ces moyens juridiques, une incursion dans d'autres systèmes d'indemnisation paraît nécessaire.

Mais loin de s'engager dans une logique de comparaison des systèmes juridiques évoqués avec celui du Mali (qui d'ailleurs semble être dépourvu de sens, compte tenu de l'avancée lente du système de responsabilité médicale malien), cette démarche s'inscrit plutôt dans une logique d'illustration qui peut servir de cadre d'inspiration pour une réparation intégrale.

Ainsi, il y a lieu d'établir les modes de financement de l'indemnisation des accidents médicaux (paragraphe I), et de déterminer si l'élaboration d'un régime spécial d'indemnisation des dommages médicaux (paragraphe II) distinct des règles du droit commun peut prospérer.

Paragraphe I : Les modes de financement de l'indemnisation des accidents médicaux

Le modèle de la solidarité nationale à travers le fonds d'indemnisation et l'assurance seront ici mis en exergue (A), à l'instar de certaines institutions de santé telles que les mutuelles de santé (B). Cependant, les premiers sont à un niveau plus élevé en termes de capacité de prise en charge et d'organisation contrairement aux mutuelles.

A/ Le fonds d'indemnisation et l'assurance comme solution de la réparation du dommage médical

Le fonds d'indemnisation et l'assurance sont des solutions de réparation du dommage médical, mais présentent des distinctions dans leur mécanisme. Dans l'assurance, il n'y a pas de socialisation du risque, puisqu'elle a vocation à protéger le patrimoine de l'auteur du dommage en remettant la victime dans ses droits. Donc, un double intérêt est protégé dans un régime de collectivisation indirecte : celui du responsable et celui de la victime. Sans responsabilité de l'auteur du dommage, il n'y a pas de garantie d'assurance. Cette garantie prévaut et pour la victime qui voit ses droits à la réparation renforcés, et pour le responsable qui est également rassuré qu'en cas de survenance d'incident d'une certaine gravité (mettant à sa charge le paiement d'une somme, qu'il ne peut couvrir par les modestes finances dont il dispose), l'assurance vienne au secours. L'assurance qui peut être obligatoire ou facultative couvre donc le risque survenu à travers les primes versées par l'assuré dans un régime de collectivisation indirecte. Elle intervient précisément pour les fautes personnelles du praticien ou pour les dommages non couverts par le fonds.

Quant au fonds d'indemnisation, il couvre également le risque survenu, mais dans un cadre d'indemnisation publique. Il est en général alimenté par les prélèvements que les organismes opèrent en termes de pourcentage sur les primes payées par les assurés (d'un corps ou d'une activité déterminée) et les subventions qui proviennent de différents organismes. Même avec un déséquilibre constant, ces deux systèmes d'indemnisation existent en parallèle dans certains pays comme la France.

1°) Les expériences de certains systèmes étrangers

Des commissions régionales de conciliation et d'indemnisation (CRCI) en France[704], des caisses nationales d'assurance-accident (CNA) en

[704] Elles sont la suite des commissions de conciliation dont une était implantée au sein de chaque établissement français. Créées en 2002, elles sont prévues

Suisse[705] et des Commissions des normes, de l'équité, de la santé et de la sécurité du travail (CNESST) au Canada, la finalité recherchée dans la mise en place de chacune de ces institutions est la même : celle de la conciliation et de la réparation du dommage corporel ou plus spécifiquement médical.

À cet effet, ces institutions reçoivent les plaintes des victimes, les analysent, procèdent à l'évaluation des dommages médicaux et apprécient la possibilité d'une réparation. En France, la présence des représentants de l'Office national d'indemnisation des accidents médicaux, des affections iatrogènes et des infections nosocomiales(ONIAM)[706] dans la composition[707] des commissions n'est pas fortuite. Ces commissions ont pour mission soit à travers la

---

par l'article 98 de la loi du 4 mars relative aux droits des malades et à la qualité du système de santé. Ladite loi et le décret n° 2002-886 du 3 mai 2002 ont inséré dans le code de la santé publique (article L.1142-5) le régime applicable à ces commissions.

705 La CNA est un établissement autonome de droit public qui gère l'assurance- accident depuis 1996 et a remplacé la SUVA (Schweizerische Unfallversichungsanstalt) qui a été opérationnelle en 1918. Elle est issue de plusieurs interventions parlementaires en faveur de l'assurance maladie et de l'assurance accidents étatique toutes catégories confondues. La loi fédérale sur l'assurance accidents du 20 mars 1981 garantit à tous les travailleurs à tire obligatoire l'assurance maladie et l'assurance accidents. Le chapitre 3 du titre 4 de ladite loi traite du domaine médical. Voir, www.histoire de la sécurité sociale.ch.

706 L'Office national d'indemnisation des victimes, d'infections nosocomiales, d'affections iatrogène et d'accidents médicaux (ONIAM) est issu de la loi 2002-303 du 4 mars 2002 dans le but de réparer les dommages résultant d'accidents médicaux. Il intervient dans des cas bien précis : en cas d'absence de responsabilité ou en cas d'infection nosocomiales, en cas d'absence d'assureur de l'auteur du dommage ou d'offre de l'assureur. Dans le premier cas la solidarité nationale intervient pour la réparation et dans le second cas il y a une substitution ou une subrogation des droits de l'assureur.

707 Organe pluridisciplinaire, une commission régionale de conciliation et d'indemnisation se compose d'un magistrat de l'ordre administratif ou judiciaire, (en activité ou honoraire) qui la préside, de six représentants des personnes malades et des usagers du système de santé, de deux représentants des entreprises d'assurance, de quatre personnes qualifiées dans la réparation des préjudices corporels sans exclure les deux représentants de l'ONIAM sus évoqués.

solidarité nationale, soit à travers l'assurance par voie de règlement amiable de procéder à l'indemnisation du dommage subi par le patient ou ses ayants droit lorsqu'une demande est formulée dans ce sens.

La loi de 2002 en France a par ailleurs mis en place comme instance administrative au-delà de la CRCI et de l'ONIAM, la Commission nationale des accidents médicaux (CNAM).[708]

En outre, le décret n° 2004-775 du 29 juillet 2004 (article L.1142-6, al.1) relatif à la réparation des conséquences des risques sanitaires qui apporte des modifications dans le CSP prévoit la présence de quatre personnes qualifiées dans le processus de réparation des préjudices corporels.

Ces dispositifs visent à organiser et assurer une meilleure indemnisation de la victime. Pour ce faire, la commission est plus réunie en formation de règlement amiable qu'en formation de conciliation dont l'unique objectif est la conciliation des parties et qui est très peu usitée.

Dans cette mission de règlement amiable, le dommage doit atteindre un seuil de gravité pour que la commission puisse se réunir. Le seuil de gravité se détermine en fonction de l'incapacité permanente partielle (IPP) qui doit être supérieure à 24 % suite à l'accident médical ou doit conduire à une incapacité temporaire de travail (ITT) de six mois consécutifs ou non consécutifs s'étalant sur une période de douze mois.

Une expertise peut être commise pour vérification du taux de gravité et lorsqu'il n'est pas atteint, la commission se déclare incompétente pour traiter la demande en réparation du dommage.[709]

---

[708] Elle est placée auprès des ministères de la santé et de la justice et a une mission principalement axée sur l'activité des experts des accidents médicaux (inscription sur une liste nationale après une évaluation de leurs connaissances, la formation des experts en matière de responsabilité médicale, le suivi et la formulation des recommandations sur le comportement des experts). Elle a pour rôle aussi de s'assurer de l'application des textes par les différentes commissions régionales et d'évaluer le rapport annuel avant la remise au gouvernement et au parlement (l'article 1142-10).

[709] Dans ce cas l'option de la conciliation reste ouverte aux parties devant la même commission avec une nouvelle demande et à défaut la voie judiciaire également demeure une option.

La confirmation du dommage indépendamment de l'état antérieur[710] du patient et du seuil de gravité par la première expertise donne accès à une seconde expertise suivant laquelle, la commission se prononcera sur la portée du dommage, les circonstances de sa réalisation, sa nature et le régime d'indemnisation à appliquer.

Lorsque la commission estime, en fonction du seuil de gravité, que la responsabilité du professionnel ou de l'établissement de santé est engagée, l'assureur de la personne responsable doit faire une offre d'indemnisation à la victime. Cette offre doit couvrir intégralement les préjudices subis dans la limite des plafonds de garantie des contrats d'assurance.

Mais si la commission estime que le dommage doit être indemnisé au compte de la solidarité nationale, c'est l'ONIAM qui adressera une offre d'indemnisation à la victime, remboursable sur le budget du fonds d'indemnisation (article 1142-17 CSPF).

La solidarité nationale intervient pour la réparation du préjudice subi par la victime ou ses ayants droit dans des conditions dont la principale est le désengagement de la responsabilité du professionnel ou de l'établissement de santé suite à une infection nosocomiale, à une affection iatrogène ou à un accident médical.

Ainsi, le préjudice doit avoir un lien direct avec les actes de prévention, de diagnostic ou de soins ; des conséquences anormales vis-à-vis de l'état de santé du patient doivent exister et un certain seuil de gravité doit être atteint.

Il est apprécié en fonction de la perte des capacités fonctionnelles et des conséquences sur la vie privée et professionnelle du patient (IPP et ITT).

Si la commission estime que l'accident médical ne découle que partiellement de l'activité du professionnel ou de l'établissement de santé, elle fixe la part imputable à l'assureur de la personne responsable et la part attribuée à la solidarité nationale (article 1142-18 CSPF).

---

[710] Cela est important, car si le dommage est sans lien avec l'acte de soins, c'est-à-dire est inhérent à l'état antérieur du patient, la commission ne peut recevoir la demande d'indemnisation.

En droit suisse[711], le régime de responsabilité médicale est basé sur la faute. L'obligation de réparer le dommage s'appuie largement sur un tandem des systèmes d'assurance responsabilité civile et assurance sociale. L'assurance sociale se manifeste par un système d'assurance obligatoire (assurance de personne) devant être souscrite par tous les travailleurs y compris les praticiens de la santé susceptible de couvrir toutes sortes d'accidents (article 6 de la loi sur l'assurance-accident (LAA) du 20 mars 1981.

Ainsi, si l'assurance responsabilité civile (assurance privée) peut conduire à la saisine du juge (toute chose qui n'est pas très répandue en Suisse), à travers l'assurance sociale, la réparation amiable est le principe. La Caisse nationale suisse d'assurance en cas d'accident (CNA) est l'organe compétent pour procéder à la réparation du dommage subi par le patient (article 8 LAA). Mais elle peut exercer un recours contre le médecin dont la faute est établie[712]. Ainsi, à travers l'assurance sociale, une certaine célérité et efficacité a lieu dans l'indemnisation du patient qui peut se passer de tout recours juridictionnel. Il y a lieu de remarquer que la CNA n'a pas vocation à verser des indemnités pour les accidents médicaux uniquement, mais sa compétence s'étend contrairement à l'ONIAM en France à toutes sortes d'accidents ayant causé préjudice à autrui.

En droit canadien,[713] le système d'indemnisation des dommages médicaux est plus axé sur la responsabilité pour faute et sur le recours à la voie juridictionnelle. La difficulté de la preuve fait un réel bénéfice

[711] Le droit suisse appartenant au système romano-germanique est constitué à l'instar du droit international de trois principaux droits : le droit fédéral, le droit cantonal, le droit communal. Donc le système fédéral institué comprend la confédération, les cantons et les communes. Chaque niveau dispose de compétences propres et d'autonomie.

[712] Un recours qui est généralement conditionné à la gravité de la faute du médecin et celle du dommage subi par le patient.

[713] Le droit canadien est soumis à un système dualiste : continental et *common law*. Le Québec est soumis au droit civil tandis que le reste du pays est régi par le *common law* ou système anglais depuis la bataille du Québec en 1759. Le *common law* basé sur des précédents n'est pas écrit à l'opposé du système reposant sur le droit civil avec un texte complet. Donc dans ce système le code civil est le fondement du droit ensuite viennent les textes jurisprudentiels qui l'appuient.

aux avocats et aux experts dont les services sont vivement sollicités à la fois par les patients et les professionnels de la santé plus outillés avec l'intervention d'experts qualifiés et en quantité. Raison pour laquelle, certains professionnels[714] n'ont pas hésité à proposer l'instauration d'**un régime d'indemnisation sans égard à la faute** en matière médicale, qui depuis quelque temps existe en matière d'accident de la circulation et pour les victimes de certaines complications liées aux vaccinations. Le régime d'indemnisation sans égard à la faute proposé est consécutif à la situation d'une patiente qui, à la suite d'une intervention chirurgicale au cœur, se retrouve paraplégique pour le restant de ses jours.

Les juges de la Cour supérieure du Québec vont épargner toute responsabilité du praticien au motif que la preuve d'une faute médicale n'est pas établie. Mais ils se permettent tout de même de se prononcer sur la nécessité d'instauration d'un régime d'indemnisation sans égard à la faute, puisque la tragédie dont la patiente est victime est socialement inadmissible même si l'explication médicale n'est pas établie ou ne permet pas une réparation.

En règle générale, le juge canadien lie l'obligation d'indemniser à l'existence du dommage au-delà de toutes les autres conditions que doit remplir ce dommage. Celui-ci peut être amené à réduire le montant du préjudice s'il estime que la victime n'a pas contribué à l'amélioration de son état de santé après la survenance de l'accident.[715] Ainsi la réparation intégrale[716] du dommage subi est conditionnée aux efforts

---

[714] Position des avocats Jean Pierre Ménard (spécialiste de droit médical) et Marc Bellemare (ancien ministre de la Justice) lors d'un entretien sur « Pour ou contre un système sans égard à la faute en santé » réalisé par Yves Boisvert le 13 novembre 2017 à 11h 6 mn sur radio canada. Voir www. ici.radio-canada.ca.

[715] Article 1479 du code civil du Québec : La personne qui est tenue de réparer un préjudice ne répond pas de l'aggravation de ce préjudice que la victime pouvait éviter ».

[716] À ce sujet, il y a lieu de rappeler que pour tous les régimes d'indemnisation « sans égard à la faute » comme l'indemnisation des accidents de la route, du travail, etc. une limite à l'indemnisation due à la victime est fixée. Ce qui est tout à fait le contraire du système de responsabilité où la réparation intégrale est de principe. Le régime d'indemnisation sans égard de la faute n'a pas un caractère indemnitaire, mais compensatoire qui vise la réinsertion sociale de

déployés par la victime même pour éviter toute aggravation de son état.[717] Si cela peut alléger la charge du défendeur au procès, il est aussi admis dans un souci de réduire le flux judiciaire et les poursuites inopportunes contre les professionnels de la santé et qu'il préserve le droit fondamental à la réparation du dommage de la victime.

Un système de double assurance responsabilité professionnelle est prévu pour les accidents liés aux soins et aux services de santé. Il s'agit de l'assurance des médecins et de celui des établissements de santé. L'Association canadienne de la protection médicale (ACPM), une société mutuelle de défense des médecins pour tout problème d'ordre médical légal assure la majorité des médecins (95 %). Ainsi, les dommages dont sont victimes les patients sont indemnisés par cet organisme à vocation socio-professionnelle, puisqu'elle n'est pas une société d'assurance privée. La RAM également rembourse une quote-part aux médecins de leur prime d'assurance.

Ensuite, le Regroupement des programmes d'assurance du réseau de la santé et des services sociaux[718] assure les établissements de santé québécois en cas d'accidents ayant causé des dommages.

La coexistence de ces deux systèmes d'assurance donne la possibilité au patient de faire une double réclamation en cas de coresponsabilité. Donc, s'il est établi que la responsabilité du médecin et de l'établissement est engagée, les deux assurances devront convenir de la réparation du dommage.

Par ailleurs, au niveau judiciaire, l'appréciation du préjudice de manière globale est abandonnée par la Cour suprême depuis les années 1978 au profit d'une évaluation détaillée des postes de préjudices pour ce qui concerne l'aspect patrimonial. Lorsque la consolidation tarde à se faire, la victime garde la possibilité de demander des dommages-intérêts

---

la victime. Donc, il n'a pas vocation à replacer la victime dans son état de santé antérieur.

[717] Cf. affaire Massinon C/Ghys où le tribunal a rapporté que « Chantal Massinon a pris tous les moyens raisonnables à sa disposition pour éviter le préjudice psychologique ressenti ». Ce qui lui a donné droit à une réparation intégrale du dommage.

[718]Il a été créé en 1986 par l'association des Hôpitaux du Québec (AHQ) et est subventionné par le ministère de la Santé et des Services sociaux.

additionnels allant jusqu'à une période de trois ans tout au plus. En cas de prise en charge de la victime par un autre organisme (tiers payeur), le responsable du dommage reste tenu de la réparation du dommage.[719] En matière d'indemnisation des accidents médicaux, l'exigence de barèmes n'est pas faite, mais les tribunaux s'appliquent à uniformiser les taux d'indemnisation en tenant compte des intérêts des victimes, des assurances ou de tout autre tiers payeur. Cette réalité est tout à fait le contraire de l'indemnisation des accidents de la circulation par exemple où un régime d'indemnisation sans égard à la faute a été instauré depuis plus d'une trentaine d'années.[720] Ce régime tient compte du seul dommage et lien causal entre le dommage et l'accident de la route. En matière d'accident de travail comme de circulation où l'indemnisation est assurée par des fonds financés par des employeurs et des automobilistes, par contre des barèmes sont établis ici. Les accidents du travail donnent la possibilité à la victime d'opérer un recours de droit commun pour l'excédent d'indemnisation non couvert par le fonds.

Par ailleurs, les victimes d'actes criminels[721] pour obtenir une réparation intégrale peuvent saisir la juridiction civile, puisque la loi sur l'indemnisation des victimes d'actes criminels n'accorde pas une telle réparation. Les régimes d'indemnisation canadiens s'ils visent la réinsertion sociale des victimes à travers une prise en charge collective, ont le désavantage de ne pas tenir compte de la situation particulière de chaque victime. C'est la raison pour laquelle le législateur canadien semble remettre le dommage médical sur la voie de la justice, la complexité d'une indemnisation publique étant évidente en matière médicale.

Selon M. Bellemare[722], cette complexité s'explique déjà par la nécessaire mise en place d'un organisme d'administration des réclamations. Toute contestation des indemnisations ne ferait

---

[719] Au regard de l'article 1608 du code civil du Québec, si le tiers payeur est subrogé au droit de la victime-créancière, le dédommagement se fait au profit de celle-ci à hauteur des montants versés.

[720] Loi du 21 décembre 1977, entrée en vigueur le 1er mars 1978 qui instaure un régime d'indemnisation automatique sans tenir compte de la faute ni de l'auteur ni de la victime et qui est gérée par une assurance publique unique.

[721] Il s'agit précisément des victimes d'une conduite criminelle. Exemple : un conducteur en état d'ivresse.

[722] Ancien ministre de la Justice et avocat au barreau du Québec.

qu'engorger l'appareil judiciaire. Il précise : « Le problème est que si on enlève au juge le pouvoir de décider dans ce domaine-là, ce qui n'est pas une catastrophe, on va confier ce pouvoir à d'autres personnes redevables à l'État québécois ».[723]

Ces organismes doivent être financés par les professionnels de la santé, comme c'est le cas en matière d'automobile. D'ailleurs, les professionnels de la santé ont mis en place un fonds, dont le but est d'assurer leur protection en cas de poursuite.

Ce fonds subventionné par l'État est administré par la Régie de l'assurance maladie (RAM) qui rembourse une grande partie des primes versées par les médecins. Ainsi, du fait que la RAM capitalise un fonds colossal (80 %) pour la protection des médecins, les patients-victimes ne font pas le poids en termes financiers pour s'attaquer aux professionnels fautifs. Ce qui complique une fois de plus l'indemnisation des dommages médicaux par l'intermédiaire des fonds. La question de l'indemnisation des dommages médicaux au Canada est résolue aussi par des régimes privés d'indemnisation en plus des règles du droit commun de la responsabilité. Ces systèmes peuvent contribuer à la mise en place d'un système d'indemnisation beaucoup plus performant.

2°) La mise à profit des expériences des systèmes étrangers

Les trois systèmes d'indemnisation sus analysés présentent chacun des avantages qui pourront inspirer la construction au Mali d'un système d'indemnisation des dommages médicaux. L'existence des assurances privées pour l'instant ne sert pas ou très peu les dommages médicaux, sans compter l'inexistence d'un système de solidarité nationale dans la pratique à l'image des fonds d'indemnisation en France. À ce jour, pour ce qui concerne les dommages médicaux, seul le recours judiciaire permet une réparation juridique par le biais du trésor public lorsque le dommage découle de l'activité d'un établissement public de santé ou à travers un dédommagement direct de la part de la personne fautive. L'indemnisation de l'assurance à travers la substitution ou la

[723] Voir www. ici.radio-canada.ca.

subrogation reste très peu usitée en matière médicale, eu égard aussi à la pauvreté de l'État et la faiblesse des revenus. Cela est également évoqué pour justifier l'absence de fonds d'indemnisation. Mais pour tout État respectueux des principes d'équité et de dignité, des solutions idoines doivent être trouvées pour ne laisser personne dans les entrailles de l'injustice. Surtout lorsqu'elle est consécutive à un accident médical, c'est-à-dire à un acte qui aggrave ou impacte négativement sur l'état de santé d'un patient.

Certes la prudence canadienne par rapport à la mise en place d'institution publique d'indemnisation est bien fondée, mais l'expérience de ces pays pourrait servir pour construire un système d'indemnisation des accidents médicaux. Ces expériences démontrent bien que les mécanismes extrajudiciaires ont une capacité d'administration de l'indemnisation des dommages.

Le modèle suisse de la CNA peut se retrouver dans le projet de création de fonds d'indemnisation automobile[724] qui par extension, peut inclure d'autres dommages corporels tels les dommages médicaux. Il doit être financé par les automobilistes et géré par une assurance unique aux dommages corporels. Il est censé prendre en charge les victimes d'accidents automobiles dont le responsable n'est pas connu, mais les autres modalités restent à déterminer. Ce sont les primes automobiles qui alimentent le fonds de garantie automobile. Sur chaque prime on retient 2 % pour le fonds. Un tel système existe au Canada même s'il n'est pas encore applicable aux dommages médicaux.

Ce projet de fonds d'indemnisation initié par la CIMA pourrait être sous régional en impliquant des organes communautaires comme l'UEMOA, la CIMA. Ce qui favorisera non seulement la mise en place de dispositifs sous régionaux harmonisés, mais aussi avec l'appui de l'UEMOA le financement du fonds peut être plus facile. Ainsi, il sera national, mais les dispositifs juridiques et les moyens financiers qui

[724] Le fonds doit être financé par les automobilistes et géré par une assurance unique aux dommages corporels. Il est censé prendre en charge les victimes d'accidents automobiles dont le responsable n'est pas connu, mais les autres modalités restent à déterminer. Ce sont les primes automobiles qui alimentent le fonds de garantie automobile. Sur chaque prime on retient 2 % pour le fonds.

l'alimentent, proviendront ou seront mobilisés par les instances communautaires.

L'idée d'une institution communautaire d'indemnisation peut être tentée, mais sa réalisation très complexe, peut conduire à d'autres déséquilibres ou difficultés tant dans le fonctionnement que dans l'indemnisation. Cependant, avec l'uniformisation de nombres de dispositifs et de pratiques (assurance, libre implantation des médecins dans l'espace UEMOA, code de déontologie de l'OOAS, etc.), une réflexion dans le sens du partage d'un fonds communautaire doit être soutenue.

Une autre réflexion s'inscrit dans le cadre de la mise en place d'un guichet unique d'assurance professionnelle pour les praticiens et les établissements de santé. Le système de double assurance (médecins, établissement) qui existe au Canada pouvant être source de confusion et de profit pour d'autres personnes hormis les victimes au Mali, le mieux serait de créer un système d'assurance responsabilité professionnelle unique. À l'instar de ce système d'assurance, des commissions de médiation et d'indemnisation peuvent être instaurées comme prolongement des commissions de médiation prévues par la charte et par les règlements intérieurs des hôpitaux. Ce qui sera une opportunité pour redynamiser ces dernières dont la plupart ne sont pas opérationnelles à ce jour ou subissent un fonctionnement dérisoire.

Dans ce contexte, l'exemple français de la CNAM permet d'avoir une vue sur l'activité et la compétence des organes administratifs en charge d'évaluer, de déterminer la responsabilité ou la réparation du dommage. Il est assez inspirateur à partir du moment où avec l'existence d'une telle instance, les inscriptions sur la liste des experts sont filtrées, puisqu'on aura une certitude sur les compétences des experts, les activités des commissions également sont sous contrôle. Les exploits réalisés par les institutions d'assurance-maladie, exemple : l'AMO alimentée par la Caisse nationale d'assurance maladie (CANAM) et la Caisse malienne de solidarité et de sécurité (CMSS), le Régime d'assistance médicale (RAMED) alimenté par l'Agence nationale d'assurance maladie (ANAM), sans compter le Régime d'assurance maladie universelle (RAMU) en projet, dénotent la faisabilité de la mise en place de structures en charge de l'indemnisation des accidents médicaux. À l'évidence, une meilleure façon d'indemniser les accidents médicaux est leur soustraction de l'emprise du régime de la responsabilité civile de droit commun.

En référence à la France où il y a un régime de responsabilité dans lequel la faute a une place bien précise (puisque face à certaines dérives médicales, l'exigence de la preuve de la faute médicale est un mépris de la situation et des droits du patient-victime) un régime spécial de responsabilité peut être nécessaire. Il peut être instauré un système spécifique d'indemnisation basé sur la solidarité et sur l'assurance. Sans forcément faire du médecin un coupable, le patient dont le dommage est avéré est indemnisé. Cela en l'absence de toute somme colossale ou de toute bataille judiciaire qui débouche parfois sur la péjoration de l'état financier de la victime liée aux frais de procédure judiciaire et au coût des soins supplémentaires que requiert son état de santé.

B/ L'approche mutualiste de l'indemnisation des dommages médicaux

La loi n° 96-022 du 21 février 1996 régit la mutualité en République du Mali. Aux termes de l'article 2 de ladite loi : « Les mutuelles sont des groupements à but non lucratif qui grâce essentiellement aux moyens de cotisations de leurs membres se proposent de mener dans l'intérêt de ceux-ci ou de leurs familles une action de prévoyance, de solidarité et d'entraide. À ce titre, elles assurent notamment : la prévention des risques sociaux liés à la personne et à la réparation de leurs conséquences ; la protection de l'enfance, de la famille, des personnes âgées ou handicapées ; le développement culturel, moral, intellectuel et physique de leurs membres et l'amélioration de leurs conditions de vie ».

Ainsi, la participation des mutuelles à l'indemnisation des dommages médicaux n'est pas contraire aux missions spécifiques prévues par l'article 2.

D'autant plus que l'article 3 précise ceci : « Pour la réalisation des objectifs définis à l'article 2, les mutuelles peuvent mener toutes opérations participant à la réparation des risques sociaux (…) ». Les risques médicaux pouvant être considérés comme un aspect des risques sociaux, il faut voir dans quelle mesure les mutuelles peuvent être associées à la réparation du dommage médical.

1°) L'expérience des mutuelles de la santé au profit de la réparation des risques médicaux

Considérant la santé et l'activité sanitaire comme un phénomène avant tout social, le risque qui en découle a forcément un aspect social qui demande l'accompagnement de la société pour la préservation des intérêts de la victime. Au sein de l'espace communautaire UEMOA, la mutualité est régie par le Règlement n° 07/2009/CM/UEMOA du 26 juin 2009 portant règlementation de la mutualité sociale. Le Mali dispose de mutuelles de santé, mais les mutuelles en vue de l'accompagnement des victimes de soins médicaux sont inexistantes à ce jour. Il faut préciser qu'il y a une différence fondamentale entre les mutuelles de santé et les mutuelles d'indemnisation. Si elles peuvent avoir des objectifs communs en termes de protection des intérêts des adhérents[725], les mutuelles de santé en tant que groupement de personnes ont généralement des missions concentrées sur la prise en charge des besoins sanitaires des contribuables, contrairement aux mutuelles d'indemnisation dont l'activité serait plus axée sur la réparation des dommages que les adhérents peuvent subir au cours d'un processus de soins. Le dommage est pris ici pour un risque social et non uniquement médical, où il faut chercher la faute et l'absence de faute, suite à l'application d'une connaissance ou d'une technique médicale.

Le nombre des mutuelles de santé et leur existence sur l'ensemble du territoire du Mali démontrent leur capacité à assurer des services de soins aux bénéficiaires. Ces bénéficiaires contribuent à la réalisation de la couverture sanitaire largement promue par l'État malien. Actuellement chaque région du Mali dispose d'un certain nombre de mutuelles[726] de santé offrant un chiffre national de 210 mutuelles agréées, dont 122 fonctionnelles.[727]

Selon le témoignage d'un agent du service de la promotion des mutuelles, précisément à la Direction nationale de la promotion sociale et de l'économie solidaire (DNPSES) : « Il est exigé que les mutuelles

[725] Article 2 de la loi n° 96-22 du 21 février régissant la mutualité en République du Mali qui prévoit les objectifs généraux d'une mutuelle.
[726] Excepté, la région de Gao, Kidal et Tombouctou, les autres régions y compris le district de Bamako n'ont pas moins d'une dizaine de mutuelles.
[727] Voir en annexe la situation des mutuelles (annuaire II).

de chaque commune urbaine fédèrent pour former une seule représentative de l'ensemble des habitants (adhérents et leur famille) de ladite commune ».[728] Cela est initié par les autorités en vue de mieux conjuguer les efforts de ces mutualités et d'éviter la disparité qui ne favorise pas leur épanouissement.

L'expérience des mutuelles de santé en termes d'action sur le terrain au profit de leurs adhérents peut servir d'inspiration en vue de la création de mutuelles d'indemnisation. Cela permettra d'affermir la politique de protection de la santé ou d'assurer un accompagnement (financier et assistanat) des victimes d'actes fautifs en cours de soins.

De même une protection juridique peut être proposée par la mutuelle santé aux adhérents dans le but de faire valoir leurs droits à l'indemnisation des préjudices médicaux. Une telle offre peut être donc le prolongement de l'activité de la mutuelle de santé, vu que nombre de patients-victimes n'ont pas les moyens pour engager et suivre une procédure judiciaire pour la réparation du dommage. L'accident médical subi par un adhérent suscite le prolongement de l'esprit de solidarité, de prévoyance et d'entraide qui anime la mutuelle.

L'article 5 du règlement d'exécution n° 003-2011 du 31 août 2011 de l'UEMOA note que les risques couverts concernent en particulier la prévention et le bien-être de la personne et sa famille, les prestations maladie, les prestations d'incapacité temporaire et les prestations décès. Mais les prestations d'incapacité et de décès devront être accessoires aux prestations maladie et être renouvelables à la même échéance que la garantie maladie.

Quant aux mutuelles d'indemnisation, elles peuvent constituer une institution autonome en termes d'objectifs et de gestion. Ces mutuelles d'indemnisation de préjudices médicaux constituent une sorte d'assurance de personnes qui permet à l'assuré de se couvrir ou de couvrir les risques médicaux ou sanitaires auxquels les adhérents de la mutualité peuvent être exposés. Autrement dit, il s'agit d'une mutuelle risque-accident qui fonctionne sur la base des cotisations de ses membres pour les risques auxquels ceux-ci peuvent être confrontés lors d'un processus de soins.

[728] Entretien réalisé à la DNPSES le 3 juillet 2018.

L'article 6 du règlement d'exécution prévoit : « Les mutuelles sociales et leurs structures faîtières ont la possibilité de couvrir plusieurs types de risques à condition qu'ils soient compatibles entre eux ». Les risques-accidents ne sont pas exclusifs d'autant plus que l'article 5 du même texte précise qu'il s'agit en particulier de prévention et de bien-être de personnes et de leur famille, de prestations maladie, de prestations d'incapacité temporaire et de prestations décès. Mais son opérationnalité peut poser problème, puisque l'adhésion à une telle mutuelle suppose déjà qu'on soit patient. En l'absence de toute pathologie ou de plainte relative à l'état de santé, la mutuelle n'aura pas de raison d'être ou aura très peu d'adhérents. Mais, même à ce niveau, l'esprit de solidarité, d'entraide et de prévoyance qui anime la mutuelle devrait le soutenir et l'accompagner pour la pérennité des activités.

2°) Les mutuelles risques-accidents, une solution à la réparation des risques médicaux

Une tout autre variante serait de créer des mutuelles risques-accidents qui pourront rassembler un grand nombre d'adhérents et par conséquent une cotisation considérable à mesure de couvrir les risques auxquels ceux-ci sont exposés.

Tout compte fait, il est prévu à l'article 7 du règlement n° 003 de l'UEMO que « les mutuelles sociales et leurs structures faîtières doivent, à tout moment, être en mesure de justifier de la constitution de provisions techniques suffisantes pour le règlement intégral de leurs engagements vis-à-vis des bénéficiaires ».

Mais le versement opéré par la mutuelle d'indemnisation aura plus un caractère forfaitaire qu'indemnitaire, puisqu'il ne revient pas à la mutuelle de se substituer à l'auteur du dommage contre lequel les règles de la réparation indemnitaire peuvent s'appliquer.

Il ne s'agit pas pour autant de faire bénéficier à la victime une double réparation, mais de s'assurer d'une prise en charge sociale du risque sur la base d'un plafond ou de tout élément prédéterminé par un dispositif indépendamment d'une évaluation détaillée du préjudice. Ainsi, pour pallier tout déséquilibre, un système de répartition proportionnelle de l'indemnité[729] entre la victime et la mutualité pourrait être organisé, en vue de maintenir la solvabilité de l'institution mutualiste. Ce remboursement de la mutuelle d'indemnisation peut être consécutif à une subrogation ou à une action en responsabilité civile de la victime. Sauf qu'il y a lieu de veiller à ce qu'une poursuite en parallèle n'ait pas lieu de la part de la mutuelle et de la victime.

À ce niveau, il faut estimer qu'un consensus entre la mutuelle et son membre permet d'éviter toute disparité d'actions et il est de l'intérêt de la victime de laisser ce soin à la mutualité qui, en tant qu'institution, peut mieux s'organiser pour un procès ou une procédure en réparation.

Entre l'instauration d'organismes de solidarité nationale comme les fonds d'indemnisation, le renforcement des capacités des assurances ou la création et la promotion de mutuelles impliquées dans la réparation des dommages médicaux, l'existence d'instruments spécifiques en matière d'indemnisation est plus que nécessaire.

Paragraphe II : L'instauration d'un régime spécial d'indemnisation des dommages médicaux

L'indemnisation des dommages médicaux souffre actuellement à plusieurs niveaux, mais deux sont récurrents. Il s'agit de sa règlementation par le seul régime de droit commun et de la reconnaissance de la voie judiciaire comme moyen approprié d'accéder à une réparation du dommage médical. Or dans la pratique, elle demeure un moyen inefficace de réparation des dommages. Sur l'insuffisance des mécanismes d'indemnisation des dommages médicaux, et les limites du droit commun, l'expert A., avançait : « On ne pourrait invoquer une quelconque insuffisance dans des mécanismes d'indemnisation si le peu qui existe n'est même pas exploité par les victimes d'accidents médicaux ».[730] Sauf que ce manque d'utilisation des voies juridiques est lié aussi à plusieurs facteurs parmi lesquelles il y'a l'ignorance et la crainte de l'appareil judiciaire.

---

[729] Il s'agit de l'indemnité reçue de la part de l'auteur du dommage (s'il y a indemnisation).

[730] Entretien avec docteur M.-F.N.A., *op. cit.*.

Ainsi, l'usage de « peu » qui existe, étant confronté à beaucoup d'obstacles socio-juridiques, la prévision de l'indemnisation par des textes spéciaux (A) est un moyen indispensable pour une indemnisation efficace des dommages médicaux. Elle doit être confortée par l'unification du système de réparation des préjudices médicaux (B).

A/ La prévision de l'indemnisation par des textes spéciaux

Le droit, phénomène social, s'accommode de chaque réalité face à laquelle il se présente. C'est la raison pour laquelle sa création, en principe mûrement pensée et élaborée, découle du constat d'une situation de fait dans un contexte social donné et à une époque déterminée, ou s'inspire d'une réalité étrangère transposable à un fait vécu par une société. Avant de tenter tout acte d'emprunt au droit d'un autre pays, la connaissance de ce droit est un préalable qui détermine les motivations de cette inspiration. Mieux, il est important que le droit emprunté ne soit pas en déphasage avec les réalités auxquelles on tente sa transposition. L'emprunt au droit français découle d'un passé historique qui n'a cessé de laisser ses marques pour diverses raisons[731], notamment la similitude des systèmes juridiques. Ce droit français a été d'un apport considérable pour également la construction du système de santé malien.[732] Les défis qu'il a relevés sur le plan de l'indemnisation des dommages corporels[733] bien avant l'instauration d'un fonds d'indemnisation spécifique en matière de dommage médical jusqu'à la loi du 4 mars 2002, sont remarquables au point qu'il est opportun de faire de ces législations une source d'inspiration une fois de plus pour la création d'un meilleur cadre d'indemnisation au Mali.

---

[731] Politique, économique, voire même culturelle à certains niveaux.

[732] Il faut évoquer à ce sujet la loi d'orientation sur la santé, la loi hospitalière, la déclaration de politique sectorielle de la santé, la loi portant régime général des obligations, etc.

[733] Il s'agit de la loi Badinter du 5 juillet 1985 qui visait l'amélioration de la situation des victimes d'accidents de la circulation et à l'accélération des procédures d'indemnisation ; et la possibilité de cumul entre la loi Badinter et la loi sur les accidents du travail. À ce sujet, voir Y. Buffelan-Lanore et V. Larribau-Terneyre, *Droit civil, les obligations*, *op. cit.*, p. 946 et s.

Donc l'apport du législateur et du juge sera capital pour l'élaboration de règles et l'adoption de décisions qui permettent une construction du droit de la responsabilité médicale et de l'indemnisation des dommages médicaux.

Au-delà de la faible élaboration des textes juridiques, la mise en pratique demeure une question mal soutenue. Pourtant, il y a des risques sociaux face auxquels nul ne doit être laissé à son propre sort (qu'il soit tenté par l'idée d'un procès ou pas). Les dommages issus de l'aléa thérapeutique et autres accidents non fautifs relèvent de cette catégorie et qui, à l'heure actuelle, ne sont pas indemnisables, puisque le droit commun de la responsabilité repose sur la faute. Ainsi l'indemnisation publique organisée par l'État est une garantie de l'existence d'une solidarité nationale.

La dimension économique que l'indemnisation renferme est encore plus importante en ce sens qu'elle apporte à la quête de la responsabilité sa véritable raison d'être, c'est-à-dire sa fonction de réparation. Cette finalité est plus sensée en matière médicale que toute action qui vise à la condamnation du professionnel de santé à une peine privative de liberté dont les conséquences peuvent être encore plus lourdes dans le contexte social malien.

L'indemnisation par le biais de la solidarité a à juste titre besoin d'une règlementation. Cependant, il y a un autre mécanisme dont l'efficacité est reconnue, sauf qu'il demeure faiblement élaboré par les textes ou uniquement pris en compte par les textes de droit commun au point que son existence pratique en souffre. Il s'agit de l'assurance responsabilité civile du professionnel de la santé pour laquelle les sociétés d'assurance ne dissimulent pas leur réticence. Une réticence qui s'explique par le coût de la réparation de l'accident médical, qui, à ce jour, ne fait l'objet ni d'une catégorisation ni d'une barémisation pouvant favoriser l'évaluation[734]. Autrement dit, une nomenclature légale des postes de préjudices est absente. Le Code CIMA prévoit l'indemnisation des

---

[734] Les contrats d'assurance doivent fixer un plafond de garantie au-delà duquel ils ne peuvent réparer. Mais à ce jour ce plafond est inexistant en matière de dommage médical. Ce qui peut conduire à une certaine disparité dans la couverture des dommages médicaux si réparation il y avait du côté des assureurs. Mais le marché malien des assurances n'est pas encore favorable à une telle couverture.

dommages par le mécanisme de l'assurance. S'il ne prévoit pas expressément le dommage médical, il n'est pas non plus muet là-dessus, car son article 328 renferme l'assurance responsabilité civile générale.

Cet article du code CIMA prévoit donc tous les régimes d'assurance non expressément mentionnés comme l'assurance responsabilité civile du professionnel de la santé. Le code CIMA est un texte de portée générale en matière d'assurance qui ne vise pas un seul domaine même s'il a des domaines de prédilection comme l'assurance en matière d'accident de circulation, en matière de transport (qu'il a rendu obligatoire), etc. Donc, il demeure un instrument sur la base duquel l'indemnisation des accidents médicaux peut être améliorée et adaptée. Par ailleurs, le Mali avec l'adoption des lois sur l'assurance maladie obligatoire en 2009, et l'élaboration d'un avant-projet de loi sur la couverture maladie universelle en novembre 2017 a dégagé une fois de plus une volonté de perfectionner la qualité des soins de santé. Ces lois pourront avoir comme prolongement l'intégration d'autres mécanismes de réparation de dommages médicaux comme le fonds de garantie dont le régime juridique devra être spécifié.

Il doit avoir pour vocation d'assurer une célérité et une régularité dans le processus d'indemnisation des victimes. Mais pour plus d'efficacité dans l'indemnisation, l'intégration du régime de la responsabilité sans faute doit être de mise. Ainsi, les victimes d'accidents non fautifs, une fois que le dommage est avéré pourront être indemnisées. Il doit en être de même pour les accidents fautifs dont les victimes ne parviennent pas à faire la preuve de la faute et d'établir le lien causal avec le dommage.

L'instauration d'un régime spécial pourra faire de l'assurance un acte obligatoire du médecin. Ce qui peut avoir des répercussions sur le montant de la prestation médicale, puisque, en plus des charges ordinaires des praticiens, il faudra ajouter le coût des primes d'assurance. Mais le coût économique du dommage est assez exorbitant pour faire reposer la prise en charge sur les seuls professionnels de la santé. Raison pour laquelle, il est nécessaire d'envisager des mécanismes plus solides en termes institutionnel et financier.

Pour une base juridique importante, il faut l'adoption d'une législation spécifique en matière de responsabilité et d'indemnisation du dommage médical. Cette législation sera fédératrice de l'ensemble des instruments qui existent et intègrera des modalités et mécanismes favorables à l'accès à la réparation pour un grand nombre de personnes-bénéficiaires.

B/ Vers une unification du système d'indemnisation des préjudices médicaux ?

L'unification du système de responsabilité et d'indemnisation passe- t-elle par celle du droit de la santé ? Devrait-elle s'élargir aux dispositifs communautaires ?

L'unification du système de réparation se fait à deux niveaux principaux, à savoir comme évoqué ci-haut, l'adoption d'une législation spéciale en charge des questions de responsabilité et d'indemnisation, et l'instauration d'institutions. La mise en place d'institutions en charge de l'indemnisation passe par le renforcement des capacités des sociétés d'assurance ou tout autre organisme investi dans ce sens et la création de fonds d'indemnisation de dommages médicaux. Cela nécessite une juste articulation (juridique et administrative) pour l'intervention de ces institutions dans le processus d'indemnisation et éviter toute confusion entre dommages médicaux et autres incidents.[735]

---

[735] Beaucoup de risques sont pris en charge par des organismes demandeurs de soins (AMO, mutuelles INPS, etc.), ce qui ne devrait pas être le cas. Dans le contexte de l'accident médical, celui-ci n'étant pas lié au mal initial qui a conduit le patient à l'hôpital, il ne revient en principe pas aux organismes assureurs de maladie par exemple de supporter ce risque. La responsabilité première incombe à d'autres régimes, donc à d'autres personnes morales ou physiques distinctes de la compagnie d'assurance maladie ou de la mutualité. Ces organismes perdent en coût lorsqu'ils sont amenés à supporter des frais d'hospitalisation, des indemnités journalières ou les remboursements de certains frais de soins (physiques ou physiologique) liés aux accidents médicaux non identifiés comme tels. Avec l'émergence des assurances maladie volontaires et obligatoires, il faudra s'attendre dans un futur proche à ce qu'on procède à une catégorisation des maladies à assurer par les organismes d'assurances et les groupements de santé. À ce jour ce travail n'est pas élaboré, mais la problématique se pose déjà avec certains organismes d'assurances maladies qui prennent en charge les frais de soins d'accidents de travail ; or ceux-ci devront normalement être à la solde de l'INPS. Donc cette

L'assurance et la solidarité sont incontestablement des institutions de l'État de droit qui assurent une prise en charge des victimes sans que l'auteur ne soit soumis personnellement au poids de la réparation. Aussi, le recours à un fonds ou à un règlement amiable à travers l'assurance n'a d'avantage que s'il favorise l'indemnisation dans un délai raisonnable, c'est-à-dire rapide par rapport à la saisine du juge. Ainsi, avec une base juridique spéciale, mais aussi la détermination et la dynamisation d'institutions engagées spécifiquement à cette mission, les dommages médicaux passeront de l'ignorance ou de la traîne à une couverture plus élargie et plus rapide.

La proposition de M. Thiam[736] d'instaurer une commission sous régionale d'indemnisation est une voie vers l'indemnisation qui pourrait bien être explorée. La mise en place de cette commission sous-tend une harmonisation et une unification des mécanismes de réparation des préjudices médicaux au niveau communautaire.

Toutes choses qui demandent un effort de cohésion entre les États membres pour la construction de référentiel, d'institutions, bref d'un système d'indemnisation issu d'une œuvre commune. Car si l'harmonisation n'est plus une gageure pour nos États, son aboutissement est consécutif à un processus long dont l'attente risque d'entraver le droit de nombre de victimes au plan interne.

La concrétisation d'un tel projet devrait s'inscrire dans la perspective d'une réforme législative en matière de responsabilité hospitalière, médicale et d'indemnisation des dommages médicaux.

Section II : La nécessité d'une réforme législative en comblement d'un ordre juridique

Mis à part le besoin d'encadrement de nombre d'aspects relatifs à l'activité médicale et aux relations professionnelles de la santé-patient, procéder à l'élaboration des textes inexistants et dont la pertinence est

---

confusion dans la prise en charge liée aux accidents (travail, circulation, médical etc.) et à d'autres incidents devrait être élaguée.

[736] Voir A. Thiam, *L'offre de soins de santé et la responsabilité médicale : l'exemple du Sénégal, op. cit.*, p. 218.

avérée, sera de nature à combler un réel vide juridique. Ce qui permettra la consolidation des droits des acteurs aux soins et facilitera la construction d'une jurisprudence nationale en matière de responsabilité hospitalière et médicale.

Par ailleurs, la reconstruction du droit de la responsabilité hospitalière et médicale doit se faire avec l'accompagnement des modes alternatifs de règlement qui ont fait partie du droit coutumier avant leur prise en compte par le droit positif. Ceux-ci intégraient des sanctions pour les atteintes à l'intégrité physique.

Cette reconstruction du droit de la responsabilité hospitalière et médicale doit donc passer par la préconisation d'une meilleure articulation entre droit positif et droit coutumier (paragraphe I) et l'ensemble de ces efforts doit être intégré dans un code de la santé (paragraphe II).

Paragraphe I : La reconstruction du droit de la responsabilité médicale avec l'accompagnement des modes alternatifs de règlement

Norbert Rouland disait : « Toute société connaît le droit, chacune le voit différemment ».[737] Loin de tomber dans une analyse anthropologique de la règle de droit, il est évident que le vécu du droit coutumier dans la société malienne est plus long et mieux ancré que le droit positif qui s'implanta surtout avec l'avènement de l'État de droit.

En principe, avec l'affirmation du droit positif comme règle de droit privilégiée, les règles coutumières devraient s'écarter progressivement à son profit. Mais ce pari réussit difficilement dans une société en parfait déphasage avec « le langage » du droit positif qui n'est compris que par une couche négligeable de la société. Encore faudra-t-il qu'il soit accepté dans son sens le plus strict par cette couche! Il faut noter qu'il y a une vision locale du droit qui a manqué de construction et qui devrait pourtant amener le droit malien à se frayer une voie dans le concert des normes juridiques ou même à mieux cohabiter avec celles-

[737] Norbert Rouland, *L'anthropologie juridique*, Que sais-je ?, Presses Universitaires de France, 1995, p. 124.

ci pour un système de droit cohérent et efficace. Pour un système plus solide, il est nécessaire d'associer donc les modes alternatifs de règlement (A), mais leur implication devra se faire sous le regard du juge (B).

A/ Justification de l'association des modes alternatifs de règlement

En référence à la citation : « Nous construisons trop de murs et pas assez de ponts » d'Isaac Newton, il faut avancer que le maintien des modes alternatifs de règlement de conflits dans leur état latent est peut-être une sous-estimation de nos valeurs sociétales séculaires capables d'apporter beaucoup plus au système juridique malien. Surtout pour des domaines comme celui médical ou la saisine de la justice ou encore la tenue d'une procédure jusqu'à son épilogue est encore mal soutenue par la conscience collective. Dans ce domaine, le droit n'est pas encore une panacée et la judiciarisation de la pratique médicale devrait être envisageable avec les instruments les plus adaptés à la réalité sociale.

1°) Les modes alternatifs entre légitimité sociale et reconnaissance juridique

Maiga note : « Tout ce qui est de l'ordre de la négociation relève donc aussi des modes alternatifs de règlement des conflits qui reposent principalement sur l'accord des parties c'est-à-dire un fondement conventionnel. C'est comme si la loi cessait d'être le centre de l'univers juridique ».[738] A ce sujet, ce n'est pas L. Cadiet qui s'y oppose lorsqu'il affirme : « Le déclin du légicentrisme est de nature à favoriser la contractualisation des rapports sociaux, en général, et celle du règlement des litiges, en particulier ».[739] C'est ce passage d'un ordre juridique imposé à un ordre juridique négocié[740] que M. Pirovano a

[738] Almoustapha Maïga, thèse préc., p. 143.
[739] L. Cadiet, « Les jeux du contrat et du procès », Mélanges Gérart Farjat, Paris, éditions Frisson-Roche, 1999, p. 23.
[740] A. Maïga, *op. cit.*

qualifié de contractualisme ou de société contractuelle.[741] A la suite de M. Ndiaye, A. Maiga note : « Le succès de la médiation sociale trouve sa justification dans sa capacité à répondre aux attentes matérielles et symboliques de ceux qui y font recours ».[742] Cette description est typique du milieu social malien, ou c'est en l'absence de toute autre solution que la justice est saisie. Les modes alternatifs à la fois coutumiers et étatiques jouent donc un rôle capital dans la quête de la quiétude sociale au Mali.

À l'opposé de la justice moderne advenue avec la colonisation, les modes alternatifs de règlement de conflit ont une certaine légitimité affermie dans la conscience collective des populations. Si cela est une cause de la déliquescence de l'appareil judiciaire, il faut affirmer qu'elle en est également une conséquence, car la justice d'État n'a pu s'affirmer efficacement. Les griefs portés au fonctionnement[743] de l'appareil judiciaire favorisent le maintien ou la recrudescence des modes alternatifs de règlement de conflit.

Cette légitimité devrait inciter à procéder à une organisation et à une dynamisation des modes alternatifs de règlement, et si possible procéder à une extension du rôle qui leur est attribué à travers l'intégration de l'indemnisation des dommages médicaux, y compris pour les dommages issus de la médecine traditionnelle qui est un vecteur important des soins au Mali. Fort heureusement ou malheureusement, les soignants de ce secteur ont généralement des liens d'affinité et de proximité avec les populations qui dissuadent la tentative ou la réussite de toute poursuite au plan juridictionnel. Si ce n'est la résignation de la victime et des proches, c'est surtout les MARC qui peuvent permettre une résolution efficiente des différends qui opposent ceux-ci à la population.

Nonobstant tout cela, il faut noter que les modes alternatifs de règlement des conflits ont un caractère hybride de par leur source conventionnelle, leurs procédures et leurs effets qui généralement sont judiciaires. Ce qui les rend imprécis et joue sur leur efficacité. Mais de

---

[741] Voir A. Piravano, Changement social et droit négocié. De la résolution des conflits et à la conciliation des intérêts, Paris, Economica, 1988.

[742] A. Maïga, thèse préc. p. 141.

[743] Ceux-ci ont trait au coût onéreux de la justice moderne, à l'illettrisme des populations, à la lenteur de la justice, à la corruption, etc.

l'autre côté, le mode juridictionnel, même avec une assise suffisante de règles qui la favorisent et des moyens qui permettent son opérationnalité, est souvent rejeté à tort ou à raison, dans le contexte malien de règlement des dommages médicaux. D'où la nécessité de chercher un juste équilibre en vue d'une collaboration plus effective et efficiente entre ces deux modes.

2°) Les modes alternatifs préconisés dans la pratique du droit

Le règlement préalable étant une solution facile, adaptée à la dynamique d'entente et de maintien d'une atmosphère pacifique, elle est mise en avant par les autorités même.

L'article 27 de la charte du malade du 6 octobre 2008 à l'image du contenu de la première charte française du patient hospitalisé du 6 mai 1995 soutient cette affirmation lorsqu'il mentionne : « le directeur mettra en place une fonction de médiation entre l'établissement et les patients afin d'instruire dans les meilleurs délais les demandes de réparation pour préjudice et de donner à leurs auteurs les explications nécessaires ».

Ainsi, l'esprit de la charte reste en conformité avec la volonté de la population d'opter pour le règlement amiable avant toute saisine de l'autorité judiciaire.

Les enquêtes au niveau de certains hôpitaux régionaux notamment celui de Ségou, de Mopti et Kayes ont également démontré que c'est grâce aux modes alternatifs que beaucoup de litiges sont réglés.[744]

Mais le constat demeure qu'il y a une mauvaise organisation de ces règlements effectués au niveau des établissements hospitaliers et mis à part les systèmes institués aux CHU Gabriel Touré et Point G[745] (qui ont fini par s'affaiblir), beaucoup d'autres établissements hospitaliers

---

[744] Enquêtes réalisées courant septembre 2017. Par exemple l'entretien en Focus groupe réalisé à l'ASACO de Darsalam (Région de Ségou).

[745] Commission créée par la décision n° 092/DG-HGT du 17 juillet 2013 en application de la charte du malade et mise en place en 2013d'un service de gestions des conflits au niveau du CHU du Point G.

ne disposent pas d'institutions formellement établies et fonctionnelles. Également, ils sont ancrés dans d'autres disciplines où le législateur même les prévoit comme modes de règlement des différends professionnels. Il en est par exemple pour le Code du travail dont l'article L. 190 prévoit : « Tout travailleur peut demander à l'inspecteur de régler à l'amiable le différend qui l'oppose à l'employeur ».

Cette conciliation est facultative ou obligatoire. Cela dépend de la nature individuelle ou collective du conflit. En matière d'assurance, le code CIMA préconise les MARC, avec des possibilités d'offres au cas où les parties aboutissent à une solution commune par rapport à l'aspect réparation du dommage. Par ailleurs, le droit processuel malien, le CPCCS et le CPP privilégient la médiation et la conciliation[746], même si la voie contentieuse demeure celle légale pour réclamer la réparation du dommage subi.

Le manque ou l'insuffisance de légitimation de la voie légale[747] particulièrement en matière de conflits médicaux pourra servir de moyen d'anticipation pour l'institutionnalisation[748] des MARC, qui ont connu déjà une certaine tentative de valorisation par l'État. C'est ainsi que la voie contentieuse dont les limites se reconnaissent avec la faiblesse des saisines dans certaines matières avait été substituée par

---

[746] À ce niveau, il y a lieu de préciser que le CPCCS précise en son article 713 que l'arbitrage comme mode de règlement amiable, est traité dans le cadre du traité de l'OHADA. Mais vu le faible encadrement du cadre contractuel en matière médicale, il reste à savoir si des contrats d'arbitrage ou des clauses compromissoires comme modes de règlement des conflits médicaux existent au Mali. Cela est admis dans la mesure où la loi sur l'arbitrage prévoit d'autres activités professionnelles que celles commerciales, comme l'a prévu par exemple les articles 2059-2061 du code civil français, (Loi 2001-420 du 15 mai 2001, art 126 JORF du 16 mai 2001).

[747] À ce sujet, il faut rappeler l'exemple des commissions foncières dont les décisions sont plus acceptées par les parties au conflit que les décisions rendues par les tribunaux qui font l'objet d'une permanente contestation.

[748] L'expression institutionnalisation des MARC peut sembler être un abus de langage si l'on sait que ces modes sont le socle du droit coutumier. Mais dans ce contexte une telle expression vise à accentuer l'impérieuse nécessité de leur redynamisation dans le giron du droit positif, telle l'institutionnalisation des MARC dans le cadre de la loi française du 4 mars 2002 relative aux droits des malades et à la qualité du système de santé.

des commissions de règlement des litiges au niveau de tous les cercles du Mali. Ces commissions sont composées d'élus locaux, de gouverneurs et d'autres notabilités. Elles avaient compétence pour prévenir et régler à l'amiable tous conflits que la circonscription pouvait connaître et saisissaient l'autorité compétente pour des recommandations.

Le règlement du différend par ces modes favorise le désengorgement de l'appareil de justice et allège la souffrance financière des parties, notamment celle de la victime en termes de frais de procédure.

Mais en vue de leur accorder toute leur importance et de les pérenniser[749], il faut une organisation stricte par les autorités législatives et juridictionnelles.

La construction du droit de la responsabilité médicale par ces mécanismes pacifiques passe donc par leur exploitation prudente.

Ainsi, une articulation entre ces dispositifs, ces modes alternatifs et la justice juridictionnelle) peut rendre d'une part les modes pacifiques de règlement plus efficaces et d'autre part, renforcer le rôle et la crédibilité de la justice moderne. Cela demande impérieusement l'accompagnement du juge.

B/ Les modes alternatifs sous le regard condescendant du juge

A l'heure actuelle, il est à reconnaître que ni l'un, ni l'autre des modes de gestion des différends ne conduit véritablement à une réparation du dommage médical.

Les raisons de cette insatisfaction sont nombreuses, mais l'accent est mis d'une part sur la fatalité, puisque les MARC ne cherchent pas forcément un responsable du dommage, mais un apaisement du climat social ; et d'autre part, le régime de la responsabilité pour faute et la difficulté de la preuve constituent un engrenage colossal.

---

749 L'aspect sociologique n'est pas coercitif, alors que c'est à travers les sanctions que les gens sont amenés à s'amender.

Donc la compensation équitable comme objectif de l'indemnisation n'est guère obtenue dans l'un ou l'autre cas.

1°) La proposition de conciliation des modes alternatifs et juridictionnels

L'intégration des MARC sous la protection du juge, si nécessaire qu'il soit, doit tenir compte des imprécisions et des imperfections dans lesquelles chaque voie choisie est actuellement cantonnée. Un tel interventionnisme suppose la mise en place d'un système atypique où la responsabilité subjective laisse une brèche à d'autres régimes de responsabilité et d'indemnisation qui admettent l'implication d'organismes autres que les juridictions.

De toutes les manières, compte tenu du caractère facultatif de la saisine de la juridiction, une liberté procédurale s'offre à la victime qui peut opter pour les modes alternatifs de règlement et de réparation. Cela déjudiciarise d'une certaine manière le litige et le résume à un pur conflit.[750]

Mais cette situation ne doit pour autant effacer le rôle du juge dans la vérification des prétentions des parties, puisqu'il peut être lui-même amené à faire office de médiateur ou de conciliateur dans la quête d'une pacification du différend.

Ce pouvoir de médiation qualifié par certains de « pouvoir d'assistance et d'initiative »[751] attribué au juge tout comme il est reconnu à plus d'un

[750] Le litige est une contestation entre des personnes physiques ou morales qui demandent par extension une solution judiciaire. Tandis que le conflit étant également une opposition de vues ou d'intérêts a une connotation plus sociale. Comme le dit le doyen Cornu, c'est toute situation critique de désaccord pouvant dégénérer en litige. Cependant tous les deux peuvent donner lieu à une médiation, une conciliation, une transaction, un arbitrage, un procès et autre mode de résolution. Dans le langage courant, le mot litige est synonyme de différend, de contestation, de conflit quel qu'en soit la nature.

[751] Voir A. Benabent, Intervention au colloque de la Revue des consacrés aux « Prévisions contractuelles à l'épreuve de la crise économique », Paris, 22 octobre 2009.

titre dans la législation malienne, doit être soigneusement élaboré. Cela pour assurer la protection de certains principes liés au secret médical[752], à la dignité de la victime ou du professionnel de la santé et au respect de la vie privée. À ce niveau, Il faut noter que la diffusion d'une information hors du colloque singulier praticien-patient est synonyme de violation du secret médical. Mais *par essence, les modes alternatifs de règlement de litiges évitent le caractère public de la scène juridictionnelle* ».[753]

Ce questionnement se résout aussi avec la pratique du métier du juge qui se trouve déjà sous serment.[754] Ses fonctions de médiateur ou conciliateur ne doivent que renforcer sa qualité d'agent assermenté au service de la vérité et du soulagement.

Par conséquent, en s'engageant dans une mission de médiation ou de conciliation médicale, il se doit de respecter toutes les règles propres à cette activité et avoir de la considération pour tous les principes fondamentaux qui protègent l'intégrité et la dignité de la personne humaine.

Donc l'implication du juge dans la gestion des différends passe par le renforcement des connaissances de celui-ci sur les droits de l'homme légalement reconnus. Au-delà du rôle de médiateur ou de conciliateur

---

[752] Selon l'article 52 du code de procédure pénale du Mali, le Procureur de la République peut procéder lui-même à la médiation pénale ou déléguer tout ou partie de la tâche à un médiateur pénal qui prêtera au préalable et par écrit remis au procureur, le serment de s'exécuter avec « honneur, probité et neutralité et de garder en toutes circonstances le secret en ce qui concerne les faits qui lui sont soumis ». Il a la possibilité de contrôler la bonne exécution des engagements.

[753] Michèle Guillaume-Hofnung, Les modes alternatifs de règlement des conflits, *in* J. Hureau, D. Poitout (dir.), *L'expertise médicale, en responsabilité médicale et en réparation d'un préjudice corporel*, Paris, Masson, 2e éd., 2005, p. 16.

[754] Le serment présentant un intérêt capital en matière de médiation, la loi processuelle pénale en fait une exigence au médiateur. Ainsi, il y est prévu que « le procureur de la République peut procéder lui-même à la médiation pénale ou déléguer tout ou partie de la tâche à un médiateur pénal qui prêtera au préalable et par écrit remis au procureur, le serment de s'exécuter avec "honneur, probité et neutralité et de garder en toutes circonstances le secret en ce qui concerne les faits qui lui sont soumis".

confié au juge, celui-ci peut veiller à l'application des règles et à l'orientation des tierces personnes impliquées dans le règlement amiable du litige.

2°) Le caractère formel de la cohabitation des modes alternatifs et juridictionnels

L'intervention du juge doit se faire dans un contexte de règlement tout à fait formel.[755] Cela permet d'éviter de créer l'ambiguïté entre le juge et tout autre acteur social susceptible de prendre une part active dans le règlement amiable d'une contestation, ou l'ambiguïté entre les fonctions ordinaires du juge et celles de « guide ou de surveillant » qu'il joue dans un processus de médiation.

Les juges administratifs D.T et S.O.[756] partagent bien cette affirmation, en avançant : « Si les modes sociologiques devaient prendre corps réellement, cela signifierait que la loi devra tenir compte de cet aspect dans ses dispositions. Mais il faudra qu'il s'avère constructif ».[757]

L'affirmation s'inspire des tentatives qui ont lieu en matière foncière et pénale. Ainsi, penser que la responsabilité hospitalière et médicale dans le contexte malien n'implique que le juge est illusoire si l'on tient compte de la force des influences extérieures sur la décision du juge pas moins que sur la démarche procédurale elle-même. En réalité, le juge responsable de l'effectivité du droit est un débat théorique et pratique longtemps résolu, mais quant à son impartialité et son indépendance,

---

[755] S'agissant de règlement formel par le juge, il faut noter que c'est par un décret du 15 mai 1981(n° 81-582, JO du 19 mai 1981) que des juges honoraires étaient désignés en France comme conciliateurs médicaux. Ces juges conciliateurs avaient pour rôle de favoriser un cadre d'information des patients et des accompagnateurs facilitant le dialogue entre eux et les professionnels de la santé, mais aussi de favoriser le règlement amiable des différends opposants ceux-ci. Annulé sur décision du 31 mai 1989 pour des raisons de protection du principe de respect de la vie privée et du secret médical, il n'a pu faire l'objet d'une application. Mais d'autres techniques de conciliation ont par la suite été instituées.

[756] Entretien au tribunal administratif de Bamako, le 2 novembre 2017.

[757] *Ibid.*

elle demeure un principe juridique manipulable en fonction des pouvoirs étatiques.

À regarder de près la composition des commissions de conciliation et d'indemnisation en France ou en Suisse par exemple, on peut constater qu'un magistrat (honoraire ou en activité) assure soit leur présidence soit en est un membre. La présence ou la présidence par le magistrat est plus que nécessaire pour la sécurité et l'authenticité de la décision. Raison pour laquelle la consolidation du rôle des modes alternatifs, si impérieuse soit-elle, doit se passer par l'implication du juge dans l'activité des organes de conciliation et de médiation. Ce qui n'affaiblit ni le rôle des juridictions dans leur champ d'action ni le rôle du conciliateur ou du médiateur, la possibilité de toute confusion ou enchevêtrement étant exclue.

En référence à l'article 1142-7 CSP, la victime doit informer aussi bien la commission que le juge qu'une procédure amiable et contentieuse est concomitamment engagée. Mais elle garde le droit de saisir uniquement l'une des instances. S'il faut trouver l'implication du juge comme une dénaturation ou une réformation de son rôle, la prétention est assez audacieuse, mais il semble que pour la sécurité juridique des solutions négociées, le juge doit y porter son regard qui ne doit pas attendre uniquement la phase de l'homologation. Donc au-delà de sa fonction purement juridictionnelle, le juge peut être amené à jouer un rôle dans la régulation **sociale** des conflits médicaux. À titre d'exemple son rôle de stabilisateur des tensions sociales ou de conciliateur est sans conteste en matière matrimoniale. Dans ce contexte, le juge procède d'abord à une tentative de conciliation[758] avant la tenue d'un jugement sur le fond qui peut déboucher sur une décision de rupture ou non du lien de mariage.

A ce niveau, la flexibilité du droit est de mise afin de participer à la quête d'une pacification voulue par les parties. Aussi, la réparation du dommage obtenue grâce à l'intervention du/des médiateur (s), juge (s) ou autres personnes) doit toujours se tenir sous l'œil vigilant du juge. Une sécurité juridique qui intervient donc à tous les niveaux y compris celui de la procédure d'homologation[759] qui accorde une force

---

[758] Voir articles 354 et 355 de la loi n° 2011-087 du 30 décembre 2011 portant code des personnes et de la famille au Mali.

[759] Voir article 3-1 du CPCCS et 52 du CPP.

obligatoire à la volonté des parties. Pour ce faire, l'acte de médiation incluant le juge depuis le début et constatant l'accord des parties est transmis au Procureur de la République qui saisit le tribunal pour l'homologation. La perspective d'une redynamisation des MARC sous le couvert du juge est bien fondée et imminente, sauf qu'elle devrait également se faire dans le cadre d'une réforme législative de la santé susceptible de rénover la responsabilité hospitalière et médicale, et instaurer un système spécial d'indemnisation des dommages médicaux.

Paragraphe II : La rénovation de la responsabilité hospitalière et médicale à travers l'élaboration du code de la santé publique

La légalisation du code (instrument fédérateur de l'ensemble des dispositifs juridiques) traduirait une volonté politique de donner une certaine visibilité et une lisibilité aux multiples préoccupations dans le secteur de la santé. Notamment à l'activité de soins et aux conséquences qui en découlent, y compris les positions des juges et autres institutions. L'aspect brumeux d'un projet de code envisagé il y a plus d'une vingtaine d'années conduit à revoir les sillages des travaux effectués en son temps (A). Les renseignements issus du contexte d'élaboration de ce projet de code peuvent apporter des précisions par rapport à l'importance du code de la santé dans la reconstruction du droit de la responsabilité hospitalière et médicale, et de l'indemnisation des dommages médicaux (B).

A/ Les sillages du projet de code de la santé publique de 1995

Dans les années 1995, la tentative de mise en place d'un projet de code de la santé qui a eu lieu dénotait la nécessité et la volonté du législateur malien de rassembler l'ensemble des dispositifs législatifs et règlementaires en matière de santé. Elle sous-tend aussi l'insuffisance du droit commun pour régler certains aspects juridiques des questions de responsabilité et d'indemnisation du dommage médical. Cependant, sans avoir la certitude que cela pouvait résoudre cette problématique, l'aboutissement d'un tel processus aurait le mérite d'instituer tout de même un recueil unique de textes. Sauf que l'audace affichée de l'exécutif[760] s'est affaissée dans les sillons d'un processus administratif ou législatif mal assumé. Il est important de porter un regard sur les contextes d'échec de ce projet de code (1) avant de s'intéresser au parcours de la loi du 4 mars 2002 en France (2), notamment les amendements concernant la réparation des conséquences qui découlent du risque sanitaire.

1°) Le projet de code de la santé publique : un projet avorté ?

Par décision n° 95-062/MSSPA-SG du 12 janvier 1996 une commission d'élaboration d'un code de la santé publique avait été créée. Aux termes de l'article 4 de ladite décision, cette commission devait déposer le projet de code de la santé publique et son rapport au plus tard le 30 avril 1996. Donc, c'est dans le contexte d'un avant-projet de loi portant code de la santé publique que la commission fut mise en place. Elle était chargée d'amorcer les travaux d'élaboration du code de la santé publique en République du Mali. Un travail de compilation des textes y a été réalisé par les membres de la commission. La compilation rassemblait principalement les textes législatifs et règlementaires sur : la protection générale et la promotion de la santé publique, les professions de santé et leur régime juridique, les établissements de santé, les produits pharmaceutiques, les institutions, le personnel de la santé, l'action sociale et la pharmacie vétérinaire. Une compilation réalisée en 8 livres qui traitaient toutes les questions afférentes à la santé et à la santé publique à l'instar du droit commun matérialisé par le code pénal, le RGO et les lois processuelles. Au-delà de la santé publique, il faut souligner que l'action sociale[761] était également inscrite dans le

[760]Aux termes de l'article 75 de la constitution, l'initiative de la loi appartient concurremment aux membres du gouvernement et à l'Assemblée nationale. Elle est en phase de projet lorsqu'elle émane du gouvernement. C'est suite à une délibération en conseil des Ministres après avis de la Cour suprême qu'elle est déposée au niveau de l'Assemblée nationale pour amendements. Les amendements sont valables pour les deux institutions et l'initiative de l'élaboration d'un code de la santé publique en 1995 justement provenait du département ministériel de la santé.

[761] Les dispositions la concernant étaient en lien avec la protection de la famille, de l'enfance, des personnes handicapées, des mineurs délinquants, des

projet de code. Ainsi, il était la compilation de tous les textes en vigueur au Mali en matière de santé et d'action sociale de l'indépendance du Mali jusqu'en 1996. Bien entendu que les textes ultérieurs étaient supposés se rajouter à cet ensemble de dispositifs. Cependant, il est constatable qu'après ces premiers efforts consacrés à l'œuvre d'élaboration d'un dispositif unique en matière de santé, rien de concret n'a plus été proposé par rapport à ce code.[762]

Une approbation en Conseil des Ministres du projet de code, suivi d'un examen et d'une éventuelle adoption au niveau de l'Assemblée nationale, les avis sont mitigés par rapport au sort du projet de code de la santé publique. Mieux, le mutisme du politique par rapport au code s'est alourdi au point qu'à ce jour, il n'y a nul écho d'un outil censé rassembler l'ensemble des textes législatifs et règlementaires. Or, il est évident que la protection de la santé publique et de l'exercice privé des professions socio-sanitaires à travers l'adoption du code de la santé publique était un pan prévu à l'article 2 de la décision 95-062 de janvier 1996. De 1996 à ce jour, bien d'autres textes ont été adoptés dans le domaine de la santé tenant compte de beaucoup de réalités sociales. Certains de ces textes législatifs et règlementaires sont le prolongement ou le renforcement des dispositifs existants dans le projet de code, notamment par rapport à l'action sociale. Il faut citer par exemple la loi sur l'assurance maladie obligatoire de 2009 et la loi n° 09-030 du 27 juillet 2009 portant création de l'agence nationale d'assistance médicale modifiée par la loi n° 065 du 30 décembre 2016.

Cette structure est chargée de la mise en œuvre du régime d'assistance médicale en faveur des indigents. Par contre, d'autres comme la charte

---

indigents et des collectivités sinistrées, des personnes âgées, et aussi avec la mutualité, l'aide sociale et le secours.

[762] Certains témoignages rapportent que le projet de code aurait été transmis à l'Assemblée nationale qui, après examen, a procédé au vote. Ils attestent même son adoption par l'Assemblée, puisqu'il avait fait l'objet d'un vote par la majorité des députés à l'Assemblée nationale, d'une signature par l'autorité compétente et devrait suivre la procédure de promulgation, phase ultime pour son entrée en vigueur. Ce serait en cours d'acheminement à la présidence qu'il se serait fourvoyé.

du malade, la loi hospitalière constituent de nouveaux dispositifs qui confortent la politique de la promotion et de la protection de la santé au Mali, mais aussi aspirent à offrir une meilleure sécurité juridique aux patients et aux professionnels de santé. L'existence de tout ce lot de textes dans un contexte de disparités ne fait que conforter la nécessité de l'adoption d'un code de la santé publique qui devrait, par ailleurs, tenir compte de l'indemnisation des dommages médicaux. Une telle tentative n'est pas exempte de complexité procédurale et de difficultés conceptuelles des régimes à mettre en place.

En référence aux explications de M. Razafiarison[763], il convient de s'attarder sur l'expérience française. Celle-ci permettra d'appréhender les contours d'une implication législative par rapport à certains aspects de la responsabilité hospitalière et médicale, gage d'une indemnisation efficace des dommages médicaux.

2°) La référence à la trajectoire critique de la loi française de 2002 sur la réparation des conséquences des risques sanitaires

La teneur ou l'importance d'une loi fait que sa soumission aux critiques est chose tout à fait indispensable. La loi française du 4 mars 2002 n'a pas subi d'exception à cette règle et bien plus, elle est passée au peigne fin avant de faire l'objet d'une adoption et d'une insertion partielle[764] dans le code de la santé publique. Les commissions mises en place ont procédé à des amendements avant la proposition d'un document méticuleux concernant les droits des malades et la qualité du système de santé en France.

C'est surtout les amendements sur la partie « réparation des conséquences des risques sanitaires » qui éclaircissent mieux sur le parcours et les péripéties que pourrait subir un projet de code de la santé

[763] Razafiarison Tahiry Anja, La responsabilité médicale à Madagascar, *op.cit.*
[764] Soit les dispositions du titre IV du livre Ier de la première partie du code de la santé publique qui intègre l'article 98 de la loi n° 2002-303 de 4 mars 2002, à l'exception du chapitre Ier, de l'art. L. 1142-2 et de la section V du chapitre II, c'est-à-dire les articles L. 1142-25 à L. 1142-27. Donc, on comprend que c'est surtout 98 en relation avec la réparation des conséquences des risques sanitaires qui est ici pris en compte.

publique inclusif en même temps des questions de responsabilité et d'indemnisation des dommages médicaux. En effet, l'adoption d'« une loi sur l'aléa thérapeutique comme seul moyen de sauvegarder la relation médecin-patient » fut proposée par M. Douste-Blazy[765] dans le journal le *Monde* en 1993. Ces propos venant de surcroît d'un médecin seraient symboliques de la nécessité d'adoption d'une loi sur le droit des malades, plus particulièrement pour ce qui concerne l'indemnisation automatique des accidents médicaux ; un ancien vœu proposé déjà dans les années 1960 et qui rebondit dans le rapport de la chancellerie en 1991concernant « la responsabilité médicale et l'indemnisation du risque thérapeutique ».

À la suite de ce rapport, une réflexion générale sur l'indemnisation du préjudice corporel a conduit à l'élaboration d'une nomenclature[766] dont l'objectif était de mieux orienter les praticiens en charge de l'indemnisation des dommages corporels, notamment les experts, les assureurs, les avocats, les juges et tout autre organisme d'indemnisation. En 1992, l'élaboration d'un rapport complémentaire sur « le problème français des accidents thérapeutiques : enjeux et solutions »[767] serait à l'origine de la rédaction d'un avant-projet de loi. Le rapport sur « le droit de la responsabilité et l'indemnisation applicable à l'aléa thérapeutique » prévu dans le cadre de la loi n° 98-389 de 1998 sur la responsabilité du fait des produits défectueux a été déposé en 1999. Il initiait une série de mesures parmi lesquelles la création de commissions régionales d'indemnisation chargées des règlements amiables, le maintien de la faute comme fondement de la responsabilité médicale et la création des fonds d'indemnisation dans

[765] Homme politique français, Philippe Douste-Blazy est médecin cardiologue qui occupa plusieurs fonctions ministérielles notamment le portefeuille de ministre de la Santé, de la Culture et des Affaires étrangères.

[766] Celle qui porte le nom de M. Jean Pierre Dintilhac, président de la deuxième chambre civile de la Cour de cassation en son temps.

[767] Commandé par le ministre de la santé B. Kouchner et établi par M. Ewald qui en même temps notait : « quand la médecine était impuissante, elle faisait l'objet de railleries visant à la fois à montrer l'imposture médicale (rapport entre les prétentions et les pouvoirs véritables) et la capacité infinie de s'illusionner des malades. Dès lors qu'elle est devenue efficace, la médecine fait l'objet de plaintes », voir F. Ewald, « le problème français des accidents thérapeutiques : enjeux et solutions », rap. Kouchner septembre/octobre1992, p. 11.

les cas d'accidents médicaux graves qui n'ont pas leur origine dans une faute, autrement dit les accidents médicaux non fautifs. Il faudra attendre 2001 pour que la réflexion aboutisse au dépôt d'une loi relative à l'indemnisation de l'aléa médical et de la responsabilité médicale.[768] Mais courant la même année, un projet de loi est présenté au gouvernement portant sur le droit des malades et la qualité du système de santé.

Le titre IV dudit projet était manifestement réservé à la réparation des conséquences liées aux risques sanitaires. Cette évocation ne laissait aucun acteur indifférent par rapport à la nécessité d'une **loi uniforme** sur la responsabilité médicale et l'indemnisation de l'accident médical. Indemnisation qui prévoit et le mode contentieux et celui non contentieux du dommage médical. Parallèlement à la proposition de loi devenue caduque en application de l'article 28-2 du règlement du sénat, le projet de loi déposé se distinguait par la mise en place d'un mécanisme de règlement amiable et d'indemnisation des victimes d'accidents médicaux, d'affection iatrogène et d'infections nosocomiales.

Un mécanisme qui devait être opérationnel par le biais des Commissions de conciliation et d'indemnisation (CCI) et de l'Office national d'indemnisation des accidents médicaux et des affections iatrogènes (ONIAM).[769]

Les amendements faits par les commissions parlementaires[770] ont accordé plus de crédit au dispositif de règlement amiable proposé. Ils

---

[768] En application de l'article 28-2 du règlement du Sénat français « Les propositions de loi sur lesquelles le Sénat n'a pas statué deviennent caduques de plein droit à l'ouverture de la troisième session ordinaire suivant celle au cours de laquelle, elles ont été déposées (…) », elle est devenue caduque.

[769] Établissement à caractère administratif, placé sous la tutelle du ministère de la santé. Son financement provient essentiellement de l'assurance maladie.

[770] Les commissions permanentes de l'Assemblée nationale jouent un double rôle, à savoir d'une part, l'examen de tout projet ou proposition de loi dans le but d'être débattu. Pour ce faire, le texte adopté par la commission saisie est discuté en séance publique et d'autre part, l'information de l'Assemblée nationale dans le but qu'il exerce son rôle de contrôle de l'action gouvernementale. Voir, A. Razafiarison, La responsabilité médicale à Madagascar, thèse préc. n° 757.

concernaient pour l'essentiel :

1- Le visa du titre IV du livre I du code de la santé publique qui initialement s'intitulait « la réparation des risques sanitaires » a conduit à la reformulation de « la réparation des conséquences des risques sanitaires ». Cet amendement soutenait que l'acte médical étant constitué de risques, l'obligation de réparer ne pouvait être justifiée par la survenue de ce risque, mais, eu égard aux évènements non maitrisables, les conséquences devraient être prises en compte ne serait-ce que par le mécanisme de la solidarité nationale ;

2- La description ou la définition des risques sanitaires susceptibles de se réaliser dans les établissements de santé était un amendement qui modifiait le chapitre II du titre IV. Il s'agissait de donner une définition des concepts d'infections nosocomiales, des affections iatrogènes et de l'accident médical ;

3- Ensuite la coordination entre les articles 1142-1 et 1142-8 du CSP était sollicitée au motif que l'article 1142-8 assure l'effectivité du bénéfice du règlement amiable prévu à l'article 1142-1 ;

4- Enfin pour faire bénéficier le maximum de victimes à la réparation au compte de la solidarité nationale, l'amendement a retenu un taux d'incapacité de 24 %.

Mais dans le cadre des amendements relatifs au règlement amiable, d'autres ont concerné l'assurance qui pouvait intervenir dans le cadre d'une responsabilité professionnelle faisant opérer la transaction entre le responsable et la victime. Donc, au-delà de l'accident non fautif où le règlement a un caractère consensuel, les accidents fautifs également admettent un consensus à travers la transaction (article 1142-14 et 1142-15 CSP). À ce niveau, deux amendements essentiels ont été adoptés : la revalorisation annuelle de la rente accordée à la victime et la limitation de l'amende adressée à l'assureur en cas d'offre insuffisante. Les deux assemblées à l'unanimité ont soutenu le caractère essentiel des MARC dans la réparation des accidents médicaux sans tenir compte du caractère aléatoire de l'acte thérapeutique.

S'inspirant des dispositions en relation avec l'aléa thérapeutique et le risque sanitaire, le législateur a institué un système de responsabilité sans faute. Ainsi, à la série de dispositions régissant l'activité médicale, une solution a été adoptée sur les différends relatifs à la responsabilité et à l'indemnisation, même si c'est suite à une complexité procédurale. L'élaboration d'un tel instrument dans le contexte malien doit s'inscrire dans la logique de contenir également des règles de ce genre.

Donc, l'échec d'un projet si important comme l'élaboration du code de la santé publique n'est pas surprenant compte tenu de l'aspect immature et incomplet que renfermait l'avant-projet de code de 1995.

La proposition d'une indemnisation des accidents médicaux surtout non fautifs n'est pas prétentieuse et demeure conforme à la logique de M. TUNC[771], il y a environ un demi-siècle. Sa concrétisation à travers la loi du 4 mars 2002 ne peut que fonder l'espoir d'une prise en compte future par la législation malienne, les réalités du monde sanitaire étant pour l'essentiel identiques avec la pratique de la médecine moderne.

Les conséquences liées aux risques sanitaires soulèvent dans le contexte de soins malien la problématique de la prise en charge de l'aléa thérapeutique et des autres accidents médicaux.

La mise en place de régimes spécifiques dans le cadre d'un code de la santé publique devrait tenir compte de ces aspects, le droit commun de la responsabilité n'étant pas à mesure de répondre efficacement à toutes ces préoccupations.

B/ Le code de la santé publique : un contenant nécessaire pour la responsabilité et l'indemnisation des dommages médicaux

Le code de la santé publique sert de dispositif homogène pour une présentation et une appréhension de l'ensemble des aspects relatifs à la santé, aux relations de soins et aux conséquences de l'activité de soins. Envisager son élaboration devra se faire impérativement avec l'intégration d'un droit de la responsabilité hospitalière, médicale et de l'indemnisation, digne d'un système juridique efficace.

---

[771] Le Professeur français A. Tunc lors du 2e congrès international sur la morale médicale, a proposé l'objectivisation de la responsabilité des médecins. Une objectivisation qui était déjà en son temps considérée par l'opinion populaire comme garante d'une meilleure protection des victimes d'accidents médicaux non fautifs.

Ce système est sans doute celui qui reflète les attentes de la société malienne en matière de responsabilités hospitalière et médicale (1) et fait de l'indemnisation des dommages médicaux un impératif social (2).

1°) Le droit de la responsabilité médicale au pan des attentes de la société malienne

Que les médecins au Mali plaident pour leur irresponsabilité n'a pas commencé avec la pratique médicale malienne. Cette plaidoirie est à l'image d'une agitation médicale du XXe siècle (notamment en France) vouée à l'échec suite à une confrontation farouche entre le monde médical (Académie française de médecine) et la justice. Une ténacité jurisprudentielle qui a valu la construction presque parfaite du droit de la responsabilité médicale française tel que présenté aujourd'hui.

Nonobstant les réalités sociales qui séparent le Mali de la France, deux facteurs fondent l'espoir que la responsabilité médicale s'affirmera au Mali dans les temps à venir. En premier lieu, le système juridique tant bien que celui médical sont quasiment le reflet du système français (pour des raisons surtout historiques) qui a su braver tous les obstacles pour parvenir au stade où il se trouve.[772] En second lieu, le droit étant aux pas de l'évolution sociale, l'éveil des consciences donnera conduira à un meilleur encadrement juridique de la relation médicale.

De manière générale, peu de personnes se saisissent de leur droit d'action au Mali eu égard à la faible culture juridique et au coût des procès. Les procès en matière médicale ne font guère exception à cette règle. Comme le disait H. Motulsky[773] : « L'action est le droit, pour l'auteur d'une prétention, d'être entendu sur le fond de celle-ci afin que

---

[772] Il n'est pas sans oublier que le passage bien marqué de la colonisation française dans la construction sociale malienne est constamment rappelé dans ce travail et cela en vue d'une meilleure compréhension de l'évolution de nos systèmes de santé et de droit.

[773] H. Motulsky, « Le droit subjectif est l'action en justice », Écrits, Études et Note de procédure civile, t. 1, Dalloz 1973, p. 85 et s. cité par Constance Grewe in « L'accès au juge : le droit processuel d'action ». Actes du colloque des 31 mai et 1 juin 2002 organisé à la Faculté de Droit de Strasbourg.

le juge la dise bien ou mal fondée. Pour l'adversaire, l'action est le droit de discuter le bien-fondé de cette prétention ».

Sur le plan judiciaire, l'effectivité du droit médical ou du droit de la responsabilité hospitalière et médicale souffre de deux confusions majeures : l'une relative à la jouissance du droit d'ester en justice et l'autre à la prise d'une décision impartiale et indépendante dont l'aboutissement est le droit à un procès équitable.[774]

La rareté des procès en responsabilité médicale est due au fait aussi que le juge malien, au-delà de toutes les critiques à son égard, est également victime de la pression de son environnement social et professionnel.

La population attend que le juge réprime les abus en matière médicale, applique la loi en toute impartialité, mais personne ne veut en même temps qu'il le fasse à son encontre, d'un de ses parents ou de ses proches.

Face à cette attitude paradoxale de la population, le juge subit une pression intense de la part de tous ceux qui ont une affinité avec lui, sans compter l'impréparation de beaucoup de juges sur les textes en matière médicale.

Par conséquent, autant le médecin (y compris le thérapeute traditionnel) a besoin de formations sur leurs droits et obligations, autant le juge et le personnel judiciaire doivent s'imprégner du contenu des dispositifs qui régissent la santé en général.

Par ailleurs, même du lot de ceux qui croient que l'accident médical implique la seule responsabilité divine, le doute et la révolte sont les maîtres intérieurs.

Or, face au seul Dieu responsable, il y a lieu de se demander quelle solution pour une justice médicale au Mali ? La réparation du dommage causé à autrui, un principe civiliste et la réparation du dommage subi,

---

774 La règle juridique est plus forte et reconnue supérieure que les autres parce qu'elle sanctionne ; une fois sa faculté de sanctionner perdue ou amoindrie, elle tombe dans le laxisme qui finit par flétrir la plupart des règles sociales. Ainsi, pour se maintenir au sommet des instruments de régulation des conduites humaines, elle se doit d'opérer efficacement, de se maintenir en vigueur.

un droit fondamental de tout être humain doivent émerger dans la dynamique d'une codification.

2°) L'indemnisation des dommages médicaux, un impératif social

Au Mali, très peu de gens font actuellement de l'indemnisation des dommages médicaux une priorité. L'opinion collective est de plus en plus manifeste par rapport aux déboires issus de l'activité médicale et à la possibilité d'une éventuelle poursuite judiciaire. Ainsi, suite aux actes présumés fautifs, un réel paradoxe existe entre la volonté de poursuite manifestée verbalement et la mise en œuvre de moyens juridiques et judiciaires en vue de l'engagement d'une responsabilité. Même en cas de détermination d'une telle responsabilité, la réparation est dans la perception populaire contre la religion ou contre les valeurs sociétales. Une véritable indécision existe au niveau de la position de la société sur la concrétisation de la responsabilité médicale et de l'indemnisation des dommages médicaux. Tantôt celle-ci s'avère juste et conforme au principe fondamental de l'État de droit, tantôt elle est synonyme de remise en cause de l'hospitalité, de la solidarité et du pardon érigés par les us et coutumes.

Ainsi, il convient de porter un regard d'une part, sur le dilemme entre le besoin indemnitaire et la réparation réelle du dommage et d'autre part, sur l'indemnisation comme un devoir fondamental de l'État.

D'abord, un aperçu du besoin indemnitaire et de la représentation du dommage montrent que l'indemnisation médicale ne fait pas suffisamment partie des priorités politiques et des aspirations sociales. Cela est dû au caractère irrationnel de la monétisation du mal dans le subconscient de beaucoup de Maliens.

Une tout autre forme de compensation serait plus le soutien moral de l'entourage, manifesté par une présence régulière auprès de la victime et sa consolation verbale ou matérielle. Par conséquent, l'assistance juridique était absente, eu égard à son manque ou à sa faible sollicitation par la victime et/ou ses ayants droit. Donc, le traitement du dommage pour l'instant n'a pas la connotation monétaire à laquelle il peut prétendre ou du moins tel que c'est le cas dans d'autres systèmes de droit comme en France.[775] Le rôle prépondérant du dommage dans le droit français a conduit un auteur à affirmer que l'existence du mal devient le centre de gravité de la responsabilité, la faute pourrait tout aussi bien s'analyser comme la commission d'un mal, le préjudice comme la souffrance d'un mal et la réparation comme la guérison d'un mal.[776] Donc, il y a lieu de se demander si l'adaptation du droit aux réalités sociales (une nécessité qui accepte souvent l'exclusion de la réparation du dommage) pourra concilier avec les ferveurs capitalistiques d'une société tentée de plus en plus par l'appât du gain.

Cette préoccupation est fondée, puisqu'à regarder de près, deux phénomènes majeurs dominent aujourd'hui la société malienne lorsqu'il s'agit de réparation de dommages médicaux. Une première tendance en faveur de la responsabilité des professionnels de la santé et de la réparation du dommage issue de la pratique de soins et une autre tendance favorable au maintien des valeurs traditionnelles de pardon et de réparation divine. Cependant, les besoins économiques des populations devenant croissants, nul doute que les compensations financières ou la réparation intégrale des dommages peuvent intéresser toutes les victimes. Même celles qui sont bridées par une fidélité ou un respect de la volonté communautaire.

En outre, il n'y a rien à gagner, à laisser une victime (directe ou ayant droit) souffrir d'impécuniosité liée au dommage subi lors d'une intervention médicale en l'exposant à d'autres vulnérabilités sociales. Si *réparer n'est pas effacé*[777], réparer peut tout de même avoir une toute

---

[775] C'est pourquoi dans ce pays, la faute a connu un déclin progressif pendant que le dommage connaissait un accroissement indéniable dans le système de réparation. P. Le Tourneau a juste vu lorsqu'il avançait que *face au besoin indemnitaire auquel on cède, de manière croissante, le droit français tend à postuler l'existence du fait générateur de responsabilité à partir de la constatation d'un dommage, qui absorbe lui-même la notion de préjudice.* Le principe n'est plus *« toute faute appelle réparation », mais « tout dommage appelle condamnation ».*

[776] C. Labrusse-Riou, « Entre mal commis et mal subi : les oscillations du droit », dans la responsabilité. *Les conditions de notre humanité*, Autrement, « Séries Morales », n° 14, 1994, p. 94 s, cité par P. Le Tourneau, *op. cit.*, n° 1324.

[777] Voir A. Razafiarison, La responsabilité médicale à Madagascar, thèse préc., p. 185.

autre connotation ou un tout autre intérêt pour la victime que le simple fait de restaurer la situation ancienne.

Dans une société malienne en pleine mutation et dans une fervente aspiration au bénéfice d'une santé de qualité et souvent d'une santé au-dessus de ces moyens[778], il ne peut être autrement que de s'attendre à une manifestation future et croissante du besoin d'indemnisation. Car il ne sera guère concevable pour une population de débourser des sommes faramineuses dans la prise en charge d'une pathologie, pour ne s'attendre qu'à une dépréciation de la faute médicale.

Par ailleurs, il faut rappeler que l'indemnisation est même un devoir fondamental de l'État. « La personne humaine est sacrée et inviolable » prévoit l'article 1 du décret 92-0731 P-CTSP du 25 février 1992 (référendum du 12 janvier 1992). Ce dispositif constitutionnel est l'un des plus protecteurs de la santé et de la vie humaine. La sacralité, l'inviolabilité qu'elle accorde à toute vie humaine est un principe universel au-delà de la garantie tenue par le texte constitutionnel.[779] C'est parce que la vie humaine est sacrée et inviolable que les instruments internationaux de promotion et de défense des droits de la personne humaine y sont consacrés en masse.

Cependant, malgré la souscription par le Mali à ces instruments et l'élaboration d'autres au niveau interne, l'exclusion de la protection de l'intégrité de la personne humaine ou plutôt du droit à la réparation du dommage est constatable dans la charte du malade. L'article 4 de la charte du malade prévoit que les établissements se doivent de veiller au respect des droits de l'homme et des citoyens universellement reconnus et énumère ces droits tout en omettant le droit à la réparation du dommage médical.

---

[778] Il est indéniable aujourd'hui, en tout cas au niveau des citadins que la santé devient de moins en moins un luxe et qu'on n'hésite pas à se procurer les mêmes services que la médecine offre dans les pays les plus développés. Ces services sont reçus soit ici, soit à l'étranger et à des prix considérables.

[779] Affermi dans le concert des textes internationaux et affiché soigneusement dans les textes constitutionnels, ce principe a une place inconditionnelle dans toute société et encore plus dans ce monde du XXIe siècle où l'exposition aux risques est sur la même longueur d'onde que la course frénétique à l'appât du gain qui anime l'humanité.

Or à ce sujet, l'article 16 de la charte africaine précise qu'« il est de l'obligation des États signataires de prendre les mesures nécessaires en vue de protéger la santé de leurs populations et leur assurer l'assistance médicale en cas de maladie ». L'article 2 de la loi d'orientation dispose que la politique nationale de la santé repose sur les principes fondamentaux d'équité, de justice, de solidarité, de participation de la population et de la société civile. Mais l'implication de la société civile soutenue par le cadre légal du droit à la santé est plus axée sur la prise en charge des maladies, notamment des maladies émergentes (cancer, diabète, drépanocytose, etc.) que sur la défense des droits des victimes d'accidents médicaux.

Selon un membre de la société civile : « Les priorités en matière de santé sont aujourd'hui à tel point nombreuses qu'il est difficile pour l'instant de se pencher sur les questions d'indemnisation des conséquences liées aux soins de santé ».[780]

Dans la même logique d'idées, un défenseur des droits de l'homme avance : « ce combat n'est même pas entamé, eu égard à plusieurs facteurs dont l'un serait le manque de collaboration des victimes et de leur famille ».[781]

Il précise : « pour la défense des droits de l'homme, l'organisation de défense des droits peut prendre le devant pour s'autosaisir, mais à ce niveau une des difficultés est la demande d'abandon des charges par les victimes même ou souvent leur disparition en cours de procédure ».[782]

À ce jour, les associations de défense des droits de l'homme ou des consommateurs ont un faible impact sur la politique de l'État dans la prise en compte des questions d'indemnisation des dommages médicaux, car elles posent très peu d'actions ne serait-ce que dans le sens d'une sensibilisation des acteurs de la santé.

Le rôle de ces groupements étant la protection et la défense (des droits de l'homme et des consommateurs) dans la généralité, les questions relatives à la santé et plus particulièrement à la réparation des atteintes

---

[780] Témoignage anonyme recueilli le 17 janvier 2018 à 14 h.
[781] Entretien avec Mme D. au siège de la CNDH à Bamako, le 8 janvier 2018 à 12 h.
[782] *Ibid.*

médicales à l'intégrité du patient devraient figurer parmi leurs actions. Ce rôle est d'autant plus primordial qu'il peut susciter la réaction de l'État. Il faut signaler que le plus dramatique dans les accidents ou incidents médicaux est le sort des héritiers de la victime qui lorsqu'ils sont mineurs ou qu'il y avait une dépendance financière ou affective quelconque (situation de précarité) se trouvent dépossédés d'un être cher et par conséquent se retrouvent dans la plus grande précarité.

Enfin, il faut illustrer le cas de nombre de parturientes décédées suite à des erreurs médicales[783] emportant avec elles leurs nouveaux-nés ou les laissant avec leurs frères aînés dans des situations socio-économiques et même affectives précaires. D'habitude il est d'affirmation dans la société malienne qu'« il n'y a pas de personnes indispensables et que la perte d'une personne importante, donne l'opportunité d'en trouver une autre qui apportera son soutien ». Donc le « Djiguiya »[784] comme concept intervient ici et permet sans le concours de l'autorité étatique de soutenir ceux qui sont en état de nécessité ou de précarité.

A ce sujet, il faut tout de même reconnaître que le « Djiguiya », institution séculaire qui avait un poids considérable dans la société s'affaisse de plus en plus avec le développement économique et la transformation des habitudes sociales. Mieux, la médecine avec ses technicités et ses aléas cause des dommages qui ne peuvent être laissés au seul compte du « Djiguiya ». C'est pourquoi, au-delà de toute action en responsabilité dont la finalité est en principe la réparation du dommage, l'indemnisation de ces dommages est un devoir fondamental de l'État.

Elle peut être concrétisée par la restauration du « Djiguiya » à travers l'instauration d'un mécanisme de solidarité nationale qui est déjà une véritable réussite dans certains pays. En somme l'action des associations de la société civile et de défense des droits de l'homme peut être cruciale pour encourager ou accompagner l'État à mettre en place un système d'indemnisation efficace.

Ces associations devraient inscrire cela dans leurs actions ou s'y atteler,

[783] Les témoignages dans ce domaine sont les plus répandus au Mali. L'opinion publique s'est vivement manifestée contre nombre de ces pertes de femmes en couche dans des circonstances jamais éclaircies.

[784] Qui veut dire en bambara, le soutien, l'espoir dans la solidarité.

vu son importance dans le soutien de ceux qui peuvent basculer dans la catégorie de couche démunie, faute d'indemnisation du dommage médical.[785] L'existence d'instruments juridiques en matière de santé et de responsabilité en général crée un cadre qui favorise la prétention à l'existence d'un droit de la responsabilité hospitalière et médicale. Ce cadre pourra être plus effectif avec la mise en place d'un code qui réunit l'ensemble des textes sur la santé et qui régit au mieux la responsabilité hospitalière et médicale. La jeunesse de ce droit ne constitue pas la seule raison de sa faible construction, mais cela est lié à bien d'autres facteurs socio-professionnels et économiques. Le cantonnement de cette responsabilité dans des interprétations religieuse et métaphysique des faits illégaux par exemple handicape profondément l'action juridictionnelle au Mali. Face à une faible implication de l'appareil judiciaire dans la réparation des dommages médicaux due au manque de saisine ou à d'autres facteurs qui mettent en jeu la procédure judiciaire (notamment l'influence des modes alternatifs de règlement), l'étouffement des accidents médicaux perdurera. Cependant, cela doit être compensé par l'instauration d'autres mécanismes de protection des victimes de la médecine. L'évocation de la solidarité dans la prise en charge de la maladie doit aller de pair avec la solidarité dans la prise en charge du dommage médical qui aggrave ou provoque d'autres souffrances chez le patient ou ses ayants droit.

[785] À titre d'illustration, il faut évoquer les conséquences désastreuses d'une maladie sur une famille en milieu rural qui est obligée de vendre le bœuf de labour, de déléguer une personne qui est nécessaire pour les travaux champêtres d'assister le patient dans le parcours de soins. Si pour finir cette famille perd le malade ou se retrouve démunie de ses capacités motrices ou mentales, ceci ne peut être qu'une perte multiple pour une telle famille dont les revenus étaient déjà maigres. Certes la catégorie de personnes démunies n'est pas spécifiquement déterminée dans la charte et les lois en général, mais cela devrait faire l'objet de plus d'attention surtout lorsqu'il s'agit de réparation de dommages médicaux. Donc il est nécessaire d'y intégrer certaines victimes en fonction de la gravité du dommage médical et de l'impact sur les conditions d'existence.

CONCLUSION GÉNÉRALE

L'étude de la responsabilité médicale soumise à l'appréciation du droit malien s'est intéressée à la question fondamentale de l'effectivité et de l'efficience des règles qui régissent l'activité médicale et les conséquences susceptibles d'en découler. Un certain nombre de constats et de recommandations se sont imposés.

Le constat majeur a été que les règles tout comme l'exercice de la médecine évoluent dans un contexte où l'influence des pratiques sociales rendent parfois difficile l'application d'un droit positif qui, à lui seul, demeure également insuffisant. Les développements et réponses consacrés à ce sujet ressortent à travers l'étude du cadre général de la responsabilité hospitalière et médicale et à travers l'analyse des mécanismes de mise en œuvre de cette responsabilité en vue de parvenir à une indemnisation efficace des dommages médicaux.

A l'examen de ces deux grandes parties, il a été retenu que toute atteinte à la santé reconnue comme un droit fondamental par l'article 17 de la constitution du 25 février 1992 et par le préambule de l'OMS, constitue une violation qui est sanctionnée par des règles civiles, pénales, administratives et disciplinaires. Plus que la santé, la vie humaine est sacrément protégée par le texte constitutionnel. L'État du Mali de l'indépendance, à ce jour, à l'instar de nombreux États africains, s'est inscrit dans la logique de bâtir un système de santé performant. Ce travail de construction a valu la mise en place d'un cadre juridique assez consistant en matière de santé allant de l'élaboration de textes règlementaires et législatifs à l'adhésion à plusieurs instruments internationaux.

Ces textes si disparates qu'ils sont constituent l'ossature juridique de la santé dont l'accès est garanti en premier lieu par le texte fondamental du Mali. Mais en suivant les lois sur la santé de 2002 et la charte du malade qui en découle, il ressort qu'il ne s'agit pas d'une simple accessibilité physique à la santé, mais bien plus, d'une accessibilité totale à l'ensemble des services de santé, y compris aux soins de santé de qualité. Les soins de santé de qualité sont l'apanage des professionnels de la santé, mais aussi des établissements dans lesquels ceux-ci officient. C'est dans ce cadre que se crée une relation entre, d'une part l'établissement de santé et le patient et d'autre part, entre le praticien et le patient.

Ce cadre relationnel n'est pas exempt de conflits surtout lorsque l'intégrité physique et morale du patient est affectée par l'activité de soins. La violation de cette intégrité due à un agissement fautif révélé au cours de l'activité de soins fait appel à l'application de règles de responsabilité qui sont prévues principalement par le droit commun.

Mais à l'instar du droit commun, la responsabilité des établissements et des professionnels de la santé fait également l'objet d'un encadrement juridique contenu dans des dispositions spécifiques. La multiplicité de ces dispositions ne favorise pas un encadrement effectif et efficace de la responsabilité hospitalière et médicale. Elle s'exerce dans un contexte social où l'adhésion aux règles du droit positif reste toujours faible, et la soumission des actes fautifs du professionnel de la santé à l'appréciation juridictionnelle est très mal admise et soutenue.

La faute médicale (quel que soit le dommage qui peut en découler) jusqu'à une période récente était assimilée à un fait de Dieu dans la mentalité de la plupart des populations. Sa réparation au-delà du pardon manifesté verbalement ou à travers des biens symboliques en nature avait lieu dans la consolation ou dans la résignation.

Après l'indépendance, le droit commun a défini la faute et lui a attribué un régime juridique. Ce cadre juridique considérant l'ensemble des conditions d'engagement de la responsabilité a pour objectif de prévenir, de sanctionner ou de réparer toute violation.

Au-delà de la prépondérance de la volonté du praticien de la santé, l'obligation de moyens comme principale obligation médicale est extrêmement présente. À l'instar du droit commun des obligations, le code de déontologie médicale et beaucoup d'autres dispositions spécifiques en matière médicale se prononcent sur l'obligation de moyens. Ce qui n'exclut pas totalement l'obligation de résultat prévue par exemple par l'article 5 al.2 de la loi hospitalière : « La qualité de leur prise en charge constitue un objectif essentiel pour tout établissement de santé » et l'article 9 de la charte du malade : « Les établissements hospitaliers garantissent la qualité des soins notamment à travers un bon accueil des usagers ».

Ainsi, l'appréhension par le droit des obligations médicales suscite la question de la nature de la relation de soins. Elle est extracontractuelle ou administrative lorsqu'elle est établie en milieu hospitalier, et en principe contractuelle lorsque la relation découle de l'exercice de la médecine libérale. Cette composante de la relation de soins qui dénote l'existence d'un lien contractuel prête à discussion encore dans le contexte malien, contrairement au droit français par exemple duquel s'inspire celui malien.

Si toutes les bases juridiques du contrat existent et que le colloque singulier médecin-patient traduit le mieux la référence à un contrat, la pratique de l'activité médicale en privée au Mali se prête encore à une certaine immaturité dès lors qu'il s'agit de l'application des règles du contrat. Sans compter que le champ du colloque singulier s'amenuise de plus en plus au profit d'un colloque pluriel difficile à circonscrire. Il est impérieux de mieux élaborer la pratique médicale et particulièrement, l'exercice libéral qui prend en charge les deux types de médecine (médecine moderne et la médecine traditionnelle).

L'imbrication des liens sociaux et la précarité des ménages constituent des difficultés pour la bonne exécution du contrat médical. Les défaillances qui en découlent, loin de constituer une source de responsabilité contractuelle médicale renforcent finalement l'ancrage de la responsabilité délictuelle du professionnel de la santé.

Au Mali, la prégnance de l'obligation de moyens influe même sur l'appréciation des fautes les plus objectives, c'est-à-dire liées à l'environnement des soins, aux matériels et produits sanitaires. Celles-ci renvoient généralement aux concepts de risque sanitaire et d'aléa thérapeutique. Pour la prise en charge des dommages issus de ces accidents liés aux soins, la responsabilité objective mérite d'être valorisée.

Dans ce contexte, la France, par exemple, a procédé à un abandon de la distinction responsabilité contractuelle médicale et responsabilité délictuelle médicale au profit de la responsabilité légale instaurée depuis la loi du 4 mars 2002 et dont les contours continuent d'être précisés à travers la doctrine et la jurisprudence. Sauf qu'au Mali, l'accompagnement jurisprudentiel est défaillant et tire sa source de la faible saisine du juge malien pour les litiges médicaux.

Aussi, deux facteurs handicapent l'émergence de la jurisprudence médicale : l'isolement de fait des tribunaux dans la résolution des litiges médicaux et la lenteur des rares procédures qui se trouvent au niveau des juridictions et dont la plupart généralement ne connaissent pas leur épilogue.

L'accès aux décisions prises par les instances disciplinaires et juridictionnelles est d'une difficulté extrême due au manque d'organisation des services et à la mauvaise volonté des agents en charge de ces missions (cela s'explique aussi par le mauvais ou l'absence d'archivage des décisions de justice. Cela conduit à se contenter souvent des simples affirmations verbales de l'existence de certaines décisions ou affaires sans qu'on ne puisse y accéder véritablement). Ainsi, il va demeurer au Mali une construction difficile ou partielle d'une jurisprudence et d'une doctrine médicale si les instances disciplinaires et juridictionnelles ne jouent pas pleinement leur mission ou leur rôle. Cependant, il y a lieu de noter que depuis 2008, la Cour suprême du Mali fait un effort de publication de ses arrêts.

En outre, l'existence d'instruments juridiques en matière de santé et de responsabilité ne traduit pas l'effectivité recherchée en matière de responsabilité hospitalière et médicale.

L'appropriation de la réparation du dommage médical et l'adhésion à la responsabilité sont des difficultés que l'État devra résoudre au-delà de la nécessité d'instaurer des institutions d'indemnisation du dommage médical. À ce niveau, il faut craindre un abus de la part des victimes qui pourront en faire une source de financement et d'enrichissement. Sauf que cela ne doit pas détourner la réparation de son véritable but qui est de restaurer les droits d'une personne privée des conditions d'existence antérieures et qui doit apprendre à vivre avec des séquelles qui découlent d'une activité médicale.

Au-delà de la conscientisation de la population bénéficiaire des soins de santé sur les impacts d'un dommage médical et des droits mis à leur disposition pour une éventuelle réparation, **l'implication des MARC comme moyen de réparation des dommages médicaux** devra être mûrement élaborée. Cela est envisageable dans le cadre de **l'institution sur toute l'étendue du territoire malien, des commissions de conciliation et de réparation des dommages médicaux.**

L'amélioration et l'application rigoureuse des règles en matière de responsabilité et de réparation, devront permettre un meilleur respect des droits des patients et une protection des professions de santé.

L'élaboration de statistiques en matière de responsabilité médicale et de réparation du dommage médical devra être envisagée, en vue de mieux susciter des actions dans le sens du respect des droits des patients.

En somme, à l'instar de la construction ou de la consolidation de la jurisprudence, l'émergence du droit de la responsabilité hospitalière et médicale dépend également de la mise en place de données quantifiables des cas de dommages médicaux et de plaintes formulées auprès des autorités compétentes

BIBLIOGRAPHIE

I. OUVRAGES GÉNÉRAUX

ASSI ESSO Anne Marie H. *et al.*, 2002, *Droit des assurances. CIMA.* Bruxelles, Bruylant, 506 p.

AUBY Jean-Marie, 1973, *Le pouvoir réglementaire des ordres professionnels. Semaine juridique.* Paris, PUF, I, n° 2545 [Coll. Thémis].

BADJAGA Boubacar, 2015, *Le présumé innocent face à la justice et à la presse.* Bamako, édition La Sahélienne, 171 p.

BIOY Xavier, 2011, *Droits fondamentaux et libertés publiques.* Paris, Monchrestien, Lextenso éditions, 873 p.

BLANCHET Alain *et al.*, 2005, *Les techniques d'enquête en sciences sociales.* Paris, Dunod, 197 p.

BUFFELAN-LANORE Yvaine, LARRIBAU-TERNEYRE Virginie, 2014, *Droit civil, Les obligations.* 14e édition, Paris, Sirey, 1077 p.

CARBONNIER Jean, 2008, *Droit et passion du droit sous la Vème République.* Paris, Flammarion [Coll. Champs], 276 p.

—, 2001, *Flexible droit, Pour une sociologie du droit sans rigueur,* 10e édition. Paris, LGDJ, 485 p.

CARVAL Suzanne, 2001, *La construction de la responsabilité civile/Controverses doctrinale.* Paris, PUF, 405 p.

CHAPUS René, 2008, *Droit administratif* général, 13e édition. Paris, Montchrétien, Lextensoéditions, 1540 p.

CISSOUMA Sékou Faco, 2011, *Droit civil : les obligations,* 1ère édition. Bamako, éditions Amecom, 400 p.

D'AMBRA Dominique *et al.* (dir.), 2003, *Procédure(s) et effectivité des droits.* Bruxelles, Bruylant, 267 p.

DAILLIER Patrick, PELLET Alain, 2002, *Droit international Public,* 7e édition. Paris, LGDJ, 1510 p.

DEMBÉLÉ Moïse, 2016, *Bioéthique et excision au Mali.* Torino, L'Harmattan Italia, 438 p.

DIALLO Bassirou, 2012, *Faire face à la réalité.* Bamako, L'Harmattan La Sahélienne, 66 p.

DORSNER-DOLIVET Annick, 1986, *Contribution à la restauration de la faute, condition des responsabilité civile et pénale dans l'homicide et les blessures par imprudence. À propos de la chirurgie.* Paris, LGDJ, 496 p.

DOUMBIA Kalilou, 2020, *Le contentieux administratif malien.* Dakar, L'Harmattan-Sénégal, 711 p.

DUBOIS Jean-Pierre, 1998, *La responsabilité administrative.* Paris, La Découverte, 80 p.

FABAS-SERLOOTEN Anne-Laure, 2015, *L'obligation de soins en droit privé.* Toulouse, éditions Presses Universitaires de Toulouse1 Capitole, 659 p.

FORGES Jean-Michel De, 1991, *Droit administratif*, 5e édition. Paris, PUF, 391 p.

JOURDAIN Patrice, 1998, *Les principes de la responsabilité civile*, 4e édition. Paris, Dalloz, 179 p.

LAMBERT-FAIVRE Yvonne, 1998, *Droit des assurances*, 10e édition. Paris, Dalloz, 837 p.

LELEU Thibaut, 2014, *Essai de restructuration de la responsabilité publique/A la recherche de la responsabilité sans fait.* Paris, Lextenso - LGDJ, 427 p.

LE TOURNEAU Philippe, 2012/2013, *Droit de la responsabilité et des contrats.* Paris, Dalloz –Action, 2161 p.

LONG Marceau *et al.*, 2013, *Les grands arrêts de la jurisprudence administrative*, 19e édition. Paris, Dalloz, 1033 p.

MAZEAUD Henri, MAZEAUD Léon, MAZEAUD Jean, CHABAS François, 2014, *Traité théorique et pratique de la responsabilité civile délictuelle et contractuelle*, tome III, 6e édition. Paris, Montchrestien, volume I, coll. Anthologie du droit, Paris, LGDJ - Lextenso, 932 p.

Molière, dit Jean-Baptiste POQUELIN, 2015, *Le médecin malgré lui.* Paris, J'ai Lu - Librio Théâtre, s.d, 96 p.

MOULAYE Zeini, *et al.*, 2007, *Gouvernance de la justice au Mali.* Bamako, éditions Friedrich Ebert Stiftung, 192 p.

NCHAMA Eya C.M., 1991, *Développement et droit de l'homme en Afrique.* Paris, éditions Publisud, 288 p.

OBERDORFF Henri, ROBERT Jacques, 2014, *Libertés fondamentales et droits de l'homme*, 12e édition. Paris, LGDJ - Lextenso, 1082 p.

OLAWALE Elias T., 1956, *La nature du droit coutumier africain.* Paris, Présence Africaine, 89 p.

PÉLISSIER Jean *et al.*, 2002, *Droit du travail*, 21e édition. Paris, Dalloz (Précis), 1327 p.

PRADEL Jean, 2006/2007, *Le droit pénal général*, 16e édition. Paris, Cujas, 492 p.

QOTB Sayyed, 2003, *La justice sociale en Islam.* Beyrouthn éditions Al-Biruni, 395 p.

ROULAND Norbert, 1988, *L'anthropologie juridique.* Paris, PUF (coll. Droit fondamental).

SAVATIER René, 2016, *Traité de la responsabilité civile en droit français*, 2e édition. Paris, LGDJ (coll. Anthologie du droit), 580 p.

SIDIBÉ Adama Yoro, 2007, *Droit et pratique du droit au Mali.* Bamako, éditions Jamana, 157 p.

VINEY Généviève, 1995, *Traité de droit civil ; introduction à la responsabilité.* Paris, LGDJ.

VINEY Geneviève, JOURDAIN Patrice, 2010, *Les effets de la responsabilité* [*Traité de droit civil*, J. GHESTIN (dir.)], 3e édition. Paris, LGDJ - Lextensoéditions.

WALINE Jean, 2018, *Droit administratif*, 27e édition. Paris, Dalloz, 2370 p.

YENA Sadio, 2018, *Une critique de mon métier, une main - un combat - une philosophie.* Bamako, éditions l'Harmattan La Sahélienne, 191 p.

II. OUVRAGES SPÉCIALISÉS

ABERKANE Pierre, 2013, *La réparation du dommage médical et jurisprudence*. Paris, Larcier, 371 p.

AUBY Jean-Marie *et al.*, 1956, *Traité de droit médical.* Paris, Litec, 574 p.

ALMERAS Jean- Pierre, PEQUIGNOT Henry, 1996, *La déontologie médicale.* Paris, Litec, 308 p.

BACHELLERIE Anne, 2004, *L'évolution du contentieux médical et les conséquences sur les relations médecin-assureur.* Paris, L'Harmattan, 127 p.

BADJI Mamadou, DESCLAUX Alice (dir.), 2015, *Nouveaux enjeux éthiques autour du médicament en Afrique ; Analyses en anthropologie, droit et santé publique*. Dakar, L'Harmattan Sénégal, 342 p.

BARROT Robert, 1988, *Le dommage corporel et sa compensation, Pratique médico-légale et judiciaire.* Paris, Litec, 607 p.

BÉLANGER Michel, 2009, *Introduction à un droit mondial de la santé.* Paris, éditions des Archives contemporaines, 169 p.

BERGOIGNAN-ESPER Claudine, SARGOS Pierre, 2020, *Les grands arrêts du droit de la santé.* Paris, Dalloz, 603 p.

BOUCHARDON Laurent, 2010, *La responsabilité des acteurs publics de santé.* Paris, Presses de l'EHESP, 112 p.

CAREGHI Jean Christophe, 2013, *La responsabilité médicale au crible de l'histoire, Les cahiers de droit de la santé,* n° *7.* Bordeaux, Les Études Hospitalières, 216 p.

CASTELLETA Angelo, 2004, *Responsabilité médicale, Droit des malades*, 2e édition. Paris, Dalloz, 520 p.

CLEMENT Jean-Marie, 2005, *Les grands principes du droit à la santé.* Bordeaux, Les Études Hospitalières, 209 p.

DAPOGNY Bernard, 2009, *Les droits des victimes de la médecine.* Paris, éditions Du Puits Fleuri, 458 p.

DEVERS Gilles, 2000, *Pratique de la responsabilité médicale.* Paris, éditions ESKA, 278 p.

DIARRA Tièman, 2012, *Santé, Maladie et Recours aux soins à*

Bamako (Mali), Les six esclaves du corps. Paris, L'Harmattan, 376 p.

DORSNER-DOLIVET Annick, 2006, *La responsabilité du médecin.* Paris, Economica, 471 p.

DUGUET Anne Marie, 2000, *La Faute médicale a l'hôpital : analyse et commentaire de la jurisprudence par un médecin.* Paris : 2e édition, Berger-Levrault, 205 p.

DUJARDIN Bruno, 2004, *Politiques de santé et attentes des patients : vers un nouveau dialogue.* Paris, édition Charles Léopold Mayer, 432 p.

DUPONT Marc, BERGOIGNAN-ESPER Claudine, 2014, *Droit hospitalier*, 9e édition. Paris, Dalloz, 986 p.

DUPUY Olivier, 2003, *L'infirmier et son nouveau cadre de compétence.* Bordeaux, Les Études Hospitalières, 158 p.

FABRE-MAGNAN Muriel, SUPIOT Alain (dir.), 2005, *Les techniques médicales entre responsabilité et irresponsabilité : l'affaire Perruche, in Tisser le lien social.* Nantes, Maison des Sciences de l'Homme Ange Guépin, 343 p.

FLASAQUIER Joseph, 1998, *Guide pratique de l'expertise médicale : réparation juridique du dommage corporel*, 2e édition. Paris, Masson, 192 p.

FOUASSIER Éric, 2002, *La responsabilité juridique du pharmacien.* Paris, édition Le quotidien du pharmacien - Masson, 153 p.

GARAY Alain, 2013, *Gestion juridique du risque médical.* Paris, Berger-Levrault, 414 p.

GIBERT Sabine, 2011, *Guide de responsabilité médicale et hospitalière.* Paris, Berger-Levrault, 609 p.

HARICHAUX Michel, MONROCHE André, 2003, *Droit de la santé : dictionnaire commenté.* Paris, Masson, 293 p.

HOCQUET-BERG Sophie, PY Bruno, 2006, *La responsabilité du médecin* (coll. Droit professionnel). Paris, Heures de France, 179 p.

IKNANE Akory AG *et al.*, 2015, *Politiques et systèmes de santé, organisation et gestion.* Bamako, DERSP, 607 p..

JAFFRÉ Yannick, DE SARDAN J.-P. Olivier (dir.), 2003, *Une médecine inhospitalière, Les difficiles relations entre soignants et soignés dans cinq capitales d'Afrique de l'Ouest.* Paris, APAD-Karthala, 457 p.

KANE Abdoul, 2016, *L'éthique, le soignant et la société.* Dakar, L'Harmattan, 172 p.

KONATÉ Sanoussi, 2014, *Cinquante ans d'actions de développement de la santé au Mali.* Bamako : éditions l'Harmattan La Sahélienne, 351 p.

KOUMARÉ Mamadou, 1980, *La médecine traditionnelle au Mali.* Bamako : INRPMT.

LAUDE Anne *et al.*, 2007, *Droit de la santé.* Paris : 3è édition PUF, 728 p.

LECA Antoine (dir.), 2015, *Droit tradimédical.* Paris : édition LEH, 302 p.

—, 2005, *Droit de la médecine libérale.* Aix -Marseilles : édition Presse universitaire d'Aix-Marseilles, 471 p.

LECOURT Dominique, 2009, *La santé face au principe de précaution.* Paris : édition PUF, 159 p.

LEMAIRE Jean François, IMBERT Jean Luc, 1985, *La responsabilité médicale. coll. « Que sais --je ?* Paris : édition PUF, 127 p.

LEROY Max *et al.*, 2015, *L'évaluation du préjudice corporel.* Paris : 20è édition LexisNexis, 578 p.

LHUILIER Jean Marc, 2006, *La responsabilité civile, administrative, pénale dans les établissements et services sociaux et médico-sociaux.* Rennes : 4è édition ENSP, 463 p.

LUCAS-BALOUP Isabelle, VORMS Bertrand, 1992, *Médecins/Cliniques, Le contrat d'exercice,* Clamecy : éditions SCROF, 694 p.

LORENZI Jean, 2002, *Les responsabilités du pharmacien industriel.* Paris : éditions Litec, Juris classeur, 364 p.

MEIMON NISENBAUM Catherine *et al.*, 2011, *Guide de l'indemnisation, Juridique-Médical-Social*, 2e édition, Paris, L'Harmattan, 414 p.

MEMETEAU Gérard, 2012, *Cours de droit médical.* Bordeaux : 4è édition Les études hospitalières, 720 p.

MEMETEAU Gérard, 1996, *Traité de responsabilité médicale*, Bordeaux : Les études hospitalières, 316 p.

—, 1992, *Droit médical et déontologie : suggestions prudentes en faveur d'un rapprochement, Etudes offertes à Jean-Marie AUBY,* Paris : Dalloz, 747 p.

MEMETEAU Gérard, MELENNEC Louis, 1982, *Traité de droit médical.* Paris : Maloine, 757 p.

MISTRETTA Patrick, 2013, *Le droit pénal médical.* Paris : édition Cujas, 454 p.

MOLLO Vanina, SAVAGNAC Catherine, 2006, *La décision médicale collective « pour des médecins moins savants et moins autonomes ? ».* Paris, L'Hamattan, 181 p.

PENNEAU Jean, 2004, *La responsabilité du médecin*, 33e édition (coll. Ville : Connaissance du droit). Paris : édition : Dalloz, 150 p.

PHILIPPE Jean, 1996, *La charte du patient hospitalisé, Commentaire de la circulaire du 6 mai 1995 et recueil de textes de référence.* Paris : édition Berger-Levrault, 237 p.

PHILIPS-NOOTENS Suzanne, KOURI Robert P., LESAGE-JARJOURA Pauline, 2007, *Éléments de responsabilité civile médicale, « Le droit dans le quotidien de la médecine »*, 3e édition. Qébec, Yvon Blais, 570 p.

SANOGO Moussa, 2013, *Réforme hospitalière au Mali : logique, enjeux et perspectives, « Analyse des nouvelles formes organisationnelles hospitalières en émergences au Mali ».* Paris : éditions Universitaires Européennes, 420 p.

SAPANET Michel *et al.*, 2012, *Expertises médicales*, 7e édition. Paris, Elsevier Masson, 274, 274 p.

SCHAMPS Geneviève (dir.), 2008, *Évolution des droits du patient, indemnisation sans faute des dommages liés aux soins de santé : le droit médical en mouvement.* Bruxelles – Paris, Bruylant - LGDJ, 599 p.

SIDIBÉ Modibo (dir.), 2017, *La politique sanitaire et sociale du Mali 1992-1997, Les choix, les actions et les perspectives.* Bamako : éditions Jamana, 274 p.

TERRIER Emmanuel, 2003, *Déontologie médicale et droit, contribution à la reconnaissance juridique d'une discipline professionnelle. coll. Thèses,* Bordeaux : Les études hospitalières, 527 p.

THOUVENIN Dominique, 1995, *La responsabilité médicale.* Paris : édition Flammarion, 125 p.

TRUCHET Didier, 2009, *Droit de la santé publique.* Paris : 7è édition, Mementos dalloz, 106 p.

VIALLA François, 2009, *Les grandes décisions du droit médical.* Paris : éditions LGDJ, Lextensoéditions, 664 p.

VIVIANA Salomé, WINCKLER Martin, 2007, *Les droits du patient*, Paris : édition Fleurus, 396 p.

WELSCH Sylvie, 2000, *La responsabilité du médecin. Risques et réalités judiciaires.* Paris : éditions Litec, 272 p.

III. ARTICLES - RAPPORTS - COLLOQUES ET AUTRES ÉTUDES

ABERKANE Pierre, 2013, "Exercice médical et faits religieux : faut-il redéfinir la laïcité à l'hôpital ? », *RGDM*, , n° 49, p. 157-166.

AGUEMON Sikiratou, 2006, « Le contentieux du consentement de la victime en matière médicale : les données et la solution d'un problème complexe ». Actes du colloque international de Dakar du 28 mars au 1er avril 2005, Bordeaux, Les Études Hospitalières, 2006, p. 109-119.

AKOTO Eliwo Mandjalo, BÉAT SONGUE Paulette, LAMLENN Samson, POKAM Jacques, KEMAJOU Wadja, GRUÉNAIS Marc-Éric, 2001, « Infirmiers privés, tradipraticiens, accoucheuses traditionnelles à la campagne et à la ville », *Bulletin de l'APAD* (Association euro-africaine pour l'anthropologie du changement social et du développement), *21*, en ligne.

BALIQUE Hubert, 2004, « L'Hôpital public en Afrique francophone, quels systèmes de santé », édition *Médecine tropicale,* p. 545-551.

BALIQUE Hubert, 1999, « Les Hôpitaux publics des pays d'Afrique francophone au sud du Sahara et leur perspectives », édition *Tribune libre,* 6 p.

BALIQUE Hubert, 2002, « La politique hospitalière du Mali et ses perspectives » Rapport de fin de mission du 6 décembre 1999 au 31 décembre 2002, Rapport du Ministère de la santé, 36 p.

FEUILLET Brigitte, 2008, « L'accès aux soins, entre promesse et réalité », *Revue de droit sanitaire et social* 2008, n° 4/2008 07-08, p. 713-731.

BÉLANGER Michel, 2005, « La protection de la santé publique : aspects européens et internationaux », *RGDM,* Les Études Hospitalières, numéro spécial « La protection de la santé publique », p. 113-130.

BESSERVE R., 1956, « De quelques difficultés soulevées par le contrat médical », *JCP,* 1956, I, 1309, n° 2.

BLAQUET Marc, DE GROVE-VAGEYRON Nathalie (dir.*),* 2009, *Études de droit communautaire de la santé et du médicament,* Études de l'Institut de Recherche en droit Européen International et Comparé, Presses de l'Université des Sciences Sociales de Toulouse, V, 297 p.

DANTAS Edouardo, 2010, « La judiciarisation de la santé : accès aux soins et aux médicaments dans l'expérience brésilienne », *RGDM, 34*, p. 97-114.

DE FORGES J.-M., 1997, « Déontologie et santé », *in* Louis DUBOUIS (dir.. *Droit sanitaire et social*, Sirey p. 99-100.

DIARRA Tièman, 2006, Silence, on décentralise « La décentralisation, de la technicité dans le domaine de la santé ». Document et travaux sur le savoir local n° 3, Point Sud, Muscler le savoir local, édition Jamana, p. 71-82.

DORSNER- DOLIVET Annick, 1993, « L'obligation d'information du chirurgien plasticien », note sous Cass. civ. 1re, 14 janvier 1992, *La Semaine juridique* II, 21 996, éditions JCP, 10 février 1993, n° 6, p. 58-60.

DOUCHEZ Marie-Hélène, THERON Jean Pierre (dir.), 2005, « Santé, Minorités, Précarité : Approche comparative France USA », Presse universitaire des sciences sociales de Toulouse 230 p.

EDJA, 2017, *Droit médical au Sénégal, Les textes, La jurisprudence des cours et tribunaux, les règlements de L'UEMOA*, Dakar, Médecine-Pharmacie-Biologie 485 p.

EL GARBI Mustafa, 2004, « La justification de l'obligation d'information : contribution à l'étude de la moralisation du droit des contrats ». *Revue de la recherche juridique*. Droit prospectif, n° 2004-2, Vol I, PUAM.

EVIN Claude, 1996, « Les droits de la personne malade ». Rapport présenté au nom du conseil économique et social, séance des 11 et 12 juin 1996, JOCES n° 16, 18 juin 1996, 251 p.

FAGES Bertrand, 2005, « Débats : Les bonnes mœurs en droit des contrats ». *RDC*. 2005, p.1273.

GIANI Sergio, 2006, « La santé communautaire au Mali, entre mondialisation et décentralisation… ». Document et travaux sur le savoir local n° 3, Point Sud, Muscler le savoir local, édition Jamana, p. 83- 89.

GRASSER M. *et al.*, 2004, « L'équipe médicale à l'hôpital ». Acte de colloque de l'université de Picardie du 11 octobre 2003 sur « L'équipe médicale, approche pluridisciplinaire ». *RGDM*, 2004, n° 14, 13 p.

GREWE Constance *et al.*, 2003, « L'accès au juge : le droit processuel d'action ». Actes de colloque des 31 mai et 1 juin 2002, organisé à la Faculté de droit de Strasbourg par l'Institut de recherche Carré de Malberg, et l'équipe droits de l'homme du groupe de recherche sur les identités et les constructions européennes, Bruylant, p. 29-42.

GUIGNE Jean, 1996, « Quel est le véritable juge en matière de responsabilité médicale : l'expert ou le juge ? ». *Gaz. Pal.*,14/16 juillet 1996, 31 p.

GUILLAUME-HOFNUNG Michèle, 2005, « Les modes alternatifs de règlement des conflits », *in* J. HUREAU, D. POITOUT, *L'expertise médicale, en responsabilité médicale et en réparation du préjudice corporel*, éditions Masson, 2e édition, 16 p.

HELMLINGER Laurence, MARTIN Dominique, 2004, « La judiciarisation de la médecine : mythe ou réalité », *Les tribunes de la santé*, 2004/4, n° 5, p. 39-46.

KANSAYE Bouréma, 2017, « La médiation sanitaire en milieu hospitalier malien, une question à multiples dimensions ». *Revue sociale des sciences sociales et de la santé publique*, Vol 15 (1) juillet- décembre 2017, p. 50-60.

KANTÉ Nianguiry, 2017, « Systèmes et politiques de santé malien », Processus historique de la participation communautaire entre 1959 et 2009. *Revue sociale des sciences sociales et de la santé publique*, Vol 15 (1) juillet- décembre 2017, p. 38-50.

LACHAUD Yvan, 1996, « Responsabilité des établissements de santé privés du fait de l'activité des médecins libéraux ». *Médecine et Droit*, n° 17, p. 14-16.

LE TOURNEAU Philippe, 1997, « Des métamorphoses contemporaines et subreptices de la notion de faute subjective », dans collectif, *Les métamorphoses de la responsabilité*, Tome 32, 6e journée René SAVATIER, *PUF*, 15-16 mai 1997, p. 19.

LE ROY Étienne, 2002, « De la modernité de la justice contemporaine en Afrique francophone ». *Revue Droit et Société*, 2002, *51-52*, Éditions juridiques associées, p. 297-301.

MARTIN-PAPINEAU Nathalie (dir.), « *Les territoires de la santé* ». Actes de colloque de l'Institut de droit social et sanitaire du 13 décembre 2007, édition LGDJ, 136 p.

MEMETEAU Gérard, 2013, « Le devoir d'information, ou les moulins à vents », *LPA.*, 7 janvier 2013, n° 5, 4 p.

MEMETEAU Gérard, 1997, « La responsabilité médicale de la clinique privée », *RDSS*, 1997, 96 p.

PORCHY Simon, 2002, « Regard critique sur la responsabilité civile de l'établissement de santé privé du fait du médecin », Tiré des Mélanges en l'honneur d'Yvonne Lambert-Faivre et Denis Clair Lambert, éditions Dalloz, 361 p.

PORCHY Simon, 2002, « Santé. Responsabilité médicale. Principes généraux », *Juris-Classeur Resp. civ. et ass.*, fasc. 440-20, n° 1, 3 p.

PORTES Louis, 1955, « Du consentement à l'acte médical » (Communication à l'Académie des Sciences Morales et Politiques, 30 janvier 1950), in *À la recherche d'une éthique médicale*, Paris, *Masson et PUF*, 163 p.

RADE Christian, 1998, « L'impossible divorce de la faute et de la responsabilité civile », *Dalloz*, chron, n° 16, 301 p.

RÉMY Philippe, 1997, « La responsabilité contractuelle : histoire d'un faux concept », *RTD Civ.* (2), avr.-juin p. 322

RICHARD-LENOBLE Dominique, DANIS Martin, SALIOU Pierre, 2013, « La médecine tropicale d'hier à aujourd'hui ». Communication publiée par Bull. Acad. Natle Méd., 2013, *197*, n° 7, 1353-1364, séance du 22 octobre 2013, 12 p.

SARGOS Pierre, 1997, « Le point de vue d'un magistrat sur l'indemnisation des accidents médicaux », *in* Geneviève VINEY (dir.), *L'indemnisation des accidents médicaux*, Actes de colloque du 27 avril 1997, LGDJ, t. 289, 82.

SARGOS Pierre, 1997, « Obligation de moyens et obligation de résultat du médecin, Bilan de la jurisprudence récente de la Cour de cassation », *Médecine & Droit*, 1997, p. 2.

SAVATIER René, 1964, « Les métamorphoses économiques et sociales du droit civil aujourd'hui », « première série, panorama des mutations », *Dalloz*, 3e édition, 454 p.

SAVATIER René, 1974, « La condition juridique du malade hospitalisé dans les cliniques privées », *RDSS*, 151 p.

SIMLER Philippe, 2011, « Lettres d'intention », *J. Cl civil code,* fasc. unique, février 2008.

— « Classification des obligations, Distinction des obligations de donner, de faire et de ne pas faire », *J. Cl civil* code, fasc. 10 art. 1136 à 1145, janvier 2011.

THOUVENIN Dominique, 2004, « Les droits des personnes malades ne peuvent être transformés en obligations », *RGDM*, n° 13, p. 79, spéc. p. 96.

THOUVENIN Dominique, 1985, "La disponibilité du corps humain : corps sujet ou corps objet", in Actes, p. 35-41.

TRONTO Joan C., 2009, Un monde vulnérable, pour une politique du care (Moral Boundaries : A Political Argument an Ethic of Care), trad. H. MAURY,. Paris : édition *La Découverte*.

VAN DORMAEL Monique, 1997, « Médecine coloniale ou la tradition exogène de la médecine moderne dans le Tiers Monde », *Studies in HSO &Police,* P.40.

VIALLA François (dir.), 2004, *Droits des malades et qualité du système de santé :la loi du 4 mars 2002*. Actes du Colloque du vendredi 23 mai 2003 à l'université Montpellier-I - Faculté de droit organisé par le Centre européen d'études et de recherches Droit et Santé, numéro spécial, *Revue générale de droit médical*, 240 p.

VINEY Geneviève, 1998, « L'avenir des régimes d'indemnisation sans égard à la responsabilité », éditions *Les cahiers de droit*, volume 39, n° 23, juillet-septembre 1998, p. 287-302.

« La responsabilité sanitaire et sociale », Revue de droit sanitaire et social n° 1 édition Dalloz 2015 p. 1-202.

« Le droit de la santé », *Collection du programme Droits Humains du Centre Europe-Tiers Monde (CETIM)*, Mai 2006, 68 p.

MASMUT, « La mise en application de la règlementation sur la mutualité sociale au sein de l'UEMOA et le rôle des mutuelles de santé dans la gestion de l'assurance maladie universelle ». Atelier sous régional, édition La Sahélienne, 2017, 229 p.

IV. JURISPRUDENCES ET NOTES DE JURISPRUDENCE

Mali

CA, Bamako, 8 février 2006, arrêt n° 93, Rg n° 583, RC n° 479-2005, PPM et Asacodje c/SMT (non publié).

Cour suprême du Mali, 26 avril 2004, ch. civ. 2e, arrêt n° 113., Jurisprudence civile, commerciale et sociale de la cour suprême du Mali, Obligation-Responsabilité-Contrat TIII, 2006-2007.

Pourvoi n° 293 du 08 septembre 2004.

TPI de Ségou, 5 juin 2003, Jgt n° 188, RG n° 155, Epoux Touré c/Hôpital Nianankoro Fomba de Ségou et docteur MC (non publié).

TA de Bamako, 19 janvier 2001, Jgt n° 01, AC c/Hôpital Gabriel Touré et État du Mali (non publié).

Cour suprême du Mali, 15 juin 1981, Section administrative, Arrêt n° 15, D. FANE c/Ministère de la Défense.

France

Juridictions administratives

TC, 1er février 1873, Arrêt Blanco.
TC, 30 juillet 1873, Arrêt Pelletier.
TC, 5 mai 1877, Arrêt Laumnonnier-carriol.
TC, 25 mars 1957, Arrêts Sieur Chiloux et Sieur Isaad Slimane.
CE, 10 février 1905, Arrêt Tomaso Grecco.
CE, 4 mars 1910, Arrêt Thérond.
CE, sect., 8 novembre 1935, Arrêts Dame Vion et Dame Philiponeau.
CE, 6 février 1903, Arrêt Terrier.
CE, 28 juillet 1951, Arrêts Laurelle et Delville.
CE, 4 juin 1965, Arrêt Hôpital de Pont à Mousson.
CE, 9 décembre 1988, Arrêt Cohen.
CE, 1er mars 1989, Arrêt Baily.
CE, sect., 11 janvier 1991, Arrêt Mme Biancale.
TGI Paris, 1 juillet 1991, JCP 1991.
CE, ass., 10 avril 1992, Arrêt Epoux Vergos.
CE, 9 avril 1993, Arrêt Bianchi.
CE, 16 juin1997, Assistance Publique - Hôpitaux de Paris.
CE, sect., 14 févr. 1997, CH NICE c/Quarez, Lebon 1997.44.
CE, sect., 3 novembre 1997, Arrêt Hôpital Joseph Imbert d'Arles.
CE, 31 mars 1999, Arrêt Hospices civils de Lyon.
CAA, 12 mars 1992, Mme Durand/CHR d'Angers.
CAA, 9 juillet 1992, Assistance publique de Marseille.
CA Versailles, 4 mars 1985, Gaz. Pal., 1985.
CA Paris, 15 janvier 1999 ; Smatt : JCP G 1999, II, 10068, note L. Boy.
Ass. Plénière, 17 novembre 2000, Époux X c/médecin gynécologue, Arrêt Perruche, Conclusions M. Sainte-Rose, Avocat Général, Rapport Sargos ; B.I.C.C. 526.

Juridictions judiciaires

TGI Paris, 26 janvier 2010, n° 8/06179.

Cass. req., 18 juin 1835, Thouret-Noroy, S. 1835, 1, p. 399, Concl. Proc. Gén. Dupin.

Cass. crim., 19 décembre 1885, Watelet et Dallet, gérant du journal le Matin, c/Min. pub.

Civ. 1ère, 20 mai 1936, Dr. Nicolas c/Mercier, *D.P.* 1936, 1, p. 88, concl. P. Matter, rap. Josserand.

Cass. 1ère chambre civile, 16 juin 1896, Arrêt Teffaine.

Cass., req., 28 janvier 1942, Teyssier.

Cass. civ., 6 mars 1945, « Clinique Sainte-Croix ».

Cass. civ. 1ère, 9 octobre 1956, AJDA, 1957, p. 153.

Cass. civ. 1ère, 15 janvier 1957, JCP., 1957 II, 9827, note (R. Savatier).

Cass. civ. 1re, 18 octobre 1960, JCP G 1960, II, 1186.

Ass. Plén., 30 mai 1986.

Civ. 1re, 4 juin 1991, JCP 1991. II.21730, note J. Savatier.

Cass. civ. 1re, 14 janvier 1992, note Annick Dorsnet-Dolivet.

Cass. 1re civ., 21 mai 1996, Bonnici c./Clinique Bouchard Cass.1re., 29 juin 1999, 2 arrêts, n° pourvoi : 97-21.903, costedoat.

Cass. civ., 29 juin 1999, (n° pourvoi : 97- 14.254) ; JCP éd. G. 1999, II, 10 138, rapport P.Civ. 1re, 9 novembre 1999, n° 300.

Cass., Ass. plén., 25 février 2000. JCP. 2000. I. 241, n° 5, obs. G. Viney.

Cass. civ.1ère, 7 nov. 2000 : JCP G, 2001.

Cass 1ère civ., 27 mars 2001, M. Smatt c/Mlle Soumila Rahilou.

Cass. ass. plén., C. partielle, 28 novembre 2001, Epoux X c/médecin gynécologue.

Cass. civ. 1ère, 28 janv.2010, D. 2010, 1522, note P. Sargos.

Cass. civ.1ère, 3 juin 2010, D.2010. 1522, note P. Sargos et 14 84, obs. I. Gallmeister.

Jurisprudence pénale internationale

Décision du Tribunal militaire américain de Nuremberg, « Procès des médecins militaires », 19-20 août 1947.

Canada

Cour du banc de la Reine, X. c/Mellen, 1957, B. R. 389, 408.

Arrêt Lapointe c/Hôpital Le Gardeur de 1989.

Côte d'Ivoire

Cour suprême, ch. adm. du 26- 02-1997, Yapi Goh THEOPHILE c/Ministère de la Santé, Recours en annulation pour excès de pouvoir.

Jurid. Pén. de Divo, Ministère public c/AKEBLE Sylvie Danielle Dite Brice et SOUME BI Kacou Brice, ordonnance de renvoi du juge d'instruction du 08-07- 1997, Homicide involontaire.

CA Abidjan, arrêt n° 633 du 19 mai 2000, affaire Akpa Akpro Jean Baptiste C/Société médicale de moyens et gestion « SMMG », nouvelle clinique du Belvédère.

Cour suprême, cass. ch. Civ. du 12-7- 2001, Clinique Médicale Trade Center dite CMTC c/Dame COSTA Bibiana.

CA DE DALOA, 2e Ch. civ.et com. du 2002-02-20, Dame Nguessan Amoin c/Hôpital général de Divo.

Cour suprême, ch. civ. du 10 -07- 2003, AXA-CI et la Polyclinique AVICENNES c/GHASSANI Hamed Ali Sabbah Olla épouse GHASSANI.

Cour suprême, cass. ch. civ. du 17-07- 20004, Eugène GNAMAN c/SACO, Contrat de soins médicaux.

Cour suprême, ch. jud, civ. 07-06-2006, Société médicale de moyens et gestion « SMMG », nouvelle clinique du Belvédère c/Akpa Akpro Jean Baptiste.

Sénégal

Tribunal Hors classe de Dakar, 06 Décembre 2000, Jgt n° 2003, Anne Marie AGBO c/Clinique Casahous.

CA, Dakar, 27 juillet 1984, arrêt n° 501, Demoiselle Diop C/État du Sénégal.

V. RÈGLEMENTATIONS

CONSTITUTION

Constitution du 25 février 1992, Décret n° 92-0731 P-CTSP portant promulgation de la constitution, JO du 29 février 1992 (en vigueur).

TEXTES INTERNATIONAUX ET COMMUNAUTAIRES

Traité du 10 janvier 1994 portant création de l'UEMOA.

Traité du 10 juillet 1992 instituant la CIMA.

Convention relative au droit des personnes handicapées signée à New York le 13 décembre 2006, ratifiée par le décret n° 07 -309 PRM du 04 septembre 2007.

Convention internationale sur la protection des droits de tous les travailleurs migrants et leur famille, signée à New York le 18 décembre 1990, ratifié par la loi n° 02-059 AN-RM du 17 décembre 2002.

Convention de Bâle sur le contrôle des mouvements transfrontières des déchets dangereux et de leur élimination, adoptée à Bâle le 22 mars 1989, ratifiée par l'ordonnance n° 0035/P-RM du 14 septembre 2000.

Constitution de l'Organisation mondiale de la Santé du 07 avril 1948 ratifiée par le Mali le 17 octobre 1960.

Convention cadre de l'Organisation Mondiale de la Santé (OMS) pour la lutte antitabac, adoptée par la cinquante sixième assemblée mondiale de la santé à Genève le 21 mai 2003.

Convention internationale des droits de l'enfant de 1989.

Convention internationale sur l'élimination de toutes formes de discrimination à l'égard des femmes de 1979.

Convention sur les droits de l'homme et de la dignité de l'être humain à l'égard de la biologie et de la médecine signée à Oviedo le 4 avril 1997.

Accord dans le cadre de l'initiative « ESTHER » ensemble pour une solidarité thérapeutique hospitalière en réseau entre le Mali et la France, signé à Paris le 11 septembre 2002.

Accord de coopération entre le Mali et le Cuba relatif à la mise en œuvre de « l'opération miracle » au Mali (opération milagro), signé à la Havane le 19 octobre 2006.

Pacte international relatif aux droits économiques, sociaux et culturels de 1966 entrée en vigueur le 3 janvier 1973.

Pacte international relatif aux droits civils et politiques du 16 décembre 1966, ratifié le 16 juillet 1974, ordonnance n° 25 CMNL du 03 juin 1974.

Protocole facultatif se rapportant au pacte international des droits civils et politiques signé à New York le 16 décembre 1966, ratifié le 24 octobre 2001, loi n° 01-024 du 31 mai 2001.

Protocole A/P2/7/87/du 9 juillet 1987 portant création de l'OOAS

Charte de l'Ottawa pour la promotion de la santé du 21 novembre 1986.

Charte africaine des droits de l'homme et des peuples du 13 novembre 1981, ratifiée par l'ordonnance n° 81 -36 P-RM du 29 octobre 1981.

Charte africaine sur les valeurs et les principes du service public et de l'administration, Addis-Abeba le 31 janvier 2011, ratifiée par la loi n° 2013 -06 du 09 juillet 2013, décret n° 2014-0148 P-RM du 04 mars 2014.

Charte africaine des droits et du bien-être de l'enfant du 28 février 1996, ratifiée par l'ordonnance n° 98-08 du 03 avril 1998.

Déclaration d'Alma-Ata sur les soins de santé primaires, URSS, du 6-12 septembre 1978.

Déclaration d'Helsinki de juin 1964, élaborée lors de la 18e session de l'Association Médicale mondiale en Finlande.

Déclaration universelle des droits de l'homme du 10 décembre 1948.

Déclaration des droits de l'homme et du citoyen de 1789.

Initiative de Bamako de 1987 sur les soins de santé primaires, 37e comité régional de l'OMS pour l'Afrique.

Statut de Nuremberg ou charte du tribunal militaire international

Stratégie africaine de développement sanitaire.

Stratégie de l'OMS pour la médecine traditionnelle pour 2002-2005, Genève 2005.

Résolution générale du 2e séminaire national de la santé et des affaires sociales du Mali de novembre 1978.

Résolution 75 du conseil de l'Europe.

Observation générale n° 14 du Comité des droits économiques sociaux et culturels (CODESC) du 11 mai 2000, article 12.

OOAS, Plan stratégique 2016-2020.

CODES

Code de la Convention Interafricaine des Marchés d'Assurances (CIMA), annexé au traité instituant la CIMA du 10 juillet 1992.

Code de déontologie et d'exercice des médecins de l'espace CEDEAO de mars 2013.

Code harmonisé de déontologie et d'exercice des sages-femmes et d'infirmiers de l'espace CEDEAO de novembre 2014.

Code civil de la France, 115ème édition Dalloz 2016, articles 16, 16-3,1104, 1382, 1383.

Code civil de la France, édition Dalloz 2017, articles 1101, 1240 et s.

Code pénal de la France, 103e édition Dalloz 2006, article 121.

Code de déontologie médicale de la France, Dalloz, 2017.

Code de la santé publique de la France, 29e édition, Dalloz, 2015.

Code des obligations de l'administration du Sénégal (loi n° 1965-61du 19 juillet 1965, modifiée par la loi n° 2006-16).

DÉCLARATIONS DE POLITIQUE NATIONALE ET PLANS DÉCENNAUX DE LA SANTÉ

Déclaration de politique sectorielle de la santé et de population, MSSPA, Bamako, 15 Décembre 1990.

Politique nationale de santé à l'école, Ministère de l'Éducation, de l'Alphabétisation et des Langues nationales-SOMASAP/Sanoussi Konaté 2011.

Plan décennal de développement sanitaire et des affaires sociales (PDDS-AS) 1966-1976.

Plan décennal de développement sanitaire social (PDDS) 1991-2002.

Projet de développement sanitaire II ou Projet santé, population et hydraulique rurale (PSPHR).

Programme de développement socio-sanitaire I (PRODESS I) 1999-2004.

Programme de développement socio-sanitaire II (PRODESS II) 2005-2009.

Rapport EDS- III, 2001.

LOIS

Loi n° 2018-49 du 11 juillet 2018 portant modification de la 02-049 du 22 juillet 2002 portant loi d'orientation sur la santé. JO n° 2018-32 du 14 septembre 2018, p.1273.

Loi n° 2018-050 du 11 juillet 2018 portant modification de la loi 02-050 du 22 juillet 2002 portant loi hospitalière. *JO* n° 2018-32 du 14 septembre 2018, p.1273.

Loi n° 2018-051 du 11 juillet 2018 portant création de l'hôpital de district sanitaire. *JO* n° 2018-32 du 14 septembre 2018, p.1274.

Loi n° 2017-053 du 2 octobre 2017, portant statut particulier du District de Bamako, *JO* n° 40 du 6 octobre 2017, p. 1589-1593.

Loi n° 2017-052 du 2 octobre 2017, déterminant les conditions de libre administration des Collectivités Territoriales du Mali, *JO* n° 40 du 6 octobre 2017, p. 1586-1589.

Loi n° 2017-051 du 2 octobre 2017, portant code des Collectivités Territoriales du Mali, *JO* n° 40 du 6 octobre 2017, p. 1562-1586.

Loi n° 2017-034 du 14 juillet 2017 Portant création de l'Ordre des infirmières et infirmiers du Mali, *JO* n° 32 du 11 août 2017, p. 1254-1257.

Loi n° 2017-033 du 14 juillet 2017 Portant création de l'Ordre des sages-femmes du Mali, *JO* n° 32 du 11 août 2017, p. 1251-1254.

Loi n° 2017-032 du 14 juillet 2017 Portant création de l'Ordre des chirurgiens-dentistes du Mali, *JO* n° 32 du 11 août 2017, p. 1248-1251.

Loi n° 2017-031du 14 juillet 2017 Portant création de l'Ordre des pharmaciens du Mali, *JO* n° 32 du 11 août 2017, p. 1245-1248.

Loi n° 2017-030 du 14 juillet 2017 Portant création de l'Ordre des médecins du Mali, *JO* n° 32 p. 1243-1245.

Loi n° 2017-021 du 12 juin 2017 portant modification de la loi n° 92-020 du 23 septembre 1992 portant Code du travail en République du Mali, *JO* n° 27 du 6 juillet 2017, p. 1042-1054.

Loi n° 06-008 du 23 janvier 2006 portant modification de la loi n° 03-036 du 30 décembre 2003 et de la loi n° 99-041 du 12 août 1999 portant code de prévoyance sociale au Mali.

Loi n° 2016-046 du 23 septembre 2016 portant loi organique fixant l'organisation, les règles de fonctionnement de la Cour Suprême et de la procédure suivie devant elle, *JO* n° 042 du 14 octobre 2016.

Loi n° 2014-049 du 19 septembre 2014, portant principes fondamentaux de la création, de l'organisation et du contrôle des Services publics, *JO* n° 44 du 31 octobre 2014, p. 1724-1731.

Loi n° 2013- 015 du 21 mai 2013 portant protection des données à caractère personnel en République du Mali. *JO* non publié.

Loi n° 2012-007 du 23 janvier 2012, modifiant la loi n° 95-034/AN-RM du 12 avril 1995 portant Code des Collectivités Territoriales, *JO* n° 06 du 10 février 2012, p. 209-235.

Loi n° 2012-005 du 23 janvier 2012, modifiant la loi 93-008 du 11 février 1993 relative à la libre administration des Collectivités Territoriales *JO* n° 06 du 10 février 2012, p. 206-207.

Loi n° 2011-049 du 28 juillet 2011, portant principes fondamentaux de la création, de l'organisation, de la gestion et du contrôle des services des Collectivités Territoriales, *JO* n° 36 du 9 septembre 2011, p. 1407-1411.

Loi n° 2011-037/du 15 juillet 2011 portant organisation judiciaire au Mali. *JO* non publié.

Loi n° 2011-087/du 30 décembre 2011 portant code des personnes et de la famille, *JO* non publié.

Loi n° 09-030 du 27 juillet 2009, portant institution du Régime d'Assistance Médicale, *JO* n° 34 du 24 août 2009, p. 1337-1339.

Loi n° 09-031 du 27 juillet 2009, portant création de l'Agence Nationale d'Assistance Médicale, *JO* n° 34 du 24 août 2009, p.1240.

Loi n° 09-017/du 26 juin 2009, Relative au prélèvement et à la greffe d'organes, de tissus et de cellules humains, *Journal Officiel* n° 30 du 24-07-2009.

Loi n° 09-16 du 26 juin 2009, portant création de la Caisse Nationale d'Assurance Maladie (CANAM), *JO* n° 30 du 24 juillet 2015, p. 1171-1174.

Loi n° 09-015 du 26 juin 2009, portant institution du Régime d'Assurance Maladie Obligatoire, *JO* n° 30 du 24 juillet 2015, p. 1164-1171.

Loi n° 6-028 du 29 juin 2006 fixant les règles relatives à la prévention, à la prise en charge et au contrôle du VIH/SDA au Mali, *JO* Non publié.

Loi n° 02-050 du 22 juillet 2002 portant loi hospitalière, *JO* n° 23 du 20 août 2002, p. 887-897.

Loi n° 02-049 du 22 Juillet 2002, portant loi d'orientation de la Santé, *JO* n° 23 du 20 août 2002, p. 883-887.

Loi n° 02-048 du 22 juillet 2002, portant modification de la loi 94-009 du 22 mars 1994, portant principes fondamentaux de la création, de l'organisation, de la gestion et du contrôle de service publics, *JO* n° 23 du 20 août 2002, p. 882-883.

Loi n° 02-052 du 22 juillet 2002 relative aux archives. *JO* n ° 23 du 20 août 2002, p. 897- 898.

Loi n° 02-053 du 16 décembre 2002 portant statut général des fonctionnaires, *JO* n° 36 du 31 décembre 2002, p. 1402-1413.

Loi n° 01-082 du 24 août 2001 relative à l'assistance judiciaire. *JO* non publié.

Loi n° 01-80 du 20 août 2001 portant code de procédure pénale au Mali, *Journal Officiel* spécial du 18- 06- 2002. Modifiée par la loi n° 2013-016 du 21 mai 2013.

Loi n° 01-79 du 20 août 2001 Portant Code pénal du Mali, Journal Officiel spécial du 18- 06- 2002, modifié par la loi n° 05-045 du 15-08-2005.

Loi n° 00-060 du 01 septembre 2000 portant statut des chercheurs, *JO* n° 28 du 10 -10- 2000, p. 1104-1109.

Loi n° 98 -035 du 20 juillet 1998 Régissant le contrôle sanitaire aux frontières, *JO* n° 23 du 15-12-1998.

Loi n° 98 -036 du 20 juillet 1998 Régissant la lutte contre les épidémies et les vaccinations obligatoires contre certaines maladies, *JO* n° 23 du 15-12-1998.

Loi n° 98-12 du 19 janvier 1998, régissant les relations entre l'administration et les usagers des services publics, *JO* non publié.

Loi n° 96-022 du 21 février 1996 régissant la mutualité en République du Mali. *JO* non publié.

Loi n° 95-034/AN-RM du 12 avril 1995 portant Code des Collectivités Territoriales.

Loi n° 94-009 du 22 mars 1994, portant principes généraux de création, d'organisation et de fonctionnement des services publics.

Loi n° 94-006 du 18 mars 1994 portant organisation et fonctionnement des tribunaux administratifs modifiée par la loi n° 95-057 AN-RM du 02- 08- 1995, *JO* non publié.

Lois n° 92-023, 92-024, 92-025, 92-026 du 5 octobre 1992 érigeant respectivement l'Hôpital du Point G, l'Hôpital Gabriel Touré, l'Hôpital de Kati et le Centre National d'Odontostomatologie en établissements publics à caractère administratif (EPA), *JO* non publié.

Loi n° 90-110/AN-RM, portant principes fondamentaux de la création, de l'organisation et du fonctionnement des Établissements publics à caractère administratif, *JO* non publié.

Loi n° 88-39/AN-RM du 5 août 1988 portant réorganisation judiciaire au Mali. *JO* non publié.

Loi n° 87 – 47/AN-RM du 10 août 1987 relative à l'exercice du droit de grève dans les services publics. *JO* Non publié.

Loi n° 87-31 du 29 août 1987 portant régime général des obligations au Mali. *JO* non publié.

Loi n° 86-11/AN-RM Déterminant les principes fondamentaux de la recherche scientifique et technologique, Journal Officiel n° 782 du 15- 03-1986.

Loi n° 85-41 AN-RM du 22 juin 1985 portant autorisation de l'exercice privée des professions sanitaires, *JO* non publié.

Loi n° 84-22 du 28 mai 1984 portant érection en service rattachés les hôpitaux du Point G, Gabriel Touré et de Kati, *JO* non publié.

Loi n° 62-17/AN-RM du 3 février 1962 portant Code du Mariage et de la Tutelle. *JO* non publié.

Loi n° 61-101/AN-RM du 18 août 1988 portant Code de Procédure Civile, Commerciale et Sociale. *JO* non publié.

Loi n° 86-91/AN-RM du 12 juillet 1986 portant code domanial et foncier. *JO* non publié.

Loi n° 95-34/AN-RM du 12 avril 1995 portant conditions de création et modalités de gestion des CSCOMs, des services socio-sanitaires de cercle, de commune.

Loi n° 2002-303 du 4 mars 2002 relative aux droits des malades et à la qualité du système de santé. *JORF du 5 mars 2002* (France).

Loi n° 2002-1577 du 30 décembre 2002 sur la responsabilité civile médicale. (France)

Loi n° 65- 51 du 19 juillet 1965, portant code des obligations de l'administration, *JO 1965, page 945* (Sénégal).

ORDONNANCES

Ordonnance n° 2011-1540 du 16 novembre 2011 portant transposition de la directive 2008/52/CE du parlement européen et du Conseil du 21 mai 2008 sur certains aspects de la médiation en matière civile et commerciale.

Ordonnance 77-54/CMLN du 13 Octobre 1977, Portant régime des Hôpitaux.

RÈGLEMENTS

Règlement n° 007/2007/CMUEMOA relatif à la sécurité sanitaire des végétaux, des animaux et des aliments dans l'UEMOA.

Règlement n° 07/2009/CM/UEMOA du 26 juin 2009 portant règlementation de la mutualité sociale au sein de l'UEMOA.

Règlement d'exécution n° 003-2011 du 31 août 2011 de l'UEMOA relatif aux règles prudentielles portant sur les risques courts, aux mécanismes de garantie et au contrôle du fonctionnement des mutuelles sociales et de leurs structures faitières.

DÉCRETS

Décret n° 2016-475 du 7 juillet 2016 fixant l'organisation des services dans les EPH, JO n° 30 du 22 juillet 2016, p. 1162-1166.

Décret n° 2016-470 du 28 juin 2016 fixant la carte nationale hospitalière.

Décret n° 06-426/P-RM du 6 octobre 2006 fixant les modalités d'application de la loi portant assistance judiciaire.

Décret n° 05-299 portant sur les conditions de création des centres de santé communautaire (CSCOM).

Décret n° 05-164/P-RM du 6 avril 2005 fixant les modalités d'application du statut général des fonctionnaires.

Décret n° 05-063/P-RM du 16 février 2005, portant organisation des pharmacies hospitalières

Décret n 03-580/P-RM 30 décembre 2003 fixant les modalités d'application de la loi régissant les relations entre l'administration et les usagers des services publics.

Décret n° 03 - 346/P-RM du 07 août 2003 Fixant les modalités de mise en œuvre de la Convention hospitalo-universitaire, JO n° 24 du 31-08-2003.

Décret n° 03-333/P-RM du 07 août 2003 fixant l'organisation et les modalités du fonctionnement de l'Hôpital du Point G.

Décret n° 02-311/P-RM du 04 juin 2002 Fixant le régime de la rémunération des actes médicaux et de l'hospitalisation dans les établissements publics de santé, JO n° 20 du 20-07-2002.

Décret n° 02-424/P-RM du 9 septembre 2002 fixant les modalités d'application de la loi n° 02-052 relative aux archives. JO n° 025 du 10 septembre 2002.

Décret n° 01-115/PRM du 27 février 2001 portant création des organes d'orientation, de coordination et d'évaluation du programme de développement sanitaire.

Décret n° 94 – 282/P-RM déterminant les conditions de l'ouverture des cabinets privés de consultation et de soins traditionnels, d'herboristeries et d'unités de production de médicaments traditionnels améliorés, JO n° 19 du 15 octobre1994.

Décret n° 92-278 du 6 juillet 1992 portant code de déontologie médicale, JO n° 52 du 08 juillet 1992.

Décret n° 092-073 du 25 février 1992 portant constitution de la République du Mali, adoptée le 12 janvier 1992.

Décret 91-106/PRM du 15 mars 1991 Portant organisation de l'exercice privé des professions sanitaires, JO n° 7 du 15-04-1991.

ARRÊTÉS

Arrêté n° 08-2716/MS-SG du 6 octobre 2008 Portant Charte du malade dans les établissements hospitaliers, JO n° 44 du 30-10-2009.

Arrêté n° 95- 1319/MSS-PA du 22 juin 1995 fixant les règles d'organisation et de fonctionnement des Cabinets privés de consultation et de soins traditionnels, d'herboristeries et d'unités de production de médicaments traditionnels améliorés, Bamako, 1995. JO non publié.

Arrêté n° 91- 4319 MSPAF-PF/cab du 03 octobre 1991 Fixant les modalités d'organisations de l'exercice privé des professions médicales et paramédicales, JO n° 15 du 15-08-1992.

Arrêté n° 5108/MSP/Cab du 5 mai 1986 portant application du Décret n° 177-OG RM du 23 juillet 1985 portant organisation de l'exercice privé des professions médicales et paramédicales.

Arrêté n° 94-5092/MSSPA-MATS-MF fixant les conditions de création des CS. COMs et les modalités de gestion des services socio-sanitaire de cercle, commune.

Arrêté n° 91-4319/MSP portant organisation de l'exercice privé des professions sanitaires.

Arrêté n° 16/SP/CAB du 22 août 1986 du Ministre de la Santé (République de Côte d'Ivoire).

DIRECTIVES

Directive n° 06/2005/CM/UEMOA du 16 décembre 2005 à Bamako relative à la libre circulation et à l'établissement des médecins ressortissants de l'Union au sein de l'espace UEMOA.

Directive n° 06/2008/CM/UEMOA du 26 juin 2008 relative à la libre circulation et à l'établissement des pharmaciens ressortissants de l'union au sein de l'espace UEMOA.

Directive 2008/52/CE du parlement européen et du Conseil du 21 mai 2008 sur certains aspects de la médiation en matière civile et commerciale.

Directives conjointes OIT/OMS sur les services de santé et VIH signé à Genève en 2005.

Directive n° 85/374/CEE du 25 juillet 1985 sur la responsabilité du fait des produits défectueux.

VI. WEBOGRAPHIE

BOUCHARAT Martine Lelièvre, 2003, Le régime québécois d'indemnisation des victimes d'accident de la route est –il un exemple à suivre pour le droit français ?, Revue internationale de droit comparé n° 1, p. 177-195, www. persee. Fr, téléchargé le 5 juillet 2018.

Bulletin de l'Ordre National des médecins, n° 04 avril 2007, Le patient, le médecin et la société- Dix principes pour une confiance partagée ; www.conseil-national.médecin.fr.

BURGELIN Jean François, 2003, « La judiciarisation de la médecine », Conférence donnée le 10 mars 2003, texte sur : http ://ccsd.cnrs.fr/ ?q=node/1157.

ROUSSET Guillaume, 2009, Judiciarisation et juridicisation de la santé : entre mythe et réalité. Carnet de bord, n° 16, p. 23-28, www.unige.ch, téléchargé le 15 juin 2018.

www.cnom.mali.org, exploité le 18 octobre 2017.

www.memoireoneline.com exploité le 22 juin 2017.

www.wikibooks.org exploité le 3 décembre 2016.

www.helios.univ-reims.fr cours du Dr. P. PETON, exploité le 20 février 2017.

www. medileg.fr, « *La responsabilité médicale en matière médicale* », publié par Virginie SCOLOAN, exploité le 17 mars 2017.

TABLE DES MATIERES

Préface.....9

Introduction.....11

Première Partie : L'encadrement juridique et institutionnel de la responsabilité hospitalière et médicale au Mali.....49

Titre I : Les fondements de la responsabilité hospitalière et médicale.....51

Chapitre I : Les fondements textuels de la responsabilité hospitalière et médicale.....53

Section I : L'encadrement juridique de la mission étatique de prestation du service public de santé.....54

Paragraphe I : Le cadre constitutionnel du droit à la santé et de l'activité médicale au Mali.....55

Paragraphe II : La responsabilité médicale prévue dans le cadre légal du droit à la santé.....66

Section II : Les contextes sociojuridiques de la responsabilité des établissements publics de santé.....79

Paragraphe I : La responsabilité publique : une construction sociale avant l'emprunt à la jurisprudence française.....80

Paragraphe II : La nature de la responsabilité des établissements publics de santé.....90

Chapitre II : La responsabilité hospitalière et médicale assise sur des fondements contractuels et extracontractuels.....105

Section I : La responsabilité contractuelle médicale..........................106

Paragraphe I : les droits et obligations des parties au contrat médical...107

Paragraphe II : Le contrat médical et ses caractéristiques.....................118

Section II : La responsabilité extracontractuelle médicale...................139

Paragraphe I : La constance des règles de droit commun..................140

Paragraphe II : La manifestation de la responsabilité extracontractuelle médicale..150

Titre II : La nature des obligations découlant de l'acte de soins.........161

Chapitre I : Les obligations de moyens et les obligations de résultat dans l'acte de soins...163

Section I : L'obligation de moyens découlant de l'acte de soins........163

Paragraphe I : Le cadre général des obligations de moyens...................164

Paragraphe II : L'impact de l'obligation de moyens sur la responsabilité du médecin..170

Section II : L'obligation de résultat découlant de l'acte de soins........181

Paragraphe I : Le champ d'application de l'obligation de résultat......182

Paragraphe II : Les actes susceptibles de faire l'objet d'obligation de résultat...194

Chapitre II : Le clivage institutionnel et contractuel des obligations médicales...209

Section I : Tentative de détermination de la nature de la relation de soins au Mali..210

Paragraphe I : La manifestation du contrat médical au Mali.................210

Paragraphe II : L'assoupissement de la responsabilité contractuelle médicale au Mali..218

Section II : L'analyse de la responsabilité médicale tenant aux critères. objectifs...226

Paragraphe I : La précision de l'aléa thérapeutique et du risque sanitaire..227

Paragraphe II : L'encadrement de l'aléa thérapeutique et du risque sanitaire dans le contexte malien...234

Deuxième Partie : La mise en œuvre de la responsabilité hospitalière et médicale au Mali...245

Titre I : La détermination de la responsabilité hospitalière et médicale..247

Chapitre I : La mise en œuvre de la responsabilité des établissements de santé...249

Section I : Les éléments d'appréciation de la responsabilité de l'établissement de santé public..249

Paragraphe I : La faute comme élément déterminant.....................251

Paragraphe II : Le lien de causalité et le dommage.......................268

Section II : La mise en œuvre de la responsabilité des établissements de santé privés...280

Paragraphe I : Les critères d'engagement de la responsabilité liée à la personne de l'établissement...282

Paragraphe II : La faute médicale avec ses exigences de régimes de preuve
....289

Chapitre II : La mise en œuvre de la responsabilité des praticiens de la santé et la responsabilité en équipe……………………………………………………299

Section I : La responsabilité personnelle du praticien et la responsabilité en équipe……………………………………………………………………...299

Paragraphe I : La responsabilité personnelle du praticien hospitalier…300

Paragraphe II : La responsabilité du praticien libéral et la responsabilité en équipe :……………………………………………………………………309

Section II : La responsabilité disciplinaire à l'encontre du praticien de la santé…………………………………………………………………………324

Paragraphe I : Le contenu du code de déontologie médicale du Mali…325

Paragraphe II : La mise en œuvre de la responsabilité disciplinaire des professionnels de la santé……………………………………………………339

Titre II : La réparation du dommage issu de l'activité hospitalière et médicale au Mali……………………………………………………………………355

Chapitre I : L'imprécision du dispositif de réparation existant……………357

Section I : La faible capacité des modes alternatifs de règlement dans la réparation du dommage médical………………………………………………358

Paragraphe I : Le régime assurantiel et la conciliation comme mode de règlement amiable……………………………………………………………359

Paragraphe II : La médiation en matière médicale…………………………...369

Section II : La voie contentieuse de réparation du dommage médical entre immaturité et insuffisance…………………………………………………....377

Paragraphe I : La détermination du préjudice indemnisable par le juge..378

Paragraphe II : Le rôle du juge du travail dans la réparation des dommages médicaux……………………………………………………………………389

Chapitre II : L'amélioration du dispositif de réparation du dommage médical au Mali.....403

Section I : L'appréciation de l'indemnisation des préjudices médicaux à la lumière du droit comparé.....404

Paragraphe I : Les modes de financement de l'indemnisation des accidents médicaux.....404

Paragraphe II : L'instauration d'un régime spécial d'indemnisation des dommages médicaux.....420

Section II : La nécessité d'une réforme législative.....425

Paragraphe I : la reconstruction du droit de la responsabilité médicale avec l'accompagnement des modes alternatifs de règlement.....426

Paragraphe II : La rénovation de la responsabilité hospitalière et médicale à travers l'élaboration du code de la santé publique.....436

Conclusion générale.....453

Bibliographie.....459

Structures éditoriales du groupe L'Harmattan

L'Harmattan Italie
Via degli Artisti, 15
10124 Torino
harmattan.italia@gmail.com

L'Harmattan Hongrie
Kossuth l. u. 14-16.
1053 Budapest
harmattan@harmattan.hu

L'Harmattan Sénégal
10 VDN en face Mermoz
BP 45034 Dakar-Fann
senharmattan@gmail.com

L'Harmattan Cameroun
TSINGA/FECAFOOT
BP 11486 Yaoundé
inkoukam@gmail.com

L'Harmattan Burkina Faso
Achille Somé – tengnule@hotmail.fr

L'Harmattan Guinée
Almamya, rue KA 028 OKB Agency
BP 3470 Conakry
harmattanguinee@yahoo.fr

L'Harmattan RDC
185, avenue Nyangwe
Commune de Lingwala – Kinshasa
matangilamusadila@yahoo.fr

L'Harmattan Congo
67, boulevard Denis-Sassou-N'Guesso
BP 2874 Brazzaville
harmattan.congo@yahoo.fr

L'Harmattan Mali
ACI 2000 - Immeuble Mgr Jean Marie Cisse
Bureau 10
BP 145 Bamako-Mali
mali@harmattan.fr

L'Harmattan Togo
Djidjole – Lomé
Maison Amela
face EPP BATOME
ddamela@aol.com

L'Harmattan Côte d'Ivoire
Résidence Karl – Cité des Arts
Abidjan-Cocody
03 BP 1588 Abidjan
espace_harmattan.ci@hotmail.fr

Nos librairies en France

Librairie internationale
16, rue des Écoles
75005 Paris
librairie.internationale@harmattan.fr
01 40 46 79 11
www.librairieharmattan.com

Librairie des savoirs
21, rue des Écoles
75005 Paris
librairie.sh@harmattan.fr
01 46 34 13 71
www.librairieharmattansh.com

Librairie Le Lucernaire
53, rue Notre-Dame-des-Champs
75006 Paris
librairie@lucernaire.fr
01 42 22 67 13

www.ingramcontent.com/pod-product-compliance
Lightning Source LLC
LaVergne TN
LVHW021137061026
849535LV00002B/268
* 9 7 8 2 3 4 3 2 5 5 5 3 8 *